木村英樹教授還暦記念
# 中国語文法論叢

木村英樹教授還暦記念論叢刊行会 編

白帝社

木村英樹教授 近影

# 序——代为谢辞

一份过于贵重的礼物，除此之外我想不到其他更加合适的词语。因为在这本论丛里，各界精英齐聚一堂。在各自的研究领域里居于领导地位的佼佼者，以及在他们背后奋力追赶的新一代研究者，越过了海洋，超越了领域和世代的隔阂，集结在此。或许是我孤陋寡闻，就我所知，无论是在日本国内或是海外，从来没出版过这么一本聚集了各家大师级人物著作的论丛，这可说是一项壮举。

以前的同事，同时也是本书执笔者之一的柯理思（Lamarre）教授曾经说过我像是"一块磁铁"。各自属于不同领域、在此之前没有机会接触的人，通过我——绝大部分是在酒宴上——开始有了交情，而且以此为缘，开展了新的人际网络，扩大了交流圈子。据她所说，我有这种不自觉地就扮演起"联系作用"角色的习性。我自己本身不确定这种说法是真是假，但是，单就此次的论丛出版计划来说，我这个"磁铁"，虽然磁力薄弱，似乎发挥了一些作用。假若能以这种方式对学术界做出贡献，是令人喜出望外的一件事。

通过研讨会、研究会、课堂或是论文等各种不同的机会，我从惠赐稿件给本论丛的各方学者身上学到了许多。能与这些杰出学者活在同一个时代，并且朝着汉语语法研究这个目标共同迈进，深感幸运。衷心希望本书所收录的研究成果能够传递给更多的读者，并对于汉语语法研究的进一步发展做出贡献。

2013 年仲春

木 村 英 树

## 序——謝辞に代えて

　身に余る贅沢な贈り物。ほかにふさわしい言葉が思い浮かびません。なにしろ，この顔ぶれです。'錚々たる'という修飾を用いるのに聊かのためらいもない，名実ともにそれぞれの分野を代表される第一人者の方々が，そして，その背中を懸命に追いかける新進気鋭の面々が，海を越え，ジャンルを越え，世代を越えて，ここに集(つど)ってくださいました。国内外を通じて，これほどの論客が一堂に顔を揃える，まさに快挙と呼ぶにふさわしい論叢の公刊を私は寡聞にして知りません。

　かつての同僚であり，本書の執筆者の一人でもあるラマールさんが，私を評して「木村さんは磁石なのよ」とおっしゃったことがあります。それまでは互いに分野が異なり，接点のなかった複数の人物が，私を介して――大抵は酒の席で――懇意になり，それを縁に，新たなネットワークが生まれ，交流の輪が広がるという，私にはそういう「つなぎ」の役回りを無自覚に演じる習性のようなものがあるのだそうです。真偽のほどは私自身定かではありません。ただ，今回のこの企画に限って言えば，どうやら私の「磁石」が微(磁)力ながらもお役に立てたようであり，このような形で学界に貢献できるとすれば，私にとっては望外の喜びです。

　本書に稿を寄せてくださった方々には，学会，研究会，論文，授業，その他さまざまの機会を通して，多くのことを学ばせていただきました。この方々と同じ時代を生き，中国語文法の探究という一つの目標を共有できたわが身の果報をしみじみありがたく思います。本書に収められた数々の成果がひとりでも多くの読者に汲み継がれ，中国語文法研究のさらなる発展の一助となることを願ってやみません。

　2013年春

木　村　英　樹

まえがき

　「花のニッパチ（昭和28年）」にお生まれになった木村英樹先生が，今年還暦をお迎えになられた。先生は，わたしが大学2年生だった秋に神戸大学に転任してこられた。夏休みが明けて大学に行くと，ちょっと神経質そうな大学院生みたいな人とよく擦れ違った。数日後，中国語の初回の授業に行くと，その大学院生みたいな人が教室に現われた。爾来足掛け27年になる。本書の巻末に掲載されている先生のご業績（学術論文）のうち，「中国語の敬語」(1987)以降はリアルタイムでご研究の経緯を垣間見させて頂いたことになる。大学院に入ると，先生はご自分の書かれた論文の原稿を必ずコピーして読ませてくださった。先生のご研究の発端やプロセスに直接触れることができるのは，教え子の特権である。大学院の授業で，陸倹明氏や邵敬敏氏の"呢"に関する論文を精読しながら，時折首を傾げて「そうかなぁ，そうなんかなぁ…？」と仰っていた結果が「文脈依存と状況依存」(1990)になり，さらに「聞き手情報配慮と文末形式」(1992)を生み出す発端となった。語用論や機能主義の立場で文末助詞を論じたこれらの研究は，当時，中国でも国内でも非常に斬新なアプローチであった。また，中国では「ヴォイス」に関する十全な術語や記述が無い状況において，真正面からそれを体系的に分析された「中国語ヴォイスの構造化とカテゴリ化」(2000)の骨子とも言える，"X 让 Ⓨ A"や"Ⓧ 被 Ⓨ AS"などで示される構文の図式は，通勤の電車の中で着想を得てメモにとったという裏話を伺った。先生はもともと原稿執筆中のときは「外を歩いて」考えることが多いそうだが，移動している方が思考がまとまるのかもしれない。またあるときは，ご自宅で夕食をよばれていると，やおら「中国語の動詞って，そもそも，無標識のかたち（ノーマーク）でも持続的だったりするんとちがうやろか？…アスペクト辞なんか付けんでもなぁ～」と仰り，それがのちに「『持続』・『完了』の視点を超えて――北京官話における『実存相』の提案」(2006)として纏め上げられた。こういった事例は枚挙に暇が無い。

言語の研究においては,「普遍性と個別性」ということがテーマとしてよく挙げられるが,先生のご研究ではその両者が常に意識されている。先生のご研究は,中国語の実態と面白さを他言語や理論言語学といった中国語学以外の分野にも広く伝播することに大きく貢献してきた。一方,中国語という個別言語の「香り」を重んじ,そのユニークさを発掘し,掘り下げるということにも強い関心を持って研究に臨まれてきた。

　この記念論集を編む企画を先生に申し上げた当初は,なかなかお許しを頂けなかったが,数回におよぶ嘆願（説得？）を経て,最後にようやく OK を頂いた。いざ実行するとなると,いったいどれくらいの方々が執筆されるのだろう…ということが最初の問題になった。上で述べたように,言語に関するさまざまな分野・領域で交流がある先生の記念論集は,どのようなかたちで進めるのが良いのか。思いあぐねてあらためて先生に伺うと,即座に明快なご回答を頂いた。曰く,中国語の文法論だけにして欲しい,もうひとつ,ご自身よりも年長の人には畏れ多いのでご寄稿を頼まないで欲しい。かつて先生は「自分は言語学者というよりも,中国語学者でありたい」と仰られたことがあったが,ここにもその姿勢が反映されているのであろう。そのご意向に沿って執筆者を考えた。メンバーは国内と中国における,先生の同僚と研究仲間,そして教え子である。もちろんそれらのすべての方々が収まっているわけではない。一冊の分量には自ずと限界もある。悩んだ末にご依頼できなかった人たちがいらっしゃるのは,編者としては甚だ残念である。逆に,ご寄稿の依頼を申し上げた人の中で,お断りになられた人は一人もいなかった。これは先生のご人徳の賜物であるが,第一線でご活躍中の諸氏に混じって自分たちの論文を掲載させて頂けた,われわれ教え子一同にとっては,非常に光栄で得難い機会を持つことができた。その機会を与えてくださった先生に,あらためてお礼を申し上げなくてはならない。

　この論集は,多くの人々のご協力によって世に出すことができた。企画を二つ返事でお引き受けくださった,白帝社の佐藤康夫社長と佐藤多賀子編集長,そして編集の労をお執り頂いた杉野美和さんに心からお礼

を申し上げたい（杉野さんも金沢大学での先生の教え子である）。また，白帝社の編集作業の補助として，すべての原稿のチェックを本郷の教え子の有志（池田・張佩茹・加納・前田〔真〕・長谷川・戸内の各氏）の協力を得て行なった。彼らは自身も論文を寄せているが，このメンバーに加えて，東京大学大学院総合文化研究科（駒場）の博士課程に在籍する，渡辺昭太，李佳樑，神谷智幸，前田恭規の四氏にもご尽力頂いた。ここに記して感謝申し上げたい。そして，ご多忙の中，論文をお寄せ頂いた執筆者のみなさまにも厚くお礼を申し上げる次第である。白帝社のみなさんは，この論集に木村先生ご自身のご論考も載せて欲しいと希望された（われわれも心中そういう願いはあったけれども怖くて言えなかっただけである）。先生は，残念ながらそれはお受けにならなかったが，編者の求めに応じて序言（日中両国語）と研究業績の一覧を書いてくださった。巻末の主要業績一覧は，今後，とくに若い研究者や学生のみなさまの参考に供する意味でも掲載させて頂いた。

　この論文集は，木村先生のこれまでのご研究と教育活動に対する感謝とお祝いの気持ちを込めて編まれた。同時に，この論集の刊行を機に，先生の今後ますますのご健康とご健筆をお祈り申し上げたい。数年前，映画俳優のショーン・コネリーが，自分の初代のマネージャー（コネリー氏よりも年上）と久しぶりに食事をともにした際に，元マネージャーは，"Sean, life is good! But isn't the third act shit?" と言ったそうであるが（2006 年に The AFI Life Achievement Award を受賞した時のスピーチ），われわれ教え子一同としては，先生の趣き深く，さぞかし盛り沢山であろう「第三幕」を多大な興味を持って見守りたい。先生は常にわれわれ後輩の先に立って，研究ばかりでなく，人生のさまざまな局面における指標となってこられた。還暦という年齢を迎えられて，先生がこれからどのような人生を歩んでいかれるのか，それが非常に楽しみである。

　　2013 年春

　　　　　　　　　　　　　　　　　　　　　　　　　小　野　秀　樹

# 目　次

序 …………………………………………………………………… i

まえがき …………………………………………………………… iii

助动词在汉语口语中的虚化……………………………方　　梅　1
现代汉语助动词"应该"的情态解读及其切换机制
　………………………………………………………古川　裕　15
副词"互相/相互"：语义和句法的互动…………郭　　锐　22
新兴动趋式"V 走"的发展及其动因
　………………………………柯理思（Christine LAMARRE）　38
汉语特色的量化词库：多/少二分与全/有/无三分
　……………………………………………………刘　丹青　54
從《戰國縱橫家書》看古漢語里的施受同辭…………徐　　丹　73
汉语表达功能对"了"的使用制约……………………杨　凯荣　86
试析"把"字句对述结式的选择限制…………………袁　毓林　107
汉语话题结构的根本性…………………………………张　伯江　130
从始点之视到终点之视
　——汉语定语的时空视角走向………………张国宪・卢建　142


広東語の"有／冇 V 到"構文
　——"－到"の機能と文法化・機能拡張——………飯田真紀　157
AABB型動詞重畳形式の形態と意味………………………池田　晋　177

日本語と中国語における無標疑問文・有標疑問文の
　機能分担………………………………………井上　　優　197
上古中国語における不定行為者表現と裸名詞主語文に
　関する試論……………………………………大西克也　213
中国語における連体修飾句の意味機能……………小野秀樹　234
"的"を伴う時量修飾構造のシンタクスと意味………加納希美　255
"有"構文の初出導入機能から見た『山海経』各経の
　内部差異………………………………………木津祐子　276
『金瓶梅詞話』における"有"構文……………玄　　幸子　297
ヴォイス構文と主観性
　──話者の言語化をめぐって──………………佐々木勲人　315
量化の意味への言語的手がかり……………………定延利之　332
"等A，B"構文における"等"の文法化……………島津幸子　352
〈試み〉表現"VP 试试"について………………張　　佩茹　373
上古中国語の「NP 而 VP」/「$NP_1$ 而 $NP_2$VP」構造における
　「而」の意味と機能……………………………戸内俊介　393
"$V_1$＋个＋不／没＋$V_2$"と"个"……………橋本永貢子　414
因果複文の典型的用法と拡張用法…………………長谷川賢　433
程度副詞"比較"の〈相対性〉……………………前田真砂美　451
上古中期漢語の否定文における代詞目的語前置現象の
　生起条件………………………………………松江　　崇　474


　木村英樹教授　主要著作目録……………………………495

　執筆者紹介…………………………………………………500

木村英樹教授還暦記念
# 中国語文法論叢

# 助动词在汉语口语中的虚化

## 方　梅

通过对口语材料的考察，我们发现助动词[1]在口语里可以发生位置游移，出现在句首主语之前或者句末。表现为：(i)不同助动词发生位置游移的情况是不均等的。一个情态助动词离开助动词的句法位置的条件是，这个助动词在其典型句法位置上本来就具备认识情态意义。(ii)位置游移后，该助动词所表达的对命题的信度会随之发生改变。前置时信度强化，后置时信度弱化。(iii)助动词在句首和句末的时候，其句法属性向饰句副词转化。

文章所引用口语例句来自本人收集的转写纪录。

## 1　位置游移

### 1.1　分布

助动词典型的句法位置是紧邻主句谓语动词（main verb），在谓语动词前面。但是，在自然口语中，部分助动词可以出现在句首或句末。但

---

[1] 自《马氏文通》以来，助动词问题一直是汉语语法研究中一个争议较多的问题。学者们对助动词词类与范围问题做了不少研究，助动词在主要汉语语法著作中都有所涉及，但它的范围至今也不尽一致。丁声树《现代汉语语法讲话》、吕叔湘《汉语语法分析问题》、赵元任《汉语口语语法》、朱德熙《语法讲义》、王力《中国现代语法》、胡裕树《现代汉语》、马庆株《汉语动词和动词性结构》等的描写不尽相同，分类也持有不同的看法。
不仅对助动词的处理分歧很大，其名称本身也表现出很大的分歧，我国汉语语法学界有"能愿动词"和"助动词"两个名称。前者是个本体性的名称,后者是个关系性的,反映它跟句子主要动词的关系，是对英语 auxiliary verb 的翻译。也有学者根据 modal verb 一词而翻译成"情态动词"。

是，并非所有助动词都能离开主句谓语动词前的位置，在我们观察的口语材料中，高频使用的是"可能、可以、应该"。下面分别举例。

(a) 句首主语前

(1) 嗯，可能他们也会知道这场比赛他们肩负的使命吧。

(2) 可以一部分同学先去打前站，摸摸情况。

(3) 应该这个白色的贵一些吧，新款啊。

例(1)的"可能"表达说话人的推测，例(2)的"可以"表达说话人建议做某事，例(3)的"应该"表达说话人的推测。

(b) 句末

(4) 也不能怪沈祥福的能力不行。沈祥福有他的能力，可能。但是体制摆在那儿，限制了他的作为，他也没办法。

(5) 十天以后就拿到驾照了，就是考完了以后就拿到驾照了，可以。

用在句末的"可能"和"可以"完全可以删除而不影响命题表达和语气表达。

不过，"可能"、"可以"和"应该"三者用法分布并不是均等的。表现为：

第一，"可能"位置外移的用例比例远远高于"可以"、"应该"[2]。

第二，"可能"、"可以"可以用于句首和句末，"应该"相对保守，偶有用于句首，但未见用于句末。

"可能"、"可以"和"应该"发现句法位置的游移的差异归纳如【表Ⅰ】所示：

从【表Ⅰ】不难看出，能前置的助动词未必都能后置。"可能"和"可以"可前置可后置；而"应该"只能前置，不后置。值得注意的是，凡是能出现在句末的，也能出现在句首；但是，能出现在句首的，却不一定能

---

2) 这是对21篇约10小时口语谈话录音转写材料的统计，引自朴惠京2005：

|      | 句首主语前 | 句末 | 总数 |
|------|-----------|------|------|
| 可能 | 16        | 6    | 260  |
| 可以 | 3         | 5    | 155  |
| 应该 | 2         | 0    | 119  |
| 百分比 | 3.9%    | 2.1% | 100% |

【表Ⅰ】

| 词例 \ 位置 | 主要动词前 | 句首主语前 | 句末 |
|---|---|---|---|
| 能够/能 | + | − | − |
| 应该 | + | + | − |
| 可以 | + | + | + |
| 可能 | + | + | + |

出现在句末，如"应该"。而"能够"和"能"则既不能前置也不能后置。

造成上述分布差异的原因我们在下文中分析。

## 1.2 限制

我们发现，是否能够游移出助动词的典型位置，受制于该助动词本身的情态意义，即是否具有主观情态意义表达功能[3]。

客观情态意义的助动词，表达施事/主事所具有的能力、义务、条件、意愿。这类助动词不能用在句首主语前，也不能用在句末，比如"能够"。下面通过"可能、可以、应该"与"能、能够"的对比来看一下情态意义的差别与位移之间的关系。

已经有几位学者注意到，"能"主要表示"客观条件的可能"（条件类）（参看马庆株 1988、1992，王伟 2000，郭昭军 2003，徐晶凝 2005）在陈述性肯定句里，"能"只表达客观条件意义。只有在反问句中[4]才有可能表达"主观推测的可能"（认识类），有句类语气限制。例如：

(6) 你们能有什么正经事？

---

3) 于康 1996 把情态分成两类，一是命题内成分，另一个是命题外成分。后者副词性很强。专用于命题外成分的：可能、应该、应当、该、配、值得。专用于命题内成分的：想、愿意、肯。可用于命题内也可用于命题外成分的：能、会、可以、要、敢。我们看到，可以移出典型位置的助动词是那些用于命题外成分的助动词，而既可用于命题内也可用于命题外成分的"能"和"可以"，在很大程度上取决于其情态意义。

4) 反问句中"能"可以表示认识可能。对于这类"能"，吕叔湘 1982 举了两例："没错儿，我还能冤您吗？""我想，他又不是小孩子，又是本地人，那能让丢就丢了呢？"柯理思 2003 举的例子也是反问句。本来是表示"能够"的"能"，反问句的言者强烈的怀疑语气使之有了"可能"的意思。用于反诘而可以理解为"可能"的"能"在古汉语中就有（李明 2001）。

(7) 你一个娘们儿家，<u>能</u>去过那地方？

(8) 没错儿，我还<u>能</u>冤您吗？

"能"表达认识情态意义需要以反问句这类有标记句为条件，而表示客观条件意义没有这个限制。

再来看"可能"、"可以"和"应该"。"可能、可以"和"应该"在情态表现方面是多功能的，既可以表达客观情态意义也可以表达主观认识情态意义。

下例(9)中的"可以"表示符合某种条件或者具备某种能力，属于客观情态意义。

(9) 现在很合适，全场九折，而且超过五十块钱就<u>可以</u>办一张卡，是会员卡之类的，然后<u>可以</u>打八五折。

用作客观情态义解读的"可以"替换成"能"意思不变。例如：

(9') 现在很合适，全场九折，而且超过五十块钱就<u>能</u>办一张卡，是会员卡之类的，<u>能</u>打八五折。

再如下面两例，因为都表达客观条件上的可能，用"可以"、"能"和"能够"都表示相同的情态意义：

(10) 热敷可以／能／能够促进血液循环。

(11) 这个录音笔可以／能／能够连续录音30小时。

"可以"也能表达义务上的允许，如(12)；或者表达言者对事物的评价（"值得做"），如(13)。这两种情况属于认识情态。而表达义务允许和言者评价的"可以"不能替换成"能"、"能够"。例如：

(12) 甲：哦，你<u>可以</u>把它拆开。[\*能／\*能够]

乙：我看一下跟我原来的一样不。

(13) 所有世界名著，比如《红楼梦》、《水浒》，都<u>可以</u>看一看。[\*能／\*能够]

下面来看"可能"。"可能"不表示事件或状态具有发生或实现的客观条件，只表示言者对句子所表达的命题真值的推测，属于认识情态。"可能"能受"很"修饰，但是不能替换成"能"或"能够"。例如：

(14) 驾校的政策没有太大变化，就维持现状，我经济上<u>可能</u>受很多损失，

驾校经济可能受很多损失。[很可能/*能/*能够]

(15) 民间文学研究啊，都好几年没有招到学生了。博士就根本没有，硕士呢，这可能是三四年以来第一次招到学生。

[很可能/*能/*能够]

再看"应该"的情况。

"应该"可以表达义务情态，如(16)。还可以表达言者推测，如下面(17)和(18)。前者表现施事的义务，这时"应该"可以被"不"否定。例如：

(16) 人多的地方，你应该看管好自己的孩子，不应该让他们乱跑。

而表达言者推测属于认识情态义。否定词"不"不能直接加在表达推测意义的"应该"前，而要放在"应该"后面。例如：

(17) a. 按照他这个样子做，这个应该很简单吧。
  b. *按照他这个样子做，这个不应该很简单吧。
  c. 按照他这个样子做，这个应该不简单吧。

(18) a. 经济管理现在是热门专业，学生应该很多。
  b. *经济管理现在不是热门专业，学生不应该很多。
  c. 经济管理现在不是热门专业，学生应该不太多。

我们知道，认识情态是关于命题的情态，而能力、条件、意愿等是关于事件的情态(Palmer 1986, Anderson and Fretheim 2000)。前者的作用域是整个句子，后者的作用域只在谓语。能游移出助动词的句法位置的"可能"、"可以"和"应该"具有一个共性，即当它处于谓语主要动词前位置的时候已经具备认识情态意义。而难于发生句法位置的游移的"能"和"能够"在助动词的典型句法位置上也只表达客观情态意义。换句话说，一个情态助动词离开助动词的句法位置的条件是，这个助动词在其典型句法位置上本来就具备认识情态意义。

## 2 语义磨损

### 2.1 趋同

离开助动词的句法位置有两种位置，一是句首，在命题内容之前；另

一个是句末，在命题内容之后。随着离开助动词的句法位置，游移出典型位置的助动词的意义趋同，偏向于理解为认识情态。无论这个词在其典型句法位置上可能表达哪种意义，位置发生游移之后，只能解读作认识情态意义。

有些语境下，助动词的位置可以用"可以"，也可以用"能"。例如：

(19) 考完了以后十天就<u>可以/能</u>拿到驾照了。

(19)用"能"表客观条件。用"可以"有两种解读：(i)客观条件。意思是"考试"与"拿驾照"在程序上需要十天时间。(ii)许可。意思是十天以后被准许领驾照。表达客观条件的"能"不能后置；而"可以"能后置，但是后置的同时，也失去了义务许可的解读。例如：

(20) 考完了以后十天就拿到驾照了，<u>可以/*能</u>。

助动词如果在句末位置上，所表达的条件意义从客观条件变成表达言者的认可，或叫主观条件。

有一些后置用例明显与其动词前位置的意义表达形成对照。例如：

(21) 那副局长跟正局长那事，在《中国青年报》正版是绝对<u>不能</u>上头条的，一版都不一定<u>能</u>上，<u>可能</u>。

这一例中，"一版都不一定能上"的"能"表示客观条件是否允许。而表示言者推测的"可能"放了句末。

"应该"也有相似的表现。"应该"可以表达义务情态，如"作为学生<u>应该</u>努力学习"；也可以表达言者的推测或判断，如"他昨天动身的，今天<u>应该</u>到了"。前者可以在"应该"前面加"就"，例如"作为学生<u>就应该</u>努力学习"；而表示言者的推测或判断的"应该"前面不能加"就"。表达言者的推测或判断的"应该"可以换作"肯定"，例如"他昨天动身的，今天<u>肯定</u>到了"，但是表示义务情态的"应该"不能。

如上所述，紧邻谓语动词的"应该"的意义表达有两种可能，但句首的"应该"只表示言者的推测或判断。例如：

(22) 十四岁的小孩儿，<u>应该</u>十四岁是上初三对吧，或者有的人可能初二，但她已经要承担起自己的生活了。

上例"应该十四岁是上初三对吧"中的"应该"能用"大概"替换。

上面(22)这个例子从另一个侧面说明，一个助动词可以用于句子最外层，其先决条件是它在助动词典型位置上具有认识情态表达功能。

综上，"可能"、"可以"、"应该"是多义的，在谓语动词前面的时候，甚至可能不止一种意义理解。但是，离开助动词的句法位置跑到主语前，都倾向于表达言者的认识。而义务类情态助动词的进一步虚化必须经历认识情态这个环节[5]。

## 2.2 信度

一个断言句包含了言者对听者关于"命题为真"的承诺（参看 Palmer 1986）。在典型位置上的情态助动词，表达的是对命题为真的承诺。这种承诺可以通过副词予以强化。

像下面的例子，用"能"表示客观可能，用"可以"既有客观可能意义，也有义务允许意义。我们把(19)稍微作些变化：

(23) a. 考完了以后十天就能/可以/应该拿到驾照。
 b. 考完了以后十天保准/肯定可以/能拿到驾照。
 c. 我相信，考完了以后十天保准/肯定可以/能拿到驾照。

正因如此，除了表示推测意义的"应该"之外，其他都可以用表示肯定语气的成分来进一步修饰，如 b 句；也可以前面加上"我相信"，如 c 句。

但是助动词一旦出现在句末，就不能与谓语动词前认识情态的副词共现，自身也不能受认识情态的副词修饰，在前面也不能加上"相信"，例如：

(24) a. *考完了以后十天保准/肯定拿到驾照，可以。
 b. *考完了以后十天拿到驾照，保准可以/肯定可以。
 c. *（我）相信考完了以后十天拿到驾照，可以。

可见，助动词用在句末，不包含"命题为真"这样的承诺。

---

[5] 李明 2001 全面讨论了汉语助动词词义演变的六条路线：(i)条件可能→认识可能；(ii)条件可能→义务许可；(iii)条件可能→估价；(iv)条件必要→义务必要；(v)条件必要→认识必然；(vi)应当→盖然。以上(i)、(v)说明，条件类助动词可向认识类、义务类、估价类助动词发展，属于客观性助动词可向主观性助动词的发展。(vi)说明，义务类助动词可向认识类助动词发展，反映主观性助动词内部的发展。有关助动词虚化的一般规律，可参看 Heine 1993。

但是，助动词后置的句子，可以在句首加上间接引语标记"据说"。例如：

(25) 据说，考完了以后十天拿到驾照，<u>可以</u>。

下面以不同位置的"可能"为例，从"是否可删除"和"是否可分级"两个方面来考察信度的表达。

下例中，a 在句末的"可能₁"即使被删去，句义不会改变。但是第二句"是"前面的"可能₂"如果删去，表示推测的意思就没有了。

(26) a. 还有像那些，钱钟书生前，也是住在北大这儿吧，<u>可能₁</u>。他们<u>可能₂</u>是够资格住一家一个小楼那种的吧。

b. 还有像那些，钱钟书生前，<u>说不定</u>也是住在北大这儿吧，<u>可能</u>。

c. *还有像那些，钱钟书生前，也是住在北大这儿吧，<u>可能</u>。他们<u>说不定可能</u>是够资格住一家一个小楼那种的吧。

情态助动词在谓语动词前的意义，体现了言者对命题的承诺。这种承诺可以通过副词被强化（如(23)），而助动词出现句末的时候则不然。正因如此，表示不确定语气的副词（如"说不定"）可以与后置于句末的"可能"共现，如 b 句。但是不能与谓语动词前的"可能"共现，如 c 句。

下面来看句首位置。助动词在典型句法位置上时，可以通过在助动词前的不同的修饰成分，表达对一个命题的不同程度的确认，也可以被否定。但是，句首位置上，"可能"只能朝肯定性意义方面说。例如：

(27) 他们<u>可能</u>见过面。　　他们<u>很可能</u>见过面。
　　 他们<u>不可能</u>见过面。　他们<u>不大可能</u>见过面。

(28) <u>可能</u>他们见过面。　　<u>很可能</u>他们见过面。
　　 *<u>不可能</u>他们见过面。　*<u>不大可能</u>他们见过面。

这样看来，句首的"很可能"相当于一个表示肯定意义的副词，所以"可能"才不再受否定副词或表示程度的成分修饰。"可能"放在句首强化了对命题的肯定性确认。

"应该"的用法相似。虽然"应该"可以表达推测，如上文例(3)；也可以表达义务，如上文例(16)。不过值得注意的是，表达推测的时候，在句首的"应该"不大能接受言者不确定的信息，这与它在谓语动词前的表

现形成对照。请对比：

(29) a. 他应该刚当上教授不久。
　　 b. 他应该刚当上教授不久，是不是？
　　 c. *应该他刚当上教授不久，是不是？
　　 d. ?应该他刚当上教授不久。

(29d)不能说是因为句首位置上的"应该"排斥关于已然事件命题，这是它原本表达义务情态意义所致，并非"应该"排斥句首位置。

当说话人着意强调自己的意志或愿望的时候，"应该"放在句首更好，这时候，与其说是义务情态，不如说是认识情态。相当于"我认为应该 X"。例如：

(30) 应该你先跟她打个招呼，随后我再正式跟她谈。

我们可以看到相当一些用例，在助动词位置上和句末位置"可以"或"可能"同时出现，但是两者存在意义的实与虚、信度的强与弱的差异。后置的一类即使删除也不会影响命题的表达，更像是追补上去的。请对比 a 和 b 句：

(31) a. 如果要出现这个挺麻烦。当然我这特殊情况可以跟人家解释解释，说确实忙晕了头了，可以。
　　 b. 如果要出现这个挺麻烦。当然我这特殊情况可以跟人家解释解释，说确实忙晕了头了。

我们还没有发现有"可以"或"可能"同时出现在句首和句中谓语动词前的用例。这也从一个侧面说明，助动词用于句末，其意义比用在句首的要虚化得多。

可见，谓语动词前位置上，使用不同的情态助动词可以表达对"命题为真"这一承诺的不同强度，即信度。但是离开助动词典型位置以后，信度也同时发生了变化。前置时信度强化，后置时信度弱化。

## 3　句法性质

如上所述，助动词前置时，其关涉的范围从小句谓语所陈述命题扩大

到了全句，信度得到强化；而助动词后置于句末的时候，语义弱化，更像一个追补成分。这种表现与副词在口语中的句法表现具有一定的平行性。

Li & Thompson 1981 根据副词在句子中的位置将副词分为"可移动副词"(movable adverbs) 和"不可移动副词"(non-movable adverbs)，前者既可出现在主语或话题（topic）前，也可以出现在其后，后者则只能出现在主语或话题的后面（另可参看屈承熹 1991，王建慈、王建坤 2000）。

出现在主语或者话题前的副词是句子副词,它的统辖范围是一个句子。龙果夫 1958 已有论述："副词范畴可以分为基本的两类：第一类副词用作整个句子的加语，第二类副词直接属于谓语"（第 189 页）。我们把前者称为饰句副词，后者称为饰谓副词（参看 Payne 1997）。从意义上看，饰句副词是用来表达说话人的态度或者评价的，是命题意义之外的，其主要成员是所谓语气副词和情态副词（参看张谊生 1996、2000，李泉 2002，袁毓林 2002，史金生 2003），如"本来、大概、当然、的确、居然"等。对比：

(32) <u>当然</u>，我也承认，在各方面确实比较优秀，容易招女孩子喜欢，她们往往都把我当成她们心中的偶像。

(33) <u>的确</u>，他抚养你也很艰难，他吃了不少苦。

饰句副词在复句句首时，把整个复句作为自己的修饰对象。这时，饰句副词必须居于关联词语之前。例如：

(34) a. <u>大概</u>因为我没有同意他的意见，他见到我的时候挺不高兴。

　　b. *因为<u>大概</u>我没有同意他的意见，他见到我的时候挺不高兴。

在口语里，饰句副词不仅可以用在主语之前，也会出现在句末。那些发生"易位"（参看陆俭明 1980，张伯江、方梅 1996）的副词，一大部分属于饰句副词。例如(34a)可以说成：

(35) 因为我没有同意他的意见，<u>大概</u>，他再见到我的时候非常不高兴。

助动词在口语里的位置的分布与饰副词有平行性。表现为：

第一，句法位置灵活，可以在句首或者句末。

(36) 从学术的纯度来讲，<u>可能</u>人家北大，一代一代地往下传下去。

(37) 师傅脾气不好，<u>可能</u>。人是老实人。

第二，表达客观可能或条件的助动词只能在主语和谓语动词之间，不

能前置或后置。如上文 1.2 所述。

第三，多义的情态助动词在句首只表达言者的认识义，如上文㉒和㉙。而且句首表达言者认识的助动词，还可以被副词替代。例如下面一例，尽管"可能"在典型的助动词位置时可以有多种意义表达功能，但是在句首位置它只表达推测意义，能用"大概"替换。

㊳ 可能中国足协也明白，这个主场啊，比较难打。

㊳' 大概中国足协也明白，这个主场啊，比较难打。

在《现代汉语八百词》和《实用现代汉语语法》里，把句首的"可能"作副词解释。

第四，特别重要的是，助动词出现在句首和句末的时候，它前面不能加否定词（"可能"的否定，另可参看戴耀晶 2003），也不能受其他副词修饰。例如：

㊴ a. *不可能他们见过面。

  b. *不大可能他们见过面。

㊵ *不应该你先跟她打个招呼，随后我再正式跟她谈。

㊶ *十天以后就拿到驾照了，就是考完了以后就拿到驾照了，不可以。

㊷ *这件事在《中国青年报》第一版上是绝对不会放在头条的，一版都不一定能上，也可能。

第五，助动词在句首的时候，管辖范围可以不止一个小句，如上文例(2)、例(3)和例㉚。但是在句末的时候，则仅与前面相邻的小句的意义相关，更容易理解成一个追补成分。例如上文的(5)为例：

(5) 十天以后就拿到驾照了，就是考完了以后就拿到驾照了，可以。

这一例句末的"可以"只能返回到它相邻的前一小句"就是考完了以后就拿到驾照了"里面，如(43a)；而不能放到句首，如(43b)：

㊸ a. 十天以后就拿到驾照了，就是考完了以后就可以拿到驾照了。

  b. *可以十天以后就拿到驾照了，就是考完了以后就拿到驾照了。

而下面一例，句末的"可能"也很难放在主语后面：

㊹ a. 这件事在《中国青年报》第一版上是绝对不会放在头条的，第一版都不一定能上，可能。

b. ?这件事在《中国青年报》第一版上是绝对不会放在头条的。第一版可能都不一定能上。

这是因为动词前已经有"能",且"能"前面还有个表示推测的副词"不一定"。但是可以放在小句的起始位置,变成:

(45) 这件事在《中国青年报》第一版上是绝对不会放在头条的,可能第一版都不一定能上。

总之,情态助动词在句首和句末,意义、功能及句法属性也随之发生变化。可以归纳为【表Ⅱ】。

【表Ⅱ】

| 句法位置 | 与主语的关系 | 情态类型 | 可否定 | 句法性质 |
|---|---|---|---|---|
| 主要动词前 | 主语取向[6] | 客观情态 | 是 | 助动词 |
| 主要动词前 | 言者取向[7] | 认识情态 | 是 | 助动词 |
| 另一助动词前 | 言者取向 | 认识情态 | 否 | 弱化的助动词 |
| 句首 | 言者取向 | 否 | 饰句副词 | |
| 句末 | 言者取向 | 否 | 饰句副词 | |

吕叔湘 1979 在《汉语语法分析问题》中说:"助动词是个有问题的类。助动词里边有一部分是表示可能与必要的,有一部分是表示愿望之类的意思的,所以又叫做'能愿动词'。前一种接近副词,……"我们认为,正是因为这前一类助动词本来就接近副词,才有可能发生本文所讨论的种种虚化用法。

## 4  结论

综上所述,助动词只有表现认识情态的可以离开谓语动词前的位置,置于句子主语之前或后置于句末。义务类情态助动词的进一步虚化必须经历认识情态这个环节。发生游移后,无论出现在句首主语前还是出现在句

---

6) 主语取向指 subject-oriented（参看 Sweetser 1990）。
7) 言者取向指 speaker-oriented。

末,只能解读作认识情态,其句法性质也同时向饰句副词转化。作为饰句副词,出现在句首具有表达上的强化作用;而用于句末,则意义发生弱化。这种变化可以概括为:

认识情态助动词 ＞ 饰句副词

助动词一旦变成饰句副词,它不仅作用于逻辑推理域,同时也作用于言语行为域。

本文所讨论的口语中的虚化现象与汉语情态范畴的历史演变规律相符合。在汉语助动词产生和发展过程中,客观性助动词可向主观性助动词发展,就主观性助动词内部来说,义务类助动词可向认识类助动词发展(参看李明2001、2003)。

## 参考文献

戴耀晶 2003　现代汉语助动词"可能"的语义分析,《语法研究和探索》(十二),商务印书馆
丁声树等 1997　《现代汉语语法讲话》,商务印书馆
郭昭军 2003　《汉语情态问题研究》,博士研究生学位论文
柯理思 2003　试论谓词的语义特征和语法化的关系,吴福祥、洪波主编《语法化与语法研究》,商务印书馆
李明 2001　《汉语助动词的历史演变研究》,北京大学博士论文
李明 2003　汉语表必要的情态词的两条主观化路线,《语法研究和探索》(十二),商务印书馆
李泉 2002　从分布上看副词的再分类,《语言研究》第2期
刘月华主编 2002　《实用现代汉语语法》,商务印书馆
龙果夫 1958　《现代汉语语法研究》,科学出版社
陆俭明 1980　汉语口语句法里的易位现象,《中国语文》第1期
吕叔湘 1979　《汉语语法分析问题》,商务印书馆
吕叔湘 1982　《中国文法要略》,商务印书馆
吕叔湘主编 1984　《现代汉语八百词》,商务印书馆
马庆株 1988　能愿动词的连用,《语言研究》第1期
马庆株 1992　《汉语动词和动词性结构》,北京语言学院出版社
朴惠京 2005　《高频能愿动词的虚化》,中国社会科学院研究生院硕士论文

屈承熹 1991 汉语副词的篇章功能,《语言教学与研究》第 2 期

史金生 2003 语气副词的范围、类别和共现顺序,《中国语文》第 1 期

王建慈、王建坤 2000 主语前后副词的位移,《面临新世纪挑战的现代汉语语法研究—98 现代汉语语法学国际会议论文集》,山东教育出版社

王伟 2000 情态动词"能"在交际过程中的义项呈现,《中国语文》第 3 期

徐晶凝 2005《现代汉语话语情态表达研究》,北京大学博士论文

袁毓林 2002 多项副词共现的语序原则及其认知解释,《语言学论丛》第 26 辑,商务印书馆

张伯江、方梅 1996《汉语功能语法研究》,江西教育出版社

张谊生 1996 副词的连用类别和共现顺序,《烟台大学学报(哲学社会科学版)》第 2 期

张谊生 2000《现代汉语副词研究》,学林出版社

赵元任 1968《汉语口语语法》,吕叔湘译,商务印书馆

朱德熙 1982《语法讲义》,商务印书馆

Anderson, Gisle and Thorstein Fretheim 2000 *Pragmatic Markers and Propositional Attitude*. Benjamins, John Publishing Company

Heine, Bernd 1993 *Auxiliaries: Cognitive Forces and Grammaticalization*, Oxford University Press

Li, Charles N. and Sandra A. Thompson 1981 *Mandarin Chinese: A Functional Reference Grammar*. Berkeley & Los Angeles: University of California Press

Palmer, Frank R. 1986 *Mood and Modality*, Cambridge: Cambridge:Cambridge University Press

Payne, Thomas E. 1997 *Describing Morphosyntax*. Cambridge University Press, 1997

Sweetser, Eve 1990 *From Etymology to Pragmatics: Metaphorical and Cultural Aspects of Semantic Structure*. Cambridge: Cambridge University Press

(Fāng・Méi 中国社会科学院语言研究所)

# 现代汉语助动词"应该"的情态解读及其切换机制

古川　裕

## 1　"要"和"应该"

我们曾经研究现代汉语"要"字的语法以及语义功能转移的时候，重点讨论过作为助动词（能愿动词、情态动词）用的"要"字至少可以有两种不同的语义解读[1]。例如：

(1) a. 我要吃饭。

(2) a. 你要吃饭！

上例(1a)中的助动词"要"表示主语的意愿，换言之，这是主语指向（subject oriented）的"要SBJ"；例句(2a)中的助动词"要"表示说话人的意愿，换言之，是说话人指向（speaker oriented）的"要SPK"。下例(3)中的两个助动词"要"，分别可以理解为"要SBJ"和"要SPK"[2]：

(3) 你要（SBJ）吃饭，先要（SPK）背唐诗。

在这里值得我们注意的是，这两个"要"分别都有自己的否定形式，可以用其对应的否定形式来表达两种不同的否定信息："要SBJ"的否定形式为"不想"，用来表达说话人的否定性意愿；"要SPK"的否定形式为"不要（别）"，用来表达对听话人的否定性命令，即禁止。这一语言事

---

[1]　可参看古川裕 2006；2007；2011。
[2]　沈家煊 2001（2011:4）曾指出，主语可以分为"结构主语 structural subject（句子主语 sentence subject）"和"言者主语 speaker subject（言说主语 utterance subject）"。我们还可以换个立场从谓语的角度出发，将谓语分为"主语指向 subject oriented"的〈谓词SBJ〉和"说话人指向 speaker oriented"的〈谓词SPK〉。也可参看彭利贞 2007。

实也可看做是助动词"要"具有两种情态功能的形式方面的一个证据[3]。例如:

(1) b. 我**不想**吃饭。

(2) b. 你**不要**吃饭!

我们认为这种情形并不是"要"的专利,其余的助动词,比如"应该",也应该有类似的语法表现。比较一下下面一对例句(4a)和(4b),我们就可以知道例句(4a)中"应该"的优先解释是"表示情理上必须如此"(《现代汉语八百词(增订本)》:623页),而例句(4b)中"应该"的优先解释是"估计情况必然如此"(同书:624页),显然这是两种不同的语义表现。例如:

(4) a. 他**应该**趁早去北京。　　[道义情态:表示义务、必要]

　b. 他**应该**曾经去过北京。　　[认识情态:表示估计、必然]

在此,令我们感到更有意思的是英语的助动词"must"和日语的对应成分"…ねばならない"也有跟汉语"应该"一样的语法表现,如:

(5) a. He *must* go to Beijing as soon as possible.

b. He *must* have been to Beijing before now.

(6) a. 彼は今すぐに北京へ行か*なければならない*。

b. (空港の出入国記録によれば、この日)彼は北京へ行っていな*ければならない*(にもかかわらず、彼は日本にいたと主張している)。

由上可见,现代汉语"应该"所具备的情态特点并不是孤立的语言现象,

---

[3] 《现代汉语八百词(增订本)》(吕叔湘主编,商务印书馆,1999)第592页明确指出,助动词"要"表示意志时它的否定通常不说"不要",说"不想"或"不愿意"。例如:
　我不想进去(*我不要进去)

对此问题,有一点很值得我们注意,那就是"吃得已经很饱了,我不要吃东西"这种说法在台湾国语里被看做是合乎语法的说法。例如《实用视听华语(1)》(国立台湾师范大学国语教学中心主编,正中书局,1999)第三课第37页有如下两个示范例句:
　我(不)要买笔。I (do not) want to buy a pen.
　你要不要看中文报?～谢谢,我不要。

虽然这是一个很有意思的语言事实,但是鉴于对外汉语教学的需要和实际情况,我们在本文里专门讨论普通话的情况,暂不讨论国语以及其它方言的变异情况。也可参看宋永圭2007。

而是跨语言的、具有普遍性的语法现象。

与此同时，我们还可以指出，跟上述"要"的情形一样，"应该"的否定表达也有两个形式：道义情态的"应该"在否定副词的后面；认识情态的"应该"在否定副词的前面。例如：

(7) a. 他不**应该**马上去北京。（否定副词"不"+"应该"+动词）
　　 b. 他**应该**还没去过北京。（"应该"+否定副词"没"+动词）

那么，为什么同一个助动词"应该"，它的语义解释可以发生如此的变化呢？其语法动机或语法机制又是什么样的？过去好像很少有人注意到这个有意思的问题。本文围绕这些问题专门讨论助动词"应该"的情态解读及其解释上的切换机制。

## 2　"应该"的情态解读及其机制

### 2.1　时态和可控性

助动词"应该"的情态表现，跟"要"字的情形一样，无疑是跟它后面的谓词性成分（为了讨论的方便，本文将此"应该"后面的谓词性成分用大写罗马字简写为 P）的语义特征有密切的关系。如果 P 是属于未然时段的而且可控 [+controllable] 的动作行为的话，那么此类"应该 P"的优先解读是表示"义务、必要"的那一类，一般可以用来表示说话人对别人的命令，是属于说话人指向的那一类，例如祈使句"你应该趁早去北京啊！"；如果 P 是属于已然时段的而且不可控 [−controllable] 的状态或动作行为（如"曾经去过北京"）的话，那么该类"应该 P"的优先解读自然是表示"估计、必然"的那一类了，例如上例(4b)"他应该曾经去过北京"。下面，比较一下小说里的几个实例：

[P 属于未然时段、可控的事态]

(8)　"不，**应该**我敬你一杯！"刘学尧按住酒杯说，"你是我们医院的
　　　支柱，是中华医学的新秀！"　　　　　　　　　　（《人到中年》）
(9)　"老刘，你不**应该**当医生，也不**应该**当文人，你**应该**去研究社会学。"
　　　　　　　　　　　　　　　　　　　　　　　　　（《人到中年》）

⑩ 他激动地说：我最不喜欢的是动不动就"俺不"的人。一个女孩子，**应该**打扮，**应该**生活，**应该**愿意穿自己有的最好的衣裳，**应该**磊落大方，不**应该**鼠头鼠脑、畏畏缩缩、羞羞答答……

（《活动变人形》）

[P 属于已然时段、不可控的事态]

⑪ 她离开那儿已经十五年，那孩子**应该**已经出嫁，没准儿都作了孩子妈。　　　　　　　　　　　　　　　　　　　（《插队的故事》）

⑫ 1990 年我看见朱月倩时，她已八十一岁，她于 1909 年出生。那么 1928 年，她和父亲在一个党小组时，**应该**只有十九岁，比张锡瑗小三岁。　　　　　　　　　　　　　　　　（《我的父亲邓小平》）

上例(8)中的 P 为"我敬你一杯"，这是开始敬酒之前的发言，也就是说 P 为尚未实现的、属于未然时段的一个事态，而且"敬不敬酒"也是完全可以由说话人来控制的一个可控性行为，因此例句(8)里"应该"的优先解释一般是表示"义务、必要"的那一类，即道义情态。余例类推。反之，例句⑪中的 P 是"那孩子已经出嫁"，因这里有时间副词"已经"，P 无疑是属于已然时段的事态，而且现在已经是任何人都无法控制的一个事态，那么这里的"应该"的优先解释就是表示"估计、推测"的那一类，即认识情态。例句⑫里的 P"她只有十九岁"也是一样的道理。

如下一对例句很清楚地告诉我们可控性（[±可控]）这个语义特点对"应该"的语义解释也能起到很大的作用。例如：

⑬ [＋可控] 她**应该**有自己的理想。

⑭ [－可控] 她**应该**有音乐的才华。

按一般常理来说，"有没有理想"是可以自己来控制的一种事态；但是，相对来说"有没有音乐的才华"不是那种可以自己来随意控制的事态，因为音乐方面的才华一般被人们认为是一种先天性的属性。换言之，"有自己的理想"比"有音乐的才华"在可控性方面相对高一些。由此特点，我们在例句⑬和例句⑭的语义解释上会产生不同的反应：例句⑬"应该"的优先解释是表示"必要"的情态解读，表达说话人对主语"她"的一种要求；与此相反，例句⑭"应该"的优先解释是表示"估计"的情态解读，

表达说话人对"她"的一种推测。

其实,在这里我们也要注意,例句(13)并不排除表示"估计"的解读。如果有适当的上下文或语言环境的话,我们也可以把例句(13)的意思解释为说话人对"她"的推测。同样道理,例句(14)也会有可能被解释为表示"必要"的意思。但是,这些非典型的解读还是在某种特殊的语言环境的支撑下才能成立的,其情况跟优先的解释很不一样。我们在此要确认的一点是,"应该"的语义解读并不是非 A 即 B 的对立关系,而是界线比较模胡的可 A 可 B 的连续统。

## 2.2　主语名词的人称

从语用的角度来看,我们也可以注意到句中"应该 P"前面的成分,即主语名词的指称性也会很大程度上影响到"应该"的情态解读。

比如,如果主语名词的所指是第二人称(即听话人"你/你们")的话,那么"应该"倾向于表现义务或必要的意思,而主语名词的所指是第三人称"他/他们、她/她们"或泛指名词的话,就会容易发生歧义,"应该"的情态解读就比较模胡,模棱两可了。例如:

(15) a. 你**应该**有自己的理想。
　　b. 她**应该**有自己的理想。
　　c. 年轻人**应该**有自己的理想。

例句(15a)说明,主语为第二人称"你(们)"的时候,我们对"应该"的解读一般是表示必要的意思,表达说话人对听话人的要求,整个句子容易被解释为一种祈使句,如上例(9)等。与此相比,例句(15b)说明,主语为第三人称"他(们)/她(们)"的时候,语义解读的情况就有所不同,"应该"的优先解释还是表示估计的意思,同时也并不排除表示必要的意思。主语为泛指名词"年轻人"的例句(15c),我们就不好决定"应该"表示哪一种意思了。主语为泛指的"年轻人"时,"应该"的优先解释是表示义务,也有可能解释为推测了。

## 2.3 语境

最后我们要指出的一点是根据语境,"应该"的语义解读也就有相应的变化。例如:

⑯ 推算起来,浦在廷大约**应该**是生于1870年前后,乃是云南省宣威县人氏,汉族。　　　　　　　　　　　　　　(《我的父亲邓小平》)

⑰ 依倪藻的经验,这样的眉毛**应该**是争强好胜、显露浮躁的性格的征兆,这样的眉毛的主人的目光也**应该**是得意洋洋的。

(《活动变人形》)

⑱ 按照公认的标准,这位先生显然**应该**算是属于"资产阶级"的。

(《活动变人形》)

上面3个例句有两个共性:一个共性是各个例子的P均为不可控［－controllable］的状态;另一个共性就是句子开头都有表示某种判断的根据或依据,如例⑯"推算起来"、例句⑰"依倪藻的经验"、例句⑱"按照公认的标准"等。因P为不可控的状态时"应该"的优先解读本来就是认识情态的那一类,再加上句子前面还有表示判断的根据部分,后续句里的"应该"就很容易解释为表示说话人的推测的意思了。

但是,我们在这儿也要注意这种语义解读并不是固定不变的,而是比较模胡的。比如,下一个例句比较有意思:

⑲ 按原来的计划,代表团现在**应该**回旅馆。　　(《活动变人形》)

我们要承认上例⑲中的"应该"有情态解读上的歧义:既可以解读为表示估计或推测的认识情态,也可以解读为表示义务或必要的道义情态。句首"按原来的计划"好像可以看做是说话人推测的一个根据,这时"应该"倾向于表示认识情态;同时,该句P"代表团回旅馆"是可以控制的动作行为,那么此时"应该"又倾向于表示道义情态。因为有这样的两面性,像例句⑲中的"应该"就带有歧义性了。

## 3 小结

最后，我们小结一下本文的分析和讨论。我们认为，现代汉语助动词"应该"的核心意义在"必要"和"必然"的"必"字上。我们试用一下下面的示意图来表示"应该"的语义解读的模胡性。说话人的主观要求相对强的时候，"必"字倾向于表示"必要"的道义情态；说话人的主观判断相对强的时候，"必"字就倾向于表示"必然"的推测，即认识情态。

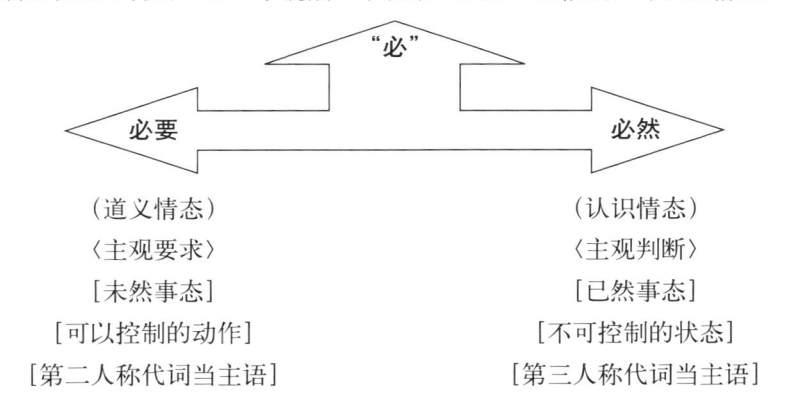

```
                    "必"
          ⬅ 必要        必然 ➡

      （道义情态）           （认识情态）
      〈主观要求〉           〈主观判断〉
      ［未然事态］           ［已然事态］
      ［可以控制的动作］     ［不可控制的状态］
      ［第二人称代词当主语］ ［第三人称代词当主语］
```

**参考文献**

古川裕 2006 助动词"要"的语义分化及其主观化和语法化，《对外汉语研究》第 2 期，pp.97-107，商务印书馆

古川裕 2007 助动词"要"的语义分化及其主观化和语法化，张黎、古川裕、任鹰、下地早智子编《日本现代汉语语法研究论文选》，pp.88-100，北京语言大学出版社

古川裕 2011 关于"要"类词的认知解释——论"要"由动词到连词的语法化途径，吴福祥编《汉语主观性与主观化研究》，pp.147-169，商务印书馆

彭利贞 2007 《现代汉语情态研究》，中国社会科学出版社

沈家煊 2001 语言的"主观性"和"主观化"，《外语教学与研究》第 4 期；又收于吴福祥编 2011《汉语主观性与主观化研究》，pp.1-20，商务印书馆

宋永圭 2007 《现代汉语情态动词否定研究》，中国社会科学出版社

（ふるかわ・ゆたか　大阪大学）

# 副词"互相/相互":语义和句法的互动

郭 锐

## 1 问题的提出

《现代汉语八百词》对副词"互相/相互"的释义是:"表示甲对乙和乙对甲进行相同的动作或具有相同的关系。"如"互相关心、互相影响"。但下面这些例子似乎不能解释:

(1) 马恩全集书信共十三大卷,并非往来应酬之作,而是马恩**相互**讨论或与他人讨论政治经济文化问题。  (《人民日报》1995.2.10)

例(1)中的"马恩相互讨论"不能理解为"马(克思)讨论恩(格斯),恩(格斯)讨论马(克思)"。那么"互相/相互"的语义到底是什么呢?

带有副词"互相/相互"的句子,在句法上通常有下面两条主要限制:

1. 主语复数化,宾语空缺化。如:

(2) a. 他们**互相**指责。    b. *他**互相**指责。

c. *小王**互相**指责小李。

2. 动词一般要求为及物动词,不及物动词一般不能与"互相/相互"搭配。如:

(3) a. *他们**互相**叛变。    b. *他们**互相**偷懒。

但也有一些不及物动词可进入"相互"句,如:

(4) a. 两者**互相**矛盾。

b. 各国忙于**互相**厮杀。    (顾长声《传教士与近代中国》)

c. 我们要**相互**合作。

d. 我们无话不谈,而且**互相**保密。    (沈醉《我这三十年》)

也有不少"互相/相互"句带有宾语,如:

(5) a. 大家**互相**记住生日。　　　　　　　(冯骥才《一百人的十年》)
　　b. 各国要**互相**尊重领土完整。
　　c. 玛雅人常常**互相**交换食品。
　　d. 我们**互相**认为对方不会违约。

一些及物动词在满足宾语空缺化、主语复数化的条件下，"互相/相互"句仍不能说，如：

(6) a. *他们**互相**爱。
　　b. *小王和小李**互相**骂。
　　c. *我们**互相**知道。
　　d. *小王和小李**互相**告诉。

为解释"互相/相互"的语义以及上述句法限制,需揭示"互相/相互"的语义与句法的互动规则,即语义是怎样制约着句法、句法又是怎样表现语义的。

## 2 从相互结构的类型学看汉语的相互结构

现代汉语"相互"句的宾语空缺化现象，可以从类型学关于相互结构的研究中得到解释。

相互结构（reciprocal construction）是语言中的普遍结构，从语义上说，相互结构表示相互情景（reciprocal situation），即至少两个对象间针对对方的相同行为。

(7) a. John and Tom respect each other.
　　　　交互者　　　　　交互对象
　　b. Hans und Paul schlagen **sich**.（德语）
　　　 Hans 和　Paul 打　　　REC（相互标记）
　　　"Hans 和 Paul 互相打对方。"

相互情景中体现相互关系的参与者叫**相互参与者**（reciprocal participants/mutants），主语位置上的相互参与者叫**交互者**（reciprocator），如例(7)中的"John and Tom"和"Hans und Paul"；宾语等其他位置上

的相互参与者叫**交互对象**（reciprocee），如例(7)中的"each other"和空代词。

相互结构中表示相互关系的附加性成分或结构形式叫相互标记（reciprocal marker，简称REC），如例(7b)中的"sich"。

占据交互对象位置的代词叫相互代词（reciprocal pronoun）或相互回指词（reciprocal anaphor），如例(7a)中的"each other"。

从类型学角度看，相互结构的表达可从两个角度分类：

**一、根据相互标记分类**

A．有标记的相互结构（marked reciprocal construction）

1．名词标记的相互结构（noun-marked reciprocal construction）

(8) **immi**-ssin-nut  tuqun-niar-pusi（西格林兰语）(Fortescue 2007)
　　REC-你们-全　杀-FUT-2PL.IND
　　"你们将互相杀对方。"

2．动词标记的相互结构（verb-marked reciprocal construction）

　a．动词重复型

(9) wa　　wà-wà.（Godié）　　　　　　（Marchese 1986:231）
　　他们　爱-爱
　　"他们相爱。"

　b．动词词缀型

(10) Petr-as　　ir　On-a　　buèiuoja-si.（立陶宛语）
　　 Petr-NOM　和　ON-NOM　亲吻-REC　　（Geniušienė 2007）
　　 "Petr和On相互亲吻。"

　c．副词/小品词型

(11) mit　　**n'e**　　juo-ji:l'I (Kolyma Yukaghir)
　　 我们　REC　　看见-INTR.1PL　　　　（Maslova et al 2005）
　　 "我们相互看见了。"

B．无标记的相互结构（unmarked reciprocal construction）

(12) They helped each other.（英语）

## 二、根据交互对象的形式分类

A．名词保留策略（noun retention strategy）

(13) Hans schlägt sich mit **Paul**.（德语）
  Hans 打 REC 跟 Paul
 "Hans 和 Paul 互相打对方。"

B．相互代词策略（reciprocal pronoun strategy）

(14) They helped **each other**.

C．空缺策略（gap strategy）

(15) miri gadha-**la**-nha (Ø).（Ngiyambaa）
  狗(ABS) 咬-REC-PRES   （Donaldson 1980：166）
 "这些狗互相咬对方。"

现代汉语的相互结构主要通过副词"互相/相互"来表达，属于动词标记的相互结构。

从交互对象的形式看，汉语一般采取空缺策略，但有时也带相互代词，没有名词保留的情况。如：

(16) a. 小王和小李**互相**埋怨。（空缺）
  b. 小王和小李**互相**骂对方。（相互代词）
  c.＊小王**互相**埋怨小李。（名词保留）
  d.＊小王和小李**互相**埋怨小王和小李。（名词保留）

相互结构的类型学研究，可以解释汉语相互结构中宾语的空缺化：主要是因为汉语采取交互对象的空缺策略造成的。这一限制不是普遍的，只是汉语的类型特点。

## 3 汉语典型相互结构的语义和句法

上面通过相互结构的类型学解释了为何汉语相互结构需要宾语空缺化，但还有一些问题没有解释："马恩相互讨论"的语义应如何分析、主语为何需要复数化、为何有时不及物动词也能进入相互结构、为何有时宾语仍然保留。

要解释这些限制，需了解相互结构的语义及语义对句法的制约、句法又是怎样表达语义。

### 3.1 典型相互结构的语义和句法

如何认识"互相/相互"的语义？ 前面我们谈到，相互结构表示至少两个对象间针对对方的相同行为。从真值条件语义学角度看，"互相/相互"句表示两个或多个对象的对称关系：

aRb & bRa ……

"互相/相互"句的意义可以**分解**为两个或更多的具有对称关系的子命题的集合。

⑰ 小王和小李**互相**埋怨。 $\xrightarrow{\text{分解}}$ {小王埋怨小李；小李埋怨小王}

反过来看，**相互标记"互相/相互"的语义作用，就是把两个或多个具有对称关系的子命题概括为一个句子。**

⑱ 小王和小李**互相**埋怨。 $\xleftarrow{\text{概括}}$ {小王埋怨小李；小李埋怨小王}

⑲ 他们三人**互相**指责。 $\underset{\text{概括}}{\overset{\text{分解}}{\rightleftarrows}}$ $\begin{cases} \text{甲指责乙} \\ \text{乙指责甲} \\ \text{甲指责丙} \\ \text{丙指责甲} \\ \text{乙指责丙} \\ \text{丙指责乙} \end{cases}$

"互相/相互"的这个语义作用，其实就是把若干互为主体和客体的子命题总括为一个句子，因此"互相/相互"句实际上表达了一个复数性事件。

"互相/相互"把两个或多个具有对称关系的子命题概括为一个句子的语义作用，需经过一系列句法操作才能实现，其中的句法操作规则如下。

**典型情况**：对称关系的子命题中的相互参与者分别是及物动词的主语和宾语，此时"互相/相互"句中的交互对象一般要空缺，不能再以有形

的宾语出现；有时则以"对方"表达交互对象。如：

⒇ a. 他们**互相**埋怨（对方）。

　　b. 夫妻双方在家庭生活中应该**互相**理解。

　　c. 细胞质基因与核基因是**互相**不可缺少的一个统一的整体。

从句法上说，概括的过程需经两方面的操作，一是合并的操作，二是交互对象的空化或相互代词化。具体规则如下：

（一）合并操作：

1. 把两个或多个子命题的主语合并为一个复数性主语。

2. 把两个或多个子命题的宾语（交互对象）合并为一个复数性宾语。

3. 把两个形式相同的动词合并为一个动词。

上述三个操作可以图示如下：

【图Ⅰ　汉语相互结构的句法合并】

$$\left\{ \begin{array}{c} 小王埋怨小李；\\ +\quad\downarrow\quad + \\ 小李埋怨小王 \end{array} \right\}$$
$$\parallel$$
小王和小李埋怨小王和小李

（二）交互对象的空化或相互代词化操作：

4. 用空代词或"对方"替换复数性交互对象。

单音动词（及带"了、着、过"）交互对象不能空缺，必须用"对方"替换复数性宾语（互相骂对方），或者添加数量宾语（互相骂了几句）。

(21) a.　他们**互相**爱对方。　　　b.　小王和小李**互相**骂对方。

　　c. *他们**互相**爱。　　　　d. *小王和小李**互相**骂。

(22) a.　他们**互相**爱**得很深**。　　b.　小王和小李**互相**骂**了几句**。

如果交互对象是递系结构的宾语，也用空代词或相互代词"对方"替换。如：

(23) a. 假如大家旧事重提，**互相**要求（对方）归还故土，对你朝讲来，也不会有什么好处。

　　b. 一大堆人进来命令我俩坐到街对面去，**互相**不准说话。

c. 双方还**相互**指责对方破坏了和平协议。

　　可见，相互结构中，主语的复数化是"互相/相互"的语义制约句法的结果：由于相互结构表达了两个或多个对象间的对称行为，因此，从语义上说，相互结构的交互者是两个或多个个体，交互对象也是两个或多个个体。这样的语义反映到句法上，就是相互结构的主语和交互对象都是复数性的。

　　不及物动词一般不进入相互结构，也是语义制约句法的结果：相互结构要求至少两个有相互关系的对象，不及物动词一般只有一个对象，不满足相互结构的语义要求。

　　单音节及物动词通常需保留相互代词可能是由于韵律原因造成的。

## 3.2　汉语非典型相互结构的语义和句法

　　"互相/相互"句的非典型情况是，交互对象不是及物动词的宾语。非典型情况的"互相/相互"句仍可以分解为两个或多个具有对称关系的子命题，具体有下面几种情况。

### 3.2.1　交互对象为间接宾语

　　若是三元动词，交互对象为间接宾语时，用空代词或相互代词"对方"替换，"互相/相互"句可能带宾语。如：

(24) 红军和东北军已经停火，**互相**给予（对方）支持和帮助。

　　　红军和东北军互相给予帮助　⇆　{红军给予东北军帮助；
　　　　　　　　　　　　　　　　　　东北军给予红军帮助}

(25) a. 我们**相互**告知了（对方）一些自己的生活情况。　（曾卓《梦境》）

　　b. 上下工序**相互**拖欠货款严重。

### 3.2.2　交互对象为宾语的领属者

　　交互者是子命题的主语，交互对象是子命题的宾语的领属者。在"互相/相互"句中领属者需用空代词或"对方"替换，原宾语保留：

㉖ 他们两家只隔一座小山丘，**互相**看得见屋顶的炊烟。

$$\text{分解} \quad \updownarrow \quad \text{概括}$$

　{A 家看得见 B 家屋顶的炊烟；B 家看得见 A 家屋顶的炊烟}

㉗ a. 两只手噼噼啪啪**互相**打对方的手背。　　　（王朔《看上去很美》）

　b. 苏、美两国现在都发射了多种侦察卫星，**互相**搜索着对方的军事秘密。

㉘ a. 大家**互相**记住生日，逢到谁生日，就备带一点菜凑在一起玩。

　　　　　　　　　　　　　　　　　　（冯骥才《一百人的十年》）

　b. 各国要**互相**尊重领土完整。

### 3.2.3　交互对象为介词宾语的领属者

㉙ 坐在这里，你们可以**相互**从对方的脸上看到模糊的思念。

　　　　　　　　　　　　　　　　　　　　　（张贤亮《绿化树》）

　你们从对方的脸上看到思念　⇆　{A 从 B 的脸上看到思念；

　　　　　　　　　　　　　　　　　　B 从 A 的脸上看到思念}

㉚ a. **相互**从对方那儿得到的也只能是游离在盒子外面零星的、飘浮的、微薄的爱情。

　b. 在中国成功的秘诀包括**相互**承认文化的区别，建立信任和友谊。

　　　　　　　　　　　　　　　　　　　　　（《人民日报》1995.4.1）

### 3.2.4　交互对象为宾语小句的主语

交互者是子命题的主语，交互对象是宾语小句的主语。"互相/相互"句中宾语小句的主语用"对方"或空代词替换。

㉛ a. 我们**互相**认为对方会违约⇆{我认为他会违约；他认为我会违约}

　b.（想必也是）**互相**觉着不错（才走到一起的）。

　　　　　　　　　　⇆　{A 觉着 B 不错；B 觉着 A 不错}

### 3.2.5 交互对象为介词宾语

(32) 马恩全集书信共十三大卷,并非往来应酬之作,而是马恩**相互**讨论或与他人讨论政治经济文化问题。　　(《人民日报》1995.2.10)

例(32)中"马恩相互讨论"其实不是"马讨论恩,恩讨论马"的意思,而是"马跟恩讨论,恩跟马讨论"的意思,由于发生了介词删除,需要补出被删除的介词才能正确理解。

当交互者是子命题的主语,交互对象是介词的宾语时,"互相/相互"句中介词宾语需用"对方"替换,如(33a);或用空代词替换,为避免介词悬空,介词需删除,如(33b)。这种情况下,动词常是不及物的。为正确解读其语义,需补出被删除的介词。

(33) a. 咱们**互相**为对方作证。　⇆　{我为你作证;你为我作证}

　　b. 咱们**互相**(为对方)作证。　⇆　{我为你作证;你为我作证}

下面是删除介词的具体例子:

(34) a. 这些问题往往是**相互**独立的。(跟+交互对象)

　　　　　　　　　　　　　　　　(《人民日报》1995.6.22)

　　b. 那么就得继续和老美进行洽谈,**相互**讨价还价。(跟+交互对象)

　　　　　　　　　　　　　　　　(梁晓声《冉之父》)

(35) a. 两个人一手端盘,一手端杯,沿着杯沿儿转着圈地吸溜着,不露齿地品着,摇晃着杯中的渣子,心满意足地**相互**微笑。(对+交互对象)　　　　　　　　　　　(王朔《千万别把我当人》)

　　b. 如果是白天,各自的狼狈相一定会令他们**相互**吃惊的。(对+交互对象)　　　　　　　　　　　　　　(刘兆林《雪国热闹镇》)

(36) 矛盾公开尖锐,有的还**相互**留点儿面子,有的既联合又斗争。(给+交互对象)　　　　　　　　　　　　　(赵瑜《马家军调查》)

(37) 他刚刚与丽莎幽会后分手,第一次**相互**倾吐了爱情。(向+交互对象)　　　　　　　　　　　　　　　　(曾卓《诗人的两翼》)

为什么介词需要删除?

在话题化、关系化、焦点化以及省略等操作中,现代汉语动词由于宾语移位、隐含或省略可以造成动词悬空,如:

㊳ a. 这本书我看过 [ ]（话题化）
　　b. 小王看 [ ] 的书（关系化）
　　c. 一本书也没看 [ ]（焦点化）
　　d. 我不看 [ ]（省略）

但现代汉语不允许介词悬空(黄正德1988)。郭锐2009认为，在话题化、关系化、焦点化和省略等几种操作中，为避免介词悬空，除可以采取代词保留策略外，还可以采取介词删除的策略。

**1．代词保留**（pronoun retention）。如：

㊴ a. 我跟小王开玩笑　→　b1.　我跟他开玩笑的那个人
　　　　　　　　　　　→　b2.＊我跟 [ ] 开玩笑的那个人
㊵ a. 我常跟这个人开玩笑　→　b1.　这个人我常跟他开玩笑
　　　　　　　　　　　　　→　b2.＊这个人我常跟 [ ] 开玩笑
㊶ a. 我不跟这个人开玩笑　→　b1.　什么人我都不跟他开玩笑
　　　　　　　　　　　　　→　b2.＊什么人我都不跟 [ ] 开玩笑
㊷ a. 一个冷酷无情、肉眼看不见、<u>医生管 [他] 叫做"肺炎"的不速之客</u>，在艺术区里蹑手蹑脚，用他的冰冷的手指这儿碰碰那儿摸摸。
　　b. 这是<u>他们毕生为 [之] 奋斗的主要目标</u>（←他们毕生为这个目标奋斗）

**2．介词结构删除**（preposition deletion）。如：

㊸ 我们为这个目标奋斗→我们为 [——] 奋斗的目标→我们奋斗的目标
㊹ 我对这件事感兴趣→我对 [——] 感兴趣的事情→我感兴趣的事情
㊺ 我对这件事感兴趣→这件事我对 [——] 感兴趣→这件事我感兴趣
㊻ a. <u>乔依工作的工厂</u>在前不久倒闭了。（←乔依在这个工厂工作）
　　b. 高品把他那刚才写字的纸递给我，这是他曾给我看过的那张信鸽竞翔的奖状。（←他用那张纸写字）

为避免介词悬空，在移出、隐含或省略的空位上填充一个代词是一个办法，但还有更简单的办法，那就是干脆把介词删除掉，这样也避免了表

层形式中的介词悬空。在例(43)–(46)中只有认为有介词删除，其结构和语义才能得到合理的解释。

不允许介词悬空的根本原因是作为虚化成分的介词的依附性。虚化的介词同其他虚化成分一样，不具有独立性，总是需要依附于某个实词性成分，因此，介词宾语作为介词所依附的成分当然也就不能空缺。介词不允许悬空或悬空受限这一共性的存在，正是虚化成分的依附性的具体表现。

郭锐2009只谈到了话题化、焦点化、关系化和省略操作中的介词删除，现在看来，在相互结构中介词宾语位置上交互对象的空缺化操作中，也有介词删除。

其他一些语言的相互结构中，也有介词删除现象，如：

(47) para    mana'xujuhu'?  (Wari) (Everett and Kern 1997:191)
　　为什么　生气 REC.2PL
　　"你们为什么相互生气？／你们为什么跟自己生气？"

由于英语采取相互代词策略，不会造成介词的悬空，因此英语没有介词删除现象，如：

(48) a. Why are you angry **with** each other?
　　 b. They are talking **to** each other.
　　 c. They rely **on** each other.

从以上的讨论可以看到，之所以相互结构有时可以带宾语，是因为这些出现的宾语都不是交互对象，交互对象仍然是空缺的或用相互代词"对方"代替。

上面的讨论也可以解释为何一些不及物动词也可以进入相互结构，因为这些带不及物动词的相互结构的交互对象是介词的宾语，加上主语仍有两个对象，满足相互结构需要至少两个对象的要求。

### 3.3　部分固有相互义动词不能进入相互结构

但是，有些有相互关系的句子不能用"相互"句表达，如：

(49) a. *小王和小李**互相**吵架。⇆{小王跟小李吵架；小李跟小王吵架}
　　 b. *小王和小李**互相**结婚。⇆{小王跟小李结婚；小李跟小王结婚}

c. *两张照片**互相**一样。
　　　　　　　⇌{照片1跟照片2一样；照片2跟照片1一样}
　　这与动词的语义有关，这些动词本身就具有相互义。如果动词不加相互标记或相互代词也能表示相互情景，这样的动词叫固有相互义动词，如：

(50) a. 小王和小李打架。⇌{小王跟小李打架；小李跟小王打架}
　　b. 小王和小李结婚。⇌{小王跟小李结婚；小李跟小王结婚}
　　c. 两条意见一样。⇌{意见1与意见2一样；意见2与意见1一样}
(51) a. 我们要合作。⇌{我跟他合作；他跟我合作}
　　b. 两件事矛盾了。⇌{A和B矛盾；B和A矛盾}
　　c. 两条意见一致。⇌{意见1与意见2一致；意见2与意见1一致}

　　固有相互义动词就是朱德熙1982:176-177所说的对称性动词和表示相同、相似、不同和相反意义的谓词，与陶红印1987说的相互动词、张谊生1998说的交互动词和刘丹青2000说的相互性动词大致相当。

　　但固有相互义动词与相互标记的搭配能力比较复杂，并非所有的固有相互义动词都不能与相互标记搭配。以此可以把固有相互义动词分为两类：

　　（一）不能与相互标记搭配。如：吵架、打架₁、结婚、离婚、分手、分离₁（离别）、见面、聊天、比赛、打仗、会谈、有关、相同、一样。

(52) a. ***相互**/***互相**吵架　　b. ***相互**/***互相**分手
　　c. ***相互**/***互相**会谈　　d. ***相互**/***互相**一样

　　（二）可与相互标记搭配。如：矛盾、冲突、对立、打架₂（矛盾）、合作、交换、对抗、平行、垂直、来往、分离₂（脱离）、交谈、关联、一致、统一。

(53) a. 那段时期从巴黎传来的消息往往**互相**矛盾。
　　　　　　　　　　　　　　（曾卓《"为人类工作"——马克思的生平》）
　　b. 各个份子必须**互相**合作，方能强盛发达。
　　c. 两条直线相交成直角时，就说这两条直线**互相**垂直。
　　　　　　　　　　　　　　　　　　（《现代汉语词典》1983年版）
　　d. 为了维护社会体系**互相**一致，需要加大信息的数量和据以交流的速度。

(54) a. 从此走向性的自然属性和文化属性**相互**冲突和分裂的历史时期。

b. 交换是有一点规律的，位于染色体上的链锁基因之间，相对位置较近的基因，**互相**交换的频率低；相对位置较远的基因，其**相互**交换的频率高。

c. 她能以自身为测量器，使网上的螺旋线**相互**平行，距离大致相等。

d. 社会现实对人的道德要求与人对社会现实的实践要求**相互**一致。

e. 文中只是在开头两段和末了一段，写一写乌鸦叫声的苦，中间就让几个老婆子**相互**交谈，诉说妇女的不幸。

是什么因素造成了这两类固有相互义动词的差别，目前还不清楚。

## 3.4　相互结构和反身结构为何关系密切？

在不少语言中，相互标记和反身标记用同一形式表达。

(55) **immi**-ssin-nut　tuqun-niar-pusi（西格林兰语）
REC/REFL-你们-全　杀-FUT-2PL.IND　(Fortescue 2007)
“你们将互相杀对方／你们将自杀。”

(56) a. Copiii　se　spală.（罗马尼亚语）　(Calude 2004)
小孩　REFL　洗
“小孩在洗澡”

b. Copiii　se　spală　unul　pe　altul.
小孩　REC　洗　一　对　对方
“小孩在互相给对方洗澡。”

【表Ⅰ　反身结构和相互结构的关系（Maslova et al 2005)】

| | |
|---|---|
| 1. 没有非临摹性（重复动词）相互结构 | 16 |
| 2. 相互结构与反身结构采取不同形式 | 99 |
| 3. 存在反身结构和非反身的相互结构 | 16 |
| 4. 反身和相互结构采取相同形式 | 44 |
| 总计 | 175 |

为何相互标记和反身标记有如此密切的关系？ 原因是相互情景和反

身情景在语义上非常接近。相互结构的合并操作带来的结果，是句子的主语和宾语相同，这样的语义结构与反身情景是相同的，如(57)既是相互结构的语义解读，也是反身结构的语义解读，不同之处，仅仅在于动作行为是针对对方的还是针对自身的。

(57) 小王和小李埋怨小王和小李。
    a. 小王和小李相互埋怨。
    b. 小王和小李埋怨他们自己。

从相互结构和反身结构的关系可以看到，我们在上文把"相互"句的主语分析为两个子命题的主语的合并、"相互"句的宾语分析为两个子命题宾语的合并是有道理的。

## 4 "互相/相互"的语义发展

下面这些例子中的"互相/相互"在语义上已不表示对称关系：

(58) 三个和尚**互相**偷懒不愿意去打水。
(59) 家里边呢，有一个弟弟有一妹妹，也都**相互**成立了家庭，每个人都有一个孩子。（北京语言大学《当代北京口语语料库》）
(60) 一辈子都在**相互**寻找共同语言，却没寻找到过几次。
                                                     （梁晓声《冉之父》）
(61) 这种交往能锻炼自己使对方开口的本领，寻找**相互**感兴趣话题的本领。（王登峰、张伯源《大学生心理卫生与咨询》）
(62) 王与孙**相互**一怔。

"互相/相互"的这种用法，表示"各自、一起、都"（together、both）的意思。这种用法，很可能来自介词删除的相互结构，如"我们相互微笑"本来的意思是"我对他微笑，他对我微笑"，这就意味着"我们各自微笑"、"我们一起微笑"、"我们都微笑"，这种意思最初只是附带义，由于交互对象本为介词宾语，介词被删除后交互对象一般人不易觉察，日久之后"一起、共同、都"这样的附带义就与"互相/相互"建立起固定的联系，从而成为独立的意义。

相互标记与"共同、一起、都"义的这种联系在其他语言中也存在,如：
(63) ñukanchi maka-naju-nchi　(Imbabura Quechua)
　　　我们　　　打-REC-1PL　　　　　　　　　（Cole 1982:91）
　"我们相互打对方/我们一起打。"

## 5　结语

"互相/相互"句的语义和句法是互动的。**相互标记"互相/相互"的语义作用，就是把两个或多个具有对称关系的子命题概括为一个句子**。要实现这个语义作用，需在句法上执行以下三个操作：

1. 把两个或多个子命题的主语合并为一个复数性主语（交互者）。
2. 把两个或多个子命题的交互对象合并为一个复数性交互对象。
3. 把两个形式相同的动词合并为一个动词。
4. 用"对方"或空代词替换复数性交互对象。

准确的语义分析为"互相/相互"句的句法分析提供了一个基础；另一方面，不把其句法实现规则说清，又难以说清其语义。因此我们说，**在相互结构中，语义和句法是互动的**。

## 参考文献

郭锐 2009　现代汉语和古代汉语中的介词悬空和介词删除，《中国语言学》第二辑，pp.23-36，济南：山东教育出版社
黄正德 1988　汉语正反问句的模块语法，《中国语文》第4期，pp.247-264
刘丹青 2000　汉语相互性实词的配价及其教学，《配价理论与汉语语法研究》，pp.209-240，北京：语文出版社
吕叔湘主编 1999/1980《现代汉语八百词》，北京：商务印书馆
陶红印 1987　相互动词及相互动词句，《句型和动词》，中国社会科学院语言研究所现代汉语研究室编，pp.344-382，北京：语文出版社
张谊生 1998　交互动词的配价研究，《现代汉语配价语法研究》第二辑，袁毓林、郭锐主编，pp.104-131，北京：北京大学出版社
朱德熙 1982《语法讲义》，北京：商务印书馆

Calude, Andreea S 2004 Reflexive — Middle and Reciprocal — Middle Continua in Romanian, *Proceedings of the 2004 Conference of the Australian Linguistic Society*

Cole, Peter 1982 *Imbabura Quechua*. North-Holland

Donaldson, Tamsin 1980 *Ngiyambaa: the Language of the Wangaaybuwan*, Cambridge University Press

Everett, Daniel L. and Kern, Barbara 1997 *Wari: the Pacaas Novos Language of Western Brazil*. Routledge

Fortescue, Michael 2007 Reciprocals in West Greenlandic Eskimo, In Nedjalkov, Vladimir (ed.) *Typology of reciprocal constructions*, Benjamins

Geniušienė, Emma 2007 Reciprocal and reflexive constructions in Lithuanian, With references to Latvian. Nedjalkov, Vladimir (ed.) *Typology of reciprocal constructions*, pp.633–672, Benjamins

Marchese, Lynell 1986 The Pronominal System of Godie. In Wiesemann, Ursula (ed), *Pronominal Systems*, Gunter Narr

Maslova, Elena & Vladimir P. Nedjalkov 2005 Reciprocal Constructions, In *WALS*, 106A

(Guō·Ruì  北京大学)

# 新兴动趋式"V 走"的发展及其动因

柯　理思（Christine LAMARRE）

## 1　引论

现代汉语的位移动词"去"和"走"单独作谓语时语义指向不同。"去"表示"从说话所在的地方到别的地方"（吕叔湘 1999:455），经常与表示位移目的地的处所词共现，如"去你家"，也作为连动式的第一谓语，连接表示移动的目的行为，如"去（你家）玩儿玩儿"。而"走"除了表示位移方式"步行、行走"外，还可以表示"离开"，指向起点（所离开的地方）。"去"可以作趋向补语，如"拿去"，"表示人或事物随动作离开说话人所在地"（吕叔湘 1999:456）。"走"具有"离开、去"义时也可以作动结式的第二成分（吕叔湘 1999:700）。可见同样位于动词后的"走"和"去"被看作是不同性质的语法成分："走"为结果补语，"去"为趋向补语；"V 走"组合属于动结式，"V 去"组合属于动趋式[1]。对现代汉语的趋向补语进行穷尽性描写的《趋向补语通释》（刘月华 1998）也没有包含"走"。这种处理方式基于复合趋向补语的构词原则："走"和"来、去"截然不同，不能和"上"类趋向动词结合，构成复合趋向动词，"回去了"不能说成"*回走了"，"拿下去了"不能说成"*拿下走了"。

然而，从语义上看，"走"充当"拿、带、拖、偷、寄"等位移动词的补语时，和趋向补语"去"意思非常接近，使用频率也很高，外国人学汉语有时不容易掌握。比如日语的 iku"去"经常用在其他动词后表示动

---

[1] 把"走"归入趋向补语的语法论著只有 Chao 1968:459、王凤兰 2004 和王国栓 2005:14。

作离开说话人的位置,"动词+te-iku"有时翻成"V 走",有时翻成"V 去"。因此,在日本广泛使用的参考书『中国語学習 Q&A 101』中有一项专门说明"拿去、借去"和"拿走、借走"的差异(杉村 1991:110-114)。日本的汉语教学界一般采取杉村 1987;1991 的说明策略,告诉学习者"走"指向位移的起点。换句话说,"走"和"去"无论作为主要谓语还是作补语,都保留其语义指向的不同。

法语的"去"aller 一般带终点介词词组如 on va chez toi"咱们去你家",或表示位移目的的行为,如 on va manger"咱们去吃饭"。和"走"相应的动词是 s'en aller,本身指向起点(en 原来表示"从某个地方"),如 on s'en va"咱们走吧",也可以与起点介词词组搭配,所以学习者对"走"和"去"作主要动词的用法不会赶到困难。法语没有"V 去/V 来"一类复合动词,但是使用频率颇高的 amener/enmener"带来"/"带去、带走"和 apporter/emporter"拿来、搬来"/"拿去、拿走、搬去、搬走"两对反义词却以成对的词头 en- 和 a- 来区别动作方向。以法语为母语的学习者想表达 emmener 或 emporter 时也会产生困扰。两者的异同最近也开始引起中国对外汉语教学界的注意(王凤兰 2004、范立珂 2012)。比如王凤兰 2004 注意到留学生的一些常见的病句如"*我到那儿的时候,车已经开去了"、"*他原来住在我们宿舍,后来搬去了",描写了"V 走"和"V 去"什么时候可以替换以及替换时的区别。

但是让人感到意外的是,补语"走"在清末的文献中的使用范围似乎比现代汉语窄,"V 去"的使用频率比现在要高。究竟是哪个因素引起"V 走"向"V 去"的领域扩展? 本文对新兴的动词后置成分"走"的发展进行初步的考察后,探讨其发展过程和动因。我们把"V 走"看作是一种"动趋式",主要是重视"V 走"和"V 去"的这种交叉现象。

## 2 补语"走"用法的演变

### 2.1 明清白话文献中补语"走"使用频率低,结合面窄

动词"走"原意为"疾速而行、跑",也有"逃跑"的意思,"行走"

义是北方话新兴的义项（详见杨克定1994、白云2004等）。"人或鸟兽的脚交互向前移动"（walk）和"离开"（leave）这两个义项在体貌方面显示出不同的特点：无论移动速度快还是慢，前者具有动作动词（activity verb）的特征，表示无界的动作，适合用于动结式的前项，而"离开"义项的"走"是瞬间动词，表示有界的事件，适合充当动结式的后项。因此，本文所讨论的补语"走"的用法演变与"走"向"行走"意义演变这一词汇代替现象没有直接关系。

在明清白话的文学作品里（如《水浒传》、《红楼梦》），补语"走"使用频率很低。一直到19世纪的《儿女英雄传》，"走"一般作为双音节动词"逃走"、"奔走"、"行走"等几个动词的后项，保留"走（路）"或者"逃跑"的意义。18世纪的（《红楼梦》里还有"放走"和"赶走"，其中的"走"保留"人或动物逃跑"的意思（如例句(1)的鱼）[2]。

(1) 刚才一个鱼上来，刚刚儿的要钓着，叫你唬跑了。[……] 二哥哥，你再赶走了我的鱼，我可不依了。　　　　　　（《红楼梦》第81回）

在《红楼梦》后四十回里还可以见到与现代汉语用法接近的"V走"组合，如例句(2)的"抬（了）走"和"将姐儿逼走了"（119回），其中的位移体还是人，"V走"具有"V而使其走"的意义：

(2) 环儿在大太太那里说的，三日内便要抬了走。说亲作媒有这样的么！　　　　　　　　　　　　　　　　　　　（同上第119回）

这些文献中与"V来"相应的是"V去"，"去"经常与"拿、带、送"等以及"偷"等"夺取"义动词组合，表示动作的受事离开说话人所在地，没有暗示目的地的用例也很普遍：

(3) 原来就是他！听见他自五岁被人拐去，怎么如今才卖呢？
　　　　　　　　　　　　　　　　　　　　　（《红楼梦》第4回）

(4) ……银两被贼偷去，难道就该罚奴才拿出来么？
　　　　　　　　　　　　　　　　　　　　　（《红楼梦》第112回）

---

[2] 例句引自人民文学出版社（1974年）本，其底本为程乙本。在119回里还有一句与例句(2)相似："'你们快快的想主意，不然可就要抬走了。'说着，各自去了。"

《镜花缘》(19世纪初叶,作者李汝珍为直隶人)的情况也如此,只发现"吓走"一例,可以从例句的前段看得出其中的"走"含有"逃跑"义:

(5) 那老者見他喊叫,慌忙跑開。文其埋怨道:二哥只管慢慢盤問,爲何大驚小怪把他嚇走? (《镜花缘》第58回,p.431)

直到19世纪中叶的《儿女英雄传》,"走"主要仍作为"逃走"、"奔走"、"行走",以及"送走(客人)"等几个动词的后项。

可见,在明清时代的文献中"V走"的使用范围仍然非常窄,与"V来"相对应的是"V去",而不是"V走"。这可以从《红楼梦》和《儿女英雄传》里大量出现的"V了来"和"V了去"两个对应的常用动趋格式里得到旁证。用在"V了去/V了来"格式里的动词包括表示致移事件的"拿、带、送、夺、抢、拐"等多种动词,位移体也可以是非生命体。"V了走"却还没有出现。从范畴化的观点来看,可以把这个"了"看作是一个动趋式标记(请参看柯理思2002、杨德峰2002等)。《儿女英雄传》中还能见到"V了去"的可能式"拿不了去"(见柯理思、刘淑学2001),意思是"拿不走",表明"V了去"是名副其实的动趋式:

(6) 只是我邓老九的银子是凭精气命脉神挣来的,你这等轻轻松松只怕拿不了去! (《儿女英雄传》第15回)

另外《朴通事谚解》(明)以及《老乞大》的四种版本中(包括清代两种)也看不到类似于现代汉语的"V走"的用例。

## 2.2 "V走"在反映清末北方话的文献中逐步发展

反映19世纪末的北京话口语的汉语课本《官话指南》里(1881年,大约6万字)虽然能看到一些和现代汉语类似的"V(了)走"的例句,但远远没有"V(了)去"多。"V了走"一共3例,其中1例用不及物(自移)动词"搬(家)",其他2例的动词都是伴随动词,即施事和位移体同时移动的"拿",不包括"把"字句。动词为及物动词的"$V_t$了去"一共20例(还有1例带宾语的"V了+宾语+去"),其中的"把"字句占的比例相当高。与"去"组合的动词除了"送、带、拿、发(货)、起(货)、推、汇、取、找(人)"等,还包括"夺取"义的动词如"偷、骗"。比如

例句(7)的"偷了去"现在大概普遍要说成"偷走":

(7) 若是過路的人把你的馬偷了去,那可就難找了。

《官商吐屬 第15章》

直到二十世纪初的《小额》(1908年),"V(了)走"的使用频率才逐渐提高,"把"字句也多起来:

(8) 兩個人早把青皮連給拉了走啦 （《小额》p.7）
(9) 不容分說就把大車王給抓了走啦 （《小额》p.25）

与"走"组合的动词还有"支"、"拿"、"劝"等,都是及物动词,句子表示致移事件。然而,从数量来看,"V(了)去"仍然占多数,"$V_t$了去"出现13例(动词为"抓、找、送、拿、带"等)。

(10) 茶館兒裡頭也是一陣大亂,都知道小额讓人給抓了去啦

《小额》p.37

从范畴化的形式表现来看,《小额》使用"V了来"、"V了去"和"V了走"三种格式,从此可以推测"走"与"来/去"属于同一类趋向成分。这与19世纪的《儿女英雄传》截然不同,然而和河北冀州话的情况很相似(柯理思等 2001)。

## 2.3 民国时期和解放初期:"V走"逐渐增多

为了考察民国和解放初期的国语(普通话),我们选择了撰写时期、方言色彩和语体特点不同的语料,即老舍的几部作品和杨沫的《青春之歌》。《骆驼祥子》中还能找到"夺取"类动词后的"去",比如"凭什么把他的车白白的抢去"、(钱)"被人抢去"、"教别人白白地抢去"等用例。该书也包含由及物动词构成的"$V_t$走",一共19例,动词为"支、派、冲、驱逐、搬、收拾、放、卷、赶、送、带、拿、对付"。其中有12例是"把"字句或者被动句,有4例以"V了走"的形式出现。"$V_t$了来"有2例(动词为"抢、请")、"$V_t$了去"7例(动词为"捉、抢、叼、拿、裹、接、摘"),还有2例"V不了去"。

(11) ……只剩下点钱被人家抢了去。 （《骆驼祥子》第12章）

⑿ 风过去，街上的幌子，小摊，与行人，仿佛都被风卷了走。

(同上第18章)

⒀ 万一那三十块钱是抢了来的呢，……。 (同上第4章)

可见，《骆驼祥子》（和老舍的其他作品）的"走"和"来/去"一样，经常用在"V了~"格式中。"了"不是强制性成分，也可以见到"V走/V去"格式。

《青春之歌》中"$V_t$ 走"一共52例，动词为"抓、捕、拉、带、弄、推、赶、送、抢、拖、抬、解雇、搬、拿、打、调"等，其中只有2例插入"了"的"V了走"。52例中有30例为"把"字句或者被动句。"V走"中表示人自己移动的自移动词也丰富起来，包括"溜走、（车）开走、跑走、搬走"。《青春之歌》中偶尔还能看到插入"了"的"V了去"格式，频率不高：

⒁ 我那些朋友都叫国民党捕走了。 (《青春之歌》第一部第23章)

⒂ ……叫他不要被反动派抓了去。 (同上第一部第6章)

## 2.4 当代普通话的情况："V走"多于"V去"

当代作家如杨绛、王朔所撰写的普通话作品里，"走"和"去"均位于动词后表示位移体离开某处，可是两者之间的分工相当明显，"走"的视点定位在起点（source-oriented），"去"的视点却定位在目的地（goal-oriented），这反映动词"走"和"去"在意义上的差异（见杉村1987、王凤兰2004、范立珂2012）。比如动词意义本身凸显位移目标的"捎（信）"、"派（人）"、"寄"和"送（东西）"经常带状语"给+NP"。只凸显某人或某物离开本场的"偷、抢、赶、撵、拐"等动词和"走"组合的情况比较多。然而这只不过是一个倾向，只要语境和视点允许就有相反的组合情况，如"东西已经托人捎走了"（侯精一等编2001）。

我们曾经指出表示位移体自己移动的动词（如"跑、走、飞、爬"等）和"去"构成的动趋式不典型，受许多限制（柯理思2005）。本研究观察了出现在致移事件句中（caused motion events）的"V去"和"V走"，发现"V走"的使用频率高于"V去"[3]。

王朔两部小说《看上去很美》和《过把瘾就死》（共 23 万字）中，[$V_t$+去] 出现 11 次，而 [$V_t$+走] 出现 24 次，证明"走"表示受动者因动作而离开某地的功能非常普遍。带"去"而表示致移事件的动词有"夺、抓、掠、送、刮、射、投"等。带"走"的动词包括"带、拿、领、抢、夺、打发、刮、揪、挑、买、装、拖、冲"等（还有可能式 1 例）。

⒃ "留给我也没什么用，值钱的你统统拿走。""拿走我那儿也没地方搁，……"
（《过把瘾就死》）

杨绛的小说《洗澡》前两部（94,600 字）中 [$V_t$+走] 出现 16 次，动词为"拿、抢、接、刮、骗、赶、搬、运、拉、抽（信封中的信）、送"，[$V_t$+去] 出现 14 例，动词为"拿、接、送、调、拉、拣、借、收"。"V 去"凸显位移目标，这表现在一部分例句在"去"后表明位移的目的[4]，构成一种连谓句，请比较"拿去"和"拿走"，"接去"和"接走"：

⒄ "这是流水帐，你拿去仔细看看，学学。"（《洗澡》第一部第 2 章）
⒅ 姚太太母女的新居没地方安放这一屋子书，姚宓只拿走了她有用的一小部分。
（同上第 3 章）
⒆ 我家三个女佣人走了一个，另一个又由她女儿接去过夏，要等我妈妈出院再回来。
（同上第 12 章）
⒇ 她忙着要接她回家团聚。自从许老太太硬把这孩子从杜家接走，三年来没见过这孩子的照相。
（同上第 7 章）

## 3 "走"的范畴化在形态上的表现："VX 走"格式

上文提及《红楼梦》、《儿女英雄传》里常用"V 了去"和"V 了来"，

---

3) 本文收集的用例排除相当于"V 掉"的"V 去"，如"擦去/抹去眼泪"。刘月华 1998 把"去"的这个义项从其他义项分出来，英语里对应的往往是 off 而不是 away。和趋向动词"上、下、出、进"等结合的"去"如"跑进去"、"扔过去"或者"上去"、"回去"的"V 去"也没有包含进去，因为原来"走"在标准汉语中不可能和"上"类趋向动词结合取代"去"。
4) 杉村 1991 也指出了这个倾向。

不用"V了走"[5]。而反映清末、民国时期北京话的文献中（比如老舍的作品里）除了"V了来"、"V了去"外还能见到"V了走"格式，证明"走"所出现的句法槽（paradigm）起了变化，"V走"开始与"V去"竞争，与"V来"相应。比如，《四世同堂》里进入"V了走"格式的及物动词如下："扛、搬、带、拿、捆、（被野狗）叼、抬、赶、抱、放"。杨德峰2002因为拿普通话的尺度来研究 [V＋了＋趋向补语] 格式，对这类"V了走"格式感到困惑，如果"走"是结果补语的话，V和"走"之间怎么能插入"了"呢？他认为，出现在老舍作品里的"捆了走"是个述补结构，动词"捆"后面出现"了"是类推的结果。实际上表示位移体离开某地的趋向词"走"是新兴的语法成分，刚刚进入 [V了＋指示趋向词] 格式。而且这个动趋格式在形成过程中的"白话"（国语）里已经开始被淘汰了，所以杨德峰2002没有考虑"走"可能会与"来"、"去"同类。其实，当代方言给我们提供的语言事实证明，可以对老舍作品里大量出现的"V了走"格式作出另一种解释。某些北方方言在动词和指示趋向词"来/去/走"之间经常使用，或者必须插入一个标记（"了、得、将、上、着"等）。"V了走"的"走"虽然原来只表示"离开某处"，与"真正"的指示趋向词"来/去"无关，但从形态、句法分布的角度看，产生了一个"三分"的指示方趋向范畴（category of deictic directionals）。"VX来/VX去/VX走"格式虽然在标准汉语里已经被淘汰，在某些北方方言[6]中却仍很活跃。据我们了解，在那些方言里这个成分X不能插入动词和结果补语之间。

山西定襄方言显示出非常有趣的动趋式：动词和"来"结合时必须插入近代汉语常用的趋向补语标记"将"（以下例句引自范慧琴2007:113-116）：

---

5) 根据杨德峰2002的统计，"表示将来发生"的动作的 [V了来]、[V了去] 在《红楼梦》前80回里出现65例，在《儿女英雄传》里出现26例。杨文所说的"将来"是指出现在祈使句等语境里的"V了来/V了去"。如果把表示已然事件的用例也包括进去，出现次数就更多。

6) 冀鲁官话的冀州方言（柯理思、刘淑学2001，柯理思2002）、不少山西方言（乔全生1983;1992;1996、范慧琴2007）、河南的晋方言（见贺巍1989、王森1998）、兰州方言等。

(21) 他一块人黑天半夜地就跑将来啊。

（他一个人黑天半夜地就跑来了。）

指示趋向词"的"相当与"去"，与动词结合时可以用"将"（例(22)），也可以用近代汉语的另一个常见的动趋补语标记"得"[7]：

(22) 你把皮球给娃娃踢将的！

（你把皮球给孩子踢过去！）

新兴动趋式"V 走"则插入本地土生土长的趋向补语标记"上"结合：

(23) 好些儿的早就教人们挑上走啊。

（好点儿的早就让人们挑走了。）

并不是全部的北方方言都常用"V 走"，比如陕北的一些晋方言、陕西的关中方言、一些山东方言一般还用"V 去"。因为篇幅的限制，我们不能讨论"走"和"去"在西北地区的另一种分布：在山西西南部的万荣等地区，"走"可以带表示移动目标的处所宾语，也可以和"上"类趋向补语组合（详见史秀菊 2004、王临惠 1998）。北方话的那些内部差异证明汉语的"去"义动词的语义和用法一直不太稳定。赵元任（Chao 1968:670）曾经指出，南方方言不见得存在北方话里所见的"去"和"走"的区别。根据颜秀珊 2002 的研究，闽南话多用"去"，导致台湾人说国语的时候在该用"V 走"的地方错用"V 去"，比如"钱被偷走"说成"钱被偷去"。补语"走"的使用范围在汉语各方言里到底存在多大的差异，还不十分清楚。

世界语言中在动词上标注指示方向（deictic direction）的语言不少，根据手头材料来看，大部分语言把指示方向词分成两种：表示靠近说话人的方向（venitive directional）和离开说话人的方向的词（andative directional）。可是南岛语（Oceanic group）语言里也存在三分的指示范畴[8]。表示离开说话人的方向词（andative directional）分化，一种强调"离

---

[7] 有关近代汉语的"将"和"得"插在动词和趋向补语之间的用法请看刘坚等 1992 和曹广顺 1995。在反映主流汉语的文献里动趋标记"了"取代了"将"和"得"。晋语保留了近代汉语的许多早期特点。

[8] 比如瓦努阿图 Vanuatu 群岛的 Ambea（Hyslop 2001）、巴布亚新几内亚 Papua-New Guinea 的 Tawala（Ezard 1997）等三分：towards deictic center, towards addressee, past/future deictic center, away (from deictic center)。

开"说话人，不管往哪儿去，指向起点，另一种指向听话人的方向，指向目的地。汉语的"去"和"走"在汉语里没有和平共存，反而发生竞争。

## 4 "V走"使用范围扩展的动因："走"的有界化功能强，更适合充当补语

### 4.1 "V走"比"V去"更适合表示有界的位移事件

汉语的动趋式从构式来说和动结式一样，这个结果构式倾向于表达[有界]（bounded）的事件。趋向补语为复合趋向补语时，可以看做是表示客观路径的前项"上、下、出、进、过、回"充当结果补语的角色，因为受事宾语可以放在"来/去"之前（比如"搬过一张桌子来"），可能式也是把否定词插在"上"类补语之前（比如"搬不过来"）。相比起来，一般动词加指示趋向词"去"时，"去"倾向于表示动作的趋向，其有界化作用比较弱。尤其是自移动词为"走、跑、爬"等，加"去"时在句法上受很多限制，一般需要和"往/向/朝+处所词"一类状语共现，也不能构成可能式（"*走不去"）（详见刘月华 1998：36、柯理思 2005）。自移动词带补语"走"却不受这些限制，明确地表达有界的事件，请比较"飞去"和"飞走"：

(24) 去上海的飞机早就飞走了。　　　　　　　　　　　　（侯精一等 2001）

(25) 他看见两只鸟向右边飞去，他的心里充满了强烈的渴望。

（《家》第 21 章）

刘月华还指出，"自移动词+去"在语体上属于书面语，与口语色彩更浓厚的"V过去"作对比（1998：288）。该书不认为"走"是趋向补语，没有涉及"V走"在口语中也可以代替"V去"，从上面例句(24)、(25)的"飞去/飞走"来看，讨论这个问题最好把"走"也考虑进去。

值得注意的是，有一部分及物动词和"去"结合时只表示施事的位移而不表达受事的位移，如例句(26)的"摸去"指位移体自己以"摸"的姿势去某个地方，应该看作是自移事件：

(26) 敢死队出发了；男孩子猫跃般一个接一个从门里扑出来，一接地

便立即匍匐前进，呈扇面向李阿姨床铺摸去。

(王朔《看上去很美》第 20 章)

刘月华 1998:56、72-73 把这些动词归入"表示可使物体改变位置的动作行为动词"（和"请、端"同类），但我们认为句子表示的不是致移事件，有必要和"请来"的"请"区分开来。"看去"、"望去"也属于这一类，动作"看"不可能引起"看"的受事的位移，仅仅表达其施事的眼光的方向。这种句子里"去"只表示动作的趋向，没有蕴含"位移"的完成，"V去"通常与表示位移方向的"往／向／朝＋处所词"一类状语共现。这些"V去"组合表面上是动趋式，但从语法意义看缺乏致使意义，因此都不能换成"V 走"。

(27) 她大声抽泣着向方枪枪走了几步把手里无意抓起的一把雪攥成球向他投去。　　　　　　　　　　　　　（《看上去很美》第 20 章)

(28) 我们都攒足了一口浓痰，一齐朝她吐去。　　（同上第 19 章)

吕叔湘 1999:456 指出，一般动词和"去"通常不构成可能式[9]。"V 走"却有对应的可能式：

(29) 如果你还有其它一些东西带不走，那也不要紧，帽子、鞋、枪我们都会替你保管，给你搁玻璃柜里，……（《看上去很美》第 12 章)

所以我们推测，"V 走"的发展和使用范围的扩大与表达"离开"某处的"走"的体貌特点有关。"V 走"与"V 去"相比更适合动趋式的构式意义，更适合表达位置变化，和使动义关系更密切。"V 了去"格式的淘汰很可能也促进了这个演变，因为"V 去"不能靠"了"来充当"有界化成分"（bounder），很难具备典型动补构式的语法特征。

Wilkins & Hill 1995 站在跨语言研究的角度曾指出，所谓指示位移动词的语义和用法是多样的，"去"义动词在某些语言里缺乏明确的指示

---

[9] 刘月华 1998 所依据的四百万字的语料里只有一例，范继淹 1963 却列举"拿不去、送不去"一类可能式，可是实际上范文所依据的八十余万字的语料没有出现。根据刘月华 1998 的统计，该书所使用的语料里，[一般及物动词＋不＋来]一共 5 例（[趋向动词＋不＋来]一共 42 例），[及物动词＋不＋去] 1 例（[趋向动词＋不＋去]一共 19 例）。

意义。比如德语的 Gehen、俄语的 idti 和波兰语的 iść 很难说是纯粹的指示位移动词，还包含"走路移动"的意义。与动词"来"相比，"往"义动词的语义和用法不稳定，汉语史学界早就注意"去"取代"往"的词汇更替现象。目前"V 走"取代了近代汉语的一部分"V 去"，也反映这一点。即使在官话方言中，两者的语义和用法都显示出不少出入。虽然如此，我们认为"V 走"的发展还有一些句法动因。

雅洪托夫 1958:90 提到俄语的趋向词头与汉语的趋向补语"上、下、进、出、过、回"的对应关系，但没有提到和趋向补语"来、去"的对应形式。俄语的一套表示趋向的词头往往兼表达完成体，其中有相当与"走"（away）的词头，但没有相当于"去"的词头（见 Koga et al. 2008）。英语也使用一系列副词性成分表达动作的路径，我们知道 up/down，in/out 和汉语的趋向补语有许多类似之处。英语不用表示指示方向"去/来"的副词性成分，但有相当于补语"走"的 away。匈牙利语表达路径"出/进/上/下/过"只能用动词词头，这些词头兼表示完成体，但具有相当于"来"和"去"的动词，不用词头。我们认为新兴动趋式"V 走"的发展与动趋式的构式语义有关。4.2 进一步讨论这个假设。

## 4.2 使用"V 走"的典型环境："被"字句或"把"字句

"走"作补语时的特点是：多用在及物动词后，表示致移事件（caused motion event）。比如在王朔的两部小说《一半是火焰一半是海水》和《浮出海面》中，进入"V 走"动趋式的自移动词和致移动词比率为 11/16；《青春之歌》为 33/52；《骆驼祥子》为 8/19。我们参看《中国语补语例解》（侯精一等 2001）中和"走"共现的动词发现，表示致移事件的动词比表示自移事件的动词多好几倍：

自移动词：[搬、蹦、调、飞、流、爬、逃、退、游]

致移动词：[拔、搬、绑、包、抱、背、逼、拨、剥削、采、搀、抄、扯、冲、抽、穿、带、担、倒 dǎo、夺、发、放、分、赶、搞、刮、拐、喊、轰、哄、划、挤、寄、叫、揭、接、借、救、卷、开、扛、拉、搂、骂、拿、弄、派、陪、捧、骗、骑、起、气、牵、抢、敲、请、取、扫、捎、收、送、

抬、提、挑 tiāo、偷、推、拖、挖、吸、吸收、要、应付、邮、运、招、抓、转 zhuǎn、赚、装、捉]

汉语的"把"字句和"被"字句通常要求有界的谓词,是"V走"出现的典型语法环境。《中国语补语例解》的用例中,"把"字句32例、"被/让/叫"字句44例、受事主语句4例,占及物动词的例句总数的80% [80/103例]。这个比率和实际语料的情况重合:比如《青春之歌》一书中及物动词带"走"的组合一共52例,其中有30例是"把"字句或者被动句。

为了验证上文所概述的历史演变,我们利用北大语料库,分别考察了"拐去"和"拐走"在被动句和致使句的用法,比较了"古代汉语"(实际上是近代汉语)和现代汉语的使用情况。

【表1 "拐去"和"拐走"在被动句和致使句中的历史演变(CCL语料库)】

|  | 近代汉语 | | | 现代汉语 | | |
| --- | --- | --- | --- | --- | --- | --- |
|  | 被/让(名)~ | 把/将+名~ | 总数 | 被/让(名)~ | 把/将+名~ | 总数 |
| 拐去 | 25 | 6 | 31 | 2 | 2 | 4 |
| 拐走 | 2 | 0 | 2 | 25 | 12 | 37 |

现代汉语的"被~拐去"仅2例,其中1例在"去"后带有位移目的:"拐去当小老婆",另一个例句的施事为第一人称:"被我拐去"。近代汉语的"拐去"请看上文例句(3),"拐走"的2个用例分别出现在清代的《济公全传》和民国时代的《雍正剑侠图》中。大部分例句中受事宾语是人,但是也有几例是钱或其他珍贵的物体。

(30) 好东西,我两座庙,二十顷地的银子,叫你二人拐走了。

(《济公全传2》)

## 5 小结

汉语里表示主观参照的指示趋向词"来/去"使用频率很高,汉语表示位移时往往必须把指示趋向(deictic direction)表达出来(Lamarre

2008)。"来"和"去"虽然位于动词后,但其功能不见得限于典型的"补语成分"的语法功能。木村1978:110阐述了趋向词"来"和"去"在句子的不同句法位置上(受事宾语前后)的不同篇章功能,指出这两个指示成分的语法意义有时与一般"补语"成分相距很远。汉语在不同时代给这两个成分布置了不同的任务,表达指示意义在不同方言里也采取不同的策略,这也不足为奇。

本文探讨新兴动趋式"V走"的发展动因,着重动趋式的发展和趋向词本身的词汇意义的互动。"V走"与"V去"相比更适合用于致使事件、位置变化事件,更符合"把"字句和被动句对谓词的句法要求。我们对"V(了)走"的发展和"V(了)去"的衰落进行考察后得到的结论是"走"的"离开"义和动趋式的构式意义相重合,这促进了"V走"在北方话里使用范围逐步扩展。

**参考文献**

木村英樹 1978 方向補語"来""去"のシンタックス——"来""去"の位置と意味の相関関係,東京大学修士論文

杉村博文 1987 "走"と"去"の違い,相原茂・木村英樹・杉村博文・中川正之著『中国語入門 Q＆A 101』pp.147-148,東京:大修館書店

杉村博文 1991 "拿走"と"拿去",相原茂・木村英樹・杉村博文・中川正之著『中国語学習 Q＆A 101』pp.110-114,東京:大修館書店

白云 2007 "走"词义系统的历时与共时比较研究,《山西大学学报》第2期,pp.81-85

曹广顺 1995 《近代汉语助词》,北京:语文出版社

范慧琴 2007 《定襄方言语法研究》,北京:语文出版社

范继淹 1963 动词和趋向性后置成分的结构分析,《中国语文》第2期,pp.136-160

范立珂 2012 "V走"和"V去"的替换条件及其认知依据,《外语研究》第2期,pp.19-25

贺巍 1989 《获嘉方言研究》,北京:商务印书馆

侯精一等 2001 《中国语补语例解》(日文版),北京:商务印书馆

柯理思、刘淑学 2001 河北冀州方言里"拿不了走"一类的格式,《中国语文》第

5 期，pp.428-438
柯理思 2002 汉语方言里连接趋向成分的形式,《中国语文研究》, 第 1 期，pp.26-44
柯理思 2005 讨论一个非典型的述趋式："走去"类组合, 沈家煊、吴福祥、马贝加主编《语法化与语法研究（二）》, pp.53-68, 北京：商务印书馆
刘坚、江蓝生、白维国、曹广顺 1992《近代汉语虚词研究》, 北京：语文出版社
刘月华主编 1998《趋向补语通释》, 北京：北京语言文化大学出版社
吕叔湘主编 1999《现代汉语八百词（增订本)》, 北京：商务印书馆
乔全生 1983 洪洞话的"去""来",《语文研究》第 3 期，pp.59-62
乔全生 1992 山西方言的"V＋将＋来／去"结构,《中国语文》第 1 期，pp.56-59
乔全生 1996 晋语区的"动＋将＋来／去"结构, 黄伯荣主编《汉语方言语法类编》, pp.786-89, 青岛：青岛出版社
史秀菊 2004《河津方言研究》, 太原：山西人民出版社
王凤兰 2004 谈两种简单趋向补语的异同,《云南师范大学学报》第 2 卷第 5 期, pp.65-68
王国栓 2005《趋向问题研究》, 北京：华夏出版社
王临惠 1998 临猗方言中"走"的语法特点,《语文研究》第 1 期，pp.57-59
王森 1998 郑州荥阳（广武）方言的变韵,《中国语文》第 4 期，pp.275-283
雅洪托夫 1958《汉语的动词范畴》, 北京：中华书局（俄文原作出版于 1957 年）
顏秀珊 2002「去」字句在臺灣國語及閩南語中的使用對比,《臺灣語言與語文教育》四，pp.63-79
杨德峰 2002 用于将来的"动＋了＋趋"初探,《语言研究》第 2 期，pp.78-84
杨克定 1994 关于动词"走"行义的产生问题,《东岳论丛》第 3 期，pp.73-75

Chao, Yuen Ren 1968 *A Grammar of Spoken Chinese*, Berkeley: University of California Press.

Ezard, Bryan 1997 *A Grammar of Tawala, an Austronesian Language of the Milne Bay Area, Papua New Guinea*. Pacific Linguistics Series C-137. Camberra: the Australian National University.

Hyslop, Catriona 2001 *The Lolovoli dialect of the North-East Ambae Language, Vanuatu*. Pacific Linguistics 515. Camberra: The Australian National University.

Koga, Hiroaki, Yulia Koloskova, Makiko Mizuno and Yoko Aoki 2008 Expressions of spatial motion events in English, German, and Russian:

With special reference to Japanese. In C. Lamarre and T. Ohori（eds.） *Typological Studies of the Linguistic Expression of Motion Events, Volume II: The Linguistic Expression of Autonomous Motion in Murakami Haruki's* <u>Norwegian Wood</u> —— *A Contrastive study of Japanese, French, English, Russian, German and Chinese*. Tokyo: 21$^{st}$ century COE Program *Center for Evolutionary Cognitive Sciences at the University of Tokyo*, pp.13-44.

Lamarre, Christine 2008　The Linguistic Categorization of Deictic Direction in Chinese: With Reference to Japanese. In D. Xu（ed.）*Space in Languages of China: Cross-linguistic, synchronic and diachronic perspectives*, pp.69-97. Dordrecht: Springer.

Wilkins, David P. & Deborah Hill 1995　When GO means COME: Questioning the Basicness of Basic Motion Verbs. *Cognitive Linguistics* 6.2/3, pp.209-259

北京大学汉语语言学研究中心コーパス　http://ccl.pku.edu.cn/Yuliao_Contents.Asp

『小額 社會小説』1992　松齡（松友梅）著，太田辰夫・竹内誠編，東京：汲古書院

＊本文有关"V走"的历史演变的部分（第2节）曾在2004年6月在南开大学召开的IACL-11上宣读，标题为《动词后置成份"走"的语法化》。该研究曾得到日本文化科学省的资助(项目为"东亚语言的范畴化和语法化：从个性到共性"，项目号码为14310221，研究期间为2002～2005年)。这次对原稿作了许多补充和修改。

　　　　　　　　（ラマール・クリスティーン　フランス国立東洋言語文化大学）

# 汉语特色的量化词库：
# 多/少二分与全/有/无三分

刘　丹青

## 0　引言：量化表达的两种策略

在形式语法和形式语义学关于汉语量化成分的研究传统中，全量词语和存在量词语是首要的分野。如蒋严、潘海华 2005 [1998]：31 所谈的量化成分，都属于这两大类："一阶逻辑有两个量词：全称量词（universal quantifier）和存在量词（existential quantifier）"（本文将他们所说的量词称为"量化词"，以区别于汉语语法所讲的"量词"classifier/measure word，引文则照录原文）。而所谓非标准量化词，也都可以按其功能划归这两类。另外，我们认为 no，nothing 之类全量成分的否定可以分立一类。全量否定词相当于否定算子作用于 any 一类量化词的产物，如 I have nothing = I do not have anything，其中 no = not + any。这种结合已词汇化为在英语这类语言中的词库成员，故能单立。而且，any 这类词的量化属性比较复杂，难以简单地归为全量还是存在量[1]。因此不但 no，nothing 之类已经成词的单位可以处理为全量否定词，而且与之等价的组合 not + any 也可以做同样处理，归为全量否定。这样，我们把含有全量（全）、存在（有）和全量否定（无）这三类量化词语的量化系统简称为"全/有/无"三分法。在英语这类语言中，量化词及含量化成分的代名词基本上都可以归入这三类，是典型的三分法系统。如：

(1) 全：all, every, each (, any) …

(2) 有：some, several, a, many, a few, few…

(3) 无：no, nobody, none, nothing

人类语言中可能较普遍地拥有这三大类量化成分，至少可以用语言单位表示出来。但是，语言单位不等于词项，只有词项才体现了高度的概念化。比较汉语：

(4) 全：全部、所有、一切、每（个）、个个（、任何）
(5) 有：一些、某些、有些、有的、很多、大量、少数
(6) 无：没有人、没有东西、没有任何、（随便）什么都不/没有……
（莫：古汉语）

我们看到，现代汉语词库中表全量和存在量都有一些固有词项，但是表示全量否定的词项却不见于词汇库藏。关于括号中的"任何"，下面有进一步讨论。

上古汉语有一个"莫"是表全量否定的代词。"莫之知"就表示 Nobody knows him/her/it. 不过这个代词只限于用在主语位置，不能用于宾语。I know nobody/nothing 无法译成"吾知莫"或"吾莫知"。在现代汉语及其诸方言中，已不存在"莫"或其他类似的全量否定词。"手莫伸"中的"莫"是祈使否定词，不是否定代词。现代汉语要表达全量否定，只能依靠临时组合的短语或句式，如 I eat nothing in the morning 就要说成"我早上什么都不吃"，这已经是一种句式。因此，可以说，汉语没有在词库中形成三分量化系统。

---

1) 语言学文献将 any 分出两个。一个表否定极性功能（可轻读），一个表自由选择（不可轻读）。前者用于否定句及带有"怀疑"、"难得"等否定义词语的句子中，如上所举；后者用于可能、道义等特定的情态环境中，如 Anybody can do this 和 You may pick any flower. 在条件句中，两种 any 都能出现，并形成歧义，体现了两者的区别。如：If anybody can move this stone, I will be amazed. 作为否定极性的 any，该句表示只要有任何一个人能搬动这块石头，说话人都会吃惊。作为自由选择的 any，该句表示如果任何人都可以搬动这块石头，说话人就会吃惊。学者们通过一些测试认为否定极性 any 更多具备存在量化的特点，而自由选择 any 更符合全称量化的特征，但是在一些地道的否定词辖域中否定极性 any 仍然有一些全量词的特点。参看 Levy 2008。我们认为在否定辖域内，any 是作为全量的代表被否定的，换言之，即使 any 不是典型的全量成分，但 any 的否定就是全量的否定，"不吃任何（any）鱼"就是"所有（all）的鱼都不吃"。因此我们把全量否定 no 等看做否定算子作用于全量成分的结果。

三分法的量化系统，可能比较适合于精确的逻辑运算。但是自然语言中要表达的东西并不都是精确的，对此，三分法语言采用的策略是"精确词语的模糊用法"。他们在语言中大量使用这类量化词，如英语日常交际中常可听到下面这样的话，其实推敲起来并不符合该词的真值条件：

(7) Everyone knew Gilda Besse. （每个人都认识 Gilda Besse。）

(美国电影 Head in Clouds)

(8) The wise man knows he knows nothing, the fool thinks he knows all. （智者知道自己一无所知，愚者以为自己无所不知。）

(英谚)

正如 Zamparelli 2000:52 所说，"全量成分的理解总是必须参照语境中显著的范围"。例如"所有学生都走了"，是指语境中某个显著的确定范围内的学生，如课堂或班级里的学生，而非全世界的学生。而(7)、(8)之类句子并没有显著而确切的参照范围，也不可能按字面的真值条件理解为无范围限制的全量，因为常识告诉我们，很难有哪个人真的为全人类所认识，也不可能有谁真的认为自己对世间事情全然不懂或洞知一切。这里只能理解为模糊而略带夸张的表达。在英语中，三分量化系统是显赫范畴，将精确的全量词语扩展到一些客观存在的模糊语义域是很常规的表达，其夸张语气似乎没有相应的汉语全量词那么显著。

人类语言也存在另一种情况，就是精确的量化词语并不发达，"正则"（canonical）三分系统的各个成分并不都很显赫，反倒是满足另一些交际需求的非正则量化概念得到了词汇化或某种方式的凸显。这些概念用三分法眼光来看有点模糊，但它们却构成了这类语言的显赫范畴，是人们经常使用的概念，可能比某些"正则"三分量化词还常用。这是以模糊词语精确地表达模糊语义的策略，可称"模糊词语的精确用法"，与"精确词语的模糊用法"相对。

本文将以一些汉语特色量化词的分析指出，汉语是一种与三分法量化系统主导的类型有所不同的语言，体现了三分系统所不能覆盖的人类语言量化词语的多样性。汉语一方面三分法的词汇化并不完整，正则三分量化词的使用也不如英语常见，另一方面还存在一些与三分法不同的表多表少

的量化词。这里的"多"、"少"不同于语词意义上的"多"、"少"。语词"多"、"少"都属于存在量,即有而不全。本文所说的非三分系统中的多,是一种主观大量词,我们称为"甚多词",覆盖了从多量存在到全部的量域(多→全);少,是一种主观小量词,我们称为"甚少词",覆盖了从少量存在到零存在的量域(少→无)。甚多词和甚少词都跨越了三分系统最看重的全量和存在量的大界。这也是至今语义学界关注不够的量化词类型。甚多和甚少的主观性决定其界限具有模糊性,不像"全/有/无"内部边界那么分明,它们的使用体现了"模糊词语的精确用法"策略。两种策略体现在量化系统显赫范畴的语际差异上。

## 1 与否定有关的全量词语的低词汇化

现代汉语的三分法量化词语没有形成完整的词汇库藏。得到词汇化的只有全量和存在量。否定全量的词语没有得到词汇化,要靠动词和名词组成短语或句子才能表达。此外,在全量词语中,与否定关系密切的全量任指词(对应于 any 的量化词)也不发达。

自从上古汉语主语位置的全量否定词"莫"从中古以降反映口语的语料中消失之后,现代汉语及其各大方言就不再有相当于 no 及 nobody,nothing 的全量否定词。全量否定都要用分解式表示法,即否定存在动词"没有"带宾语,如"他没有笔"。假如需要由否定全量成分充当主语,则用"没有"引出兼语句,如"没有人相信你的话"。汉语缺少全量否定代词或限定词而需要用动词来表达全量否定概念,与汉语作为一种动词型语言的类型特点是一致的(刘丹青 2010)。实际上肯定性全量也可以换用动词性结构,如"是人都会同情他"[2]。

英语 any 是非现实语境中(irrealis,包括否定辖域内)具有全称量化作用的任指代词。在用动词表达全量否定时,英语照例要用限定词 any 与否定动词相配,如 I don't have any pen.

现代汉语普通话有"任何"一词来对译 any。然而,与 any 作为一个英语高频基本词不同,"任何"是汉语中很晚近的词,是西语汉译所诱

发的欧化语法的产物，不是汉语固有的基本词。在汪维辉教授所建的从上古后期到近代（从西汉王褒《僮约》到清代《红楼梦》节选）17 种历代文献的 57 万字语料库中（我们还补查了《红楼梦》全书），以及更晚的《老残游记》等小说中，都没有出现一个"任何"的用例。甚至成书于 1910－1920 年间的北京话教材《京语会话》（约 95000 字）中仍无"任何"踪影，在 1915 年版的当时最大的汉语综合语文词典《辞源》中，未收"任何"一词。而且，在"任何"出现之前，汉语也并没有与 any/"任何"作用相当的词语。换言之，汉语中原本没有任指全量词语。"我没有任何责任"、"他没见任何朋友"这类当代常用表达，都带有西方语言影响下的欧化语法的痕迹[3]。在传统汉语中，这类否定句或使用汉语式的量化限定词（见第 2 节），或用最小量的"一＋量词"，或完全不使用限定词。后两种情况如：

(9) a. 你这上头倒没有一点儿工夫。　　　　　　（《红楼梦》第 81 回）

　　b. 安老爷又是个古板的人，在他跟前没有一毫的趋奉，

　　　　　　　　　　　　　　　　　　　　　　（《儿女英雄传》第 2 回）

(10) a. 老爷是有了银子就保住官儿了，没有银子，保不住官，还有不是。

　　　　　　　　　　　　　　　　　　　　　　（《儿女英雄传》第 3 回）

　　b. 我又没有收税的亲戚，作官的朋友，有什么法子可想的？

　　　　　　　　　　　　　　　　　　　　　　（《红楼梦》第 6 回）

即使在"任何"已经扎根于汉语后的一段时间里，"任何"作为有外来语义背景的代词，仍然带有正式书面语体色彩，例如在老舍的长篇小说

---

[2] 在被认为所有实词均属谓词的一些北美印第安语言中，例如 Straits Salish 语中，论元都以动词附加成分的身份出现，名词化成分即使出现也只能作边缘出位成分，不带限定词（determiner）。这些语言连全量、存在量也只能靠作用于谓语的副词性成分来表达（汉语的"都"也是副词性全量成分），完全没有限制名词的量化成分（参看 Jelinek 1995）。汉语虽然是动词型语言，但是名词仍然存在，只是不如动词活跃，所以一方面有些量化操作缺乏名词限定词来表达，另一方面仍然拥有一批名词限定词做量化词语。

[3] 本文初稿在一些地方报告后，笔者看见张定 2010 对"任何"的来源做了更加详细扎实的考察，结论与本文一致，他明确认为"任何"是 20 世纪初在西方语言影响下用汉语语素构成的仿译词。

《骆驼祥子》中使用了数十例"任何",但是全部出现在叙述语言中,没有一例出现在对话中。到了几十年后的王朔小说中,"任何"才比较自然地出现在对话中,但所占比例仍小,如他的长篇小说《我是你爸爸》共有24例"任何",只有4例用在对话中。

在地道的汉语方言口语交际中,"任何"更少出现,即使出现,也是来自普通话词语的借用。例如,在苏州吴语中,要用动词性短语"随便啥……"放在"俉(都)+谓语动词"前表达 any 之义,如"随便啥人弗许进去"、"随便啥物事俉弗吃"(随便什么东西都不吃=不吃任何东西)。这么复杂的结构,难以像简短的名词限定词 any 那样灵活常用。实际上普通话的"任何"就构词来源来说也是动宾结构的,字面义恰恰就是"随便什么"。

由此可见,在汉语的三分法量化词语中,否定全量及相关词语并不发达。这不但是因为相关词语的词汇化程度低,而且因为汉语还存在着与之竞争的非正则量化词。

## 2 否定谓词后的"什么":跨越"少-无"界限的"甚少"量化词

在汉语表示拥有、存在和及物行为的否定句中,常在宾语位置出现非疑问用法的"什么"(=口语"啥"),如"他没有什么亲戚"、"他没吃什么"。这个"什么"在动词后,无论是自成代词宾语还是作为宾语名词的限定词,都具有量化功能,但它跟三分系统中的任何量化词都不对应,也与前置于否定性谓语并有"都/也"相配的"什么"不同(没吃什么≠什么都没吃)。其他疑问代词在否定谓语后也有同类作用,本文以"什么"作为代表。

前置于否定性谓语的"什么"意义较确定,就是被否定的全量,如"他什么都没吃"就相当于 He didn't eat anything 或 He ate nothing。不过,这一全量义有"都/也"的语义贡献,是否定谓语、全量算子"都"、"什么"和受事前置的特殊语序合力造就的构式语义。

动词后的"什么"处于句法上无标记的普通动宾结构,不需要"都/也"类副词,"什么"或"什么+宾语核心"充当正常的宾语,其量化意义集

中在"什么"上。但这个"什么"的语义解读从前述量化三分法角度看却反而更难确定。这种解读的不确定性，显著地反映在汉语的英译作品中。这些译作以三分量化系统去解读这种非三分系统的量化词，使同一个否定句的"什么"有语义性质很不一致的译法。

下面我们先分析一些近现代汉语否定句带"什么"的实例，然后再考察一下它们在翻译成英文版时的表现。

当中国人说"这个菜没放什么盐"时，是指盐放得很少，而不是完全没放盐，后一种意思要说"什么盐／一点儿盐都没放"。下面几个网络语言实例清楚显示了这一点：

(11) 我家现在吃东西都没放什么盐的，酱油更是还没用过呢。

(网络论坛。括号中的标点为引者所补，下同)

(12) 我月子里的汤基本没放什么盐，味精一点都不放。

(11)、(12)各含两个分句，都是关于做菜放调料的否定句，但前后分句结构及语义均有别。后分句明示完全不放该作料（酱油、味精），而前分句用"没放什么盐"句式，只表示放得很少。也只有这样解读才符合中国烹饪常识。假如"盐"也是全量否定，会优先采用更整齐的同类句式甚或合并成一句，如"盐、味精一点都不放"。(11)后分句用了"更"字，表明"盐"分句程度不如"酱油"分句，没到完全不放的程度。在存在句方面，当人们说"他的盒饭里没什么菜"，也是说菜很少而不是没有菜，否则会说"他的盒饭里什么菜／一点儿菜都没有"。

那么，是否意味着否定性谓语支配"什么"时的量化功能就是"少"而不是"无"呢？如果这样，那么否定句中的"什么"就是表示表少存在量的。事实并非如此。语言中同时存在后置"什么"否定句的真值条件是全量否定的情况。如表态性的"我没什么意见"通常就表示没有任何意见，常被用来做简短表态并结束话轮，因为没有意见要说了。再如：

(13) 有个男孩去相亲见了女孩以后没什么意见，可是女孩对男孩有意见，女孩她爸妈逼着女孩同意，你们说那个女孩会对那个男孩好吗？

(网络论坛)

此例用"可是"凸显了双方在相亲后的态度差异，是有和无的对比，

即男孩没有任何意见（=满意），而女孩有意见（=不满意）。假如男孩是有意见而意见少，就无法与后一句"有意见"构成对比。网络语料所见的"没什么意见"的实例，绝大多数都表示"没有任何意见"。

在汉人语感中，并不感觉"否定谓语+什么"是歧义句，其语法意义并无不同，解读时有时倾向表少存在量、有时倾向全量否定，是由语境因素作用于该组合而形成的。构式本身只表示一种固定的语义，就是一种主观性的"甚少"量化义域。这种义域覆盖从少到无（零）的语义范围，跨越了三分法中存在量和全量否定的界线。可以图示如下：

(14) 否定谓语+什么：甚少=少——0 [4]

以上由语境获得的全量否定义和表少存在义，是基于三分法视角分析的结果，而不是一种真实存在的歧义。当语境因素不足以做此区分时，"否定谓语+什么"句就表示本文所说的"甚少"义域，站在三分法角度看似模糊，放在汉语量化系统中则是很明确的表达。如：

(15) 我孩子最近吃饭很头疼，<u>没吃什么零食</u>（,）吃饭根本就不吃，玩得挺开心的，也没见有什么异常，怎么办，急死了我（。）

（网络论坛）

对划线分句而言，孩子无论是没吃任何零食，还是只吃了很少的零食，都符合此处的真值条件。假如要强调完全没吃，要说"什么/一点儿零食都没吃"。假如要强调吃了但吃得很少，可以说"零食吃得很少"。现在使用该句式，恰恰说明说话人无意严格区分到底完全没吃还是只吃了很少一点，他只是强调其孩子吃零食没达到会导致吃饭少的程度。

这样的量化义域对汉语母语人来说是很自然的非歧义句。但是，在量化三分法的语言中，不存在类似的"甚多"、"甚少"表达手段，假如要将含这种表达的句子译成英语等三分法语言，难免将其纳入三分系统，从而导致量化歧义的假象。且看中文作品的英译文例子。

我们穷尽考察了曹禺四幕剧本《日出》英译文（Barnes 译 1960/1978）全部非前置"什么"否定句 23 例，并与中文原文作比较。23 例译文中保

---

[4] 式中"少"的含义，与数学上的少于半数无关，而是一种主观认定的少量。

留否定量化句的有 14 句,其余 9 句用非否定量化句意译或干脆跳过未译,如以 That's all right 译"这不算什么"之类。14 个量化否定句的统计结果如下:

全量否定(no 类、not…any 类、not at all):10 例
相当于全量否定(没有什么用:is just useless):1 例
对大量或高程度的否定=表少存在量:3 例

用全量否定句来译的,虽然在真值条件上多半也符合原著语境中的解读,但其强调程度显然超过原著,如:

⒃ 陈白露:……走进来点!怕什么呀!Come right in. What are you afraid of?
方达生:(冷冷地)不怕什么!I'm not afraid of anything.

⒄ 潘月亭:你还要谈什么? What more is there to talk about?
李石清:不谈什么,三等货来看看头等货现在怎么样了。Nothing! Just a third-rater coming to see how the first-rater's getting along now.

从汉语的语感看,⒃例 I'm not afraid of anything 更适合用来翻译"我什么也不怕",而不是"我不怕什么"。⒄例 Nothing 更适合用来翻译"什么也不谈"而不是"不谈什么"。用全量否定式翻译"什么"后置的否定句,无法体现与"什么"前置否定句的显著差别。

另有三例不用全量否定来翻译"否定谓语+什么",而通过否定大量来表达小量。这些句子多另带表示数量大程度高的定语,句子是连数量带程度一起否定的,表示该属性程度不高,如(上下文译文从简):

⒅ 李石清:(表示殷勤)经理,平常做存货没什么大危险,再没办法,我们收现,买回来就得了。In the ordinary way, Mr. Pan, there's not so much risk attached to stocking up with bonds.

⒆ 李石清:(走到潘的面前,低声)经理,其实这件事没有什么大不了的关系。公债要是落一毛两毛的,也没有什么大损失。In actual fact, sir, it wouldn't be such a terrible blow. You wouldn't lose all that amount even if prices drop a couple of cents.

这些句子否定了"多",表达了"非多"即"很少"的含义,至于是否少到"无"(零),则是模糊的,结合语境也并不明确,其用意只在强调"甚少"。

为什么"否定谓语+什么"在英文中更多被译为全量否定? 请看下式:

(20) 全—|—多—||—少—|—无(零)

此式大致兼容了三分系统和二分系统的各个语义点(两个系统无法真正兼容,见第4节)。横线从左往右代表数量递减方向。单竖线代表三分法的两处分界线。双竖线代表"甚多"、"甚少"二分系统的分界线。双竖线两侧的"多"和"少"同为三分法中的存在量。"什么"后置否定句否定了左边"全、多"两项,凸显了右边"少、无"两项,即强调方向是向右的,"无"则是右向的极点,是最能体现该强调方向的点。因此,相对来说以三分法中的全量否定这个点来翻译,较接近这种组合的原义。但是,接近不等于等同,该构式的固有语义仍然是双竖线右边跨越存在量和全量否定界线的整段横轴,而不是只表示全量否定的右向极点。

更能体现后置"什么"否定句义域与三分法不相吻合之处的是《红楼梦》的英译。我们用了杨宪益、Gladys Yang译本、Hawkes译本和"我有闲"读书网站的未注译者的译本三种译文进行对照。"什么"后置否定句的不同译文有时就体现了表少(存在量)和表无(全量否定)的差别,反映了原文对这一界线的跨越。兹举二例(只译黑体分句):

(21) a. 原文:雨村因问:"近日都中可有新闻没有?"**子兴道:"倒没有什么新闻,倒是老先生你贵同宗家,出了一件小小的异事。"**

(《红楼梦》第2回)

b. 杨译:"Nothing much," replied Tzu-hsing. "But something rather curious has happened in the house of one of your noble kinsmen"

c. Hawkes:'I can't think of anything particularly deserving of mention,' said Zi-xing. 'Except, perhaps, for a very small but very unusual event that took place in your own clan there.'

  d. 网站:"There's nothing new whatever," answered Tzu-hsing. "There is one thing however: in the family of one of your worthy kinsmen, of the same name as yourself, a trifling, but yet remarkable, occurrence has taken place."

(22) a. 贾珍方过来坐下,问尤氏道:"今日他来,有什么说的事情么?" **尤氏答道:"倒没说什么。一进来的时候,脸上倒象有些着了恼的气色似的,及说了半天话,又提起媳妇这病,他倒渐渐的气色平定了。你又叫让他吃饭,他听见媳妇这么病,也不好意思只管坐着,又说了几句闲话儿就去了,倒没求什么事。**

              (《红楼梦》第10回)

  b. 杨译:"She didn't seem to have any," replied his wife.

  c. Hawkes:'Oh,' said You-shi, 'nothing in particular.

  d. 网站:"She said nothing much," replied Mrs. Yu.

  这两例有一个共同点:假如对"什么"否定句取全量否定解读,与后文的内容明显矛盾。(21)例冷子兴答话"倒没有什么新闻",后面紧跟着就说了一件新闻,因此很难解读为没有任何新闻。(22)例尤氏说"倒没说什么",后面紧接着叙述该人物在这个场合几次说话的情况,因此也很难理解为没有说任何东西。

  对于这样两个量化属性基本相同的例子,诸家翻译的取舍颇富戏剧性。杨译对(21)用 nothing much(没有很多),以否定 much 的大量而表达存在少量。对(22)则用全量否定句(not…have any),不过用 seem(看起来)降低了否定的力度。网站则倒过来,(21)例用全量否定句 nothing new whatever(new 不算添加的限制词,因为"新闻"本身含有"新"义)。(22d)则用 nothing much,即杨译(21b)所用的手段,表存在少量。而 Hawkes 则两句都添加修饰语。(21c)要点为 not…anything particularly deserving of mention,凭空添加了一个长修饰语,使 not…any 不再否定一切新闻,以程度限定表主观小量。(22c)也添加了 in particular 的限定,使之表示

存在少量而不是全量否定。

以上用例的杨译文和网站译文在两例中互相调换立场的现象,说明"否定谓语+什么"本身确实横跨存在少量和全量否定两域之大界,无法纳入语义结构很不同的三分法量化系统。这种组合的使用者不在乎这一大界,而视甚多与甚少为大界。由于翻译的目标语言是三分法语言,只能借助语境因素将它硬性纳入重在区分全量和存在量的三分系统,结果是随着译者理解的不同而出现不同甚至相互颠倒的译法。

下面简单看一下其他疑问代词。它们在否定谓语后也有表甚少的现象,例如"我昨天没见到谁",也是模糊地表达从只见到极少的(相关的)人到完全没见到(相关的)人。再如做状语的"怎么"。"他晚饭没怎么吃"可以表示从吃得很少到完全没吃这一语义域。春节电视晚会小品《爱笑的女孩》中由蔡明扮演的相亲姑娘说过一句台词"我没怎么结过婚",引来对方父亲"听着别扭"的评价。这句在网络中颇受追捧的奇语,玄妙之处在于它不等于"我没结过婚",而有"没结过婚"到"结过婚但次数很少"的模糊解释,自然会产生在相亲场合"听着别扭"的幽默效果。

反观肯定陈述句,我们发现疑问代词在宾语位置分别有全量和存在量两种解读。如"你吃点什么吧"中,"什么"是存在量。"有什么吃什么"中前一个"什么"是任指全量词,后一个"什么"是全量词所约束的变量(variable)。肯定句宾语位置"什么"的量化义两重性,可能是"什么"在否定句宾语位置出现全量和存在量模糊的成因之一。

## 3 跨越"多－全"界限的主观大量量化词:"各、大家、广大"

上文讨论了后置于否定谓语的量化词"什么"跨越"少－无"界线的"甚少"主观小量义。与这样的"甚少"表达法相对,汉语中还有跨越"全－多"界线的"甚多"主观大量量化词,同样跨越了全量和存在量之界。已发现的例子有"各"、"大家"和"广大"。

下面先看"各"的量化功能。

⑳ 各位代表,现在开会。(全量)

(24) 请各系部尽快通知各个班级补考学生做好补考准备。(全量)

(网络资料)

(25) 在其中一家超市的牛奶货架上,摆放着各种酸奶。(存在量)

(网络新闻)

(26) 范范打算到各个城市宣传的同时享受美食(存在量)

(网络新闻标题)

(27) 汶川地震灾情深深牵动着全国人民的心。各地派出医疗应急救援队,奔赴抗震抢险第一线。(存在量)　　　　(网络新闻)

《现代汉语八百词》(吕叔湘主编 1980 : 194-196) "各"字条只解释了其全量意义。这适合于(23)、(24)的"各"。(23)是面向全体代表的称呼,不能遗漏一个。(24)通知的是校内所有系部、所有班级,它们都可以用"所有、全体、每个"等全量词语来释义及替换,也可以用 every, all 来翻译。但(25)-(27)例在语境中只指很多,是存在大量,得不到全部或每个的解读,无法用 every, all 来翻译,而用 many 或 various 来翻译更为确切。(25)中一个超市不可能摆放所有品种的酸奶,(26)中一个歌手不可能到所有城市去宣传。(27)派出医疗队的也只可能是很多地方,不可能是全国所有地方。(25)-(27)也没有提供缩小全量取值范围的成分,所以也无法获得缩小范围的全量解读。由此可见,"各"字表示"甚多"量化域,本身并不限于表全量或表存在多量,其可能的全量解读或存在多量解读都是按三分法从语境中推导出来的,不是"各"的固有语义。参照(14)对"什么"的分析,我们可以将"各"的语义域表示如下:

(28) 各:甚多 = 多——全

我们也检视了《红楼梦》前引诸家英译文对"各"字的翻译,同样发现了全量和存在量的参差。如第 3 回"两边穿山游廊厢房,挂着各色鹦鹉、画眉等鸟雀"一句中的"各色鹦鹉、画眉等鸟雀"短语,杨氏夫妇和 Hawkes 都译为存在量,分别为:a variety of different-coloured parrots, cockatoos, white-eyes, and other birds 和 brilliantly coloured parrots, thrushes and other birds, 网站则译为品种意义上的全量:parrots of every colour, thrushes, and birds of every description。

第 12 回"代儒也着了忙，各处请医疗治，皆不见效"一句中的"各处请医疗治"，Hawkes 和网站都译为全量，分别为：medical advice from every quarter（分配性全量，distributive）和 invited doctors from all parts to attend to him（集体性全量，collective），杨译则用了类似存在量的表达：rushed to and fro in search of new physicians。这从旁证明这类"各"是跨越全量和存在量的"甚多"量。总体上，"各"获得全量翻译的机会多一些，因为全量是代表"甚多"强调方向的极点，这与后置"什么"否定句更易获得全量否定解是同样的道理（参看第 2 节）。

"大家"（口语用"大伙儿"、"大家伙儿"）表示一定语域内从多数到全体的人群，与"各"一样有"甚多"量化功能。

当然，"大家"在句法上和语义上都与"各"有所区别。句法上，"大家"是代名词（pronoun），常常单独充当论元或同位语，如"大家先回去吧"、"我们大家都同意"。"各"则是限定词（determiner），专用来限定名词或量词，如"各单位、各位代表"。语义上，"大家"专指人，凸显集体，在作为全量解读时，属于统括词或称集体性（collective）全量，与"全体、所有"同类；"各"可以限定人、物、时空，尤其是种类（各种、各式、各色），凸显个体，在解读为全量时倾向于逐指，即分配性（distributive）全量，与"每"近似。比较：

(29) 大家吃了一条鱼。（共吃 1 条鱼）

≠(30) 各人吃了一条鱼。（n 人共吃 n 条鱼）

但是，当语境导向并非全量解读时，两者的语义趋同，都表示很多而非全部。如：

(31) 最近可以帮大家修改简历。　　　　　　　　　　　　（网上帖题）

(32) 最近可以帮各位修改简历。

(31)是网上帖子的标题，这里的"大家"是面向众多网友的称呼。但是，网络作为开放空间有数量庞大的网友，以帖主个人之力，不可能帮"所有人"、"每个人"修改简历，宜理解为可以帮网友中的很多人修改简历，在这个意义上，汉语可以用"各位"替换"大家"，意义不变，即(32)。"大家"可以表示不涉及全部的多数，还可以从复句看出：

(33) 中午时分,车间里大家(/*所有工人)都在休息,有三个工人在检修机器。

"大家"本来既可以指全体,也可以指多数人,所以与后面的"有三个工人在检修机器"不矛盾,较自然。而换用"所有人",就与下文并不休息的"三个工人"矛盾,难以自然组合,只有把"三个工人"理解为"所有人"的例外并带上适当标记才勉强可说,例如在后一分句前加上"除了"。这进一步表明"大家"和"各人"都可以表示从多到全量的义域。

最后看"广大"。"广大"在句法上与"各"相似,是量化限定词,而不是代名词,总是用来限定名词的数量。在语义上,"广大"是由空间义引申出量化义的,它要求被限制名词(限于褒义对象:*广大罪犯)不仅是多数或全部,而且绝对数量要大。"各"和"大家"都可以指小范围内的全部或多数,而"广大"一定是涉及很多数量(如数百人以上)的人群。几十人的群体很难称为"广大"。如:

(34) 广大业主有权选聘称心如意的物业公司为广大业主服务。

(网络语料)

(35)《致广大市民的一封信》:市民朋友们:市"两会"期间,广大市民纷纷通过"捎句话儿给市长"、"有话想对市长说"等栏目给我们留言。

(温州市长致市民信)

(34)例两个"广大"都倾向于全量的解读——只要是业主,都有权参与选聘物业公司,而选出的公司也必须为全体业主服务,而不可能只为部分业主服务。(35)例中,前一"广大"指全量,因为市长致市民之信必然面向全体市民,不容遗漏;后一个"广大"只能表"多"不可能表"全",因为常识告诉我们留言者只是部分市民,甚至更可能是小部分市民,不可能有全量。这两种解读都是从社会文化背景中推出的,词语本身只表示"由多到全"的义域。由"广大"与同样的名词(市民)组合而成的短语在同一小段会话中多次出现并有跨越全量和存在量的解读,这表明说话人并不感到它有什么歧义。

## 4 结语

现代汉语中大致存在着两个量化词系统。

一个系统是形式语义学所熟悉的全量(全)-存在量(有)-全量否定(无)三分系统。这个系统与英语的相应系统相比不太发达,有些词语并不常用,还缺少全量否定词(古汉语有一个功能不完整的全量否定代词"莫"),需要用特定的句式来表示。汉语曾经缺少帮助表达"无"的任指全量词,现代以来在中西语言接触中出现任指全量词"任何",带有书面色彩,口语中不常用。口语中有时用极小数词"一"来帮助表达全量否定(没有一分钱)。

另一个系统是本文提出的甚多-甚少二分系统。甚多量化由"各、大家、广大"等词构成,撇开其中的句法语义差异,它们在表示"由多至全"语义域的功能上是一致的。甚少量化由后置于否定谓语的"什么、谁、怎么、哪儿"等疑问代词表达,涵盖由少到无的语义域。

两个系统可以图示如下:

(36) 三分系统:

    全  |—(多)—有—(少)—|    无[5]

  所有,每,一切,全部|一些,有的,有些,很多|一/什么…都没有,没有…任何

---

[5] 三分系统中的存在量有多个语义各异的汉语词:"一个、一些、多、少"等,它们之所以统归为"存在"量化义,是因为这些不同的词语在语义解读和句法表现上有一些区别于全量的重要共同点,正如不同的全量词(集体/分配/任指全量等)语义有别而仍有重要的共性。据蒋严、潘海华 2005 [1998]:139,在形式语义分析时,"连接存在量化式谓词的是合取连词,连接全称量化式的是条件连词"。"三毛买了所有的书"的逻辑式是 $\forall x(Shu'(x) \rightarrow Mai'(sanmao', x))$,文字表述为"对每一个 x 来说,如果 x 是书,那么三毛买 x。""三毛买了一本书"的逻辑式为 $\exists x(Shu'(x) \& Mai'(sanmao', x))$,文字表述为"存在着至少一个 x,使得 x 为书且三毛买 x"。我们用"一些、很多、很少"代替"一",只需要微调一下存在量逻辑式即可代入,仍然使用合取连词,但绝对不能代入使用条件连词的全量逻辑式。因此,全量和存在量的对立仍是汉语的客观存在。

(37) 二分系统：

(全)—**甚多**—(多)　｜　　　(少)—**甚少**—(无)
各、大家、广大　｜　没有/不…什么/谁/怎么/哪儿

(36)、(37)的黑体字代表了显赫的量化值，横线代表了其语义域，竖线代表了范畴的界线。三分系统中的"全"和"无"因此只有语义点，以竖线相隔，没有语义域，不占有横线。括号中的字代表该语义域包含的语义要素，但不构成单独的范畴。图示下方的文字代表表达该范畴的词语，也以竖线相隔。从理论上说，三分系统是穷尽性的切分，任何量化情况都可以纳入其中。二分法不是严格的穷尽性切分，因为不多不少的情况就无法放入。甚多甚少似乎只占据量化横轴的两头。但是，因为甚多和甚少表达的是主观模糊量化，并不存在数学上可以确定的界限，所以我们没有划出中间的空白地带。

从(36)、(37)可以看出，这两个系统有不同的切分标准和界线位置，显赫范畴完全不同，因此难以整合在同一个系统中。例如，在三分系统中，"多"和"少"都是"有"（存在量），而在二分系统中，"甚多"涵盖了"全"，已经逸出"多"所属的存在量，"甚少"涵盖了"无"，也逸出了"少"所属的存在量，所以"甚多"和"甚少"无法划到三分法的图线中去。正是这种不兼容性，使得汉语用二分法表达的内容在译成只有三分法的语言时出现跨越全量和存在量界线的歧异。

以数学标准看，三分系统以数学上重要的界线（如 0 和 1）为界，相对比较精确。以总数为 100 的集合为例，暂不计小数，则 100 个个体或其集合为"全"，1-99 间的个体或其集合为"有"，0 为"无"。不存在模棱两可之处。二分系统相对模糊，因为跨越了零和1、99% 和 100% 这些重要数学界线，而且何为多、何为少，无法从数学上判定，需要根据社会文化背景和说话人自己的感觉来判定，"主观裁量"空间很大。但是，模糊性是人类思维和认知的固有属性之一，主观性则是人类语言的固有属性之一，表达模糊范畴和主观感受都是人类语言的重要功能。二分法在主观表达和模糊表达方面有其独特的功能，这是它在汉语中能够牢固存在的原因。如第 1 节所分析的，以精确量化词语表达本身模糊的概念，属于"精确词

语的模糊使用"策略,和"模糊词语的精确使用"策略同为人类语言的可选交际策略。

目前的形式语义学,通常将量化词语非此即彼地分为全量和存在量两个基本类,加上全量否定,形成三分法量化系统。本文的研究表明,汉语的"甚多-甚少"二分法量化系统无法纳入三分法系统,两个系统有不同的显赫范畴。形式语义学对二分法的研究基本上是空白。而汉语学界对相关词语的研究,则缺少普通语义学的观照,尚未注意到其背后的理论价值。本文是将库藏类型学和显赫范畴观念(刘丹青 2011;2012)应用于量化词语的一个尝试,一方面希望能够引起更多学者对汉语量化词语的类型特色的关注,同时也期待库藏类型学框架能够在更多句法语义的研究领域发挥积极作用。

**参考文献**

蒋严、潘海华 2005[1998] 《形式语义学引论》,中国社会科学出版社
刘丹青 2010 汉语是一种动词型语言:试说动词型语言和名词型语言的类型差异,《世界汉语教学》第 1 期,pp.3-17
刘丹青 2011 语言库藏类型学构想,《当代语言学》第 4 期,pp.289-303
刘丹青 2012 汉语的若干显赫范畴:语言库藏类型学视角,《世界汉语教学》第 3 期,pp.291-305
吕叔湘主编 1980 《现代汉语八百词》,北京:商务印书馆
张定 2010 汉语多功能语法形式的语义图视角,中国社会科学院研究生院博士论文
Jelinek, Elliose 1995. Quantification in Straits Salish. In Bach, Emmon, Elliose Jelinek, Angelika Krazter & Barbara Partee (eds.) *Quantification in Natural Languages*, pp.487-540. Dordrecht Cluwer
Levy, Alissa 2008 *Towards a Unified Approach to Semantics of 'any'*. PhD. thesis. Bar-Ilan University, Isreal
Zamparelli, Roberto 2000 *Layers in the Determiner Phrase*. PhD. thesis, University of Rochester

英译文献

曹禺《日出》英译文：*Sunrise*. Translated by A. C. Barnes. Peking: Foreign Language Press. 1st edition 1960, 2nd edition 1978

〈清〉曹雪芹、高鹗《红楼梦》英译文：

1. *The Story of the Stone*. Translated by David Hawkes. Penguin Books, 1973

2. *A Dream of the Red Mansions*. Translated by Yang Hsien-yi（杨宪益）and Gladys Yang. Peking: Foreign Language Press 1978

3. *The Dream of the Red Chamber*."我有闲"读书网站（www.woyouxian.com）登载，未注译者

\* 谨以此文恭贺木村英树教授六十寿辰。本研究获中国社科院重点项目"语言库藏类型学"资助。其多版初稿先后在首都师大、浙江师大、浙江大学、香港理工大学、南开大学、河北师大、上海外大（首届上海地区汉外两界语言学高层论坛）等处宣讲，获众多专家和听众参与讨论和赐教，徐烈炯、屈承熹、蒋严、石定栩、邓思颖、金立鑫、胡建华、潘海华、汪维辉、方一新、王云路、史金生、李宝伦等先生均有所教益，在此一并致谢！尚存问题均由笔者负责。

（Liú·Dānqīng　中国社会科学院语言研究所）

# 從《戰國縱橫家書》看古漢語里的施受同辭

## 徐　丹

## 0　引言

　　古漢語里的動詞分類，一直是一個棘手的問題。前賢曾設立了多種標準，但有的動詞總是不合標準，因爲一些動詞規律性不明顯，甚至總能找到反例。本文不奢望能夠解決上述問題。只是希望把秦末漢初的一些具體例子拿出來討論以求教方家。

　　古漢語里某些動詞被稱之爲"施受同辭"（請參見孫德宣 1993、孙力平 1997 等），"施受同辭"按現有的定義是指同一個動詞在不同的語境中可以表達施動意義或者是被動意義[1]。也就是說，同一個動詞不需要任何語法標記，在不同的句子或語境里，可以表達截然相反的意義。大西 2004 曾做過比較深入細緻的研究。有的學者（如 Cikosky 1978）認爲漢語是一個"作格語言"。簡言之，作格語言及物動詞的賓語和不及物動詞的主語同格。而及物動詞的施動者與其不同格，即在作格語言里，施動者須帶標記。非作格語言的施動者無任何標記，故及物或不及物動詞里的主語在形式上沒有區別。作格語言在形態上有明顯的句法標誌，如巴斯克語（basque），被認爲是作格語言。巴斯克語在施動者后面加後綴-k（如老師-k 看見了一個學生。老師-ø 來了。）。藏語也是一個作格語言，藏語只標記施動者，並不標記受動者。如表達"他買了書"，"他"需要加上作格標記-s 表達，若說"他走了"，"他"後面無任何標記。古漢語里的"施受同辭"可以說與這種語法表達形式沒有什麽關聯。從類型學上考慮，古漢語與今天的漢

---

1)　但有的學者定義與此不同。請參見孙力平 1997。

語不屬於一個類型，用"作格"這個術語，似乎無助于分析"施受同辭"[2]。

古漢語（指先秦漢語）主要靠隱性的手段（指語音、詞法手段）表達語法關係。顯性的句法手段自漢以降才逐步發展起來。爲了避免把跨時代、跨地域的語料看成一個抽象的、同一的實體，本文將只用一個相對勻質的語料進行内部對比，然後再比較其他具有可比擬性的語料。我們將選用出土文獻《戰國縱橫家書》中的一些例子進行分析。本文試圖說明，《戰國縱橫家書》中的"施受同辭"仍很活躍，後來漢語的類型逐漸發生了變化。靠語音和"施受同辭"表達句法關係的方式到中古初期（東漢）開始衰落，漢語里的句法手段逐漸上升爲主流的表達語法關係的方式。

## 1　古漢語的類型及動詞分類

我們認爲古漢語和現代漢語的類型實爲不同[3]。這可以從兩個方面討論。一是從古漢語的詞序上看，一是從古漢語語法關係的表述手段上看。古漢語里雖然動賓語序（VO）佔主導地位，但是賓動語序（OV）也一直存在。許多學者都早已看到這點。兩漢以後，一些 OV 語序的句子才調整爲 VO 語序。這點基本成爲共識，不必贅言。古漢語用什麼方式表達語法關係？在傳統的概念里，古漢語靠句法，即詞序表達語法關係。這點沒有人反對，現在有些學者注重挖掘古漢語里的構詞法或形態（請參見 Downer 1959、Mulder 1959、周祖謨 1966、吳安其 1996 等），意見雖不統一，但究竟多了一個視角。我們認爲，古漢語里的構詞法與句法是相輔相成的。古漢語既能用句法，也能用語音、形態表達語法關係。兩漢以後，句法手段才逐步佔了主導地位，許多實詞逐漸發生語法化，成爲後來的語法標記詞。

古漢語里一些動詞不加任何標記時，既可表施事，又可以表受事，這類動詞到現代漢語，已幾乎絕無僅有了。怎樣分析和看待這類動詞，似乎

---

[2]　筆者認爲"作格語言"不適用於古代漢語。
[3]　請參考孫良明 1994、徐丹 2005、Xu Dan 2006。

還沒有一個完美的辦法。Cikosky 1978 曾對此問題有所研究，他認爲漢語動詞可以分爲中性動詞（neutral）和作格動詞（ergative）兩大類。Cikosky 的中性動詞指的是某些動詞是否帶賓語，都不影響其施受關係。Cikosky 的作格動詞包括使動動詞（請參見王力 1965，雅洪托夫 1986，李佐丰 1983、1994 等）和受事主語句里的動詞。請看他的一個句子：

(1) 今不封蔡，蔡不封矣。　　　　　　　　　　　　（《左》僖 33）

本文的研究只限于一时一地的语料，即出土文献。下面请看出土文献《戰國縱橫家書》里的几个例子：

(2) a. 秦挾楚、趙之兵以復攻，則國求毋亡，不可得已。

　　　　　　　　　　　　　　　　　　（《戰國縱橫家書[4]》須賈說穰侯章）

　　b. 趙大（太）后規（親）用事，秦急攻之

　　　　　　　　　　　　　　　　　　　　（《戰縱》觸龍見趙太后章）

例 (2a) 中，"攻" 雖然不帶賓語，但表達的是主動態，與 (2b) 中帶賓語的 "攻" 表達的施動意義相同。可惜，正像 Harbsmeier 1980 等一些學者指出的，中性動詞和作格動詞不可能區分得很嚴格。如 Cikosky 認爲 "伐" 是典型的中性動詞，有些學者就已經找出反例：

(3) 君伐，焉歸？　　　　　　　　　　　　　　　　（《左》昭 10）

歷史文獻里有名的例子如：

(4) 春秋伐者爲客，伐者爲主[5]。　　　　　　（《公羊傳》莊公 28 年）

我們還可以從同一本語料《戰國縱橫家書》中找到其他的例子：

(5) 伐秦，秦伐。　　　　　　　　　　　　　（《戰縱》蘇秦謂齊王章）

(6) ……秦必取，齊必伐矣。夫取秦，上交也，伐齊，正利也。

　　　　　　　　　　　　　　　　　　　　　　　（《戰縱》謂燕王章）

(7) 楚國必伐　　　　　　　　　　　　　　（《戰縱》公仲佣謂韓王章）

(8) 榞（邊）城盡拔，支（文）臺隨（墮），垂都然（燃），林木伐，麋鹿盡，而國續以圍。　　　　　　　　　（《戰縱》朱己謂魏王章）

---

4) 此後簡稱 "戰縱"。
5) 陸德明的《經典釋文》裏的記載，也是轉寫《春秋公羊傳》的註釋者、何休的説法。關於動詞兩讀的研究，請參見黃坤堯 1992、孙玉文 2000 等。

根據上下文,"伐"用如及物動詞時("伐"的及物用法是基本用法),是"征伐"某國、某人的意思,"伐"用如不及物動詞時,是某國、某人被征伐的意思。顯而易見,第一種句型表達的是主動態,主語是施動者,第二種句型表達的是被動態,主語是受動者,這種句型也被學者們稱爲"受事主語句"(見姚振武 1999)。但是"伐"明顯表現出與靠詞序表達施受關係的動詞不同的地方,即"伐"在西漢初,詞序不完全表明其施受指向。請再看兩個例子:

(9) 宋、中山數伐數割,而國隋(隨)以亡。　(《戰縱》須賈說穰侯章)
(10) 楚久伐,中山亡。　　　　　　　　　　(《戰縱》蘇秦獻書趙王章)

在例(9)里,"伐"表達的是主動態,意思是說"宋國、中山國數次討伐、分割別的國家,以致自己滅亡了[6]",例(10)中的"伐"表達的是被動態,意思是說"楚國一直被伐,中山國也被趁機滅了[7]"。例(9)、(10)里"伐"的句法位置完全相同,卻表達了截然不同的施受關係。也許,這是由於"伐"在西漢初還保留了兩讀用法(?)。

通過上述例子,我們看到,僅僅一個"伐"字就有許多反例,給 Cikosky 的理論帶來諸多不便。用中性動詞和作格動詞很難給出一個統一的、明確的劃分。世界上有些語言被稱爲作格語言。若把古漢語劃分到作格語言,這就會遇到不少困難,一是古漢語沒有明顯的句法標誌,二是反例太多。我個人認爲,若把古漢語劃入作格語言,那麼可能弊大於利,因爲兩類動詞的劃分標準只適用於部分動詞。也許,我們可以不受"作格動詞"標準的束縛,用比較樸素的觀點考察古漢語動詞,簡化動詞的分類。

從理論上講,按照"施受"關係,動詞的指向(請參見徐丹 2004)可以分爲四類:[施＋受＋](即"施受同辭"如"敗、破"),[施＋受－](如"攻"),[施－受＋](如"受"),[施－受－](如某些形容詞;但它們可以跨類[8])。我們看到:

---

6) 文物出版社於 1976 年出版的《戰國縱橫家書》裏加註說:"此指齊滅宋與趙滅中山事"。
7) 同一版本的註釋抄錄如下:"楚久伐,指楚國被伐很久,楚懷王末年,秦、齊、韓、魏合攻楚,趙國乘機伐中山,並於公元前二九五年滅中山(見《史記》六國表)。

1. 古漢語里不少動詞可以"施受同辭",我們稱之爲雙向動詞。這里又可分爲兩類,一類有兩讀的記載,另一類無兩讀的記載。無兩讀記載的動詞是本文談論的重點。
2. 有些動詞以施動義爲主,較少有反例。我們稱之爲單向動詞(即不能是"施受同辭")。

"施動"意義的強弱,我們可以用下列標準衡量[9],符號">"表示施動義強於:

(a) 及物動詞 > 使動意義動詞 > 不及物動詞
(b) 動作 > 狀態
(c) 完成 > 未完成
(d) 直陳式 > 否定式
(e) 施動者 [＋生命] > 施動者 [－生命]

(a)表明,具有兩個論元的動詞比只有一個論元的動詞施動意義強,(b)表明表達動作的動詞比表達狀態的動詞施動意義強,(c)表明完成意義的動詞比未完成意義的動詞施動意義強,(d)表明直陳式的句式比否定式句式的施動意義強。(e)表明用有生命意義的施動者的動詞,施動意義強於用無生命意義的施動者的動詞。

應當指出的是,在某些情況下,有的動詞可以跨類。古漢語里,動詞的分類不能絕對化。但是某一個動詞用法的傾向或常態還是可以看出來的。

## 2 《戰國縱橫家書》里的"施受同辭"舉例

如上所述,古漢語里的"施受同辭"有的有兩讀記載,如"敗、解、折、壞、斷"等,這些動詞通過發音方式的不同或聲調的改變,表明動詞的施受關係。此處不必贅言。我們現在觀察一下《戰國縱橫家書》中沒有

---

8) 形容詞用如使動意義的動詞時,可以歸到一類。
9) 在確定某個動詞的施動力強弱的標準上,我們參考了 Hopper, P. and Sandra A. Thompson 1980 關於動詞及物性強弱的部分標準。

兩讀記載的雙向動詞是如何表達施受關係的。

(11) a. 是王破三晉而復臣天下也。　　　　　（蘇秦自趙獻書於齊王章）
　　 b. 三晉大破，而［攻楚］<sup>10)</sup>，秦取鄢，田雲夢，齊取東國、下蔡。
　　　　　　　　　　　　　　　　　　　　　　（韓‧獻書於齊章）
(12) a. 爲秦據趙而攻燕，拔二城　　　　　　（李園謂辛梧章）
　　 b. 榜（邊）城盡拔　　　　　　　　　　（朱己謂魏王章）
(13) a. 非楚之任而爲之，是敝楚也。敝楚，強楚，其於王孰便？
　　　　　　　　　　　　　　　　　　　　　　（虞卿謂春申君章）
　　 b. 吾國勁而魏氏敝，……　　　　　　　（觸皮對邯鄲君章）
(14) a. 秦，貪戾之國也，而无親，蠶食魏氏，盡晉國，勝暴子，割八縣，地未 O<sup>11)</sup> 畢入而兵復出矣。　　　（須賈說穰侯章）
　　 b. 秦七攻魏，五入囿中，榜（邊）城盡拔，支（文）臺隨（墮），垂都然（燃），林木伐，麋鹿盡，而國續以圍。（朱己謂魏王章）
(15) a. 聽使者之惡，墮安陵是（氏）而亡之，……（朱己謂魏王章）
　　 b. 支（文）臺隨（墮），垂都然（燃）　　（朱己謂魏王章）
(16) a. 夫取秦，上交也，伐齊，正利也。　　　（謂燕王章）
　　 b. 然則王何不使辯士以如說說秦，秦必取，齊必伐矣。（謂燕王章）
(17) a. 王弗用臣，則□□□□。　　　　　　　（見田‧於梁南章）
　　 b. 臣賤，將輕臣。臣用，將多望於臣。齊有不善，將歸罪於臣。
　　　　　　　　　　　　　　　　　　　　　　（蘇秦自齊獻書於燕王章）
(18) 立帝，帝立。伐秦，秦伐。　　　　　　　（蘇秦謂齊王章（一））

上述例子均來自《戰國縱橫家書》，例子都是成對的。這些動詞的特點是用如及物動詞時，主語都表示主動意義，用如不及物動詞時，主語表示受動意義。這些用於"施受同辭"的動詞，沒有兩讀記載，值得研究。(17 a) 中的否定詞"弗"動詞後面帶賓語，值得注意<sup>12)</sup>。例子中見

---

10) 根據文物出版社 1976 年的版本，[ ] 表示補文。
11) O 表示塗去或未寫完的廢字。
12) 從丁聲樹 1935 的文章發表以來，一般人們都接受了這一觀點，即"弗"后一般不再出現賓語。我們（Xu Dan 2006）已經指出，出土文獻裏有反例。

到的動詞是"破、拔、敝、盡、墮、取、用、立"。請看我們的統計：

**【表I 《戰縱》中"施受同辭"的部分動詞】**

|   | 破 | 拔 | 敝 | 伐 | 盡 | 取 | 用 | 立 | 欺 | 墮 |
|---|---|---|---|---|---|---|---|---|---|---|
| 施 | 7 | 9 | 3 | 36 | 8 | 30 | 5 | 7 | 1 | 1 |
| 受 | 3 | 1 | 3 | 6 | 2 | 1 | 6 | 5 | 1 | 1 |

【表I】中動詞的用法未算"待V、取V、可V、得V、所V"或連動式。出土文獻中殘缺不全的句子未算在內。舉例說明如，《戰國縱橫家書》中，"破"共出現15次，7次用於施動句，3次用於受動句。未算在內的如2次"可破"，1次"待破"，1次出現在殘句中的"破"。根據專家們的考訂，《戰國縱橫家書》約是公元前195年前後的本子，大西2004曾對《史記》中的動詞做過抽樣調查。《史記》則是公元前一世紀的材料。我們可以比較一下兩個時代不同，相差約一百年左右的版本，觀察一下同一些動詞有何不同。在可資比較的動詞中，有兩個動詞施受用法的比例有差別，如"伐、用"。在大西2004對《史記》統計的表中，"伐"的施受出現次數是5：7，在我們的材料裡是36：6；"用"在《史記》中的施受出現次數是9：20，在《戰縱》里是5：6。這些差距目前不好妄加評論，只能作為可供參考的數據。我們注意到，儘管兩個材料時代不同，風格不同，但是動詞的指向表現出較大的一致性。也就是說，古漢語里許多動詞雖然可以"施受同辭"，但是動詞基本的常態還是可以看清的。如【表I】中的"拔、取"，雖然有受事主語句的用法，但是用於施動意義的比例佔了絕對優勢。

一般說來，當動詞前有"可、所、待、取"等詞時，動詞的施受關係也很容易辨別。此處例子略去。在我們的材料中，有些動詞前面有副詞"必"的時候，有時表達主動態，但是也常見到非主動態的用法，即受事主語句。主動態的句子不必列舉，此處只舉幾個被動態的句子，如：

⑼ 王若欲講，必小（少）割而有質，不然<u>必欺</u>。　　（須賈說穰侯章）
⒇ 臣以齊善勺（趙），<u>必容</u>焉，以為不利國故也。

　　　　　　　　　　　　　　　　　　　（蘇秦使盛慶獻書於燕王章）

(21) 我必列（裂）地以和於魏，魏必不敵，得地於趙，非楚之利也。

（觸皮對邯鄲君章）

在上述例子中，不少例子可與傳世文獻《戰國策》和《史記》中的句子進行比較。大部分與傳世文獻相同。個別的有所變動。如(16 b)（《史記》與其同，但《戰國策》變爲"秦伐齊必矣"）。例(20)"容"的被動意義，只見此例，是否在其他語料中也有這樣的用法，還需進行進一步的調查。例(19)在《戰國策》中仍作"必欺"，但在《史記》中已經被改爲"必見欺"了。"見欺"比單獨一個"欺"字在表達施受關係上無疑更勝一籌。由此可見，"施受同辭"有其自身的限制，後來已經不能完全滿足漢語句法發展的需要了。

## 3 《戰國縱橫家書》里的單向動詞舉例

古漢語里有些動詞，不能"施受同辭"，只能表達主動態，也許有反例，但是動詞具有單向特徵的傾向是異常明顯的。在我們所見的材料里，這些動詞是"攻、擊、奪、爭、收、謀、救、聽"等等。這些動詞未見到因動詞的位置改變而有被動意義的例子。請看下面的例子：

(22) 勺（趙）疑燕而不功（攻）齊， （蘇秦自齊獻書於燕王章）

(23) 王毋憂，齊雖欲功（攻）燕，未能，未敢。

（蘇秦自梁獻書於燕王章（一））

(24) 天下之兵皆去秦而与（與）齊諍（爭）宋地，此其爲禍不難矣。

（蘇秦謂齊王章（四））

(25) 齊勺（趙）未嘗謀燕，而俱諍（爭）王於天下。

（蘇秦自齊獻書於燕王章）

(26) 今王收齊，天下必以王爲義矣。 （蘇秦獻書趙王章）

(27) 秦兵戰勝，必收地千里。 （見田・於梁南章）

(28) 陰外齊、謀齊， （蘇秦自趙獻書燕王章）

(29) 大者可以使齊毋謀燕，次可以惡齊勺（趙）之交，

（蘇秦自齊獻書於燕王章）

(30) 王以(已)和三晉伐秦,秦必不敢言救宋。　　（蘇秦謂齊王章（四））
(31) 夫以實苦我者秦也,以虛名救我者楚也。　　（公仲倗謂韓王章）
(32) 出之必死,擊其不意,　　　　　　　　　　（見田‧於梁南章）
(33) 兩弟无罪而再挩(奪)之國。此於親戚若此而兄(況)仇讎之國乎。
　　　　　　　　　　　　　　　　　　　　　　（朱己謂魏王章）

　　在上述的例子中,未見到這些動詞有"施受同辭"的用法。請看我們的統計:

【表Ⅱ　《戰縱》中只表施動意義的部分動詞】

|   | 攻 | 爭 | 收 | 謀 | 救 | 擊 | 奪 | 聽[13] |
|---|---|---|---|---|---|---|---|---|
| 施 | 99 | 4 | 15 | 22 | 18 | 2 | 1 | 30 |
| 受 | 0 | 0 | 0 | 0 | 0 | 0 | 0 | 0 |

　　【表Ⅱ】中有些動詞與大西 2004 的統計也是很近似的,如"攻、擊、聽"。當然我們考察的動詞不盡相同,但是相同的動詞的表現還是很一致的。這表明,漢語里有一些動詞是單向的動詞,不論詞序如何,都不出現在受事主語句中。這些動詞的傾向性是十分明顯的。

## 4　某些動詞個案舉例

　　古漢語里有些動詞,在沒有上下文的情況下,很難說出其施受方向。如"惡、聞、言、信"等。在上述動詞中,"惡、聞"有兩讀記載,"言、信"未見兩讀記載。下面請看幾個例子:

(34) a. 趙之禾(和)也,陰外齊、謀齊,齊趙必大惡矣。
　　　　　　　　　　　　　　　　　　　　　　（蘇秦自趙獻書燕王章）
　　b. 臣使慶報之後,徐爲之與臣言甚惡,　　（蘇秦使韓山獻書燕王章）
　　c. 王之使者大過,而惡安陵是(氏)於秦。　　（朱己謂魏王章）
(35) a. 臣聞王之不安,……　　　　　　　　　　（蘇秦自趙獻書燕王章）

---

13) 其中有 10 例是否定句,如"勿聽"、"不聽"、"弗聽",且這些句子都不帶賓語。

b. 高賢足下，故敢以聞也。　　　　　　（蘇秦謂齊王章（二））

　　例(34a)中，"惡"表示互相憎惡，(34b)中的"惡"表示"惡毒"，(34c)中的"惡"表示一種使動用法，表示在秦王那裏說小國安陵氏（安陵君的封邑）的壞話。(35a)中的"聞"是一般的用法，如"臣聞之"的"聞"，(35b)中的"聞"是"使知道"的意思[14]。"聞"在其他文獻中還有別的用法，如在《戰國策》里，有"聞寡人之耳者，受下賞。"（齊策）"聞"表示"傳到某人耳朵里"的意思[15]。在《論語》里有"四十、五十而無聞焉，斯亦不足畏也已"的句子。這里的"聞"有被動意義，引申爲"成名"的意思。"惡、聞"有兩讀，亦可以"施受同辭"，可以將其放到"施受同辭"類。請再看幾個《戰縱》中的例子：

(36) a. 徐爲之與臣言甚惡，　　　　　　　（蘇秦使韓山獻書燕王章）

　　b. 言臣之後，奉陽君、徐爲之視臣益善，有遣臣之語矣。

　　　　　　　　　　　　　　　　　　　　（蘇秦使韓山獻書燕王章）

　　c. 周纳言：燕勾（趙）循善矣，皆不任子以事。

　　　　　　　　　　　　　　　　　　　（蘇秦使盛慶獻書於燕王章）

　　d. 王以（已）和三晉伐秦，秦必不敢言救宋。（蘇秦謂齊王章（四））

　　(36a)中的"言"是一般用法，表示"說話、話語"，(36b)中的"言"表示"爲某人講話"，(36c)中的"言"引出直接引語，(36d)中的"言"引出間接引語。值得注意的是，古漢語中的言語動詞如"謂，曰"等都以引直接引語爲常，而"言"既可以引出直接引語，又可以引出間接引語。我們未見到"言"有出現在受事主語句里的情況。我們可以將其放入第二類，即［施＋受－］的一類。由於"言"的施動意義不強，所以它在第二類中屬於非典型的動詞。

　　《戰縱》里的動詞"信"的用法也很豐富，請看幾個例子：

(37) a. ……齊必不信趙矣。　　　　　　　（蘇秦使韓山獻書燕王章）

　　b. 臣處於燕齊之交，固知必將不信。　　（蘇秦自齊獻書於燕王章）

---

14) 再如"願令得補黑衣之數，以衛〈衛〉王宮，昧死以聞。"（觸龍見趙太后章）
15) 其實仍是使動意義，即"使傳到某人耳朵里"的意思。

c. 以奴（帑）自信，可；與言去燕之齊，可；甚者，與謀燕，可。
（蘇秦自齊獻書於燕王章）

d. 發信臣，多其車，重其斂（幣），史（使）信王之救己也。
（公仲佣謂韓王章）

e. 信如尾星（生），廉如相〈伯〉夷，節（即）有惡臣者，可毌（慚）乎？　　　　　　　　　　　　　　　　（蘇秦謂燕王章）

例(37 a)中的"信"是通常用法，即表達主動態。(37 b)中的"信"是被動意義，表示"得到信任"，在同一章中，還有"得信"，與此處單一個"信"同義。(37 c)中的"信"是"是使別人相信自己"，"以奴（帑）自信"即"帶著家屬去以取得信任"。(37 d)中的"信"有明確的句法標記"使"。我們可以看到，"信"可以不帶句法標記，也可以帶句法標記表達使動意義。這種隱性的句法手段和顯性的句法手段並行的現象是兩漢前後漢語類型漸變時經常見到的現象。(37 e)中的"信"是"講信用"的意思。"信"同"言"一樣，雖然可以歸到一類，但不是典型的"施受同辭"類的動詞。

從這一節的例子我們看到，在同一類動詞里，動詞的施動意義是不同的，它們組成一個連續體。有些動詞表達的是非典型的"施受"關係，它們的施動意味不強，只有在一個具體的語境里才能確認。

## 5　初步結論

動詞的分類還沒有一個十全十美的辦法。古漢語動詞的分類就更複雜。本文建議利用"施受同辭"這個已有的概念，簡化戰國後期、漢前期古漢語動詞的分類。按照"施"和"受"分出不同的類型。典型的"施受同辭"類的動詞，都表現出較強的施動特徵（儘管在同一類的內部，動詞的施動程度會有差異）。其中有兩讀記載的都漸漸衰退，無兩讀記載的後來也被漢語句法拋棄，有的則殘留在成語、俗語中。代之而起的是句法上有標記的語法詞的興起。語法詞的產生和發展使漢語轉變了類型。換句話說，漢語的施受關係後來只能用有標記的語法詞來表現了。

## 參考文獻

丁聲樹 1935 釋否定詞"弗""不", *Academia Sinica, Studies Presented to Ts'ai Yuan P'ei on his Sixty-fifth Birthday, part II.* pp.967-996

黃坤堯 1992《經典釋文動詞異讀新探》, 臺北：學生書局

李佐丰 1983 先秦汉语的自动词及其使动用法,《语言學論叢》10, 北京：商務印書館, pp.117-144

李佐丰 1994 先秦的不及物动词和及物动词,《中国语文》4, pp.287-296

大西克也 2004 施受同辭芻議——《史記》中的"中性動詞"和"作格動詞", *Meaning and Form: Essays in Pre-Modern Chinese Grammar* in Ken-ichi Takashima & Jiang Shaoyu(eds.), Lincom Europa, pp.375-394

孙德宣 1993 施受同辞说补释,《中国语文》5, pp.386-388

孙力平 1997 先秦典籍句法结构中的"施受同辞"的分析,《中国语言学报》8, pp.138-143

孙良明 1994《古代汉语语法变化研究》, 北京：语文出版社

孙玉文 2000《汉语变调构词研究》, 北京大学出版社

王力 1965《古汉语自动词和使动词的配对》, 上海：中華文史論叢 6, pp.121-142

吴安其 1996 与亲属语相近的上古汉语的使动形态,《民族语文》6, pp.29-35

徐丹 2004 先秦漢初漢語里動詞的指向,《語言學論叢》29, 北京：商務印書館, pp.197-208

徐丹 2005 談"破"——漢語某些動詞的類型轉變,《中国语文》5, pp.333-340

雅洪托夫 1986 上古汉语的使动式,《汉语史论集》, 北京大学出版社, pp.104-114

姚振武 1999 先秦汉语受事主语句系统,《中国语文》1, pp.43-53

周祖谟 1966 四声别义释例,《问学集》, 北京：中華書局, pp.81-119

Cikosky, John S. 1977 Three Essays on Classical Chinese Grammar. In *Computational Analyses of Asian and African languages.* Tokyo: 8, pp.17-152, 9, pp.77-208

Downer, G. B. 1959 "Derivation by Tone-Change in classical Chinese". *Bulletin of the School of Oriental and African Studies.* University of London. Volume XXII, Part 2, pp.258-290

Harbsmeier, Christoph. 1980 Current issues in Classical Chinese grammar. *Acta Orientalia.* pp.126-148

Hopper, P. J. and Sandra A. Thompson. 1980 "Transitivity in grammar and

discourse". *Language.* 56, pp.251-299
Mulder, J. W. F. 1959 "On the Morphology of the Negatives in Archaic Chinese". *T'oung Pao.* XLVII, 3-5, pp.251-280
Xu Dan. 2006 *Typological change in Chinese Syntax.* Oxford: Oxford University Press

＊此研究受到了法蘭西大學研究院的資助，特此致謝。

（Xú・Dān　フランス国立東洋言語文化大学）

# 汉语表达功能对"了"的使用制约

## 杨　凯荣

### 1　问题的提出

汉语"了"的使用与否问题一直是困扰汉语语法界的一个症结，经常会引发理论上的争论。不仅如此，母语非汉语的外族学习者在习得过程中，也会出现很多偏误的句子。对此，汉语学界至今已经有不少先行研究，这些研究虽然指出了问题的所在和解决的方案，但目前似乎还没有令人满意的说明和解释[1]。本文主要从语言的表达功能出发，找出并分析"了"的使用与否的动因，最后对该问题做出一个合理的解释。

(1) a. 他昨天给我打电话了。　　b. *他昨天给我打电话。
(2) a. 他昨天为什么给我打电话？
　　b. ?他昨天为什么给我打电话了？[2]
(3) a. 我是坐车来的。　　　　　b. *我坐车来了。
(4) a. 他上个星期刚到日本。　　b. *他上个星期刚到日本了。
(5) a. 他12点就睡了。　　　　　b. *他12点就睡。
(6) a. 他12点才睡。　　　　　　b. *他12点才睡了。

---

[1] 有关"了"的使用与否问题，较早的有李兴亚1989，后来又有一些论文就此问题进行讨论。最近几年有顾阳2008和陈忠2009等。顾阳2008从论元理论与时制体系的角度，陈忠2009则从认知的角度对此问题有新的看法，我们将在行文中具体涉及。

[2] 此句如果表示一种新情况也可以成立。不仅如此，此句中的"了$_2$"，可能还有一种表语气的用法。肖治野、沈家煊2009在讨论"了$_2$"时把它的语义刻划为以下三个用法，即"新行态的出现"、"新知态的出现"、"新言态的出现"。从这一角度来说，本文主要讨论只限于表"新行态的出现"的"了$_2$"，而不讨论"新知态的出现"、"新言态的出现"。

(7) a. 昨天的晚会上大家又唱又跳。
　　b. *昨天的晚会上大家又唱又跳了。
(8) a. 她昨天一边听音乐，一边做家务。
　　b. ?她昨天一边听音乐，一边做家务了。

以上例句虽然都是已然的句子，但有些句末必须加"了"，而有些不能加"了"，比如(1)。有关(1)中句末能否带"了"可以从已然事件这一观点来加以说明，即汉语在表述事件已经发生，并把它作为一个新情况报告时，句末一般用"了"。因此 a 成立，而 b 不能成立。但是有趣的是，同样是已然事件的句子，对例(2)的解释似乎不那么容易：为什么同样是已然事件，句子有了询问原因的"为什么"以后就不能在句末添加"了"了呢？ 同样，对(3)-(8)的成立与否也需要我们做出比较统一的解释。比如，同样是已然的句子，时间副词"刚"不能与"了"共现，但是时间名词"刚才"却能够与"了"共现；另外，同样是表示主观量的副词[3]，"才"不能与"了"共现，而"就"可与"了"共现……这些不同句式的例句与"了"共现与否的机制是什么，至今虽然也有不少先行研究，管见所及，还没有从功能上做出过统一且能令人信服的解释。以下我们将对以上各个句式逐一进行分析和说明，并给出一个比较圆满的解释。

## 2 "了"的语义功能

本文的主要目的并不是讨论"了"的语法性质，而是从表达功能出发探讨和分析"了"的使用与否的动因。

在探讨此问题之前有必要先梳理一下"了"的语义功能并阐明本文的观点，以便能更好地说明其使用与否的动因。有关汉语"了"的语义功能，至今众说纷纭，但大致可以分为如下三种观点。(i)认为词尾的"了"表示完成体，句末的"了"主要用来肯定事态出现了变化或即将出现变化（吕叔湘主编 1999：351 等）；(ii)词尾"了"表示实现，句末"了"申明一件对

---

[3] 不少研究认为"才"和"就"都是表示主观量的副词。参看李宇明 1997 等。

方不知道或与对方已知不同的事实，即一个"新"的信息（刘勋宁1990）；(iii)把两个"了"统称为"实现体"（石毓智1992、陈忠2009等）。本文基本支持(i)的观点，认为"了"应分为两个，"了$_1$"表示完成，"了$_2$"表示变化或新情况[4]。

我们认为"了$_1$"属于体（aspect）的范畴，而句末的"了$_2$"不是体的范畴。所谓"体"，典型的应该是指动作处于某一阶段（至少可以分为"开始"、"持续"、"完成"），而这种不同的阶段虽然可以通过不同的语法或词汇手段来表达，但是从狭义的动词"体"的角度来看，动词（或形容词）与词尾"了$_1$"的结合是一个主要的手段，而名词并不具有这种功能。但是如果认为"了"只有一个，就势必会混淆这两种不同的概念，因为"了$_2$"可以处于名词后面，它不属于体的范畴，而是一个句末助词。

(9) a. 病人吃了饭，~　　b. 病人吃饭了。

此句中 a 说明病人吃饭这个动作已经完成，现在已经不在吃饭[5]，与"开始"、"持续"等相区别。但是 b 则既有可能吃完，也有可能是开始吃或正在吃。它并非要说明"病人吃饭"这一动作现在处于何种状态，而

---

[4] 有关"了"的语法性质，杨凯荣2001也作了详细的说明。陈振宇2007认为"了$_1$"还带有"时"的性质。肖治野、沈家煊2009把"了"分为两个大类，"了$_1$"为"动作的完成"，"了$_2$"再分为三个小类，即"新行态的出现"、"新知态的出现"、"新言态的出现"。木村2012也认为"了"应分为两个，"了$_1$"应为"完成"，而"了$_2$"应为"变化"。木村列举了如下例句来说明所谓新情况不能解释"了$_2$"。

a. *她看我一眼了。　b. *我今天早上喝两杯豆浆了。　c. ??小李在厨房包饺子了。

本文对新情况与变化作同样处理，不加以区分，因为新情况与变化只是说法不同而已，其实质并无多大差异。木村举出的例子作为新情况之所以不能成立，是因为新情况也好，变化也好，一般情况下句中带有数量词后，数量就成为新的信息。用"了$_2$"表新情况时，一般只需报告事件的有无发生即可，不需要具体说出数量，因此一般不需带数量词。如果带有数量，此数量就可以看作是一种变化后的量，即新情况被突显。换句话说，一般情况下，事件发生的有无与数量的变化不宜同时作为新的信息来传递。按此思路，a 中数量词"一眼"是多余的，因为所谓"一眼"是从零到"一"的变化，即从无到有的变化，既然这样就只需说"她看我了"即可。就 b 来说，如果要把数量作为一个新信息传递的话，只需说"我喝两杯了"即可，"豆浆"则可以充当话题或不语码化。c 句并没有带数量词，如果要表示"小李在厨房包饺子"作为一个新情况来报告的话是可以成立的。

[5] a 句单独很难成句，但是如果有后续句的话，可以成立。

"病人吃饭"是一种新的情况。它们反映了两种不同的语法概念。如果采用"实现"说,就无法区分"开始"、"持续"、"完成"这种由"体"所反映出来的差异。因为无论是"开始",还是"持续"或者"完成",就其状况来说,都是一种实现。再看以下例句:

(10) a. 病人下了床,~。　　b. 病人下床了。
(11) a. 我洗了一个澡。(只是叙述动作的完成)
　　b. 我洗澡了。　(有可能以前没洗澡)

用"了$_1$"的(10a)只是想说动作者下床的动作已经完成,但是句末用"了$_2$"的 b 则表示一种新情况的出现,它蕴含了一种"以前不能下床"的语义,即变化。(11)也是如此,a 句只是申明洗澡这一动作已经完成,而 b 句则是一种新的情况,而且这种情况既有已经结束,也有正在进行或将要开始的含义。其实,动作的"开始"、"持续"、"结束"都能用所谓的"实现"概括,而且情况发生变化也在它的范围之内,这样既能包括"了$_1$"又能包括"了$_2$"的用法,作为语法意义显得太笼统,实际意义不大,无论从理论上还是应用上来说,缺乏说服力。不仅如此,与"了$_2$"不同,"了$_1$"作为完成体的标记,与持续体"着"一样,在语法上和语义上都有着共同的特征[6]。

(12) a. 病人吃着饭呢。　　b. *病人吃饭着呢。

(12)中作为体标记的"着"从语法结构上看,必须位于动词后面,而不能放在名词后的句末;从语义上看表示持续,这一点正好可以和表示完成体的"了$_1$"互相印证。从它们的表达功能来看,"了$_1$"也与"着"有着相同之处,因为它们都体现了动作的某种体貌特征,所以在对动作状态的具体描述时,一般用完成体的"了$_1$"要比新情况的"了$_2$"更为自然。

(13) a. 他非常随随便便地回答了我。
　　b. ?他非常随随便便地回答我了。

(13)的 a 比 b 更加自然。状语"随随便便地"是对"回答"这一谓语动词

---

6) 木村 2012 认为"着"表示持续的情况不多,特别在口语中一般表示作为动作的结果、人或事物在特定空间的存在。

的具体描述，如果把"了₁"换成"了₂"，其语义就会发生变化，即本来不是"随随便便地回答"的，现在变成了"随随便便地回答"。而这种新情况的出现，显然不是此句所要表达的语义，因此接受度明显降低。以下例句也是如此。

(14) a. 他像小偷似的，偷偷摸摸地溜出了门。
　　 b.ˀ他像小偷似的，偷偷摸摸地溜出门了。

(15) a. 小偷大摇大摆地从大门走了出去。
　　 b.ˀ小偷大摇大摆地从大门走出去了。

(14)和(15)用"了₁"都比"了₂"更为自然。其原因与以上说明的情况相同，它们的状语都是描述动作的状态，换言之，它们表述的是在什么样的状态下完成的动作，而不是这些状态发生了什么变化。如果像 b 一样，用"了₂"，整个句子就变成一种新情况的出现，也就是说，(14 b)所表达的是，由本来不是"偷偷摸摸地出门"变为"偷偷摸摸地出门"这样一个变化的过程。(15 b)也是由本来不是"大摇大摆地出去"变为"大摇大摆地出去"这样一种情况的出现，显然这样的解释不是其本来的意图所在，因此难以成立。

"了₁"作为一个体标记，与"着"等一样，可以对动作过程中的某一阶段加以叙述，因此更适用于对具体动作细节的描摹。而"了₂"表示新情况，关注的是整个事件的变化，所以难以描述动作具体的细节。

由此可以看出，"了₁"和"了₂"有各自的语法意义，两者是截然不同的，"实现"义并不能反映出两者不同的语法语义[7]。

木村 1997 指出，从表达功能来看，"了₁"基本用于"存现句"、"行为叙述句"、"过程描写句"这三种类型，并列举了以下(16a)这个"过程描写句"，句中"了₁"很难用"了₂"替换。

(16) a. 方波大踏步出门，周华欲追，刚起身，又坐下，听天由命似地闭上了眼睛。

---

7) 当然如果句子中没有这种描写动作状态的状语，两者之间的差异就不甚明显了，"了₁"与"了₂"都能使用。
　　 a. 他出门了。　　 b. 他出了门，～

b. ?方波大踏步出门，周华欲追，刚起身，又坐下，听天由命似地闭上眼睛了。

　　(16a)的"了"表示完成，它也是在具体描述施事的动作在什么样的状态下完成的，而不是说明一种新的情况。因此 b 难以成立，因为 b 句中的"了$_2$"表示一种新情况。"了$_1$"和"了$_2$"的这种功能和语义上的差异还反映在以下的句法形式上。比如，在与知觉动词"看"共现时，前者无法观察到某种情况，而后者可以观察到新情况的出现。

　　(17) a. 你看病人吃饭了。　　b. ?你看病人吃了饭。

　　"了$_1$"表示完成，动作完成后，无法从视觉上加以观察，相反，"了$_2$"表示新情况的出现，它可以从视觉上得到确认。

　　通过以上分析，我们对"了$_1$"、"了$_2$"不同的语法功能有了进一步的了解，在此基础上，下面探讨"了"的使用与否问题[8]。

## 3　说明句

### 3.1　"是～的"句

　　(18) a. 他是坐车来的。　　b. *他坐车来了。　　c. 他来了。
　　(19) a. 你是什么时候来的中国？　　b. *你什么时候来中国了？

　　以上例句中，a 可以成立，但 b 不能成立。众所周知，当知道事件已经发生，要强调事件发生的时间、地点、方法、施事时，一般必须使用"是～的"句式，而"了$_2$"是表示新情况的出现。

　　有关"是～的"句式，汉语教材中一般都有说明，而且也有不少先行研究，比如有杉村 1999 的"承前"说、袁毓林 2003 的"确认与确信"说、木村 2002 的"动作区分功能"说等。这些研究主要是对"是～的"句式的语法意义的阐释。本文的目的之一在于对以上例句中不能用"了$_2$"而必须使用"是～的"，从功能的角度加以说明。

　　如上所述，"了$_2$"表示"新情况"，用于"事件句"；而"是～的"是

---

[8] 当句中出现"了"时，我们将注明"了$_1$"和"了$_2$"或"句末的'了'"。

以事件的发生为前提,对事件发生的域内或域外论元(who, where, when, how)加以强调,它是一种"说明句"。也就是说,(18)、(19)的 b 句都是事件句,表述的是一个事件的发生,并把此事件作为一个新的情况(或信息)加以传递和报告;与此相比,a 句的功能则是,在得知事件发生的前提下,给出事件发生的具体地点、时间、方式以及行为动作的施事,两种句式的功能完全不同。换言之 a 句的用意不在于传达一个新情况的发生,而在于突出事件的某一焦点,"了$_2$"已经不能起到应有的作用。这种句子功能的变化导致了"了$_2$"的无法出现[9]。

　　问题是为什么(18b)不能作为事件句的形式句末加"了$_2$",而(18c)则可以呢? 对此问题可以做出如下解释,c 是把整个句子作为新信息加以报告,而说明句是以事件发生为前提,把与动作有关的某一论元作为焦点用"是～的"加以突显。对于动词"来"来说,c 中只有表施事的论元,而 b 中还有表方式的论元。一般而言,对动词谓语来说,施事作为必备论元参与事件是理所当然的,而"方式"与谓语动词一起参与事件,相对来说并不是必须的。如前所说,施事、时间、场所这些域内或域外论元比较容易与动作谓语一起参与事件。比如:

(20) a. <u>他</u>去上海了。　　　　b. 他<u>上星期</u>买礼物了。
　　 c. 他<u>在上海</u>买礼物了。　d. ?他<u>坐飞机</u>来上海了。

以上例句中,下划线的部分分别表示与动作谓语有关的施事、时间、场所和方式,只有表方式的 d 显得不太自然,而施事、时间、场所则完全没有问题。a 中,"他"与动词谓语一样,是以"他去上海"的形式作为一个新情况来传递的。同样,b 句中的场所和 c 句中的时间部分也都是作为事件句的一个组成部分以新情况出现的。如上所述,当我们已经知道事件已然发生,而要强调施事、时间、场所时也可以用"是～的"形式加以突显。

---

9) 从这点来看,汉语与日语有所不同。日语即使表达的功能发生变化,只要是已然的事件都用「た」来表示。
　　a. いつ来たのですか。　　b. いつ来ましたか。
　　c. なにで来たのですか。　d. なにで来ましたか。

⑵ a.（是）谁去的上海。　　b. 他（是）什么时候买的礼物？
　　c. 他（是）在那儿买的礼物。

⑵与⑳不同，下划线部分（施事、时间、场所）不是作为事件句的组成部分，而是以焦点形式出现的。由此可见施事、时间、场所等既可以充当事件句的论元与动词谓语构成事件句，同时也可以充当说明句的焦点。

　　与施事、时间、场所相比，表方式的成分可能比较难与动词谓语一起构成事件句。一般而言，表示行为的"方式"与谓语动词关系并不密切，不是动词谓语的必备论元，至少与施事、时间、场所相比，与事件发生的关联性更小。换言之，所谓事件句，只要说出事件的发生即可，施事、时间、场所参与事件的表述方法也很自然，至于以何种方式发生则不是构成事件句的重要因素，方式是在事件发生以后才会被人关注。因此，在一般情况下难以与谓语动词一起以事件句的形式出现。事件句中，除非有特别的语境，一般不需要告知行为的方式，然而施事、时间、场所在没有任何语境的情况下也能出现。因为对事件句来说，施事、时间、场所是构成事件句的重要因素。但是，表方式的成分也不是完全不能构成事件句。只要给予一定的语境，我们也可以给出合格的句子。

⑵ 金正日（终于）坐飞机来中国了。

从来不坐飞机来中国的朝鲜前领导人金正日假如有一次坐飞机来到中国的话，⑵就可以成立。

　　由此可见，对说话人来说，是把构成句子的某一论元，作为事件句的参与成分，与谓语动词一起成为句子的焦点，还是以说明句中的焦点成分来加以突显，不仅与其对事件的参与度（即论元与动词谓语在语义上的紧密程度）有密切关联，而且还可以根据说话人的意图和句子功能的需要来改变。这种句子功能的改变往往会关涉到"了"的使用与否。这点和日语等有形态的语言相比比较明显，也正是汉语习得中的难点所在。

### 3.2　原因说明句

　　原因说明句与上述的说明句一样也不能与"了$_2$"共现。以下例句都是用"为什么"来询问事情发生的原因。

(23) a. 他昨天<u>为什么</u>给我打电话？

　　b. ?他昨天<u>为什么</u>给我打电话<u>了</u>？

　　c. ?他昨天给我打电话。　　d. 他昨天给我打电话了。

(24) a. 他昨天<u>为什么</u>哭？　　b. ?他昨天<u>为什么</u>哭<u>了</u>？

　　c. *他昨天哭。　　　　　d. 他昨天哭了。

从(23)、(24)的 a、b 可以看出，尽管都是已然的事件，询问原因时，不能加"了₂"。但是，如果不用"为什么"询问，只是一般叙述，如 c、d，则必须加"了₂"，没有"了₂"就不能成立。询问原因的句子不能加"了₂"这点与上述的说明句一样。例(25)为实例，也没有出现"了₂"。

(25) 他当年<u>为什么</u>去当兵？不当兵，不投共产党，他就得饿死！他当年<u>为什么</u>去打仗？　　　　　　　　　　　　　　（《钟鼓楼》）

因为询问原因的说明句也是以事件已经发生为前提的句子，其用意也不是表述新情况的发生，事件作为新的情况已被背景化，因此"了₂"同样也失去了其存在的理据[10]。不同的是，前述的说明句突显的是施事、时间、场所等论元，而原因说明句关注的是事件发生的原因。不过值得注意的是，同样是说明句，原因说明句与上述一般的说明句相比，较难与"是～的"共现。

(23)" ?他昨天（是）<u>为什么</u>给我打电话的？

(24)" ?他昨天（是）<u>为什么</u>哭的？

木村 2002 认为"是～的"句式一般不能与表示原因句共现的理由是表示原因的短语难以唤起对立项，不是一个事物而是一个事件，缺乏离散性。我们基本同意上述观点。正如木村 2002 所说的，"是～的"是由<u>区分事物</u>的功能扩展而来，它具有对动作区分的功能，即通过动作行为所发生的时间、场所、方式以及动作行为的施事等事件的参与者来对动作的属性加以区分。从认知的角度来看，以上这些论元可以充当限定区分动作的某

---

10) 但是需要说明的是(23b)、(24b)本身并不是不能成立，如果说话人想强调整个事件是作为新情况出现的话，b 也可以成立。但是一般只问事件发生原因的话，则接受度较低。这点与上述的表示"方式"的情况一样，在具有某种语境的情况下，句末加"了₂"是为了叙述整个事件发生了变化。

种基准，但是原因以表示事件的从句形式出现，相对来说较难成为区分动作的基准。也就是说，我们较难用事件发生的原因对事件加以区分。这可能是导致"为什么"难与"是～的"共现的原因。但是也需要指出的是，我们在实际的语料（北京大学中国语言学研究中心现代汉语语料库）中，找到一些原因与"是～的"共现的实例。比如：

(26) 我不是因为觉得冷才发抖的。

对"是～的"也能与表示原因的成分共现的现象，我们认为，原因成分与上述的论元相比，确实难以成为区分事物的基准。但是事件发生的原因是各种各样的，在一定的语境下，确定其中的一项，从而排除其他原因的存在，其实也是对对立项的排除。严格地说不算分类，但广义上也是从原因方面对事件属性的一种区分和说明[11]。

### 3.2.1 与"要"的共现

原因说明句还可以跟表示意志的能愿动词"要"共现。比如：

(27) 可是周瑜贞还是不放松我，她紧紧拉住我，又把我按到椅子上，还是不容情地问："你，你当初为什么要那样做啊？"

(《天云山传奇》)

(28) "那你为什么要报考这里的大学呢？上北京去呀！"（《人啊，人》）

(23)、(24)只是询问事件发生的客观原因，但是(27)、(28)中添加"要"以后，其焦点不在客观的原因上，而是在引起事件发生的施事的意志上。同样它也是一种原因说明句，其句子的用意是询问动作行为的主观动机，而不是客观原因。

### 3.2.2 与"会"的共现

这种现象同样也适用于表示可能性的能愿动词"会"。

(29) 为什么会产生这种现象？难道罗群真是反对了党，而吴遥真的是

---

11) 需要指出的是，与"是～的"共现的原因句中，往往带有"才"等成分。这里的"才"也是对其他原因的排除，从而达到对所述原因的强调。

一个最忠诚的干部？　　　　　　　　　　（《天云山传奇》）

与㉗、㉘一样，㉙虽然也有"为什么"，也是对已然事件原因的叙述，但因为添加了"会"，其功能从单纯地询问事件何以发生转变为询问事件发生的可能性何以存在。从原因说明句中添加"要"和"会"可以看出，它们与原因说明句一样，是以事件的发生为前提的句子，它关心的既不是事件是否作为新的情况出现，也不是单纯的事件的发生，而是施事的动作行为的动机和事件发生的可能性的保障，这种功能的改变致使"了$_2$"无法出现，这一点与上述的㉓、㉔等说明句是相通的。

通过以上的现象可以说明，同样是已然的事件，汉语可以根据表达意图的不同，将叙述行为和事件发生的表现形式，改变为叙述对事件发生的意志动机以及可能性加以说明的表现形式。这种表达意图的改变，必须通过去掉"了"才得以实现。

## 4　副词与"了"

### 4.1　"才"（与"就"相比较）

副词"才"不能与"了$_2$"共现也是一个共知的事实，而且也有不少研究，比如白梅丽1987、顾阳2008、陈忠2009等。

㉚ a. 他十二点才睡觉。　　　b. *他十二点才睡觉了。

例(30a)句末没有"了$_2$"能成立，而 b 句末带"了$_2$"不能成立。很多实例句末也看不到"了$_2$"。

㉛ 下午两点，戴愉才爬起床来。　　　　　　　　　（《青春之歌》）

㉜ "今天我才明白人间还有、还有另一个世界！"　　（《青春之歌》）

陈忠2009从对情状观察的视角（viewpoint）把事件分为"起始-延展-终结"，认为起始和终结都蕴含"界限"，与"无界延展"形成对立，在"就"和"才"能否用"了"这点上反映了这种视角的切换："就"必须与"了"共现是因为超出心理预期，"才"不能与"了"共现是因为"不及预期标准界限"，处于延展阶段而淡化终结界限；并说"了"的出现可以将视点集中、凸显终结。但是当出现像"昨天才来了三个人"这样的"才"

与"了₁"共现的句子,他又说在数量词成分和"昨天"的共同作用下视角转化为"界限",这时"了"必须出现——一个副词"才"限制了"了"出现,数量成分则成全了"了"出现,两种"视标"对"了"的使用与否起到了关键作用。这种说法还值得商榷,两个"了"在这里的性质是完全不同的。

我们认为,"才"的前面部分为焦点,"才"后面的成分是一个旧信息。它只是与表新情况出现的"了₂"发生冲突,与表示完成的"了₁"不发生冲突。如前所述,因为"了₂"表示的是新情况,也就是一个新信息,因此,整个事件的发生是作为一个新信息由"了₂"传递的。因为句末使用了"了₂",使整个句子都以一个新的情况出现。然而既然句子已经通过"才"把后面的成分变成一个旧信息,那就不能再用"了₂"来强调整个句子是作为新情况发生的,这样会与"才"前所突显的新信息发生冲突。换句话来说,"才"与"了₂"的冲突是由信息结构上的互相冲突所造成的:一方面要强调事件发生的时间是焦点所在,是一个新信息,另一方面句末又添加"了₂"来强调整个句子是一个新的情况,这种句子中分别突显两个以上焦点的情况显然是违背常理的。据此我们可以说,"才"不能与"了₂"共现,是出于信息结构的需要。这点与副词"就"完全不同,"就"的前面并不是焦点。

(33) a. 他十二点<u>就</u>睡<u>了</u>。　　b. *他十二点<u>就</u>睡。

使用"就"后并没有改变句子的焦点,"就"后的成分并不是旧信息。换句话说,带"就"的句子的信息结构与"才"不同,"就"的前面并不能成为焦点。我们可以通过以下测试来证实两者的这种差异。

证据1:"就"的前面不是焦点,不能添加"是"来突显焦点。而"才"的前面可以加上"是",成为句子的焦点。

(34) a. 他是<u>十二点才</u>睡的。　　b. ?他<u>是十二点就</u>睡的。

如前所说,"是~的"句中"是"突显事件发生的时间、地点、方式及施事,被突显的部分成为一个焦点,进而构成信息结构中的新信息。也就是说,"才"的前面是一个焦点,可以由"是~的"来加以突显。相反,"就"的前面不是一个焦点,因此不能由"是"来加以强调。

证据2:是否句子的焦点可以用疑问形式进行测试。一般来说,可以

被提问的成分是句子的焦点或新信息。下面我们用"几点"来测试一下焦点成分的所在：

(35) a. 昨天晚上你<u>几点</u>才睡（的）？　　b.<sup>?</sup>昨天晚上你<u>几点</u>就睡了？

我们用疑问词"几点"后发现，与"才"共现的句子显得很自然，相反与"就"共现的句子不太自然。因为"才"前的成分是一个焦点，所以能被疑问词提问，来表达对未知信息的索求。但是"就"的前面不是焦点，所以不能与疑问词共现构成疑问句。相反，这种疑问词倒可以放在"就"的后面，构成疑问句。

(36) a. 你晚上十二点以后就做<u>什么</u>？
　　b.<sup>?</sup>你晚上十二点以后才做<u>什么</u>？

(36)中疑问词"什么"放在"就"的后面，句子就能成立，而放在"才"后句子却较难成立。这表明句子"就"的后面才是焦点，而"才"后的成分不是焦点。也就是说，(36a)的新信息在后面，想要知道的是"就"后面的部分，因此 a 得以成立。与此相比，b 句中疑问词同样处在后面，接受度明显降低。"才"的后面不是焦点，疑问词难以出现在"才"后。

如上所述，带"才"的句子也是以事件发生为前提的。说话人知道事件已经发生，问题是要通过"才"来强调事件发生得太晚，关心的是事件发生的时间，因此，"才"前的时间就成为说话人关心的焦点，这一部分就是新信息。与此相反，带"就"的句子虽然也是对时间的主观认识，但是它强调的是事件发生得太早。同样是偏离预期，用"才"时事件发生得比预期晚，因此事件何时发生就自然成为说话人关注的焦点，说话人会等待着这一刻的到来。但是用"就"时事件的发生比预期早，既然事件发生得比预期要早，说话人也就没有必要等待事件何时发生，因此事件发生的时间就不再成为说话人关注的焦点[12]。

顾阳2008认为"才"激活的是一个负向极差，该极差的最下限是给定的，这样句子所表述的情状以极差的最下限为参照点，情状的空间特征

---

12) 陈忠2009认为"就"超出预期，"才"不及预期。我们认为超出预期也好，不及预期也好，都是说话人"偏离预期"的主观认定。

借助参照点得以确认,因此没有"了"也能成立,而"就"激活的是一个正向极差,该极差的最上限并未给定,焦点的对象与极差中的成员无法确切对应,句子表述的情状没有参照点,无法确认其空间特征,因此没有"了"就不能成立。我们认为无论是"才"也好,"就"也好,说话人内心都有一个预期的时间,两者都是对说话人预期时间的偏离,既然如此,因此应该有一个时间的极限。而它们的差异只是一个比预期的要早,另一个比预期的要晚。事件比预期发生晚的话,时间就自然成为人们关注的焦点,而事件比预期发生得早的话,时间不会成为人们关注的焦点。这种差异造成"就"能与"了$_2$"共现,而"才"不能与"了$_2$"共现。

## 4.2 "刚"(与"刚才"相比较)

副词"刚"一般不能与"了$_2$"共现,这也是一个共知的事实。

(37) a. 小李刚到日本。　　b. *小李刚到日本了。

(38) 很久很久以前——其实也不过大约 20 年前,我住在一座学生寄宿院里。我 18 岁,刚上大学。 (《挪威的森林》)

(39) 上个月刚开始吸。其实也不大想吸,只是偶尔想试一下。

(《挪威的森林》)

"刚"为什么不能与"了$_2$"共现,胡建刚 2007 认为两者之所以不能共现,主要基于以下两点。第一,"刚+动词"本身就是一种新情况,而语气词"了$_2$"的语法意义也是表示新情况或情况变化,根据语言经济原则,两者语义重复。第二,"刚"表示某一动作或情况的状态持续时段,而当一种状态正在持续时,一般认为它不会也不应该发生变化,和语气词"了$_2$"在语义上就产生了相互排斥的效应。

但是,胡建刚 2007 的观点还值得商榷。从表达功能来看,"刚"并不是单纯地报告动作发生的时间,而是以已然的事件为前提,说明动作发生(或完成)的时间与说话的时间相距不远。也就是说,"刚"后面的动词谓语并不表示新情况,恰恰相反,带有"刚"的句子里,句子的焦点移到了事件发生的时间上,与表示新情况的"了$_2$"在语义上发生冲突。

(40) a. (小王)到了吗?　　b. 到了。

c. 几点到的？　　　　　d. 刚到。　　　e. 三点到的。

(40)中，a、b 分别为事件句，a 是对事件发生与否的提问，b 是对 a 的回答。但是 c 是以事件发生为前提，询问到达的时间，焦点在时间上，它已经从一个事件句转变为一个说明句。而 d 则是对说明句 c 的回答，强调的是时间，即强调事件离说话时间不远。对 c 回答时，既可以用"刚到"，也可以用"三点到的"。对 c 的回答，既能用 d 也能用 e 也能说明两者都是把时间作为焦点加以突显的说明句。即副词"刚"与"是~的"句式一样，能用于说明句。既然是说明句，那么也就没有必要在句末添加事件句的标记"了$_2$"，这样会造成表达功能上的冲突。再从信息结构来看，句子添加"刚"后，产生了新的焦点，谓语动词不再表示新情况。从这点来看，"刚"与"是~的"一样，其焦点不在谓语动词部分，而在谓语动词前面的部分。它要强调的是事件发生的时间距离说话时间不远这样一个信息。由此可以看出，"刚"虽然从语义上来看与时间名词"刚才"很接近，但其表达功能却与"刚才"有很大差异。"刚才"与"昨天"等其他时间名词一样，只是单纯地表示动作发生的时间，因此能与表示新情况的"了$_2$"共现。

(41) 我刚才说了，如果苏联能够帮助越南从柬埔寨撤军，这就消除了中苏关系的主要障碍。　　　　　　　　(《邓小平文选》第三卷)

(42) 刚才写到哪里了？　　　　　　　　　(《我的父亲邓小平》)

"刚"与"刚才"的这种差异，我们可以通过否定形式来加以验证。对含"刚"的句子进行否定时用"不是"，对含"刚才"的句子进行否定时用"没"。"不是"用于对判断句的否定，也是一种说明句。"没"用于对事件句的否定，即事件没有发生。

(43) a. 你刚上班吗？　　b. 不，我不是刚上班。　c. ?不，我没刚上班。

(44) a. 你刚才说了吗？　　b. 不，我刚才没说。

c. ?不，我不是刚才说的。[13]

---

13) 需要说明的是，在一定的语境下(44c)也可以成立。比如，对"事件"的发生不加否定，而是对发生的时间是"刚才"加以否定。(44b)则没有这种含义。

例(43a)是用"刚"构成的疑问句。"刚"是对时间的说明,对"刚"的否定不能用"没",因此 c 难以成立,而必须用"不是",因而 b 可以成立。(44)也是一个疑问句,不过其时间词为"刚才",这里"刚才"是作为参与事件的时间出现的,对"刚才"的否定一般用"没",所以 b 得以成立,但不用"不是"否定,所以 c 难以成立。

同样是否定,"不是"和"没"的语义功能和表达功能有所不同。这种功能的不同,正好印证了"刚"和"刚才"的语义上的差异。换言之,句子中带"刚"时,时间成为关注的焦点,对它的否定一般用"不是",表述的是一种对焦点的否定,因此是一种说明句。而句子中带"刚才"时,时间并没有被突显为焦点,对它的否定可以用"没",表述的是对事件的否定,因此是一个事件句。

## 5 带有描写性质的句子

### 5.1 "又~又~"

以下"又~又~"的用法,虽然也是表述一个已然的事件,但是句末也不能使用"了$_2$"。

(45) a. *大家又说又笑了。 b. 大家又说又笑。
(46) a. *大家又唱又跳了。 b. 大家又唱又跳。
(47) a. 大家又笑了。 b. *大家又笑。
(48) a. 大家又唱了。 b. *大家又唱。

从以上例句可以看出,"又~又~"句式一般不能在句末加"了$_2$",而同样是对已然事件的叙述,"又"句式句末需要加"了$_2$",没有"了$_2$"不能成立。为什么同样都是对已然事件的叙述,一个"又"能与"了$_2$"共现,而两个"又"不能与"了$_2$"共现呢? 这不仅在理论上需要加以澄清,在汉语的教学上也是一个亟待解决的问题。但管见所及,我们还没有看到比较令人满意的说明[14]。

如上所说,既然都是对已然事件的叙述,为什么一个"又"和两个"又"在与"了$_2$"共现上会出现这样的差异呢? 我们认为它们的差异可以从句

子的功能不同这一观点来加以说明。其实单个的"又"是一个事件句，叙述事件的发生是一个新情况，它叙述的是一次性事件，虽然是报告事件的又一次发生，也还是一种新情况的出现，加上"又"后句子功能并未改变。然而，"又～又～"不是事件句，它更像一个描写句，通过对同一施事的复数行为的观察，对这种复数的动作行为在实施时所呈现的某种样态加以描写，其句子功能与用一个"又"的事件句明显不同。问题是我们必须说明为什么一个"又"是事件句，两个"又"是状态描写句。

大河内 1997 指出，"事件的叙述"(「事の叙述」)和"样态的描摹"(「様態の描写」) 中，汉语的重叠形式和比况性联合结构都可以说是一种"样态的描摹"。铃木 2001 也列举了一些对举形式，认为它们与一般的语法形式不同，并不叙述事件的过程[15]。

从严格意义上来看，"又～又～"句式与大河内 1997 及铃木 2001 所指出的重叠形式和比况性联合构造有所不同，但是它们都是对复数动作或样态的一种列举和外部观察，就这点来看是相通的，虽然程度有所不同，但都是对动作主体的描摹。

(49) 女生们也站在河边，<u>又嚷又笑</u>，似乎还唱。　　　　(《插队的故事》)

(50) 大串联的时候我还小，什么都不懂，起哄似地跟着人家跑了几个城市，<u>又抄大字报又印传单</u>，什么也不懂。　　(《插队的故事》)

从以上例句来看，它们都不是单纯地叙述一个事件的发生，而是对动作者具体动作的描写。(49)中的"又嚷又笑"是通过两个动作的并列来描述动作者的某种姿态，(50)中的"又抄大字报又印传单"也是通过对两个具体动作的排列来描述动作者的状态。这种不同动作的排列就是为了展现动作主体的某种样态，以便从外部加以观察和认定。正是因为"又～又～"句

---

14) 顾阳 2008 指出，并存或交替出现的情状互为参照，情状的空间特征借助参照点得到确认，使句子的时制得以体现，"又～又～"是向时制提供参照点的显性表现。但是我们从表达功能角度加以说明。

15) 汉语中，对状态的描写形式有很多，比如"她长得漂亮。"这样的状态补语句也是一种描写句。句中虽然有动词谓语，但"长得漂亮"不是叙述事件的发生，而是对状态的描摹。这种形式其实汉语用形容词就能表达，比如"她很漂亮"。我们知道，当谓语为形容词时，如果不表示新情况出现，就完全没有必要使用"了$_2$"。

式具有这种排列性的描写功能,与事件句有着本质上的区别,因此"又~又~"还能与"是"共现,以"又是~又是~"的形式出现来突显动作的样态。

(51) 柳原伸手到前面去羞她的脸道:"<u>又是哭,又是笑</u>!"(《倾城之恋》)

(52) 兰香<u>又是哭又是闹</u>。　　　　　　　　　　　　(《人啊,人》)

(53) 她一迭连声地问我。我<u>又是点头又是摇头</u>:　　(《人啊,人》)

(51)-(53)中去掉"是"也能成立。也就是说"又~又~"与"又是~又是~"在对动作的描写方面,其语义并无差异,只是后者更强调说话人对状态的主观认定[16]。

## 5.2 "一边~一边~"

作为对同一动作主体的复数行为的描述,"一边~一边~"所表达的也是一种描写的功能,而不是事件句的功能。"一边~一边~"句式是一种对举形式,通过这种对举形式来突出施事的某种可以观察到的动作样态。

(54) a. 弟弟昨天一边看电视,一边做作业。

b. ?弟弟昨天一边看电视,一边做作业了。

一般情况下,句末没有"了$_2$"的 a 能够成立,但是句末加"了$_2$"的 b 则不太自然[17]。它是对同一施事在实施动作的同时呈现出的两种状态的叙述和描摹。但是它们的动作是同时进行的,这点与上述的"又~又~"句式有所不同。如果说"又~又~"是一种"添加"型描写的话,那么"一边~一边"则可以说是一种"同时"型描写。这种对状态的描写功能也可以通过"一边~一边~"能与"着"共现得以体现。

(55) 她也红着眼皮,<u>一边</u>哭<u>着</u>女儿,<u>一边</u>穿上新蓝大衫。(《骆驼祥子》)

(56) 高大泉<u>一边</u>使劲儿抓<u>着</u>受惊的马,<u>一边</u>左看右瞧,不知发生了什么事儿。　　　　　　　　　　　　　　　　　(《金光大道》)

---

16) 汉语中有很多副词后能加"是",比如"总是"、"好像是"等。加上"是"后是一种主观的强调,有关副词后加"是"的问题,请参看古川 1989。

17) 当然如果说话人要想表达的是"弟弟昨天开始一边看电视一边做作业了"这样一个新情况的话,b 也能成立。

如前所述"着"用于动词后,表示一个动作或状态的持续,这种动作或状态的持续,其实本身就是对施事的动作行为呈现的某种外部状态或姿态的一种定格。正是"着"所具有的这种功能,使它与"一边~一边~"共现,并得以更好地实现其对状态的描摹。

同样是对动作样态的描述,"又~又~"能与"是"共现,更突出说话人对动作样态的主观上的认定,而"一边~一边~"能与"着"共现,可以说它更客观地描写动作时的样态。"又~又~"与"一边~一边~"在与"是"或"着"的共现上虽然存在着差异,但是通过对动作行为的排列来描写动作的样态这点上是相通的,因此都可以看作是一种描写性较强的句子。

# 6 结语

本文从表达功能出发,对汉语表示已然事件时不使用"了"的一些句子进行分类[18],并阐明了"了"使用与否的动机。通过考察和分析我们认为汉语"了"的使用与否不在于句子所叙述的事件是不是已经发生或已经完成,而可以根据句子功能的需要加以调整。以下为本文的主要结论。

(a) 对已经发生的事件,说话人可以根据句子的功能的不同来调整是否使用"了"。

(b) 当说话人旨在叙述事件发生时,句末需要使用"了$_2$",此时即构成本文所说的"事件句"。

(c) 同样是叙述已然的事件,当说话人的用意为强调参与事件的论元(施事、时间、场所、方式等)时,可用"是~的"突显焦点,句末不出现"了$_2$",此时即构成本文所说的"说明句"。

---

18) 有关句子的分类,本文只是作了一些尝试,没有对所有的句式进行分类,这还需要通过在今后的研究中不断的努力和深化来加以完善。有关句子类型的分类,可以参考王红斌2009。張黎2001把句子分为句相的类别,然后又分为语气句相和句模句相,其中有行为句、存现句、关系句等。

(d) 当说话人突显事件发生的原因时，句末也不能用"了₂"，但是由于原因成分不能充当论元，而一般是以谓语动词的形式出现，因此同样为说明句，原因说明句与"是～的"共现时相对受到一定的限制。但是，当原因可以作为区分和说明事件属性的语境下，也能与"是～的"共现。

(e) 同样也是叙述已然的事件，当说话人的意图为描摹动作的状态或姿态时，句末不能用"了₂"，此时即构成本文所说的"描写句"。

(f) 同样是叙述已然的句子，说话人为了强调说明事件发生的时间晚于意料（使用"才"）或者指出事件的发生时间离说话时间不远（使用"刚"）时，句末不使用"了₂"。这种句子也不是"事件句"。虽然与典型的说明句有所不同，因为它们一般可以不用"是～的"或"是"字句来表达，但从广义上来说也可以说是一种说明句。

通过以上的考察和分析可以证明，对"了"的使用与否问题，如果从表达功能上加以分析和阐释的话，无论是在理论上，还是在实际的应用中，都能更好地理解和掌握汉语的这种重视功能的特征，帮助学生避免某些偏误，实现更好的教学效果。汉语的这种功能优先的特征还体现在其他很多方面[19]。因时间和篇幅的关系，不再赘述。

**参考文献**

木村英樹 1997 動詞接尾辞"了"の意味と表現機能．『大河内康憲教授退官記念中国語学論文集』pp.157-179．東方書店

木村英樹 2002 "的"の機能拡張—事物限定から動作限定へ．『現代中国語研究』第4期．朋友書店

木村英樹 2012 『中国語文法の意味とかたち——「虚」的意味の形態化と構造化に関する研究——』．白帝社

---

19) 一般情况下，表示复数的事件的反复性和同时性时，与"了₂"难以共现。比如，副词"常常"、"有时"、"一直"等也不能与"了₂"共现。陈忠2009把这些副词不能与"了₂"共现的原因归结为延展性特征削弱了"了₂"的终点切换，我们从表达功能出发论述了不同句式的表达功能与语用动机。

大河内康憲 1997 重畳形式と比況性連合構造,『中国語の諸相』pp.3-26, 白帝社
鈴木慶夏 2001 対挙形式の意味とシンタクス,『中国語学』248号, 日本中国語学会
楊凱栄 2001 中国語の"了"について,『「た」の言語学』pp.61-95, つくば言語文化フォーラム編, ひつじ書房
白梅丽 1987 现代汉语中"就"和"才"的语义分析,《中国语文》第5期, 商务印书馆
陈振宇 2007 《时间系统的认知模型与运算》, 学林出版社
陈忠 2009 《汉语时间结构研究》, 世界图书出版公司
古川裕 1989 副词修饰"是"字情况考察,《中国语文》第1期, 商务印书馆
顾阳 2008 时态、时制理论与汉语时间参照研究,《当代语言学理论和汉语研究》pp.97-119, 沈阳、冯胜利主编, 商务印书馆
胡建刚 2007 副词"刚"的语义参数模式和语义发展脉络,《语言教学与研究》第5期, 北京语言大学语言研究所
李兴亚 1989 试说动态助词"了"的自由隐现,《中国语文》第5期, 商务印书馆
李宇明 1997 主观量的成因,《汉语学习》第5期,《汉语学习》编辑部
刘勋宁 1990 现代汉语句尾"了"的语法意义及其与词尾"了"的联系,《世界汉语教学》第2期, 北京语言学院出版社
吕叔湘主编 1999 《现代汉语八百词（增订本）》, 商务印书馆
杉村博文 1999 "的"字结构、承指与分类,《汉语现状与历史的研究》pp.47-66, 江蓝生、候精一编, 中国社会科学出版社
石毓智 1992 论现代汉语"体"范畴,《中国社会科学》第6期
王红斌 2009 《现代汉语的事件句和非事件句》, 光明日报出版社
肖治野、沈家煊 2009 "了$_2$"的行、知、言三域,《中国语文》第6期, 商务印书馆
袁毓林 2003 从焦点理论看句尾"的"的句法语义功能,《中国语文》第1期, 商务印书馆
張黎 2001 『漢語意合語法学綱要』, p.45, 中国書店

※本文在写作过程中使用了北京日本学研究中心研制的"中日对译语料库"以及北京大学中国语言学研究中心的"现代汉语语料库", 谨致谢忱。

（Yáng·Kǎiróng　東京大学）

# 试析"把"字句对述结式的选择限制

袁 毓林

## 1 引言

在现代汉语中,"把"字句(记作:NP1+把 NP2+VP)是一种十分常用的句式;但是,对于"把"字句的结构方式和语义特点却有不同的看法。比如,传统上把"把"字结构(把 NP2)看作是后面的谓词性成分(VP)的状语,朱德熙 1982 把"把"字结构和后面的谓词性成分(把 NP2+VP)看作是连谓结构,王力 1985[1943] 认为"把"字句表示处置(把人怎样对付、把物怎样处理),叶向阳 2004 认为"把"字句的语义核心是致使("把"字句的谓语表示致使情景,其主语表示致使者,"把"的宾语表示受使者)[1]。由于充当"把"字句的谓语核心的经常是表示结果的述补结构(简称述结式,记作 VC),因而本文主要考察"把"字句对述结式的选择限制。

## 2 述结式的配价和配位能力概述

述结式中述语(记作 V)和补语(记作 C)论元整合的结果,使得它们成为一价的(即 $VC^1$)、二价的(即 $VC^2$)和三价的(即 $VC^3$)三种[2]。

---

[1] 最近二十多年来,生成语法对"把"字句的结构和意义提出了许多解释方案,不少学者把"把"看作是轻动词,认为它是"把"字句的功能核心(functional head),"NP2+VP"则是"把"的宾语小句;他们假设"李四把张三打伤了"一类"把"字句的层次结构是:"[[李四][[把 CAUSE][[张三]BECAME[打伤了]]]]"。参见邓思颖 2010 第 197-199 页。本文着重于事实描写,不采取那种不太靠谱的理论框架。

其中，$VC^1$只能带一个从属成分，这个配价成分的论元角色是施事、当事、主事等主体格。例如：

起早、走晚、歇久、走远、来迟、去迟、走长、呆久、坐好、站稳、站住；热死、冷死、冻僵、站累、坐累、睡烦、睡醒、下大、刮猛、长高、长结实

$VC^2$能带两个从属成分，这两个配价成分的论元角色分别是施事、当事、致事等主体格，和受事等客体格。例如：

吃早、办迟、等久、住长、洗久、唱快、念慢、看仔细、抓住、逮着、瞄准；洗累、等急、写累、喝醉、吃饱、想疯、养胖；洗干净、吃没、送走、打伤、推倒、杀死、割断、逗笑、哄乐、踢翻、染红、晒干、拨快；挖浅、剪长、裁窄、洗脏、做大、挂低、买贵、放歪、踢飞

$VC^3$能带三个从属成分，这三个配价成分的论元角色分别是施事、当事、主事等主体格，和受事、与事等客体格。例如：

砍钝、洗湿、擦脏、切折、扛肿、唱哑、喊哑、跑烂、写秃；教完、教早、教晚；教会、讲明白

跟动词一样，能带三个以上的必有论元的述结式是没有的。

显然，不同价数的述结式充当"把"字句的谓语核心的能力是不同的。并且，即使价数相同的述结式，也是有的可以充当"把"字句的谓语核心，有的不能。这又跟构成述结式的述语动词和补语动词（包括形容词）的配价能力、述语动词和补语动词的论元整合方式相关。也就是说，"把"字句对于述结式有着严格的选择限制。

粗略地从构成成分上看，述语和补语都是一价动词（记作$V^1$）构成的述结式，既有一价的、也有二价的；由二价动词（记作$V^2$）作述语、一价动词作补语构成的述结式，既有一价的、也有二价的、甚至有三价的；由三价动词（记作$V^3$）作述语、一价动词作补语构成的述结式，既有一价的、也有二价的、也甚至有三价的。为了便于说明"把"字句对述结式的选择限制，下面以述结式的价数为纲，分别举例讨论。

---

2) 详细的讨论和分析，请看袁毓林 2000、2001、2002。

## 3 "把"字句对一价述结式的选择限制

一价的述结式只能支配一个论元,我们根据它们的构成成分的价数,分三种情况来讨论"把"字句对它们的选择限制关系。

$$3.1 \quad V^1 + V^1 \to VC^1$$

这种述结式常见的有:[1]"起早、走晚、歇久、走远、来迟、去迟、住长、呆久、坐好、站稳、站住"[3]。例如:

⑴ 我走晚了　⑵ 她歇久了　⑶ 你来迟了　⑷ 您站稳了

其中,补语动词以述语动词为配价成分,整个述结式经过消价式论元整合后,成为一价的。这种述结式不能充当"把"字句的谓语核心,因为"把"字句表示处置或致使关系,至少涉及到两个论元。

[2]"热死、冷死、冻僵、冻醒、站累、坐累、睡烦、睡醒、下大、刮猛、长高、长结实"等。例如:

⑸ 小鸡冻僵了　⑹ 奶奶站累了　⑺ 雨下大了　⑻ 孩子长高了

其中,补语动词的当事论元和述语动词的当事论元在所指上相同,整个述结式经过共价式论元整合后,成为一价的。这种述结式也不能充当"把"字句的谓语核心,原因同上。但是,其中的"热死、冷死、冻僵、冻醒、坐累、睡烦"等似乎可以构成"把"字句。例如:

⑼ a. 他们把三只小鸡热死了　← 　b. 他们热死了三只小鸡

⑽ a. 他们把三个客人冻醒了　← 　b. 他们冻醒了三个客人

⑾ a. 这条硬板凳把我坐累了　← 　b. 这条硬板凳坐累了我

⑿ a. 这张席梦思把我睡烦了　← 　b. 这张席梦思睡烦了我

从上面的变换式矩阵可以看出,"热死、冷死、冻僵、冻醒、坐累、睡烦"等述结式除了有不及物的一价的意义和用法之外,另外有及物的二价的意义和用法。这种歧义的述结式的语义差别可以表示如下:

---

3) 有的 VC 一定要"了"同现,如"走晚了";有的则既可以单用、又可以后加"了",如"站住(了)"。本文暂时不区分这两种 VC。关于这两种"VC 了"在层次构造上的差别,请看陆俭明 1990。

⒀ a. 小鸡热死了　　　　　　{(小鸡热) 使 (小鸡死)}
　　b. 他们热死了小鸡　　　　{(他们) 使〔(小鸡热) 使 (小鸡死)〕}
⒁ a. 我［坐硬板凳］坐累了　{(我坐［硬板凳］) 使 (我累)}
　　b. ［坐］硬板凳坐累了我　{(硬板凳) 使〔(我坐它) 使 (我累)〕}

可见，不及物的一价述结式的致使意义是比较单纯的，是述语动词跟补语动词之间内部的使动关系。及物的二价述结式的致使意义是相对复杂的，除了有述语动词跟补语动词之间内部的使动关系之外，另外还有一个促使内部使动关系得以实现的致使性因素：或者是独立的外部因素，被说话人认定为是内部使动关系的引发者，如"他们热死了三只小鸡"中的"他们"；或者是内部使动关系中的某个因素被说话人认定为是内部使动关系的引发者，如"［坐］硬板凳坐累了我"中的"硬板凳"[4]。其中，述语动词的受事提升为整个述结式的致事，里面有说话人的移情（empathy）等主观化因素在起作用。

## 3.2　$V^2 + V^1 \rightarrow VC^1$

这种述结式常见的有"学好、学坏、学乖、学精、学痞、学偏、学傻、学聪明、学机灵"等。例如：

⒂ 小明学好了　　⒃ 桐桐学乖了
⒄ 小刚学坏了　　⒅ 你怎么学傻了

其中，补语动词的当事论元和述语动词的施事论元所指相同，述语动词的受事论元淘汰出局，整个述结式经过共现式论元整合后，成为一价的。这种述结式也不能充当"把"字句的谓语核心，原因同上（3.1）。

## 3.3　$V^3 + V^1 \rightarrow VC^1$

这种述结式常见的有"教晚"，例如：

⒆ 昨天夜里我教晚了　　比较：昨天夜里我睡晚了

这里的"教晚"，意思是教别人教到夜里很晚的时候。其中，补语动词以

---

[4]　关于内部使动关系和外部使动关系的详细讨论，见袁毓林 2001 §3.2.1。

述语动词为配价成分，整个述结式经过消价式论元整合后，成为一价的。这种述结式不能充当"把"字句的谓语核心，原因同上（3.1）。

总之，一价的述结式因为只能支配一个论元，所以没有及物性（transitivity），也就不能构成"把"字句。

## 4 "把"字句对二价述结式的选择限制

二价的述结式可以支配两个论元，我们根据它们的构成成分的价数，分四种情况来讨论"把"字句对它们的选择限制关系。

$$4.1 \quad V^1 + V^1 \rightarrow VC^2$$

这种述结式常见的有："哭红、哭哑、哭肿、羞红、涨红、坐麻、走肿、蹲酸、笑哑；累病、累倒、急哭、饿病、饿晕、哭醒"等。例如：

⑳ 小芳哭红了眼睛　㉑ 爸爸走肿了双脚　㉒ 弟弟笑哑了嗓子

㉓ a. 爷爷累病了　~　b. 田间活儿累病了爷爷

㉔ a. 孩子哭醒了　~　b. 孩子把我哭醒了

正如3.1所说的，像"累病、累倒、急哭、饿病、饿晕、哭醒"等述结式，也有一价和二价两种用法。当它们表示外部的使动关系时，就是及物的二价述结式；这种情况下，它们一般都可以充当"把"字句的谓语核心。例如：

㉕ a. 妹妹哭肿了眼睛　→　b. 妹妹把眼睛哭肿了

㉖ a. ?妹妹羞红了脸　→　b. ?妹妹把脸都羞红了

㉗ a. 爷爷坐麻了双腿　→　b. 爷爷把双腿坐麻了

㉘ a. 哥哥笑疼了肚子　→　b. 哥哥把肚子笑疼了

㉙ a. 农活累病了爸爸　→　b. 农活把爸爸累病了

㉚ a. 那事急哭了妈妈　→　b. 那事把妈妈急哭了

㉛ a. 地主饿晕了长工　→　b. 地主把长工饿晕了

㉜ a. 孩子哭醒了邻居　→　b. 孩子把邻居哭醒了

这种述结式可以支配施事（或致事）和受事两个论元，可以构成主动宾句：

"NP1＋VP＋NP2"，即"主语＋谓语核心＋宾语"句式；自然地，也可以构成"把"字句："NP1＋把 NP2＋VP"，即"主语＋把-宾语＋谓语核心"。

## 4.2　$V^2 + V^1 \to VC^2$

这种述结式常见的有：[1]"吃早、办迟、等久、住长、洗久、唱快、念慢、看仔细、瞄准"。例如：

(33) 这晚饭你又吃早了　　(34) 他在农村住长了（不想回上海）

(35) 他逮着了一只兔子　　(36) 晓鸣瞄准了靶心（扣动扳机）

其中，补语动词以述语动词为配价成分，配价整合的结果是：述语动词的主体格提升为整个述结式的主体格，述语动词的客体格提升为整个述结式的客体格。这种述结式的客体格，有的可以充当整个述结式的宾语，有的则不能（而是转而充当话题性主语或者在介词的引导下充当状语）。不管是哪一种情况，都不能充当"把"字句的谓语核心。例如：

(37) a. 这事你们办迟了　→　b. *你们办迟了这事　→　c. *你们把这事办迟了

(38) a. 这消息我等久了　→　b. *我等久了这消息　→　c. *我把这消息等久了

(39) a. 这首歌你唱快了　→　b. *你唱快了这首歌　→　c. *你把这首歌唱快了

(40) a. 这图你看仔细了　→　b. *你看仔细了这图　→　c. ?你把这图看仔细了

(41) a. 这靶心你瞄准了　→　b. ?你瞄准了这靶心　→　c. *你把这靶心瞄准了

为什么这种二价的述结式不能充当"把"字句的谓语核心呢？一个可能的答案是：因为这些述结式的补语动词跟述语动词之间在语义上是陈述关系[5]，而不是致使关系（哪怕是内部的使动关系）；这使得这种述结式的及物性很低，对其客体论元的支配能力很弱；在配位安排上，这种客体论元一般不能处于宾语位置，而是通常处于话题主语这种比较边缘的结构位置。既然这种述结式不表示使动关系、不能直接支配其客体论元，自然地也没有能力构成主体论元通过述结式来处置客体论元的"把"字句。

[2]"抓住、拉住、逮着、买着、改掉、卖掉、扔掉、拿开、踢开、

---

5)　事实上，在汉语语法学界，对于这种有陈述关系的"V＋V"到底是不是述补结构是有争议的。

搬开、气死、吓死、买到、看到、想到、听到、听见、看见、碰见、撞见"。
例如：

(42) 爸爸拉住了一匹小马　　(43) 哨兵逮着了一个逃犯
(44) 小明改掉了不良习惯　　(45) 他们拿开了汽车罩子
(46) 这场比赛吓死我们了　　(47) 我们想到了那种结局
(48) 他们听见了我的议论　　(49) 我们撞见了一个盗贼

其中，补语动词以述语动词为配价成分，配价整合的结果是：述语动词的主体格提升为整个述结式的主体格，述语动词的客体格提升为整个述结式的客体格。这种补语动词一般读轻声[6]，在语法功能上已经弱化；因而整个述结式的功能以述语动词为主，在论元的句法配置方面向述语动词看齐，从而产生较高的及物性。结果，这种述结式的客体格，基本上都可以充当整个述结式的宾语；并且，整个述结式基本上都可以充当"把"字句的谓语核心。例如：

(50) a. 警察抓住了那个小偷　→　b.　警察把那个小偷抓住了
(51) a. 弟弟买着了那本教材　→　b.　弟弟把那本教材买着了
(52) a. 奶奶扔掉了那件外套　→　b.　奶奶把那件外套扔掉了
(53) a. 门卫搬开了那个栅栏　→　b.　门卫把那个栅栏搬开了
(54) a. 比赛结果气死了大家　→　b.　比赛结果把大家气死了
(55) a. 我们看到了那架飞机　→　b.　*我们把那架飞机看到了
(56) a. 我们碰见了那个乞丐　→　b.　*我们把那个乞丐碰见了

上面说这种述结式的语法功能向述语动词看齐，而"看、听、想"类感觉动词和"碰、撞"类非自主动词是低及物性的，表现为缺少处置性（不能对其受事产生实质性的影响）；因此，由它们带这种弱化补语构成的述结式也是低及物性的，不能充当"把"字句的谓语核心。

[3] "洗累、写累、等急、想疯、喝胖、吃胖、吃病、吃饱、喝醉"。
例如：

(57) a. 爷爷写文章写累了　→　b. 这篇文章写累了爷爷

---

[6] 详见林焘1957§4：结果补语里的轻音现象，见林焘1990第1页、第14-18页。

→ c. 这篇文章把爷爷写累了

(58) a. 我哥等同事等急了 → b. 那个同事等急了我哥
→ c. 那个同事把我哥等急了

(59) a. 奶奶想孙子想疯了 → b. 小孙子想疯了老奶奶
→ c. 小孙子把老奶奶想疯了

(60) a. 李亮喝酱汤喝胖了 → b. 韩式酱汤喝胖了李亮
→ c. 韩式酱汤把李亮喝胖了

(61) a. 刘刚吃汉堡吃饱了 → b. 半个汉堡吃饱了刘刚
→ c. 半个汉堡把刘刚吃饱了

(62) a. 李铎喝白酒喝醉了 → b. 一杯白酒喝醉了李铎
→ c. 一杯白酒把李铎喝醉了

这种述结式的述语动词的主体格跟补语动词的主体格共价,述语动词的主体格通常不能提升上来;于是,在句子中通常需要拷贝动词来引导这个述语动词的客体格。因此,这种述结式配价整合的结果通常是一价的,只能支配一个经事(experiencer)。但是,通过使动关系的外部化,这种述结式的述语动词的客体格可以上升为致事,并且把原来述结式的经事降级为受事(patient)。于是,这种通过移情用法表示外部使动关系的述结式具有较高的及物性,可以构成"主语(致事)+述结式+宾语(受事)"格式;并且,从这种格式可以推导出"把"字句:"主语(致事)+把-宾语(受事)+述结式"。由这种具有双重使动关系的述结式构成的"把"字句,致使性意义非常强烈。

[4] A:"洗干净、吃完、送走、打伤、推倒、杀死、割断、逗笑、哄乐、踢翻、染红、晒干、拨快";B:"洗脏、踢飞、放歪";C:"挖浅、剪长、裁窄、做大、挂低、买贵"等。这种述结式的述语动词的客体格跟补语动词的主体格共价,提升为整个述结式的客体格;述语动词的主体格提升为整个述结式的主体格。因此,这种述结式配价整合的结果通常是二价的。其中,有的可以构成主动句"主语(致事)+述结式+宾语(受事)"格式,还可以推导出"把"字句:"主语(致事)+把-宾语(受事)+述结式";有的只能构成话题句"话题(受事)+主语(施事)+述结式"格式,

从这种话题结构上无法推导出"把"字句。例如：

(63) a. 他们吃完了两盒蛋糕 → b. 他们把那盒蛋糕吃完了
(64) a. 爸爸送走了那些客人 → b. 爸爸把那些客人送走了
(65) a. 冯巩逗笑了全场观众 → b. 冯巩把全场观众逗笑了
(66) a. 弟弟拨快了他的手表 → b. 弟弟把他的手表拨快了
(67) a. 妈妈洗脏了我的衬衫 → b. 妈妈把我的衬衫洗脏了
(68) a. 前锋队员踢飞了足球 → b. 前锋队员把足球踢飞了
(69) a. 水沟他们挖浅了 → b. *他们挖浅了水沟 → c. ?他们把水沟挖浅了
(70) a. 这辆车你买贵了 → b. *你买贵了这辆车 → c. ?你把这辆车买贵了

从上面的例子可以看出，A 组的述结式基本上是表示有意的内部使动关系的，而 B、C 两组的述结式基本上都是表示无意的内部使动关系；A、B 两组述结式都可以构成主动句和"把"字句，C 组述结式只能构成话题句、不能构成主动句、一般不能构成"把"字句。可见，述结式所表示的内部使动关系的有意还是无意，对于述结式的及物性的高低有影响，对其受事能否作宾语（占据内部论元的句法位置）、能不能用"把"来引导，也具有重要的影响。

### 4.3　$V^2 + V^2 → VC^2$

述语和补语都是由二价动词充任的述结式，只有二价的。根据它们构成"把"字句的能力，可以分为下列几种情况：[1] A："听懂、看懂、学会、看会、听明白、看明白、问明白、想明白、听清楚、看清楚、问清楚、想清楚"；B："打赢、打胜、下赢、打输、打败、下输、踢赢、踢输"；C："看烦、听烦、吃怕、玩怕、吃腻、干腻味"。其中，述语动词的主体格跟补语动词的主体格共价，并且提升为整个述结式的主体格；述语动词的客体格跟补语动词的客体格共价，并且提升为整个述结式的客体格。[2]"玩忘、卖赔、倒赚、说漏、吃剩"等。其中，述语动词的主体格跟补语动词的主体格共价，并且提升为整个述结式的主体格；述语动词的客体格跟补语动词的客体格不共价，并且是补语动词的客体格提升为整个述结式的客体格。[1] 中的 A 组述结式可以构成主动句"主语（施事）+ 述结式

+宾语（受事）"格式，还可以推导出"把"字句："主语（施事）+把-宾语（受事）+述结式"。例如：

(71) a. 晓梅<u>看懂</u>了建筑图纸 → b. 晓梅把建筑图纸<u>看懂</u>了

(72) a. 我<u>问明白</u>了他的来意 → b. 我把他的来意<u>问明白</u>了

B组述结式可以构成主动句"主语（施事）+述结式+宾语（受事/旁事）"格式，但是只有当宾语是非受事的旁事（oblique，即范围、方式等施事、受事、结果之外的论元角色）时，可以推导出"把"字句："主语（施事）+把-宾语（旁事）+述结式"；当宾语是受事时，反而不能推导出"把"字句。为了更好地说明"把"字句对B组述结式的选择限制，下面我们先比较全面地讨论B组述结式的配位能力（即其论元角色与主语、宾语等句法成分的连接和实现关系[7]）。

下面，我们以"打赢、打胜、打输、打败"为例子，来讨论B组述结式的配位能力。为了明确和方便，我们先规定下列例子的真值条件（或世界模型）是：在某一次世界杯足球赛的半决赛中，法国队与德国队比赛；结果是法国队胜，德国队负。例如[8]：

(73) a. 法国队<u>打赢</u>了德国队 → b. 法国队<u>打赢</u>了
→ c. *法国队把德国队<u>打赢</u>了 → d. *德国队被法国队<u>打赢</u>了
→ e. *德国队<u>打赢</u>了

(74) a. 法国队<u>打赢</u>了半决赛 → b. 法国队<u>打赢</u>了
→ c. 法国队把半决赛<u>打赢</u>了 → d. *半决赛被法国队<u>打赢</u>了
→ e. 半决赛法国队<u>打赢</u>了 → f. 法国队半决赛<u>打赢</u>了
→ g. 半决赛<u>打赢</u>了

(75) a. *法国队<u>打输</u>了德国队 → b. *法国队<u>打输</u>了
→ c. *法国队把德国队<u>打输</u>了 → d. *德国队被法国队<u>打输</u>了
→ e. 德国队<u>打输</u>了

(76) a. *法国队<u>打输</u>了半决赛 → b. *法国队<u>打输</u>了

---

7) 详见袁毓林 2010 第三章第四节，第 140-164 页。
8) 这些正面的例句是根据 CCL 语料库中的真实文本句子改编来的，打星号的说法在语料库中没有。

→ c. *法国队把半决赛打输了 → d. *半决赛被法国队打输了
→ e. *半决赛法国队打输了 → f. *法国队半决赛打输了
(77) a. 德国队打输了半决赛 → b. 德国队打输了
→ c. 德国队把半决赛打输了 → d. *半决赛被德国队打输了
→ e. 半决赛德国队打输了 → f. 德国队半决赛打输了
→ g. 半决赛打输了
(78) a. 法国队打胜了德国队 → b. 法国队打胜了
→ c. *法国队把德国队打胜了 → d. *德国队被法国队打胜了
→ e. *德国队打胜了
(79) a. 法国队打胜了半决赛 → b. 法国队打胜了
→ c. 法国队把半决赛打胜了 → d. *半决赛被法国队打胜了
→ e. 半决赛法国队打胜了 → f. 法国队半决赛打胜了
→ g. 半决赛打胜了
(80) a. 法国队打败了德国队 → b. *法国队打败了
→ c. 法国队把德国队打败了 → d. 德国队被法国队打败了
→ e. 德国队打败了
(81) a. *法国队打败了半决赛 → b. *法国队打败了
→ c. *法国队把半决赛打败了 → d. *半决赛被法国队打败了
→ e. *半决赛法国队打败了 → f. *法国队半决赛打败了
(82) a. *德国队打败了半决赛 → b. 德国队打败了
→ c. *德国队把半决赛打败了 → d. *半决赛被德国队打败了
→ e. 半决赛德国队打败了 → f. 德国队半决赛打败了
→ g. 半决赛打败了

从上面的例子可以看出:"打赢、打胜、打输、打败"等述结式尽管都有二价及物(带宾语)的用法,但是句法、语义功能不尽相同;可以从以下五个方面来讨论:(i)"打赢、打胜"是宾格型(accusative)述结式[9],在语义上突显(highlight)的是其施事的完结性情境(accomplishment situation),而其受事在相当程度上是被遮蔽的(screened);其语义可以表示为:"(A 打 P)使得(**A 胜**〔P〕)"。因此,从(73a)、(78a)这种"主

语（施事）+述结式+宾语（受事）"完整的主动句格式,可以推导出(73b)、(78b)这种"主语（施事）+述结式"省略宾语的主动句格式；但是不能推导出(73c)、(78c)"主语（施事）+把-宾语（受事）+述结式",或(73d)、(78d)"主语（受事）+被-宾语（施事）+述结式"这种突显受事的"把"字句或"被"字句。这里说"把/被"字句突显受事,理由是它们分别把常规处于宾语位置的受事提升到了次话题和主话题的位置。当然,"把"字句和"被"字句突显受事的方式是不同的："把"字句是从施事的角度(perspective)来看待受事的完结情境,追究造成这种情境的致使性动力(causal force)；"被"字句是从受事自身的角度来看待自己的完结情境,顺便交代（也可以不交代）造成这种情境的致使性动力。(ii)相反,"打输"是起格型(inchoative)述结式[10],突显的是其受事性的主体格（即经事,experiencer,记作:EX)的完结性情境,而其相对的意念上的施事(notional agent)是彻底被遮蔽的,不能在表层结构上表达出来；其语义可以表示为:"[(A 打 P) 使得](P〔＝EX〕输)"。因此,(75a)－(75d)和(76a)－(76f)这些出现施事的句法格式是不合格的,只有(75e)这种突显受事（或经事）的句法格式是合格的。(iii)"打败"的情况比较特别,它是作格型(ergative)述结式[11],具有起格型述结式和役格型(causative)述结式的双重句法语义特点。一方面它有"打输"那种突显受事（或经事）的语义侧面(semantic facets),类似于不及物的"坐累、写累"；这时的"败"是不及物的（即"自败"），"打败"的语义可以表示为:"[(A 打 P) 使得](P 败)"。另一方面它有"打赢"那种突显施事的语义侧面,类似于及物的"坐累、写累"；

---

9) 为了方便,本文称可以构成具有下列变换关系的格式的动词或述结式为宾格型的:
主语（施事）+动词/述结式+宾语（受事）→主语（施事）+动词/述结式
例如: I have finished my homework. → I have finished.
　　　我做好了家庭作业。→ 我做好了。
10) 为了方便,本文分别称可以构成具有下列推演关系(entailment)的格式的动词或述结式为役格型的(causative)和起格型的:
主语（施事）+动词/述结式1+宾语（受事）→主语（受事）+动词/述结式2
例如: The cat killed the mouse. → The mouse died.
　　　那只猫杀死了那只老鼠。→ 那只老鼠死了。

这时的"败"由于使动用法而变成及物的（即"他败"），"打败"的语义可以表示为："(A 打 P) 使得 (**A 使〔P 败〕**)"。因此，"打败"既可以有(80a)这种突显施事的"主语（施事）+述结式+宾语（受事）"格式，又可以有(80c)-(80e)这种突显受事（或经事）的受事（或经事）主语句、"把"字句和"被"字句。显然，这种使动用法是以存在可以受施事影响的受事为前提的；因此，从(80a)不能推导出(80b)"主语（施事）+述结式"这种省略宾语的主动句格式。(iv)"打赢、打胜、打输、打败"的外围性的范围论元，都可以单独作主语或者跟施事或受事主语共现而作主话题或次话题，构成主话题句"主话题（范围）+主语（施事）+打赢/打胜+宾语（受事）"、"主话题（范围）+主语（受事/经事）+打输/打败"或次话题句"主语（施事）+次话题（范围）+打赢/打胜+宾语（受事）"、"主语（受事/经事）+次话题（范围）+打输/打败"。如例(74e)-(74g)、(77e)-(77g)、(79e)-(79g)、(82e)-(82g)所示。(v)值得注意的是，"主语（施事）+打赢/打胜"格式和"主语（受事/经事）+打输"格式的宾语位置是空着的，可以由外围的范围论元来填充，构成"主语（施事）+打赢/打胜+宾语（范围）"格式和"主语（受事/经事）+打输+宾语（范围）"格式；并且，这种格式可以推导出"把"字句"主语（施事）+把-宾语（范围）+打赢/打胜"格式和"主语（受事）+把-宾语（范围）+打输"格式；但是，一般不能推导出"被"字句"主语（范围）+被-宾语（施事）+打赢/打胜"格式和"主语（范围）+被-宾语（施事）+打输"格式。因为范围格居于句首已经有"主话题（范围）+主语（施事）+打赢/打胜+宾语（受事）"、"主话题（范围）+主语（受事/经事）+打输/打败"这种主话题句式。至于"打败"，它不能构成"主语（施事）+打败+宾语（范围）"格式和"把"字句"主语（施事）+把-宾语（范围）+打败"格式。原因在于其"使役（使动）/经受（受动）"的两重性语义在特定的句法环境中只能实现其中的一

---

11) 为了方便，本文称可以构成具有下列变换关系的格式的动词或述结式为作格型的：
主语（施事）+动词/述结式+宾语（受事）→主语（受事/经事）+动词/述结式
例如：The tree broke the window. → The window broke.
那棵树打碎了那扇窗子。→ 那扇窗子打碎了。

个,而到底实现哪一个又取决于其后有没有宾语出现:如果出现宾语,那么一定是取使役性解读;如果不出现宾语,那么一定是取经受性解读。由于作格的"打败"对于宾语位置的敏感性,因而外围的范围论元无法插足其中;否则,就会得到使役的"打败+范围论元"这种错误的解读。比如,(81a)"法国队打败了半决赛"的意思将是'法国队使得半决赛失败',(82a)"德国队打败了半决赛"的意思将是'德国队使得半决赛失败'。

C组述结式可以构成主动句"主语(施事/感事)+述结式+宾语(受事/致事)"格式,不能推导出一般的"把"字句:"主语(施事/感事)+把-宾语(受事/致事)+述结式";但是,可以通过外部的使动关系,推导出致使性"把"字句:"主语(受事/致事)+把-宾语(施事/感事)+述结式"。例如:

(83) a. 观众们看烦了那八个样板戏 → b. 那八个样板戏观众们看烦了
 → c. 那八个样板戏看烦了　　　 → d. 观众们看烦了
 → e. 那八个样板戏看烦了观众们　 f. 那八个样板戏把观众们看烦了

(84) a. 孩子们听烦了狼外婆的故事 → b. 狼外婆的故事孩子们听烦了
 → c. 狼外婆的故事听烦了　　　 → d. 孩子们听烦了
 → e. 狼外婆的故事听烦了孩子们 → f. 狼外婆的故事把孩子们听烦了

(85) a. 战士们吃怕了听装罐头食品 → b. 听装罐头食品战士们吃怕了
 → c. 听装罐头食品吃怕了　　　 → d. 战士们吃怕了
 → e. 听装罐头食品吃怕了战士们 → f. 听装罐头食品把战士们吃怕了

(86) a. 城里人吃腻了鸡鸭鱼肉荤腥 → b. 鸡鸭鱼肉荤腥城里人吃腻了
 → c. 鸡鸭鱼肉荤腥吃腻了　　　 → d. 城里人吃腻了
 → e. 鸡鸭鱼肉荤腥吃腻了城里人 → f. 鸡鸭鱼肉荤腥把城里人吃腻了

其中的a是完整的主动句"主语(施事/感事)+述结式+宾语(受事/对象)"格式,b是客体论元(受事/对象)提升为话题的主谓谓语句"话题(受事/对象)+主语(施事/感事)+述结式"格式,c和d是分别省略了主语和话题的格式;在e这种格式中,本来已经具有内部使动关系的述结式通过使动关系的外部化,从而把述结式原来的客体论元(受事/对象)提升为致事,并且把原来述结式的主体格(施事/感事)降级为受事。于是,

这种表示外部使动关系的述结式可以构成 e 这种"主语（致事）+ 述结式 + 宾语（受事）"格式。并且，这种格式可以推导出 f 这种"把"字句："主语（致事）+ 把-宾语（受事）+ 述结式"。这种包含双重使动关系的述结式具有很高的及物性，由它们构成的"把"字句，致使性意义非常强烈。

[2] 中的述结式勉强可以构成主动句"主语（施事）+ 述结式 + 宾语（受事）"格式，勉强还可以推导出"把"字句："主语（施事）+ 把-宾语（受事）+ 述结式"。例如：

(87) a. 李小明玩球玩忘了上课的事 → b. 李小明玩球把上课的事玩忘了
(88) a. 陈奂生卖黄花鱼卖赔了本钱 → b. 陈奂生卖黄花鱼把本钱卖赔了
(89) a. 全义说漏了他和玉英的隐私 → b. 全义把他和玉英的隐私说漏了
(90) a. 我们哥三个吃剩了一个馒头 → b. ?我们哥三个把一个馒头吃剩了

事实上，"玩忘、卖赔、倒赚、说漏、吃剩"这类述结式的及物性很低，相应地带客体宾语和构成"把"字句的能力都不强。在真实文本（CCL 语料）中，没有出现"玩忘、卖赔、倒赚"；没有出现"说漏"带客体宾语的例子（疑似的例子："说漏嘴半个字"），但有 2 例"把"字句的例子（全义的沉默是因为他差点儿把自己和陈玉英的'隐私'说漏了；瑞宣很怕祖父把老三的事说漏了兜）；更多的是带同源宾语的例子，如："说漏了嘴、说漏了兜、说漏了馅"；几乎没有出现"吃剩"。作谓语核心的例子，大都是出现在"的"字结构中（如：大鱼吃剩的食物、吃剩下的一个花卷、吃剩下来的鸡腿）。

### 4.4　$V^3 + V^1 \rightarrow VC^2$

述语是三价动词、补语是一价动词构成的述结式，只有二价的。这种述结式常见的有"教好、教坏、教笨、教傻、教晕糊、教聪明、教糊涂、管教好、调教好"等。其中，述语动词的主体格提升为整个述结式的主体格，述语动词的客体格中的一个（受事格或与事格）跟补语动词的主体格共价，并且提升为整个述结式的客体格。述语动词的客体格中的另一个（受事格或与事格）被排除在述语动词和补语动词的论元整合过程之外。从实际语料来看，补语是单音节的述结式，一般可以构成主动句"主语（施事）

+述结式+宾语（受事）"格式，也可以由此推导出"把"字句："主语（施事）+把-宾语（受事）+述结式"；补语是双音节的述结式，一般不能构成主动句"主语（施事）+述结式+宾语（受事）"，但是可以构成"把"字句："主语（施事）+把-宾语（受事）+述结式"。例如：

(91) a. 李老师教好了书/学生/解剖课
→ b. 李老师把书/学生/解剖课教好了
(92) a. 互联网上的黄货教坏了孩子们
→ b. 互联网上的黄货把孩子们教坏了
(93) a. 球队教练要管教好自己的队员
→ b. 球队教练要把自己的队员管教好
(94) a. 车间的老师傅要调教好新工人
→ b. 车间的老师傅要把新工人调教好

那么，由补语是双音节的述结式构成的"把"字句，它们是怎么推导出来的呢？我们假定它是从动词拷贝结构"主语（施事）+述语拷贝动词+宾语（受事）+述结式"上推导出来的。例如：

(95) a. *李老师教傻了小强　← 　b. 李老师把小强教傻了
← c. 李老师教小强教傻了
(96) a. *你怎么教笨了孩子　←　b. 你怎么把孩子教笨了
← c. 你怎么教孩子教笨了
(97) a. *张导演教聪明了他　←　b. 张导演把他教聪明了
← c. 张导演教他教聪明了
(98) a. *刘师傅教晕糊了我　←　b. 刘师傅把我教晕糊了
← c. 刘师傅教我教晕糊了

推导的步骤是：首先把拷贝动词的宾语用介词"把"提前到拷贝动词之前，得到"主语（施事）+把-宾语（受事）+述语拷贝动词+述结式"；然后再删除跟述结式中的述语动词邻接的重复动词，最终形成"把"字句"主语（施事）+把-宾语（受事）+述结式"。从例(95)、(96)可以看出，补语是单音节的述结式，也可以按照这一程序来推导出"把"字句。

有意思的是，我们在 CCL 语料中发现，"教好"有两例三价的用法。

例如：

⑼ 由此，祝盾总觉得身上有两副担子：不但要<u>教好</u>学生专业，更要教会他们怎样做人。
⑽ 我应该从医生的立场多从精神方面关心他，他也一定会<u>教好</u>我打高尔夫球。

这些例子跟例⑼不同：在⑼中，"教"的与事和受事只能有一个参与述结式的论元整合；或者是"教"的与事（学生）跟"好"的主事共价，或者是"教"的受事（解剖课）跟"好"的主事共价。但是，在例⑼、⑽中，"教"的与事（学生、我）和受事（专业、打高尔夫球）同时都参与述结式的论元整合，同时跟"好"的主事共价。这种述结式的论元超载(overload)的格式是比较勉强和脆弱的，一般不能构成"把"字句。例如：

⑾ a. 祝盾<u>教好</u>学生专业 → b. *祝盾把学生<u>教好</u>专业
 → c. *祝盾把专业<u>教好</u>学生
⑿ a. 他<u>教好</u>我打高尔夫 → b. *他把我<u>教好</u>打高尔夫
 → c. *他把打高尔夫<u>教好</u>我

## 5 "把"字句对三价述结式的选择限制

### 5.1 $V^2 + V^1 \rightarrow VC^3$

这种述结式常见的有"砍钝、洗湿、擦脏、切折、抗肿、唱哑、喊哑、跑烂、写秃"等。其中，述语动词是二价的，其施事提升为述结式的施事，在句法上可以作述结式的主语；其受事提升为述结式的致事，在句法上可以作述结式的主语或由述结式构成的主谓式谓语的主语；补语动词是一价的，其从属成分的论元角色是当事，经过论元整合后提升为述结式的受事，在句法上可以作述结式的宾语。它们能构成施事作主语、受事作宾语、致事作话题的主谓谓语句"NP（致事）＋NP（主语）＋VC 了＋NP（受事）"格式，其中的话题（大主语）或主语（小主语）可以省略一个，从而形成一般的主谓句"NP（致事）＋VC 了＋NP（受事）"或"NP（主语）＋VC 了＋NP（受事）"。这些主谓句都可以推导出相应的"把"字句。例如：

(103) a. 这扇排骨爷爷砍钝了两把刀 → ?这扇排骨爷爷把两把刀砍钝了
→ b. 这扇排骨砍钝了两把刀 → 这扇排骨把两把刀砍钝了
→ c. 爷爷砍钝了两把刀 → 爷爷把两把刀砍钝了
(104) a. 这床被子妈妈洗湿了两双鞋 → ?这床被子妈妈把两双鞋洗湿了
→ b. 这床被子洗湿了两双鞋 → 这床被子把两双鞋洗湿了
→ c. 妈妈洗湿了两双鞋 → 妈妈把两双鞋洗湿了
(105) a. 这些钢材爸爸跑烂了三双鞋 → ?这些钢材爸爸把三双鞋跑烂了
→ b. 这些钢材跑烂了三双鞋 → 这些钢材把三双鞋跑烂了
→ c. 爸爸跑烂了三双鞋 → 爸爸把三双鞋跑烂了
(106) a. 户口本老刘跑断了他的双腿 → ?户口本老刘把他的双腿跑断了
→ b. 户口本跑断了他的双腿 → 户口本把他的双腿跑断了
→ c. 老刘跑断了他的双腿 → 老刘把他的双腿跑断了
(107) a. 这饭桌妹妹擦脏了她的袖子 → ?这饭桌妹妹把她的袖子擦脏了
→ b. 这饭桌擦脏了她的袖子 → ?这饭桌把她的袖子擦脏了
→ c. 妹妹擦脏了她的袖子 → ?妹妹把她的袖子擦脏了
(108) a. 这婚事妈妈愁白了她的头发 → ?这婚事妈妈把她的头发愁白了
→ b. 这婚事愁白了她的头发 → 这婚事把她的头发愁白了
→ c. 妈妈愁白了她的头发 → 妈妈把她的头发愁白了

从上面的例子可以看出,从主谓句"NP(致事)+VC了+NP(受事)"和"NP(主语)+VC了+NP(受事)"上推导出来的"把"字句"NP(致事)+把-NP(受事)+VC了"和"NP(主语)+把-NP(受事)+VC了"都是合格的;但是,从主谓谓语句"NP(致事)+NP(主语)+VC了+NP(受事)"上推导出来的"把"字句"NP(致事)+NP(主语)+把-NP(受事)+VC了"却是不太合格的。原因何在? 我们猜想,这跟一个句子中有标记话题的数目太多有关。因为,在主谓谓语句中,大主语是有标记的话题(主话题),小主语就是无标记的话题(次话题);但是,通过介词"把"提升到谓语核心之前的受事论元是有标记的次话题。一个句子中有两个次话题,这就有可能引起话题冲突(topic clash)。好在它们一个是无标记的、一个是有标记的,所以还不至于根本不相容。

## 5.2  $V^3 + V^1 \to VC^3$

述语是三价动词和补语是一价动词构成的述结式,只有三价的。根据它们内部配价结构的不同,可以分为下列几种情况:[1] A:"教完、示教完、管教完",B:"教早、教晚"等。其中,述语动词是三价的,补语动词以述语动词为配价成分;整个述结式经过消价式论元整合后,成为三价的:述语动词的施事、与事和受事分别提升为述结式的施事、与事和受事。但是,"教完"和"教早、教晚"的各个论元的配位方式不同:"教完"可以构成施事作主语、与事作近宾语、受事作远宾语的双宾语句"NP(施事)+VC 了+NP(与事)+NP(受事)"格式,其中的近宾语(与事)或远宾语(受事)可以省略,从而成为单宾语句"NP(施事)+VC 了+NP(受事)"或"NP(施事)+VC 了+NP(与事)"。从这两种单宾语句上都可以推导出"把"字句。例如:

(109) a. 王老师教完了小峰数学,又教小泉语文
→ b. 王老师教完了数学,又教语文 → 王老师把数学教完了,又教语文
→ c. 王老师教完了小峰,又教小泉 → 王老师把小峰教完了,又教小泉

(110) a. 黄蓉教杨过读书,不到三个月,已将一部《论语》教完。
b. 他一定要把这个点焊的过程示教完。

但是,"教早、教晚"只能构成与事作主话题(大主语)、受事作次话题(小主语)、施事作次次话题(主语)的话题句"主话题(与事)+次话题(受事)+次次话题(施事)+VC 了"。这三个层次的主语(话题)可以比较自由地省略一个或两个,从而形成主谓句"NP(与事/受事/施事)+VC 了"或主谓谓语句"NP(与事)+NP(受事)+VC 了"、"NP(与事)+NP(施事)+VC 了"、"NP(受事)+NP(施事)+VC 了"。所有这些格式都无法推导出相应的"把"字句。例如:

(111) a. 这孩子钢琴你教晚了 → *你教晚了这孩子钢琴
→ b. 这孩子钢琴教晚了 → 这孩子教晚了
→ c. 这孩子你教晚了 → 你教晚了 → *你把这孩子教晚了
→ d. 钢琴你教晚了 → 钢琴教晚了 → *你把钢琴教晚了

因为，其中的 VC（教早、教晚）的及物性很低，不能直接支配受事或与事宾语，更不能构成"把"字句。

[2]"讲明白、讲清楚、说明白、说清楚"[12]。其中，述语动词的施事格和与事格提升为整个述结式的施事格和与事格；述语动词的受事格跟补语动词的主体格共价，并且提升为整个述结式的受事格。这种述结式具有较高的及物性，可以构成施事作主语、与事作介词宾语、受事作宾语的与格前置结构："NP（施事）+对/向-NP（与事）+VC 了+NP（受事）"格式；其中的宾语（受事）可以在介词"把"的引导下，前置到"对/向-NP（与事）"或"VC 了"之前，从而推导出"把"字句："NP（施事）+把-NP（受事）+对/向-NP（与事）+VC 了"或"NP（施事）+对/向-NP（与事）+把-NP（受事）+VC 了"。例如：

(112) a. 乔厂长对大家讲明白了这个道理
→ b. 乔厂长把这个道理对大家讲明白了
→ c. 乔厂长对大家把这个道理讲明白了
(113) a. 李老师向同学们说清楚了解题思路
→ b. 李老师把解题思路向同学们说清楚了
→ c. 李老师向同学们把解题思路说清楚了

## 5.3　$V^3 + V^2 \rightarrow VC^3$

由三价动词作述语、二价动词作补语构成的述结式，只有三价的。这种述结式常见的差不多只有"教会"一个。其中，述语动词"教"的施事格和补语动词"会"的经事格共价，并且提升为整个述结式的施事格；述语动词"教"的与事格和补语动词"会"的系事格（relative）共价，并且提升为整个述结式的与事格；述语动词"教"的受事格提升为整个述结

---

12) 袁毓林 2001、2002 把"讲明白、说清楚"等中的"明白、清楚"当作是二价动词（如：我明白这个道理、他清楚事情的起因）。这是错误的。其实，在"A 对 D 讲明白 P"、"A 向 D 说清楚 P"中，其语义主旨是：'A 对/向 D 讲 P，且 A 把 P 讲得清楚（= 使人容易了解）'；而没有'D 清楚（= 知道、了解）P'的意思。因此，"我都把这个道理跟他讲明白了，可是他还是不明白（这个道理）"并没有语义矛盾。

式的受事格。这种述结式具有一定的及物性，可以构成施事作主语、与事作近宾语、受事作远宾语的双宾语结构："NP（施事）+VC 了+NP（与事）+NP（受事）"格式；其中的宾语（受事）勉强可以在介词"把"的引导下前置到"VC 了"之前，从而推导出可接受性不高的"把"字句："NP（施事）+把-NP（受事）+VC 了+NP（与事）"。例如：

(114) a. 父母<u>教会</u>了孩子怎样跟人相处
→ b. ?父母把怎样跟人相处<u>教会</u>了孩子
→ c. ?父母把孩子<u>教会</u>了怎样跟人相处
→ d. 父母把孩子<u>教会</u>了

(115) a. 老师<u>教会</u>了学生怎样利用图书馆
→ b. ?老师把怎样利用图书馆<u>教会</u>了学生
→ c. ?老师把学生<u>教会</u>了怎样利用图书馆
→ d. 老师把学生<u>教会</u>了

从上面的举例可以看出，远宾语（受事）、近宾语（与事）一般不能在介词"把"的引导下前置到"VC 了"之前，即不能推导出"把"字句："NP（施事）+把-NP（受事）+VC 了+NP（与事）"和"NP（施事）+把-NP（与事）+VC 了+NP（受事）"。但是，在不出现受事宾语的情况下，与事宾语是可以在介词"把"的引导下前置到"VC 了"之前，从而推导出"把"字句："NP（施事）+把-NP（与事）+VC 了"。原因可能是，"把"字句表示有标记的处置[13]，有一种语义上的影响效应[14]；因此，越是接近原型的受事越适合于充当这种有标记的受事；在没有原型受事的情况下，与事这种不太典型的受事也可以升格为准受事，并且具备受事一样的前置为有标记的受事。这正好跟工具格相仿佛，在不出现施事主语的情况下，工具格可以作主语，并且可以作"把"字句的主语。例如：

(116) a. 环卫工人用这台水泵<u>抽干</u>了污水
→ 环卫工人用这台水泵把污水<u>抽干</u>了

---

13) 详见沈家煊 2002。
14) 详见宋国明 1997 第九章第四节，第 282–286 页。

→ b. 这台水泵抽干了污水 → 这台水泵把污水抽干了

## 6 总结:"把"字句与述结式的及物性

通过上文的考察,我们可以发现:"把"字句对述结式的选择限制主要体现在及物性上,及物性高的述结式可以构成"把"字句,及物性低的述结式往往不能构成"把"字句。具体地说,述结式能否作"把"字句的谓语核心,跟述结式配价能力和自主性有关。可以总结如下:(1)一价的述结式因为只能支配一个主体论元,不能支配客体论元;所以谈不上有及物性,自然不能构成"把"字句。(2)二价和三价的述结式,及物性高的可以作"把"字句的谓语核心,及物性低的往往不能作"把"字句的谓语核心。低及物性的述结式包括:(i)补语动词以述语动词为配价成分的述结式(如:办迟、唱快),(ii)及物性低的动词(如:"看、听、想"类感觉动词和"碰、撞"类非自主动词)带弱化补语(如:到、见)构成的述结式,(iii)非自主性的述结式(如:挖浅、买贵、教晚)。

**参考文献**

邓思颖 2010 《形式汉语句法学》,上海:上海教育出版社
林焘 1957 现代汉语补语轻音现象反映的语法和语义问题,《北京大学学报》第 2 期;
 收入林焘 1990《语音探索集稿》,北京:北京语言学院出版社
陆俭明 1990 "VA 了"述补结构的语义分析,《汉语学习》第 1 期
沈家煊 2002 如何处置"处置式",《中国语文》第 5 期, pp.387-399
宋国明 1997 《句法理论概要》,北京:中国社会科学出版社
王力 1985[1943]《中国现代语法》,北京:商务印书馆
叶向阳 2004 "把"字句的致使性解释,《世界汉语教学》第 2 期, pp.25-39
袁毓林 2000 述结式的结构和意义的不平衡性——从表达功能和历史来源的角度
 看,『现代中国語研究』第 1 期(创刊号)
袁毓林 2001 述结式配价的控制—还原分析,《中国语文》第 5 期
袁毓林 2002 述结式的论元选择及其句法配置,《纪念王力先生百年诞辰学术论文
 集》,北京:商务印书馆

袁毓林 2010 《汉语配价语法研究》，北京：商务印书馆
朱德熙 1982 《语法讲义》，北京：商务印书馆

\* 本课题的研究得到教育部人文社会科学重点研究基地重大研究项目《面向语义搜索的汉语词汇本体知识研究》（批准号：10JJD740008）和国家自然科学基金项目《面向文本推理的汉语语义计算模型研究》（项目号：90920011）的资助，谨此致以诚挚的谢意。

（Yuán·Yùlín　北京大学）

# 汉语话题结构的根本性

张　伯江

## 1　汉语话题结构是基本句法结构

关于汉语句子"话题性"的说法由来已久,多是与英语句子那样的"主语性"相对而言的。西方比较通行的语法著作里常常是说:那些跟句子谓语里主要动词没有语义角色关系的成分,在英语里很难直接充当句法成分,大多需要用 speaking of 或者 as for 等成分引导出来,Andrews 2007 在讨论以下例句'Speaking of Jim, what's Harriet been up to lately?'时就说:"Jim 作为句子话题被提及,是句子关涉的对象,但谓语没有为其指派语义角色。"他同时举出汉语"这场火幸亏消防队来得快"以及拉祜语和日语为例,说明东南亚语言里比较多见这种"话题"直接做句法成分的现象。至于东南亚语言里的话题角色究竟是什么样的句法角色,多数论著语焉不详,似乎倾向于认为日语的形式——以不同的句法标记区别话题和主语——能够大致反映东亚"话题型语言"的总体面貌。中国的很多学者也持此观点,有代表性的如 Chen(陈平)1996,徐烈炯、刘丹青 2007/1998 等,他们给了汉语话题一个明确的句法位置,以强调汉语话题的重要性,这无疑是看重汉语特点的。但是,汉语话题的重要性,还可以从另外的角度来认识。

最早提出汉语话题性的是 Chao(赵元任)1968。值得注意的是,赵先生并没有提出要区分汉语里的"话题"和"主语",而是主张"汉语的主语就是话题"。对此,沈家煊 2012a 有很好的讨论,他说:"赵先生在明明知道有许多人在语法上把话题和主语区分开来,却仍然说汉语主语的'语法意义'就是话题,这才是耐人寻味的。赵先生当然知道日语里主语用标

记 ga，话题用标记 wa，也知道印欧语里主语和谓语动词有一致关系，主语必是谓语动词的一个论元，赵先生逻辑学的功力更是非常人可及，他的高明之处在于摆脱日语和印欧语的眼光，道出了汉语的特点。"的确，如果不是像日语那样可以明确用句法标记来区分两种不同的成分的话，硬要在汉语里区分话题和主语就会遇到一个很大的逻辑难题，即，如果句首只有一个主体成分出现时，我们是把它看成省略了话题的主语呢，还是省略了主语的话题？杨成凯 2000a、2000b 对此做了详细的讨论。

赵先生话题学说的深刻性在于，他是从汉语的全局性特点出发，得出这个论断的。汉语区别于印欧语的全局性特征是什么？那就是，印欧语的句法基本是基于论元关系构造的，而汉语不是，汉语句法构成的基本单位是"零句"，零句与零句之间的关系是多种多样的。沈家煊 2012a、2012c 中，从汉语自身的逻辑特征以及汉语零句之间的话语关系角度充分阐述了汉语句子结构"话题性"是根本。认识这个根本性，有一个重要的意义，那就是，我们应该更明确、更清醒地用汉语的眼光去理解汉语的句子，而不是像面对印欧语句子一样先去寻找论元关系。在日常的汉语语言生活中，经常发生忽视汉语特点而导致误读的现象。本文就是想从一些汉语实例的讨论和思考，说明在汉语里着意寻找句首成分的论元关系可能会导致汉语特点的迷失，汉语话题结构在汉语语法里的深刻影响力还需得到更多的重视。

## 2 "云想衣裳花想容"——话题不是动作者

赵元任先生说："主语和谓语的关系可以是动作者和动作的关系。但在汉语里，这种句子的比例是不大的，也许比 50% 大不了多少。因此，在汉语里，把主语、谓语当作话题和说明来看待，较比合适。"赵先生举了李白的名句"云想衣裳花想容"为例，说明这句话的意思是"云使人想起她的衣裳，花使人想起她的容貌"。这个例子是他关于汉语话题句不能简单用"动作者－动作"理解的最好说明：如果按"动作者－动作"来理解，则"云"和"花"就成了"想"这个行为的发出者，完全不是诗人的

原意了。最正确的句法观,就是把"云"和"花"都看成话题,把"想衣裳"和"想容"看成说明,"想"行为的发出者不理解成紧邻它们前边的句法成分。

这使我们想起了另一个唐诗理解的句子,那就是"花溅泪"和"鸟惊心"的掌故。吕叔湘1988说:"我在《中国文法要略》里用杜诗'感时花溅泪,恨别鸟惊心'做动词的致动用法的例子,就是说,溅的是诗人的泪,惊的是诗人的心。有的读者不同意,认为这里用的是修辞学上的拟人格,花溅的是它自己的泪,鸟惊的是它自己的心。这样一来,就得说感时的是花,恨别的是鸟,全与诗人无干。最近读《温公续诗话》,有一条谈到这两句诗:'近世诗人杜子美最得诗人之体。如"国破山河在,城春草木深。感时花溅泪,恨别鸟惊心"——山河在,明无余物矣;草木深,明无人矣;花鸟,平时可娱之物,见之而泣,闻之而悲,则时可知矣。'"如果按赵元任先生的提醒,可以知道把"花/鸟"理解为动作"溅泪/惊心"的发出者未必是最符合汉语实际的,吕叔湘先生的理解事实上是最符合汉语"话题-说明"结构的解读。

其实,不止是在诗句里,许多俗语的意思也是只有用"话题-说明"结构去解读才能正确理解,例如:

"萝卜快了不洗泥",周一民2009的解释是:"谓干活速度加快,就不能太细致,就要降低质量。"举例有"几番摸爬滚打,几番冲锋陷阵,到了年底瞧准了北京站这个好地界儿,根据'萝卜快了不洗泥'的古训又把一大批装有半头砖的点心匣子抛了出去","女售货员笑道:'萝卜快了不洗泥,萝卜慢了代剥皮!没铃没锁还抢不着呢,拿票来!"这句俗语,"萝卜"当然不能理解为动作者,"洗泥"和"剥皮"的动作发出者并没有出现在字面上。这跟"想衣裳/想容"、"溅泪/惊心"的动作者并没有出现在字面上是一样的。

## 3 "三下五除二"——准确离析出话题部分

"三下五除二"也是一句俗语,现在多用来形容"办事麻利干脆"(周

一民 2009)。其实，人都知道，这话来自珠算口诀。原本是指当加数是三时，拨下一粒表示"五"的上珠，再在被加数的下珠中除去二。可见，这是说明一个涉及"三"的运算。句子的结构应该是以"三"为话题，"下五除二"是对它的说明。从这句话的本意看，似乎与"麻利干脆"没什么联系。我们想，可能是俗语使用中，误把"三下"当成一个词理解造成的，"三下两下"一般是表示简洁快速意义的。这是一个未能准确把握汉语话题结构、未能准确离析出话题成分的俗语误读例子。

再看一个俗语"站着说话不腰疼"。这句话的来历暂未考知，但是我想，把"站着"理解为"说话"的状语怕是不太合适。"站"从古至今都有"停"的意思，所谓"不怕慢就怕站"就是用的"站"的"停"义。"站着"就是"停着"，就是不工作。当别人都在弯着腰不停地耕作的时候，却有不劳作的人在那里说闲话，当然体会不到劳作者的辛苦，这就是"站着，说话不腰疼"。这又是一个未能准确离析出话题成分"站着"的独立句法地位的例子。

再说两句现代诗句。毛泽东词《忆秦娥·娄山关》里有一句"雄关漫道真如铁，而今迈步从头越"，意思是"不要说娄山关像铁一样难以逾越，而今我们要大踏步越过去"。从句法上说，"雄关"是话题，"漫道真如铁"是对它的说明，其中"漫道"是插入语。近年来人们引述这句话的时候，常常把"雄关漫道"误会成一个成语，误会成"雄伟的山关，漫漫的道路"的意思了。这也是没有准确地把话题成分"雄关"离析出来所致。

另一句诗句是"人间正道是沧桑"。这句话的意思是"人间正在谈论这个巨大的变化"，其中"道"是"说"的意思，"是"是"这"的意思。句子的句法是以"人间"为话题、"正道是沧桑"为说明的结构。这句话也经常被误读，一是把"人间正道"看成一个成分，理解为"人世间正确的道路"，二是把"是"理解成"是不是"的"是"了。这个误读，很重要的原因，仍然在于没能正确地把话题成分"人间"离析出来。

### 4 "三天打鱼两天晒网"——并列的样式，不并列的结构

"三天打鱼两天晒网"是一句批评人做事不认真、缺乏恒心的俗语，它的确切比喻意义是怎么来的呢？如果看成两个并列的结构，即"三天 $VP_1$，两天 $VP_2$"的话，依照语法书的说法——"表示时间长短的词语放在动词前头，……表示一个动作持续多久，但必须两件事情一块儿说，例如'半天工作，半天学习'"（吕叔湘 1977）——那么这个俗语字面上应该是以五天的时间段设喻，说一个人用了五天里的三天从事打鱼，另外两天用来晒网。不过从常理来看，一个人把 60% 的时间用于打鱼，少量时间晒网，并没有什么可指责的。事实上，这句话还是把"三天打鱼"理解为话题、"两天晒网"理解为说明最好。这样，"打鱼"不是指一个行为，"三天打鱼"是一个用来谈论的话题，在这个话题之下，说话人指责某人用三分之一的时间从事打鱼行为，三分之二时间用来晒网，少干活多休息，这当然是很不合理的做法了。如此看来，同样是"时间词 + $VP_1$，时间词 + $VP_2$"样式，"半天工作，半天学习"是并列关系，"三天打鱼，两天晒网"则不是并列关系，而是存在隐含的"话题 – 说明"关系的。"汉语就是这样，经常用两个句段的并置来表达意义上的各种关联"（沈家煊 2012c）。

沈家煊 2012b 也有一个涉及并列结构的例子："有一个笑话，过去生产队分谷子，有个单身汉很懒，工分少谷子也当然分得少。这个懒汉就同生产队长吵了起来。生产队长说：'毛主席讲的，四体不勤，五谷不分！谁叫你四体不勤？你四体不勤，我就五谷不给你分！''四体不勤，五谷不分'本来是两个小句并置的流水句，但是人们总是倾向于在意义上建立某种主从关系。"故事里生产队长是把"四体不勤"当作条件式话题处理的。这个误读与"三天打鱼两天晒网"的误会方向正好相反。

### 5 "曹操收去青龙伞"——韵律结构帮助辨识话题结构

传统京剧《甘露寺》里乔玄在向吴国太介绍蜀国大将张飞时说："这位将军，在当阳桥前大吼一声，吓得曹操收去青龙伞，惊死夏侯杰。这位

将军好威风啊,好煞气呀!"(《马连良演出剧本选集》,中国戏剧出版社,1963)。

从字面上看,我们看到这段话谈及三个事件,分别是(i)张飞大吼一声;(ii)(吓得)曹操收了青龙伞;(iii)惊死夏侯杰。三者之间的关系似乎应该是:事件(i)为话题,事件(ii)和事件(iii)为两个并列的说明。即,"大吼一声"造成两个后果,一是吓得曹操收伞,二是吓死了夏侯杰。

但是我们听了此剧舞台实况,演员实际演出时候的节奏处理,却跟我们由字面观察得出的分析大不相同。最大的不同一是在于,"吓得曹操"四个字后有一个清楚的停顿,表明这里是一个话题;二是,"收去青龙伞"和"惊死夏侯杰"这十个字,用的是清楚的上下句的语调念出的,表明演员对句子的心理切分是把这两个片段当成两个并列的说明。也就是说,有声语言韵律结构反映的事实是:

曹操【话题】,收去青龙伞【说明1】,惊死夏侯杰【说明2】

这个事实提示我们,"曹操收去青龙伞"不是普通的"施事+动词+受事"结构,"曹操"不是一个动作者,它只是一个话题,代表的是交战中的魏军(比如我们说"率领数万人马攻打曹操"这句里的"曹操"代表的就是"曹军"),当张飞"大吼一声"发生后,"曹操"这一方产生了两个结果:一是统帅者头上的青龙伞被迫收去了,二是主帅身边一位将军意外吓死了。从句法上说,"曹操收去青龙伞","曹操"并不是动作者,只是话题,跟"林则徐摘去顶戴花翎"一样;"曹操惊死夏侯杰"同样不是曹操做了什么,他只是代表这个阵营,属于这个阵营的一个将军死了,跟"王冕死了父亲"一样。

需要更严密解释的事实是,为什么在韵律形式上"吓得曹操"四个字组合成一个韵律单位? 这种"得"字补语句的韵律特征,其实李临定1963就有过清楚的认识,并讨论过句中相关成分的句法语义属性。结合现代语言学关于韵律单位与信息单位相应的观点,以及赵元任的"零句说",我们有理由把"吓得曹操"当作一个独立的单位看,它既是前面话题"大吼一声"的一个说明,本身又是一个话题,引出进一步的说明(这种话题与说明的连环关系,沈家煊1989、2012a有详细讨论)。

像这样的韵律单位代表一个话题的情况,在戏剧演出中不乏实例。京剧《空城计》里诸葛亮听说马谡失守街亭的消息以后,有一段自叹的念白:"想先帝在白帝城托孤之时,言道马谡言过其实,终无大用。悔不听先帝之言,错用马谡,失守街亭,我是悔之晚矣!"这段话里值得注意的是,舞台实现时,"言道马谡言过其实,终无大用"这一句的韵律结构,并不是"言道 | 马谡言过其实,终无大用"而是"言道马谡 | 言过其实,终无大用",这就意味着"言道马谡"是一个心理切分的话题。同样,此剧里还有一处:"人道司马用兵如神,今日一见,是令人可服,令人可敬呀!"韵律结构也是"人道司马 | 用兵如神"而不是"人道 | 司马用兵如神"。

论元结构是人们惯于接受的结构,因为它代表了"理想认知模型"(详见结语);话题结构是汉语的根本结构,是汉语使用者表意的最自然渠道。人们有时利用论元结构的惯常性与话题结构的根本性之间的不一致关系来增强语言的表现力,辨识的手段就是韵律特征。有一个国际著名化妆品的广告词是"你值得拥有",这句话形式上类同于"施事+谓语"的句子,使人们接受起来很自然,然而仔细思考起来,其中的语义关系并不是论元关系,"你"是话题成分。这个广告的有声形式也是在"你"字后面形成一个明显的停顿。

## 6 "大河有水小河满"——顺向的语序,逆向的推理

周一民 2009 对这个俗语的释读代表了一般的看法:"比喻全局好了,局部也会受益。反面是'大河没水小河干'。"举例取自刘绍棠的小说《鱼菱风景》:"而且,大河涨水小河满,鱼菱村生产大队这两年的工值,也是直线上升;年关分红,杨家的几个劳力更分到一大笔现款,鼓囊囊的装满了腰包回家来。"

这种理解或许是有问题的。如果"小河"指的是大河的支流的话,按常识,是小河里的水流到大河里,大河才满的,而不是大河水满了分给小河的。

这句俗语本身违背了常识吗? 我想未必。上述解读是以"大河有水"

为普通条件式话题,"小河满"为相应的结果式说明。事实上这句话还可以有另外的解读方式,即,"大河有水"为现实性条件式话题,"小河满"为推断性结果式说明。说话时的情境是:看见大河里有水,可以推断出上游小河里水是满的;看见大河里没水,可以推断出上游小河里水是干的。这后一种理解是在"知域"里说的,前一种解读是"行域"里的。从话题到说明的顺向语序,都是因果关系,行域的理解是物理世界的前因后果,知域的理解是心理世界的回溯推理,也是基于现实条件得出的推论性结果。两种理解各自遵从不同认知域的因果关系,只不过后一种知域的理解更合乎常识而已。

与此相类似的是另一个俗语"墙倒众人推"的理解。很多人依物理世界的前因后果关系,把这话的意思理解成"落井下石"的意思,"比喻人一旦失势倒霉,大家就都来欺负、攻击他"(周一民 2009)。从事理上讲,墙既倒了以后就没法推了。更合理的解释是:看见墙倒掉了的事实,推断一定此前是许多人推墙导致的结果,仍然是一种回溯推理。这句话说全了是"墙倒众人推,鼓破万人捶",道理很显著:墙倒了就没法再推,鼓破了也不会有人再捶了;一定是面对倒了的墙和破了的鼓,推断这个事实的背后是多人施加影响所致。

## 7  纠缠的逻辑关系,平铺的流水句

吕叔湘《沙漠革命记》(辽宁教育出版社,1997)"重印题记"里,有这样一句话:

"多少年以前,爱因斯坦,他本人是纳粹反犹运动的受害者,犹太复国主义的赞助者,可是他对 20 年代巴勒斯坦的犹太人对待阿拉伯人的作法就提出过批评。"

这里最容易识别的成分是话题"爱因斯坦",其后有三个平铺的小句。从词语之间的呼应关系看,这里有两套逻辑关系:

(a) 多少年以前,他……就提出过批评
(b) 他本人是……,可是他对……提出过批评

如果按普通语法常识,"他本人是纳粹反犹运动的受害者,犹太复国主义的赞助者"算是一个"插入语"。依照插入语的定义,删掉它,原句结构应该不受影响。但是我们试着删去这个插入成分,其后的"可是"就显得突兀,不知与谁照应。原因在于,这个插入语之外的"可是"呼应的是插入语里的"他本人是……"。

这说明什么呢? 其一,它说明汉语的"话题-说明"结构不是像"主语-谓语"那样联系紧密的呼应关系;其二,汉语多个零句之间不像印欧语那样依靠递归性组织在一起。话题"爱因斯坦"的说明语,既可以是所谓"插入成分"——"他本人是纳粹反犹运动的受害者,犹太复国主义的赞助者",也可以是线性顺序排在插入成分之后的另外的零句——"他对20年代巴勒斯坦的犹太人对待阿拉伯人的作法就提出过批评"。这也就是说,汉语话题与说明的关系,只有语序先后的关系,不必然要求有严格的逻辑嵌套关系。

## 8　结语

以上我们分六个小专题,谈了对汉语话题结构的几点看法。从"话题不是动作者"这一基本观点说起,讨论了我们对一些日常俗语以及其他常见汉语实例的误读,常常是起因于对汉语话题结构特点的忽视,或不能准确离析出话题部分,或不能在并列的样式面前识解出不并列的结构,或不能认识清楚顺向语序中隐藏的逆向推理。同时我们也通过实例展示了流水句里话题结构的韵律表现以及逻辑关系的延展方式。

在这些实例的讨论中,我们想藉以说明的是汉语话题结构的根本性。虽然都是一些看似特殊的例子,实际上它们存活于我们世世代代每日每天的语言生活中。汉语句法上最基本的句法语义关系与英语那样的印欧语有同有异,相同的是(i)都有"话题-说明"这样的语用结构,(ii)句子成分之间或多或少都能找到"施事、受事"等论元关系;不同的是,英语句法上强制地要求"主语-谓语"之间具有论元关系,不具有论元关系的不能直接实现为主谓关系,而汉语则不论有没有论元关系,语用结构"话题-

说明"直接构成主谓关系。面对这样的不同，应该怎么看待汉语的基本句子结构？一种办法是，仿照日语、韩国语的样子，在汉语中也区分出"主语"和"话题"两种句法成分，把与谓语动词、形容词有论元关系的主体性成分优先分析为主语，没有论元关系的再看成话题；另一种则是Chao(赵元任)1968所主张的、沈家煊2012a加以强调的不区分话题与主语的做法。本文认为后一种办法更为尊重汉语事实。把具有论元关系的"优先分析为主语"的做法，难免会误导分析者，如本文第5节所讨论的"曹操收去青龙伞"的例子，就容易简单化地识别为"施－动－受"语义关系，进而处理成主谓句而非话题句，于是就看不到"曹操"事实上并非行为的施事、同时它作为话题控制着其后两个说明句的本质性事实。所以说，优先寻找论元关系的做法，一方面会误解原本的"话题－说明"关系，另一方面，过于拘泥论元关系，也不利于正确理解和处理流水句中的话题结构。

需要我们做出回答的一个重要问题是：为什么会产生那么多的"误读"？也就是说，为什么那么多我们认为是话题结构的句子，在实际生活中被理解成了以"施－动－受"为基本模型的论元结构了呢？是不是汉语使用者也有优先寻找论元关系的本能呢？相关的问题是：像"大河有水小河满""墙倒众人推"那样的例子，为什么优先在行域理解而不是知域？

对这样的问题，我们的回答是：语言的本质是"谈论"而不是"叙事"，"话题－说明"结构就是实现的"谈论"的语用功能。"叙事"是语言中一个重要内容，具有明确论元关系的语义结构是认知上的理想认知模型，也就成了无标记语体里默认的原型理解倾向。行域跟知域的关系也是如此，行域是原型。本文讨论的这些例子，最初都是产生于特定的语境，特定的语体里，在那些特定的"谈论"式情境里，这些"话题－说明"句是最恰当的选择。可以想见，这些句子最早被重复使用时，也是用在相似情境里的；当这些句子的使用被无意扩展到合理情境之外时，就有了误读的可能。时间一长，这些句子原本特别需要的情境要素逐渐消失，被过多地用于泛泛的语境和语体里，误读的可能性就更大了。一句话，误读来自误用。汉语听/读者在泛语境中优先选择原型理解是正常的，汉语说/写者造句时

不局限于论元关系的考虑也是正常的。

汉语的句子体现的是语用功能,没有充分语法化,"特多流水句","我们可以把任何两个前后相继的零句组合为一个整句"(沈家煊 2012a),我们说汉语不靠论元关系构句而英语靠论元关系,其背后的实质差异就在这里。英语句子以动词为核心,论元关系是确定的,小句间的逻辑关系就是确定的;汉语小句不以动词为中心,小句是指称/说明性的,小句之间的关系也不依赖论元关系任意组合,因此就可以有第 7 节那样插入语"他本人是纳粹反犹运动的受害者,犹太复国主义的赞助者"既是说明又是话题的情况。可见,汉语句子的生态环境是连续的语篇,离开了语篇,句子也就失去了活力。俗语本来是讲一种道理,一旦成为"俗语",其组合关系就固定了下来,不再活在一个篇章环境中,也就不再是正常的汉语句子现象,对它产生误读在所难免。这项研究给我们更重要的启示在于:我们如果把汉语句子人为地切断,抽离实际语境,切成类似于英语句子的语言片段,做类似的论元结构分析,那样做的风险,大概就像本文讨论的那些俗语的误读一样,会失掉汉语本义的。

**参考文献**
李临定 1963 带"得"字的补语句,《中国语文》第 5 期,pp.396-410
吕叔湘 1977 通过对比研究语法,《语言教学与研究》第二集,pp.1-15
吕叔湘 1988 "花溅泪"和"鸟惊心"(署名"叔湘"),《中国语文天地》第 3 期,p.3
沈家煊 1989 不加说明的话题——从"对答"看"话题—说明",《中国语文》第
 5 期,pp.326-333
沈家煊 2012a "零句"和"流水句"——为赵元任先生诞辰 120 周年而作,《中国
 语文》第 5 期,pp.403-415
沈家煊 2012b 汉语不是英语,手稿
沈家煊 2012c 汉语的逻辑这个样,汉语是这样的——为赵元任先生诞辰 120 周年
 而作之二,第六届汉语方言语法国际学术研讨会论文
徐烈炯、刘丹青 2007/1998《话题的结构与功能(增订本)》,上海教育出版社
杨成凯 2000a 语法学原理和汉语语法的一些原则问题,刘利民、周建设主编《语言》
 第一卷,pp.30-48,首都师范大学出版社

杨成凯 2000b 汉语句子的主语和话题，『現代中国語研究』第 1 期，pp.35-48
周一民 2009 《北京俏皮话词典（增订本）》，商务印书馆
Andrews, A. 2007 The major functions of the noun phrase, In T. Shopen (Ed.), *Language typology and syntactic description: Vol.1. Clause structure*, 2nd edition: pp.132-223, Cambridge: Cambridge University Press
Chao, Yuen Ren（赵元任）1968 *A Grammar of Spoken Chinese*, Berkeley and Los Angeles: University of California Press（吕叔湘译 1979《汉语口语语法》，商务印书馆）
Chen, Ping（陈平）1996 Pragmatic interpretations of structural topics and relativization in Chinese, *Journal of Pragmatics*, 26（3）: pp.389-406（徐赳赳译：汉语中结构话题的语用解释和关系化，《国外语言学》1996 年第 4 期，pp.27-36）

\* 本文成文过程中，得到沈家煊、史金生、刘探宙、完权等先生的有益讨论意见，谨致谢意。文中错谬由笔者负责。

（Zhāng・Bójiāng 中国社会科学院语言研究所）

# 从始点之视到终点之视
## ——汉语定语的时空视角走向

张 国宪  卢 建

## 1 引言

"视角"(perspective)最初指人们观察事物的角度,属于视觉域,它包括观察者所在的位置、视线方向、观察对象的清晰度等要素。随着认知语言学的兴起以及语言学者对人类识解经验的概念化和对同一情景不同语言编码能力的关注,视角这一视觉机制投射到概念域,泛指人类认知世界的角度,主要涉及认知主体与客体的关系,即影响认知主体对客体进行认知的诸多要素。

在认知语言学中,"视角"被视为人类的基本认知机制之一,是概念形成的基本认知操作模式。Langacker 1987:116-137 把视角视为焦点调整(focal adjustments)之下与选择(selection)和抽象化(abstraction)并列的识解操作,并从图形/背景(figure/ground)、观察点(viewpoint)、指示语(deixis)以及主观性/客观性(subjectivity/objectivity)等方面窥见视角在语法和语义结构中的作用。Talmy 2000:68-76 进一步论述了句法结构与视角、人类认知结构的关系,在他看来,视角(perspective)是个图式系统(schematic systems),包括视角位置(perspectival location)、视角距离(perspectival distance)、视角状态(perspectival mode)和观察方向(direction of viewing)等若干图式范畴(schematic categories),图式范畴的模式构成语法形成的概念。

Croft 1990:164 认为,语言结构反映经验结构,包括说话人强加给世界的观点。视角作为人的一种存在体验,以此为基础和依据来获得意义。

由此，说话人的视角不同，对于同一客观情景可能会有不同的识解，从而表现出不同的语言表征：

(1) a. The glass is half full.

　　b. The glass is half empty.

正如 Sanders & Redeker 1996:290 指出的："如果从广义上将话语视角（discourse perspective）定义为话语中某一具体的视点（vantage point）或观点（point of view），那么，严格说来，话语中没有句子能够脱离一定程度的视角化（perspectivization）"。

语言（句法）结构映射了人类用不同视角识解某种情景的能力。人类的经验纷繁复杂，相异的型式（inconsistency pattern）为人类选择从任意视角识解经验提供了便利，实现人类经验复杂性的再现。

## 2　视角是决定句子成分句位占据的重要因素

视角的表现有其显性化的语言手段，如时间指示语、观念指示语等。不过，正如 Wittgenstein 所言，视角是表现出来而不是说出来的（转引自吴琼 2006）。跨语言的话语现象表明，视角更易于以隐晦的方式在语句中体现出来，最典型的例子是动词的"体"。视角的隐性化可凭借上下文、情景语境、背景知识以及行为框架等语境因素得以诠释，语境因素是识别隐藏于话语背后视角的有效线索。国外的先哲们早就注意到，句法成分也是视角的隐性表现载体之一。Dik 1989:25 认为，"严格说来，主语和宾语的功能不是句法的，而是视角的"，从而创立了句法功能的视角定义，小句主语和宾语的选择以视角为决定因素。Siewierska 1991:79 也认为句法功能不仅决定了视角，而且也为视角所决定，选择某一视角显示了某种句法功能的存在，而实际的句法功能的选用也强加了某种潜在的视角（参看唐青叶 2004）。

本文认同 Dik 1989 和 Siewierska 1991 的基本理念和主要观点。不过，我们更愿意阐明和论证：与其说句子成分的功能是视角的，不如说视角决定语言单位的句位占据。因为在一种缺乏典型形态的语言里，语言单位的

功能主要是由句法位置所赋予的，汉语尤为如此。比如，传统语法把句法位置视为词类划分的重要参项，"玻璃"在"窗户玻璃"中是名词，而在"玻璃窗户"中则是名转形了。形式语法则把句法位置作为确定句子成分[1]的形式标志，句子成分在某种程度上成了句法位置的标签。"这件事我现在脑子里一点儿印象也没有了"中的"这件事"、"我"、"现在"、"脑子里"、"一点儿印象"分别充当主语$_1$、主语$_2$、主语$_3$、……。在当今的语法框架里，句法位置已不仅仅是定义词性和句子成分的参项，也成为了界定和识别语义角色和语用角色的坐标。在没有语义标记（如格标记）的句子里，语义角色的实现是在一定的结构位置上得到的，语义角色与句法位置之间有一种无标记配位关系，比如SVO语言的基础句（basic sentence）施事一般处于句首，受事一般处于句尾等等，背离了这种配位就呈现出有标记性。语用角色更是如此。徐烈炯、刘丹青1998：43就把话题视为某个结构位置的名称："在我们看来，话题是某个结构位置的名称，处于这一位置上的词语常常具有某种语义和信息功能方面的特点"。由此可见，句法、语义以及语用都聚焦于句法位置，句法位置不再是一个单纯的句法范畴概念，而是一个广泛意义层面的语法术语，句位赋予句子成分以句法功能。不难理解，汉语句子成分的句法功能对立导源于其以谓语动词为轴心的句位分布：

（ 定语/主语　状语　谓语动词　补语　定语/宾语 ）

如图所示，句子成分主语、宾语等各居其位（句法位置），各司其职（句法功能），从而形成以谓语动词为镜像的两个自然"句子成分对"：

(a)"主语－宾语"句子成分对

(b)"状语－补语"句子成分对

---

1) 为了表述的方便,我们对"句子成分"和"句法成分"不作严格的区分,统称为"句子成分"。

现代汉语的大量语言事实表明,在"句子成分对"的成员内部其功能呈现镜像关系,表现出根本的抵牾,其实这一现象都可以从句位的分布对立上获得合理的阐释。值得注意的是,上图还透露了一个习焉不察的重要信息,现代汉语的定语跟主语、宾语等句子成分有着不同的句位分布:通常情况下,主语、宾语等只能占据一个句法位置(不包括语用移位),而定语则可以获得两个句法位置,一个是位于主语中心语前(称为"主内定语",标记为"定$_主$"),另一个是位于宾语中心语前(称为"宾内定语",标记为"定$_宾$")。尽管定语的句位占据有所不同,但无论是形式语法还是功能语法,都秉持二者具有相同的句法功能和语义功能这一基本的共识。如果我们认同句子成分的功能是视角的观点,我们将无法解释下列语言现象:

(2) a. 他向冯玉青发出傻笑时,嘴角流淌着<u>愚蠢</u>的口水。

(余华《在细雨中呼喊》)

b. *他向冯玉青发出傻笑时,<u>愚蠢的口水</u>在嘴角流淌着。

"愚蠢"是定语,但拥有所谓"相同句法功能"的定语为什么只能占据定$_宾$的位置而不能变换成定$_主$,这是当今的语法规则所无法诠释的。新近的研究表明,作为句法形式表征的句法位置不单纯是语言线性特征的表现,更重要的是其自身蕴含着丰富的语义内涵和语用动机(参看张国宪 2006;张国宪、卢建 2010,2012)。由此看来,将拥有两个句法位置的定语作为一个内部匀质的句法概念来定义和描述存在着偏颇,抹杀了定语(尤其是相同词项的定语)因句位占据不同而引发的语用乃至语义层面的系统差异。我们遵循认知语法"语法的本质是象征性的"(Langacker 1987:12)这一基本理念,将"主内定语+主语中心语"和"宾内定语+宾语中心语"认定为两个不同的构式,匹配着不同的语义结构,从而认为说话人选择何种句法结构是有动因的,而视角是重要的主因之一。由此,有必要考察和给出视角对定语句法位置的选择倾向和定语的视角化(perspectivization)表述路径。

视角作为人的一种存在体验,属于经验范畴。Fowler 1986 把视角分为三类:时空视角、观念视角和心理视角。本文拟通过经验中的时空视角

特征在定语身上的句位表现来窥见经验感知对现代汉语表达形式的影响[2]，从一个侧面昭示经验感知与语言结构的拟象（diagram）象似性。

## 3 定语的时空视角分布

### 3.1 时空视角的位置：始点和终点

时空视角指人们认知世界时所依据的时空角度及位置变化，包括时空的起点、移动的顺序等等。就物理层面而言，任何物体都有一个具体的时空点。人类对于世界的观察和认知自然无法摆脱空间的限制和时间的束缚，所以，时空是语言不可或缺的表述内容。对于位移和变化而言，"始点"和"终点"是时空视角最基本的一对概念。比如：

(3) a. 丁小鲁端着馅盆往堂屋里走，"别贫嘴啦，都<u>去</u>洗手。"

（王朔《顽主》）

  b. 丁小鲁在她房内叫于观，接着把房门推开一道缝："你<u>来</u>。"

（王朔《顽主》）

"去"和"来"是一对反义词，这种反义导源于视角位置（perspectival location）。例(3)都是以说话人"丁小鲁"的地理位置为空间参照，不过 a 句选择了"从所在地到别的地方（跟'来[1]'①相对）"（《现代汉语词典（第5版）》，商务印书馆，2005，p.1129）的位移路径，用动词"去"表述位移，属于"始点"透视；而 b 却选择了"从别的地方到说话人的所在地（跟'去[1]'①相对）"（同上，p.807）的位移路径，用动词"来"表述位移，属"终点"透视。视角的选择有其主观性，但例(3)均以说话人"丁小鲁"为空间参照也并非空穴来风，其理据是，在通常情况下人们总是习惯于遵循 Cooper & Ross 1975：67 的"自我优先原则"（me-first principle）以及 Lyons 1979：63 的"自我中心原则"（egocentric principle），以自我为认知世界的出发点，本能地从自己的角度去观察和语言再现自己所见到的客观世界。

---

2) 定语的观念视角和心理视角的表现我们将另文讨论。

以往的研究证明，人类对于时空观察位置的遴选有一定之规。不过，语言作为经验模式和认知取向的反映，决定了即便面对相同的客观情景，由于感知、经验以及观察事件的角度等等的不同，也可能会有不同的表述方式。例如：

(4) a. 他答应母亲，一定<u>去杭州</u>找生母，即使找到生母，他也一定不会忘记在安徽阜南的妈妈。　　（万润龙、郐玲娣《聚散两依依》）

  b. 那是她在青浦下乡参加社教运动，贴心交了好几位贫下中农的朋友，临分手时晓华把家里的地址留给了他们，并热情地邀请他们来家作客。他们答应一定<u>来上海</u>看她。

（罗君《"儿女情长"石晓华》）

不难发现，上述二例句子主语所处的空间场所相同，无论是杭州还是上海都不是句子主语的"所在地"，具有相同的客观情景。有趣的是说话人却选择了语义完全相反的位移动词"去"和"来"，从而构成景（指客观情景）同形（指表述形式）异的句对，造就了空间视角扭曲：按照例(3)的分析，"去"属于始点透视，无标记地匹配(4a)情景；而"来"属于终点透视，与(4b)情景抵牾。其实，(4b)的视角不是物理的而是心理的，言者主语（≠句子主语）移情于句子宾语"她"（晓华），"她"成了言者主语钟情的对象，是以钟情对象的位置观察动作的移动走向的结果，属于心理的终点透视。可见，尽管(4a)和(4b)句子主语所处的空间位置并没有什么不同，但由于言者主语所持的视角性质不同从而导致了对空间关系概念化识解方式差异，认知主体在认知过程中的视角选取直接影响到对认知客体的语言表达。(4b)作为真实的话语，其存在的意义在于，印证了物理的时空概念可以隐喻投射到心理时空领域，说话人为了体现"心理视角"甚至可以完全颠覆词典的经典定义，以实现其语用动机的凸显。

据大江三郎1975：33的观察，日语和英语的移动动词的使用也无不受视角的掣肘。不过，显现视角并不是移动动词的专利，形容词的使用也不能完全无视视角的存在，最起码现代汉语的情况如此。如果说移动动词的视角性质是空间的，那么形容词（尤其是变化形容词）的视角则是时间的。例如：

⑸ a. 刘宛秋捡的红领巾,<u>半新</u>的,他卖给张军,收新红领巾的钱,八毛。　　　　　　　　　　　　　　（唐刃《学苑（连载之一）》）
b. 桌上摆着两只整整齐齐的邮包,邮包已经<u>半旧</u>。

（彭见明《那山那人那狗》）

在物理世界,"变"是绝对的,甚至被人们作为恒定标本的"物"也无时不在经历着变化,所谓"沧海桑田"就是这一物理现象的语言摹本。"物"的变化是由性状的状态程度等来标示和显现的,正如例⑸,宿主（host）（红领巾、邮包）无时无刻不在经历着一个从"新"到"旧"的内在质变,"新"表述的是与生俱有的初始性状,而"旧"则是经过变化过程达到的结果性状,这种单向性性状变化是不以人的意志为转移的自然法则。不过,在语言世界里,对于这一性状变化的话语描述,说话人可以选取不同的时间观察位置：a 句的"半新"是从始点透视的描绘,而 b 句的"半旧"显然是从终点透视的结果。我们不难发现,尽管两句话描述的都是物主性状的程度是等级的,表现相同的客观性状情景,但因视角差异却可以有不同的成像。人类感悟时空的体验表明,物理世界的时间与空间的关联性是不言而喻的。心理学家 Clark 1973 就把时间关系类比为空间关系,认为英语的时间语言表达可以有两种不同运动视角：(i)从过去指向将来的自我运动视角（moving-ego）；(ii)从将来指向过去的时间运动视角（moving-time）。例⑸现代汉语文本表现出来的始点透视和终点透视完全可以跟英语的自我运动视角和时间运动视角相比附。

一言蔽之,无论是空间视角还是时间视角,都有始点与终点之别。它是说话人观察情景方式的反映,映射着迥异的主观成像。

## 3.2　定语时空视角之序：从始点到终点

语言的语法结构来自于对现实世界的临摹。戴浩一 1988[1985] 提出"时间顺序原则"（The principle of temporal sequence,简称 PTS）：两个句法单位的相对次序决定于它们所表示的概念领域里的状态的时间顺序。按照戴的说法,PTS 是汉语语法中最普遍的语序原则,具有独立的理据。汉语中无论是句子之间、谓语之间、连谓结构前后两项之间、动词

复合成分之间的顺序，还是状语在句子中的位置都需遵循时间顺序原则，它们的次序由 PTS 表示的事件或行为动作的时间顺序来安排。例如（例句引自戴浩一 1988）：

(6) 我吃过饭，你再打电话给我。
(7) 张三上楼睡觉。
(8) 他念完了这本书。
(9) 他从中国来。

尽管时间和空间都是物质存在的普遍形式，但遵循人类认识世界和理解世界的体验,汉语的这种时间顺序表达并不是汉人认知世界的临摹本源，它只是人类对空间表达的语法隐喻。在概念结构中，时间和空间的性质并不一样，前者属于抽象概念域范畴，后者属于具体概念域范畴。由此，时间作为一种抽象概念很难为人们所认知，人们只有借助具象的空间概念来捕捉和感悟抽象的时间，用空间（事物）具体形态的运动、变化和消长来具化时间的流逝。如中国古代的圭表、日晷、漏刻等。不难理解，时间是相对于空间物质而存在的，不能与物质分离，是各种事物行为、动作或变化的过程，是事物在某一空间出现的前后次序；而空间是事物存在的形状和运动变化的场所，是实体的量的体现[3]。用王文斌 2012 的话说，"总而言之，空间就是事物，时间就是事物运动的过程"。有充分的理由相信，在认知手段上，时间概念只是空间概念的系统映射，其语言表述的时间顺序原则（PTS）只不过是空间（事物）实体量呈现次序的语法隐喻而已。

作为运动着的物质，物质在空间中呈现其方位、形状、生灭、数量等等情状的变化，而任何情状的变异都是时间作祟的结果，由此，人们从可视的空间变异中感悟时间的存在和流逝。在 Osgood 1980 定义的自然语序语言中[4]，我们可以看到凡涉及运动或变化的事物都基本上呈现出从"始初"情状到"终结"情状的空间陈述顺序：

(10) 过了不久，1945 年 11 月下旬我<u>从延安出发步行到张家口</u>，从张

---

3) 参看刘晓丽、于善志 2011，王文斌 2012。
4) Osgood 1980 将自然语言中的语序分为两类：自然语序和特异语序。自然语序立足于概念，特异语序则负载着说话人的兴趣、心绪、焦点等等。

家口到了北平，在北平《解放》报工作。

(于光远《陈伯达的"老对头"》)

⑾ 他大摇大摆地晃动在柜台和货位之间，迎向售货小姐的第一张脸；原来他最怕吃"冷面"，现在他却巴不得人家是一张"冷面"，上嵌一对"白果"。而且，他绝对不想给任何人提意见，他不要人家把他当"上帝"。他只是要他们到头来终于发现，他是个听到任何标价都不眨眼的大款。每当"冷面"自动调节为"讶面"又绽开为"笑面"，同时"白果"变为"青眼"时，他便有一种骨酥筋颤的快感。

(刘心武《吉日》)

⑿ 不到五分钟，火焰的颜色逐渐加深，<u>由淡红变为深红</u>，然后变成<u>带青色的火红</u>，这就是真正的煤火的颜气了。 (张贤亮《绿化树》)

例⑽表述的是个典型的位移行为，在前一位移分句中，"延安"是始初空间位置，"张家口"是终结空间位置；在后一位移分句中，"张家口"由终结位置变为新的始初位置，"北平"是终结位置，呈现出"始初→终结,（新）始初→终结"的地理空间陈述顺序。例⑾、⑿表述的是事物的变化，我们不难发现，与例⑽的位移事件一样仍遵循着"始初情状→终结情状"的空间陈述顺序，具体分析不赘。

我们最感兴趣的是定语的空间表述顺序，关心的是不同句位定语的情状类型表述，以及是否也遵循着从"始初"情状到"终结"情状的空间顺序原则。先看一个例句：

⒀ 从现有的<u>资源消耗型</u>的<u>粗放</u>经营，转变为<u>资源节约型</u>的<u>集约</u>经营，走资源综合开发、综合利用与资源保护相统一的经济发展新道路。

(马忠普等《企业环境管理》)

在例⒀中"资源消耗型"、"粗放"充当主内定语，"资源节约型"、"集约"充当宾内定语。在这句表述企业转型的语段中，前者是始初性经营模式，后者是终结性经营模式，与此对应，在语言表述的定语分布层面，始初模式位于主内定语的句位，终结式位于宾内定语的句位。大量的语言事实表明，现代汉语中不同句位的定语各居其位，各司其职，从主内定语到宾内定语的句位分布表征对应的正是由始初情状到终结情状的空间陈述顺序。

用视角的术语就是从始点透视到终点透视。

## 4 定语时空视角的语义识解

### 4.1 原生性状和创生性状

经典的"始点"和"终点"源自物理空间,是物理空间的视角概念。不过,说话人常常会将这一物理时空概念隐喻投射到心理时空领域(如(5b)),用其他语法手段揭示心理时空的视角位置。有充分的证据表明,指示语、句法成分乃至语序等等都是表达视角的有效手段。鉴于本文的主旨,我们重点关注现代汉语定语的视角表达。我们先看一个例子:

(14) a. 愚笨的女人只知道暴露自己肉体的弱点,让两条满是牛痘疤的手臂露在外面,而且还要袒胸,不是显得头颈太粗,便是让人家瞧见皱缩枯干的皮肤了,真是糟糕! (苏青《谈女人》)

b. 男子汉总是满怀信心,说大家驯服了整段婚姻,那么女人在婚姻外面是否微贱呢? 教你怎么在婚姻里做一个愚笨的女人。
(http://www.hntyhr.com/HunYinWuYu/4683.html)

(15) a. 成熟的中年人对性爱与身体的享受有了更高的要求,这无疑也使爱更加醇香浓郁。
(http://www.rs66.com/a/1/86/rendaozhongnian_ganwushengmingzhongdeaiqing_80079.html)

b. "文革"结束时,李沛瑶已是一个成熟的中年人了,他利用中共十一届三中全会以后祖国改革开放的大好时光做了很多事,搞了不少技术革新和技术改造,还编写了有关技术的教材供工人们学习。 (韩宗燕《将门儒官李沛瑶》)

"愚笨"、"成熟"都是宿主呈现的性状。不过,主内定语所表述的性状与宾内定语所表述的性状有着不同的心理时间参照:前者是始点视角,后者是终点视角。定语的视角差异往往影响着听话人对性状意义的识解:

(a) 始点视角所表述的性状容易被识解为具有"原生性"。句法上的表现是说话人常常可以用副词"一向"来显化性状的恒定:

⑯ 一向豪爽的陈毅老总提议，就地摆宴，举杯相庆。

（国防大学《徐向前传》编写组《徐向前在十年动乱中（连载之三）》）

⑰ 而当他怀着激情，创作出发自内心的作品时，他——一向谦卑的老人，潦倒的音乐家，两眼炯炯闪光了，他拍了拍自己的胸膛，一字一顿地说："这是我自己的作品，因为，我是一个大音乐家！"

（曾卓《诗人的两翼》）

言者主语在例⑯着重渲染句子主语"陈毅"此时的行为与惯常性状"豪爽"的一致，例⑰则是描述"老人"的言行与惯常性状"谦卑"的违迕。

(b) 终点视角所表述的性状容易被识解为具有"创生性"。例如：

⑱ 我发现她比我第一眼看到的要粗一点点，是个胖嘟嘟的姑娘。

（张炜《美妙雨夜》）

⑲ 接着既客气又热情地将我让到客厅，我端详着子珍，不到五十岁的人，却像个老妇了，花白的短发，瘦弱的身体，上身穿件洗退了色的短绸褂子，下面是条黑色的半短裤，赤足拖双布鞋，手中拿一柄蒲扇。 （曾志《曾志与毛泽东交往实录（下）》）

"胖嘟嘟"、"花白"和"瘦弱"显然都是经历了一个变化过程的后天性状，句法层面表现出与副词"一向"的抵牾。

我们注意到，"原生"性状极易引发"恒定"、"静态"等浮现义，而"创生"性状则容易导致"临时"、"动态"等浮现义的产生。这种现象在一个主内定语和宾内定语俱全的句段中显得尤为显赫。例如：

⑳ 这个一向沉着稳重的指挥官（作者按：指肖华），悄悄地升起了一种急躁情绪，他开始在室内来回踱步，这个倒头就睡的年轻人，有时也要在床上翻上几下。（南川《荥阳恋曲——王新兰与肖华将军》）

主内定语的"沉着稳重"是原生性状，宾内定语"急躁"是创生性状，对于汉语社团的使用者来说，前者会自然浮现出"恒定"、"静态"等意味，后者则会产生"临时"、"动态"等语义联想。这些浮现意义的产生来自于人们心理世界中有始点未必有终点、但有终点必有始点的时空经验以及始点可以是静态的、但终点必是运动的产物的时空体验。

## 4.2 全称量和存在量

需要指出的是，视角对于识解的影响还可以表现在更为抽象的"量"范畴。例如：

(21) a. 沈阳森林野生动物园11只东北虎在3个月时间内相继死亡，而据称死因为进食少被饿死。
(http://news.xinhuanet.com/society/2010-03/12/content_13153313.htm)

b. 沈阳森林野生动物园缺钱，仨月饿死11只东北虎。
(http://www.beelink.com/20100312/2713306.shtml)

稍有点儿语法知识的人都知道，例(21)中的"11只"是个定语，其中数词"11"表达的意义是"10加1后所得的数目"，这种"语言知识"在(21a)和(21b)没有区别，是词典上能够找到的规约性语义。不过，除了这种规约性语义之外，话语中的数词还可能蕴含着更为深层的隐性意义。比如，汉语社团的语言使用者可以从(21a)定主位置上的"11"解读出全称量，表现一个全称命题，意味着沈阳森林野生动物园的东北虎总共只有11只而且全部死亡。无独有偶，2010年上海世界博览会期间发生了一起参展的15条大鲵死亡事件，新闻界的报道是：

(22) a. 世博15条参展大鲵全部死亡，因不适嘈杂环境。
(http://news.online.sh.cn/news/gb/content/2010-10/12/content_4044635.htm)

b. 由于对周围环境不适应等问题，15条参展大鲵相继死亡。
(http://env.people.com.cn/GB/12933367.html)

我们注意到，有的记者在谓语动词"死亡"前用的是"全部"，而有的记者用的是"相继"，但二句传递的基本命题并没因此而发生变化，读者仍可从(22b)的"15条"充任主内定语的语言表征现象中解读出全称量信息，其区别只在于"全部"凸显的是"量"，而"相继"凸显的是"序"，仅此而已。再来看一下(21b)，句中作宾内定语的"11"则可以识解为是一个存在量，表述的是一个特称命题，意味着说话人只提供了东北虎死亡的数

目,至于沈阳森林野生动物园的东北虎总共有多少只则无法从语言层面得以解读。由此,就真值语义而言,(21 b)可以用表述统计意义的副词"总共"而不能用表述总括意义的副词"全部"。试比较:

(21)' b.　沈阳森林野生动物园缺钱,仨月总共饿死 11 只东北虎。
　　　*沈阳森林野生动物园缺钱,仨月全部饿死 11 只东北虎。

这种现象说明,在无标记情境下,数词居于主内定语位置比居于宾内定语位置所表述的"量级"(scale)要高。定语这种因句位占据不同而引发的隐性意义不需要凭借具体的语境,可以说是一种概念化了的百科知识。需要指出的是,这种量级信息与说话人的心理视角位置有关:主内定语倾向于"始点"透视;宾内定语则倾向于"终点"透视。认知语法认为意义是一种心理或认知现象,作为人的一种心理经验的视角告诉我们:"始点"提供的是已知的、确定的现实信息,而"终点"则可能是未知的或者说往往含有诸多不确定成分的虚拟信息。全称量与存在量正是这种心理体验的"量"性映现。

## 5　结语

以往的研究把不同构式中的定语处理为一个概念同质的句法范畴,从而掩盖和抹杀了不同句位定语的语法个性。本文通过经验中的时空视角特征窥探其对定语句法位置的选择性倾向和定语的视角化(perspectivization)表述路径,揭示了现代汉语自然语序中主内定语到宾内定语的句位表征与始点透视到终点透视的视角流向的正相关联系,阐发了视角对定语语义识解的影响,具现了语言化了的百科知识。定语的时空视角研究有助于人们领悟汉人的经验感知对现代汉语句法表达形式的影响,从一个侧面昭示了经验感知与语言结构的拟象(diagram)象似性。

现代汉语的语言事实表明,语言的自然语序是实现从始点之视到终点之视的定语时空流向规则的适宜环境,而特异语序往往会阻挠这一语序分布的实现。因为按照 Osgood 1980 的说法,特异语序均负载着说话人的兴趣、心绪、焦点等等。换句话说,是说话人的语用动机和主观意图扭曲了

定语的语序与视角流向的自然组配。由此，尽管定语的时空视角流向规则不一定具有排他性，但其主导性地位则是无可置辩的。

**参考文献**

大江三郎 1975 『日英語の比較研究—主観性をめぐって』，南雲堂
木村英樹 1997 '变化'和'动作'，『橋本萬太郎紀念中国語学論集』，内山書店
戴浩一 1988[1985] 时间顺序和汉语的语序，《国外语言学》第 1 期
刘瑾 2010 语言表达中的视角问题，《外语学刊》第 4 期
刘晓丽、于善志 2011 论汉语的空间性——从戴浩一《时间顺序和汉语的语序》谈起，《现代语文》第 4 期
申丹 2004 视角，《外国文学》第 3 期
唐红芳 2008 论说话人意向及其推导，《外语学刊》第 3 期
唐青叶 2004 like 类与 please 类心理动词的视角研究，《外语教学》第 3 期
王文斌 2012 论英语的时间性特质与汉语的空间性特质，http://video.chaoxing.com/play_400006765_73210.shtml
吴琼 2006 言语交际中的视角化研究，《外语与外语教学》第 11 期
伍丽梅、莫雷、王瑞明 2005 视角在时间语言理解中的影响，《心理科学》第 4 期
徐烈炯、刘丹青 1998 《话题的结构与功能》，上海教育出版社
张国宪 2006 典型补语的非可控句位义，《中国语言学报》第十二期，商务印书馆
张国宪、卢建 2010 "在＋处所"状态构式的事件表述和语篇功能，《中国语文》第 6 期
张国宪、卢建 2013 言者的情感表达与定语的句位占据（将刊）
Clark, H. H. 1973 Space, time, semantics, and the child. In Moore, T. E. (ed.). *Cognitive Development and the Acquisition of Language*, New York: Academic Press
Cooper, W. E. & Ross, J. R. 1975 Word order. In Grossman, R. E. San, L. J. and Vance, T. J. (eds.). *Papers from the Parasession on Functionalism*. Chicago: Chicago Linguistic Society
Croft, W. 1990 *Typology and Universals*, Cambridge: Cambridge University Press
Dik, S. C. 1989 *Functional Grammar*, New York: Academic Press
Fowler, R. 1986 *Linguistic Criticism*, Oxford: Oxford University Press

Langacker, R. W. 1987 *Foundations of Cognitive Grammar: Theoretical Prerequisites Vol. I*, Stanford: Stanford University Press

Lyons, J. 1979 *Semantics*, Cambridge: Cambridge University Press

Osgood, Charles E. 1980 *Lectures on Language Performance*, Springer-Verlag New York Ine

Sanders, J & Redeker, G. 1996 Perspective and the Representation of Speech and Thought in Narrative Discourse. In Fauconnier, G. & Sweetser, E. (eds). *Spaces, Worlds and Grammar*, Chicago/ London: University of Chicago Press

Siewierska, A. 1991 *Functional Grammar*, London & New York: Routledge

Talmy, L. 2000 *Toward a Cognitive Semantics Vol.2: Typology and Process in Concept Structuring*, Cambridge, Mass: MIT Press

＊本研究获中国国家社会科学基金资助（12BYY94），本文为部分成果。

（Zhāng·Guóxiàn　中国社会科学院语言研究所）
（Lú·Jiàn　名古屋大学）

# 広東語の"有/冇V到"構文
## ——"－到"の機能と文法化・機能拡張[1]——

### 飯田　真紀

## 1　はじめに

　広東語はモノ（N）の有無を"有N""冇N"で表す（例(1)(2)）ほか，中国語南方諸方言でよく見られるように，事象（V）の有無をも"有V""冇V"で表す（例(3)(4)）。
　(1) 附近**有**一間酒樓。[2]　　〔近くに一軒レストランがある。〕
　(2) 呢度**有**洗手間。　　　〔ここにはお手洗いがない。〕
　(3) 我**有**去。　　　　　　〔私は行った。〕
　(4) 我**冇**去。　　　　　　〔私は行かなかった。〕
"有V"は事象が「有る」，すなわち「Vした／している」を表し，"冇V"は事象が「無い」，すなわち「Vしなかった／していない」というように，既然の事象の有無を表す（第2節で詳述）。
　本稿で考察するのは，こうした事象の有無を表す"有""冇"及びそ

---

[1] 本稿は飯田2010及び飯田2011を元に全面的に加筆修正した。本稿で言う「広東語」とは，中国語粤方言のうち香港・広州を代表とする珠江デルタ地域で話される変種（広州方言）を指す。インフォーマントには香港・広州・仏山出身の広東語母語話者（20代から30代）にお世話になった。

[2] 本稿では広東語の方言語彙は一般に通用している漢字表記（繁体字）を用いるが，統一性を持たせるため，引用した例文でも，出典元と異なる表記をする場合がある。引用による例文には（　）で出典略称を付し，出典詳細は末尾に「例文出典」として載せた。出典が記されていないものは作例にネイティブチェックを受けたものである。

の疑問形"有冇？"と共起するアスペクト助詞"－到"［tou˧］である。"－到"は動詞（例(5)～(7)）や形容詞（例(8)），動詞＋結果補語（VR形式）（例(9)）の後に現れる。

(5) 你手提電話有冇變到呀？　　〔携帯電話番号変わった？〕
(6) 阿水：阿煩你變咗……　　〔阿煩，お前変わった。〕
　　阿煩：我飲少少酒邊有變到喎……　　　　　　　　（落雨：211）
　　〔ちょっとお酒を飲んだだけ，どこが変わったのよ？〕
(7) 我冇搵到佢。　　〔私は彼を訪ねなかった。〕
(8) 你有冇高到呀？　　〔あなたは背が高くなった？〕
(9) 你嗰日特登收番嚟嗰本《初戀無限次》上下集小説，我冇拎走到。
　　　　　　　　　　　　　　　　　　　　　　　　（八王02：172）
　　〔あなたがあの日わざわざ取り戻した『初恋無限次』上下巻の小説を，
　　私は持ち去らなかった。〕

"－到"の特徴的な点は，上述のように"有／冇"と共起する環境でしか現れず，単独では現れないことである。

(10) *佢變到。　　　　(11) *我搵到佢。

"－到"の機能を考察するのが本稿の目的の一つであるが，(5)～(9)の例からもわかるように，これは標準語の結果補語"到"とは機能が全く異なる。標準語の"到"に似た働きをする結果補語は，広東語では"倒"［tou1］（表記習慣上，特に区別せず"到"と書くことも多い）であり，意図された結果の〈達成〉といった意味を表す。

例えば，(12)では"睇"「見る」＋"倒"〈達成〉という，動詞（V）＋結果補語（R）のVR形式によって，"睇倒"「見える」という事象が表され，その有無が問われている。

(12) 你有冇睇倒我？　　〔私が見えた？〕

他方，"－到"を用いた(13)では，動作"睇"「見る」があったかどうか，その有無が問われている。"－到"は結果を表す結果補語ではない。

(13) 你有冇睇到我份proposal？　　〔私の企画書見た？〕

ここでは，動作"睇"「見る」自体の有無を問うているため，"－到"

を取り除いて"有冇睇"としても，実質的意味は変わらない。

(14) 你**有冇**睇我份 proposal？〔私の企画書**見た**？〕

これ以外の例でもアスペクト助詞"一到"はしばしば実質的意味を変えることなく取り除くことができる。以下，さらに例を追加する。

(15) 你手提電話**有冇**變呀？((5)の改変)
(16) ……嗰本《初戀無限次》上下集小説，我**冇**拎走。((9)の改変)

このように，取り除いても文法的・語用論的適確性に影響を与えない"一到"とはいったい何のためにあり，どういう機能を持つのか。これらの問題を考察することは広東語のアスペクト表現を考える上で重要な意義を持つと思われる。

また，アスペクト助詞"一到"は第3節で後述するように，「到着する」という意味の動詞"到"[tou˧]に由来するのであるが，中国語の諸方言において「到着する」という意味を持つ語が，しばしば文法化し多機能化している[3]ことを考え合わせれば，"一到"の文法化プロセスの考察は，類型論的な視点からも重要な示唆を与えると思われる。

しかしながら，広東語のアスペクトや動詞に関する先人の論考で，時折"一到"に付帯的に触れたものが散見される（H. Kwok 1971:119-122, C. Yiu 2005:114-115)[4]のを除けば，広東語文法の包括的な記述・分析である張洪年1972, S. Matthews and V. Yip 1994, 李新魁等1995でも"一到"の機能や振る舞いについては取り上げられていない。

そうした中，方小燕2003は"一到"を専ら考察したほぼ唯一の先行研究で，"一到"を動態（＝アスペクト）助詞であるとし，「動作行為や性質状態が過去の時間の中に完成したことを表す一種の過去完成形」を表すと述べている。そして，この機能は動詞としての"到"「到着する」が表す位置移動の意味が文法化を経たものであると論じる。

---

3) 中国語南方諸方言における動詞"到"の文法化は呉福祥2002に詳しい。
4) H. Kwok 1971:121では，"一到"は動作の達成（accomplishment）や非達成（non-accomplishment）に関わるとされている。C. Yiu 2005:114-115は"一到"は動作行為の完成（the completion of an action）を表すと述べている。

しかし，方小燕2003の上述の説明では"一到"の機能が明らかにされているとは言いがたい。「過去」というテンスの区分を表す概念を導入することの妥当性もさることながら，過去完成形を表す機能を持ったアスペクト助詞であるなら，なぜ単独では現れず"有/冇"と共起する環境でのみ現れるのかも疑問である。また，文法化プロセスを説明する上で〈達成〉義を表す"倒"と関連付けているが，先に触れたように，"一到"と"倒"は形態も機能も著しく異なるため，両者を関連付けるのは共時的レベルでは無理がある。

そのほか，関連する論考として，P. Lee 2011は"有V"構文を取り上げ"V咗"（"咗"は完了を表すアスペクト助詞）と比較し分析する際に，付帯的に"一到"の機能について触れ，'a marker of actual final end-points, goals or limits to be reached' としている（P. Lee 2011: 17）。しかしながら，肯定形の"有V"の機能の考察に関心があるため，否定形"冇V"や疑問形"有冇V"に生起する"一到"の機能についてまでは考察がなく，"一到"の機能を統一的に説明しようとした論考ではない。

そこで，本稿は，"一到"の意味機能や生起環境をめぐる諸問題を考察し，あわせてそれが動詞「到着する」からどういった文法化・機能拡張過程を経て生じたものかについて代案を提起する。

## 2 "一到"の機能と振る舞い

第1節で挙げた例(14)〜(16)のように，"一到"はしばしば取り除いても文法的・語用論的適確性に影響しない。他方，後述するように一部のタイプの述語については，"一到"を落とすと文法的に不適格となる。

(17) *你有冇高呀？　　((8)の改変)

このことはすなわち，"高"「背が高い」という述語は"一到"を伴わずには"有/冇V"のVにはなれないということである。

そこで本節では，"有/冇V到"の"一到"の機能の解明に迫るべく，比較のため，"一到"を伴わない"有/冇V"を取り上げ，これに生起

することのできる述語のタイプを検討することから始める。

## 2.1 "有/冇V"に生起できるVのタイプ

第1節で述べたとおり、"有/冇V"は事象Vの有無を表す。ただし、その中でも肯定形"有V"は事象Vの存在を表すとはいえ、周國正 2008：176が述べるように、事象の存在に関する判断を表す、一種の判断文であり、事象をありのままに叙述する叙述文ではない[5]。したがって、次のような場面では、aのように"有V"を用いると不自然になるため、bの表現方法がとられるという（周國正 2008：175）。

(18)（取り乱した様子で事務所に駆け込んで言う）
  a. <sup>#</sup>陳主任遇到交通意外，<u>有受傷</u>。
  b. 陳主任遇到交通意外，<u>受咗傷喇</u>。
  〔陳主任が交通事故にあって、<u>怪我をした</u>。〕

この例が示すように、事象をただありのままに描写・叙述する場合は、わざわざ"有V"を使用して「事象Vが存在する」と言わなくとも、完了アスペクト助詞"咗"を使用するなど、別の表現形式で表される。

このように、"有V"は特殊な文脈でしか出現しない非常に有標的な構文で、出現頻度が低い。試みに全242頁ある広東語口語小説《小男人周記（第二版）・上集》(皇冠出版社 1996)に現れる"有V"を数えたところ、わずか3例であった。それに対して否定形の"冇V"は圧倒的に出現頻度が高く100例余り、疑問形の"有冇V？"は9例であった。

本稿は、肯定形"有V"，否定形"冇V"及び疑問形"有冇V？"（以下、"有/冇V"という形式でこの3種の形式を代表させる）のいずれにも生起する"−到"の機能を検討することを主眼としているため、この3種の形式間の出現頻度の偏りや談話・語用論的振る舞いの差異については特に問題にしないことにする。

---

5)　"有V"構文については談話論的振る舞いなど、検討すべき課題が多いが、本稿ではひとまず周國正 2008：176にならって「事象の存在に関する判断を表す」としておく。

それでは以下，"有/冇 V"のVとして生起可能な述語のタイプを専ら検討する。つまり，"有/冇 V"は事象Vの有無を表すのであるが，第2節の冒頭で触れたように，どのような事象を表す述語であっても"有/冇"で有無が言えるわけではなく，述語の意味によって，その成否が左右されると見られるのである。

広東語において有無を言える述語の意味的特徴については，周國正 2008 にも考察がある[6]。厳密に言うと，周國正 2008 は広東語にあるが標準語にはない，肯定形"有 V"及び疑問形"有冇 V"を専ら考察する論考であるため，否定形"冇 V"の振る舞いは考慮されていない。しかし，周國正 2008：167 の見解を敷衍して考えれば，これらの3種の形式"有/冇 V"に生起できるVの特徴は，「単項性」を持つ事象であるとまとめることができる。周國正 2008：167 の言う単項化（itemized）された事象とは，ちょうど"水"のような集合名詞に名量詞"杯"が加わり"一杯水"となると単体のモノを表し，離散性・個別性を持つようになるのと同様，動量詞で回数を計量されるような，始点・終点を含意する，離散性・個別性を持つ動作行為のことを指している。

この説明は一定の妥当性を持つようにも思われる。しかしながら，モノの有無を言う場合を考えてみればわかるが，名量詞で修飾されないモノ，すなわち〈単項性〉を持たないモノでも"有/冇"で有無を述べることができる（例："有水/冇水"「水がある／水がない」）。そうすると〈単項性〉が「有無」を言うための要件だとは言えないのではないか。つまり，モノであれ事象であれ，〈単項性〉がなぜ「有無」を述べるために必要なのか，その意味的関連が不明である。

それに対して本稿は別の考えをとる。その際，標準語において事象が「無い」ことを表す"没（有）"の振る舞いについての論考が参考になる。

---

[6] P. Lee 2011 も"有 V"を用いることのできる述語のタイプを詳細に考察しているが，その際，否定形の"冇 V"，疑問形の"有冇 V"は考慮しておらず，事実の記述も本稿と異なる。この記述上の差は恐らく肯定形"有 V"の談話・語用論的な特徴に起因するものだと思われる。

木村 1982:28-29, 及びそれを踏まえた木村 1997:186 は, 標準語の否定詞"沒（有）"と"不"との意味的特徴の差異を述べている。木村 1997:186, 191-192 によると, 標準語では時間軸に沿った展開のある, すなわち動態的事象で, そしてそれが実現済み, ないしは実現中の場合（両者をまとめて〈既然〉と呼ぶ）だけを有標化して"沒（有）"という否定詞を用い, それ以外には無標の否定詞"不"を用いるという。

このことを, どういった意味タイプの述語が"沒（有）"を使えるのかという, 別の角度から捉えると, それは当該の事象が〈変化〉（例："死"「死ぬ」）,〈動作〉（例："吃"「食べる」）のような時間の展開に沿った〈動態的事象〉でなければならず,〈状態〉（例："關心"「気にかける」）,〈属性〉（例："聰明"「賢い」）のような〈静態的事象〉であってはならないということになろう（木村 1997:189-192 を敷衍）。なお,〈状態〉は時間を背景に存在するものである一方,〈属性〉は時間と全くかかわりを持たないという点で異なるとされる（木村 1997:191）。

そして, これと同じような述語のアスペクト的意味の制限が広東語の"有/冇"の用いられ方にも見られる。

まず, 次のように,〈動作〉や〈変化〉を表す動詞は"有/冇"を用いることができる。

(19) 我**有**食飯。　〔私はご飯を食べた。〕　〈動作〉
(20) 你手提電話**有冇**變呀？　（＝(15)）　〈変化〉
　〔携帯電話変わった？〕

VR 形式も〈変化〉事象を表すため"有/冇"が用いられる。

(21) 我**冇**拎走。〔私は持ち去らなかった。〕　〈変化〉

このほか, 動詞だけでなく, 形容詞であっても, いわゆる「動態形容詞」であれば〈変化〉事象を表すため,"有/冇"を用いることができる。「動態形容詞」とは, 張國憲 1995 が提起した形容詞の区分で, 均質的な不変化の性状ではなく, 非均質的な性状変化を表す形容詞である。

(22) 部機**有冇**壞呀？　〔機械（PC など）は壊れている？〕〈変化〉
(23) 件衫**冇**爛。　　〔服は破れていない。〕　　　　〈変化〉

他方,〈状態〉を表す動詞,ならびに〈属性〉[7]を表す「静態形容詞」は,"有/冇"を用いることはできない。

(24) *佢**有**鍾意語言學。[8]　　　　　　　(P. Lee 2011 : 7-8)　〈状態〉
　　〔彼女は言語学が好きだ。〕

(25) *你**有冇**知道嗰件事？　　　　　　　(周國正 2008 : 168)　〈状態〉
　　〔あなたはそのことを知っていますか？〕

(26) *佢**冇**靚。　〔彼女はきれいではない。〕　　　　　　　　　〈属性〉

(27) *佢**有冇**肥呀？〔彼は太っていますか？〕　　　　　　　　　〈属性〉

節冒頭(17)の"高"「背が高い」も〈属性〉を表すため同様に振る舞う。

以上のように,広東語において"有/冇"で有無を言える述語のタイプは,木村 1997 : 189-192 が述べたような標準語で"沒（有）"が使える述語のタイプと重なっており,〈動態的事象〉（時間の流れに沿った展開を持つ事象）でなければならないとまとめることができる。

そして,この理由についてはさしあたり次のように考えることができる。

つまるところ,"有/冇 V"は事象の有無を述べる構文である。有無を問題にするためには,対象となる事象が,時間の流れとともに刻々と異質状態を呈する〈動態的事象〉である方が,恒常的に同質状態を呈する〈静態的事象〉よりも,はるかに際立ちが高く,存在を知覚しやすい。ゆえに広東語では〈動態性〉を持った事象のみが"有/冇"で存在・非存在を言えるのだと考えられる[9]。

## 2.2　"一到"の機能

以上で確認したように,〈動態性〉を持たない〈状態〉や〈属性〉は

---

[7] 〈状態〉〈属性〉に属する述語の内実は木村 1997 と若干異なる。
[8] P. Lee 2011 の例は漢字表記がなくローマ字表記のみで,本稿の例(24)(28)の「好む」に当たる語は 'zung1jin4（英語注釈は like）'と表記されているが,恐らく 'zung1ji3（漢字表記は"鍾意"「好む」）'の誤りであろう。
[9] 「広東語では」と限定したのは,方言によってはそうでないこともあるからである。

"有/冇 V"の V になれないのであった。

　しかしながら,〈状態〉や〈属性〉を表す述語であっても"一到"を加えると"有/冇"と共起できるようになる（P. Lee 2011：7-8 も参照）。以下のように,"一到"が加わり"有/冇 V 到"となると,当該の〈状態〉や〈属性〉への変化を述べる意味になる。

(28) 佢**有**鍾意**到**語言學。　　　　　（P. Lee 2011：7-8）　〈状態〉
　　〔彼女は言語学が好きになった。〕

(29) 佢**冇**靚**到**。　〔彼女はきれいにならなかった。〕　　　　　〈属性〉

(30) 佢**有冇**肥**到**呀？　〔彼は太った？〕　　　　　　　　　　　〈属性〉

(31) 你成日話個女唔高,先兩日我見到佢,我睇佢**有**高**到**囉。
　　　　　　　　　　　　　　　　　　（方小燕 2003：353）　〈属性〉
　　〔あなたはいつも娘さんが背が高くないと言うけど,先日彼女を見かけたとき,私が見るには,彼女は背が高くなっていたわよ。〕

　このように,本来〈動態性〉を持たず有無を言えない述語が,"一到"を加えることでその述語が表す状態が実現したことを表し,有無を言えるようになるという事実に,"一到"の機能を垣間見ることができる。

　すなわち,"一到"は事象 V の実現への「推移」ないしは「変化」を表す標識ではないかということである。「推移」と「変化」のどちらがふさわしいかは,"一到"の来源である動詞"到"「到着する」の意味を考慮に入れる必要がある。「到着する」とは「物体が時間の経過に従って（離れたところにある）目標地点に位置するようになる」といった意味であるが,このように,目標地点へ着くまでに時間の経過があることが含意されることからすると,アスペクト助詞"一到"の意味機能としても,実現するまでの時間の経過に焦点が当たらず一瞬で完結する出来事という意味合いが強い「変化」よりは,実現までの時間の経過を読み込んだ「推移」という語で説明する方が適切かと思われる。また,以下で詳述するような"有/冇 V 到"の語用論的な特徴も説明しやすい。

　したがって,本稿では"一到"は事象（V）実現への「推移」を表す機能を持つと規定する。

再び"一到"の機能を具体例で見てみよう。

下の【図Ⅰ】のaで示すように，"靚""美しい"は〈動態性〉がなく，一切時間とかかわりを持たず，どこまでも均質な状態を呈するため，"有/冇"とは共起できないのであった（楕円は話者による「有無」の認識を表すものとする）。しかし，ひとたび述語の後ろに"一到"が加わると，"靚"への推移を表すことになり，それにより時間の流れに沿った〈動態性〉を備えた事象になる。そこで"有/冇"と共起できるようになる（【図Ⅰ】のb参照〔ここでは時間軸tを書き入れてある〕）。

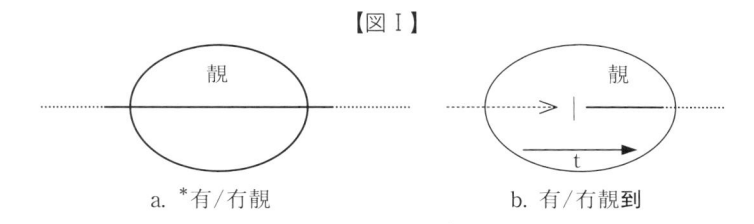

【図Ⅰ】

a. *有/冇靚　　　　b. 有/冇靚到

こうした〈動態性〉のない事象と異なり，〈動作〉や〈変化〉は〈動態性〉を既に内在しているため，そのままでも有無を言える。そのため，前述のように，〈動作〉や〈変化〉については，往々にして"一到"を取り除いて同じ意味内容を表すことができる。

(32) 你手提電話**有冇變到**呀？　→　你手提電話**有冇變**呀？

(33) 我**有搵到**佢。　→　我**有搵**佢。

ただ，それでも"到"が有るか無いかでは，非常に微細ながらもニュアンスが異なる。あるインフォーマントの語感によれば，"有/冇Ｖ"よりも"有/冇Ｖ到"の方が「実際に確かにＶをした」，あるいは「確かにＶしなかった」「確かにＶしたのか？」のように事象発生の有無を強調するニュアンスが強いという。この差異は，両者の構文的意味の違いから導き出すことが可能である。すなわち，"有/冇Ｖ"は「事象そのものの有無を述べる」のに対し，"一到"を加えた"有/冇Ｖ到"は，「事象の実現への推移の有無を述べる」という構文的意味を持つ。このため，"到"を加えた"有/冇Ｖ到"では，事象の有無を言う場合には

広東語の"有/冇V到"構文　167

背景化されているはずの，実現に至る前段階の過程が前景化される。そのことにより，事象が本当に実現に至るのか，あるいは結局実現を見ずに終わってしまうのかといった，実現の「成就」が関心事となり，その結果，事象発生の有無を強調するようなニュアンスが伴うのである。

　そこで，例えば"一到"は以下のように，下線部の動詞の表す事象が実現を見たかどうかに関心が寄せられているような文脈で用いられる。

(34) 沙沙話小胡一早已經出咗街，唔知佢係咪約咗阿煩呢？　心裏面掙扎過究竟好唔好打電話俾阿煩，最後都係**冇打到**。　　　（四點：128）
〔沙沙は小胡はとっくに外に出かけてると言ったが，阿煩を誘ったのだろうか？　心の中で阿煩に電話をかけるべきか葛藤したが，最終的にはやはりかけなかった。〕

(35) (007の映画〔架空〕について，ヘリコプターを操縦するボンドの雪山の決闘シーンの続きを語ろうとする相手に対して)
　　M：喂！阿John呀，我求吓你呀，我要睇㗎，你唔好講個劇情畀我聽得唔得？
　　　〔ちょっと，ジョン！お願いだから。見たいんだから，あらすじを言わないでくれる？〕
　　J：唔係哩Mary，呢部戲嘅結局我一定要講，唔講我唔舒服……
　　　〔いや，Mary。この映画の結末，なんとしても言いたい。言わなかったら気持ちが悪い。〕
　　M：阿John呀！
　　　〔ジョンってば！〕
　　J：個結局就係占士邦**冇死到**呀……哈哈哈!!　　（J＆M：219）
　　　〔結末はといえば，ボンドは死ななかったんだ。ハハハー！〕

　これとは逆に，実現への推移に関心を寄せていない状況で"一到"を用いると不自然になる。

(36) (初対面の相手に恋人がいないかどうか尋ねる)
　　a.　你**有冇**拍拖呀？　　〔デートしてる？（付き合ってる？）〕
　　b.　#你**有冇**拍到拖呀？　〔デートした？〕

"拍拖"「デートする。付き合う」は，実現に至った後も一定時間その過程が継続する動作である。ここでは文脈上，「今誰かと付き合っているかどうか」という現在の動作継続過程に専ら関心が寄せられているのであり，知り合う前の過去の時点に起こったであろう，動作"拍拖"が成就するまでの過程に関心を寄せるのは不自然である。

また，次のように，動作実現後の結果状態に関心が寄せられている場合も"－到"を用いると不自然になる。

(37)（下校時，外に出たら雨が降っているのを見て）
 a. 你**有冇**帶遮呀？  〔傘持ってる？〕
 b. #你**有冇**帶到遮呀？ 〔傘持った？〕

"帶"「携帯する」はひとたび実現すれば，その後は「携帯している」という結果状態が継続する。ここでは，降雨に気づいた時点に"遮"「傘」を携帯しているかどうか，結果状態を問うているのであり，カバンに荷物を詰めた時点に動作"帶"が実現を見たか問うているのではない。

以上のような語用論的振る舞いから見ても，"－到"は事象の実現への推移を表すマーカーだと考えるのが妥当である。

## 2.3 "－到"の生起環境

以上の考察により，"有/冇"と共起する環境下で，"－到"は事象実現への推移を表すマーカーだと考えられた。すなわち，"有 V 到"は「事象 V 実現への推移が有る」，"冇 V 到"は「事象 V 実現への推移が無い」，"有冇 V 到"は「事象 V 実現への推移の有無を問う」という意味を表す。

そして，第１節の末尾で提起した問題，すなわち"－到"が"有/冇"と共起する環境下でしか現れない理由については，次のように考えられる。

広東語には完了を表すアスペクト助詞"咗"がある。周國正 2008：176 でも「完了アスペクト（原文は"完成體"）は事態が未然から已然へと展開することを指し，変化を述べる」と言われているが，"咗"を用いれば事象の実現への変化を表すことができる。

(38) 尋晚阿 Ann 返咗嚟，佢靚咗。　　　　　　　　（小男（下）：123）
　　〔昨晩，Ann が帰って来た。彼女はきれいになった。〕
(39) 我……我諗，我鍾意咗……沙沙呀……　　　　（四點：200）
　　〔俺…沙沙のこと…好きになったかも…〕

このように，有無の判断を下すのではなく事象をありのままに描写・叙述する叙述文では，"V 咗"で「事象実現への変化」に言及することができる。一方，本稿で論じてきた"一到"は「事象実現への推移」を表す。このように，両者は完全に同じではないものの，ほとんど重複した機能を担う。したがって，叙述文では"一到"が必要とされる余地がなく，生起できないのだと考えられる。

その一方，叙述文に現れる"咗"は，事象の有無を言う"有/冇"とは共起できない（以下，周國正 2008：171-172 の例より）。

(40) *張保前日有冇飲咗酒？　〔張保は一昨日お酒を飲んだ？〕
　　a. *有飲咗酒。　　　b. *冇飲咗酒。
　　　〔飲んだ。〕　　　　　〔飲まなかった。〕

すると，事象の有無を述べる文では，変化や推移に言及できないことになる。確かに，〈動作〉や〈変化〉といった〈動態性〉を持つ事象については"有/冇 V"を用いて事象そのものの有無を言うことができるため，変化や推移に特に言及しなくとも表現論的には事足りよう。しかし，〈状態〉〈属性〉については，〈動態性〉を持たず，そのままで有無を言えない以上，実現への変化ないし推移を表す何らかの手段が必要である。その必要を満たすのが"一到"である[10]。

以上のような理由で，アスペクト助詞"一到"は"有/冇"と共起する環境で専ら生起するのだと考えられる。

---

[10] むろん，別の方策で有無を言うこともあり得る。例えば，〈属性〉を表す静態形容詞の場合は，それを結果補語（R）にし，前に動詞（V）を加えて VR 形式にすることで〈動態性〉を付与する方策もある。標準語ではそのような方策が採られよう。しかし，広東語ではそうしなくとも"一到"だけで〈動態性〉を付与することができることが多い。

## 3 "－到"の文法化・機能拡張

第2節で述べてきたように，"－到"は事象実現への推移を表す機能を持つ。続いて本節では，"－到"の文法化・機能拡張の具体的なプロセスを，共時的レベルで意味的に無理なく説明できる案を提示したい。

### 3.1 "動詞＋到＋名詞句"の名詞句の意味

現代広東語で，"到"は(41)のように動詞「到着する」として使われるほかにも，(42)のような程度補語を導く機能など，複数の機能を表す機能語へと文法化している（以下，方小燕 2003：352 の例を引く）。

(41) 我會三點鐘到車站。〔私は3時に駅に着く見込みだ。〕
(42) 我笑到唔識出聲。〔私は笑いすぎて声が出せなくなった。〕

そうした中で，アスペクト助詞 "－到" とかかわりが深く，直接に来源となったと本稿が考えるのは，以下の例に見られる "到" である。

(43) 佢哋坐到總站。〔彼らは終着駅まで乗った。〕
(44) 佢跑到終點。〔彼はゴールまで走った。〕
(45) 今日學到第四課。〔今日は第4課まで勉強した。〕
(46) 我哋唱到三點。〔私たちは3時まで歌った。〕

このように，"到"は動詞の直後に生起し，"到"の後の名詞句が表す到達点までその動作が継続して行われることを表す。名詞句は空間上の地点とは限らず，(46)のように時間上の時点のこともある。

この到達点を導く機能をめぐっては，一点明らかにしておきたい。

C. Lamarre 2007：59-60, 68 が指摘するように，標準語では "到" は位置移動の終点を導く機能があるが，広東語ではそのような機能を持った標識へとは発達しておらず（例(47)(49)），位置移動の終点は(48)(50)のように，"去"「行く」や"落"「下りる」といった方向動詞に伴われる（C. Lamarre 2007：68 の例を若干改変）。

(47) *你掉到出便（去）啦。　　　　（[標準語] 扔到外面去）
(48) 你掉去出便啦。〔外に捨ててよ。〕

⑷⑼ ＊你掉到池塘啦。　　　　　　　　（〔標準語〕扔到池塘裡）

⑸⑽　你掉落池塘啦。〔池に捨ててよ。〕

　このように，広東語の"到"には位置移動の終点を導く機能はない[11]。より正確には"到"には〈場所〉を導く機能がないと言える。

　"動詞＋到＋名詞句"において，"到"が導く名詞句が〈場所〉ではないとすると，それではいったい何なのかというと，線上の〈点〉であると考えられる。㊻"三點"「3時」という時点の例がわかりやすい。これは「2時14分」「2時47分」などと同様，時間軸という線を構成する無数の点の一つにすぎず，線を離れて独立に認定できるような〈場所〉ではない。一見すると〈場所〉のようにも見える㊸"總站"「終着駅」，㊹"終點"「ゴール」も同様に，線上の〈点〉であり，それぞれ「路線」や「走行コース」という，当該の動作と関わる線の上の最終地点を表すにすぎない。このように，〈点〉は線の認識なしには定義できない。また，空間的広がりもない。〈場所〉が線とは関係なく独立に認定可能な空間であるのとは根本的に異なる。

　そこで以後，㊸〜㊻のような"動詞＋到＋名詞句"を"V到P"「PまでVする」（Pはpointの意）と記すことにする。

　そうした中，㊺の"第四課"「第4課」はほかの名詞句とはやや違った性質を持つ。㊹"終點"「ゴール」や㊻"三點"「3時」などの典型的な〈点〉とは異なり，固有の領域・範囲を持っている。例えば，語学テキストの「第4課」には「単語」「文法」「会話文」など，内部構造が考えられる。このように，固有の領域・範囲を持ち，〈モノ〉的な性質をも持つ。そのため，動作が及ぶ対象として，動詞（V）に対して目的語（O）の関係を構成することが可能である。

⑸⑴　學到第四課　→　學第四課　〔第4課を勉強する〕

　これに対して，㊸㊹㊻の名詞句は〈モノ〉的性質を持たない。その

---

11）書面語の影響を受けた表現は除外する。呉福祥2002は位置移動の終点を導く"到"の機能を，南方諸方言における"到"の様々な機能への拡張の出発点と見なしているが，この説は広東語に関しては成立しがたい。

ため，当該の動詞の目的語になることができない。

(52) 坐到總站 → *坐總站　〔*終着駅を乗る〕
(53) 跑到終點 → *跑終點　〔*ゴールを走る〕
(54) 唱到三點 → *唱三點　〔*3時を歌う〕

"第四課"のような〈モノ〉がPとなる"V到P"にはほかに以下のような例がある。これらのPはどれも動詞Vの目的語Oになれる。

(55) 聽到第三場　　　〔第3セッションまで聞く〕
　→　聽第三場　　　〔第3セッションを聞く〕
(56) 睇到決賽　　　　〔決勝まで見る〕
　→　睇決賽　　　　〔決勝を見る〕
(57) 講到辛亥革命　　〔辛亥革命まで語る〕
　→　講辛亥革命　　〔辛亥革命を語る〕

以後，このタイプの名詞句をPo（Oはobjectの意）と記し，Poを用いた"V到P"を特に"V到Po"と記して区別する。

ただし，ここで一点補足しておく。Poは〈モノ〉であると述べたが，それは"V到P"構文を離れて，Vとの潜在的な意味的関係を見た場合である。例えば，"學第四課"「第4課を学ぶ」というように，動詞＋目的語の構造にある場合，Poは〈モノ〉として見なされる。しかし，ひとたび"V到Po"構文に生起するときは，その構文的意味に従い，線上の〈点〉として捉えられ，内部構造は捨象される。例えば，"學到第四課"「第4課まで学んだ」という場合，「第4課」は〈モノ〉としての独立性は捨象され，第1課，第2課，第3課…といった順序付け体系を背景に位置づけられた，一つの〈点〉として捉えられることになる。その点では(52)〜(54)のようなタイプと同じである。

## 3.2　"動詞＋到＋名詞句"の再分析

以上述べたように，"V到P"には2つのタイプが判別できるが，このうち"V到Po"が有無を言う文脈に現れた場合，すなわち"有/冇"と共起し，"有/冇V到Po"となった場合に，再分析（reanalysis）が

起こり，"到"に新たな解釈が与えられたのがアスペクト助詞"一到"の発生の由来ではないかと本稿では考える。以下で具体的に見ていく。

比較のため，まずはPが〈モノ〉的性質を持たない"有/冇V到P"について見てみよう。以下の文は〔　〕内の日本語訳の意味を持つ。

　⑸8　有冇坐到總站？　　〔終点まで乗った？〕
　⑸9　有冇唱到三點？　　〔3時まで歌った？〕

次に，Pが〈モノ〉的名詞句，すなわちPoである"有/冇V到Po"を見てみる。

　⑹0　有冇睇到決賽？　　〔決勝まで見た？〕
　⑹1　有冇聽到第三場？　〔第3セッションまで聞いた？〕

日本語訳からわかるように，ここでは⑸8の"總站"や⑸9の"三點"と同様，Poは何らかの順序付け体系を背景に持つ〈点〉である。例えば，⑹0の"決賽"「決勝」は予選・準々決勝・準決勝…といった連続した進行過程の最後に位置する〈点〉と捉えられる。同様に，⑹1の"第三場"「第3セッション」は，第1セッション・第2セッション…といった連続した進行過程に位置づけられた〈点〉である。これらの〈点〉にたどり着いたことの有無を言うのが⑹0⑹1の"有/冇V到Po"である。このような解釈を〈連続解釈〉と呼ぶことにする。

一方，"有/冇V到Po"はもう一つ解釈を許す。上述の通り，Poは独立した固有の領域を持つ〈モノ〉として，Vの対象でもあり得る。したがって，"V＋Po"が意味上，直接結びついて一つの事象（動作）を表し，それと共にPoの背景にあった順序付け体系が失われる解釈が得られる。以下の日本語訳がその解釈を示している。

　⑹2　有冇睇到決賽？　　〔決勝を見た？〕
　⑹3　有冇聽到第三場？　〔第3セッションを聞いた？〕

ここでは，Poは順序付け体系から脱し，すなわち〈点〉ではなくなり，〈モノ〉的側面に焦点が当たるようになる。この解釈を〈離散解釈〉と呼ぶ。

このようにしてVとPoが直接結びつくことになると，Vの後ろに生

起する"到"が新たに意味的・統語的な再解釈を求められる。その結果，意味的には「事象"V+Po"の実現への推移」，統語的にはアスペクト助詞"－到"と再解釈されるようになったのだと考えられる。

この再分析の過程は次のように示される。

(64) a: 有冇｛聽｜到第三場｝？　→　b: 有冇｛聽［－到］第三場｝？
〔連続解釈：Po＝〈点〉〕　　　〔離散解釈：Po＝〈モノ〉〕
〔第3セッションまで聞いた？〕〔第3セッションを聞いた？〕

"－到"が統語的に動詞に後置されるアスペクト助詞と再解釈されるのは理解に難くないが，意味的に「事象"V+Po"実現への推移」を表すと再解釈されるというのはやや飛躍があるので，以下で説明を補う。

"有/冇 V 到 Po"は，Po＝〈点〉の〈連続解釈〉においては，動作Vが一定期間継続した後，〈点〉Poへの到着の有無を言うのであった。他方，Po＝〈モノ〉の〈離散解釈〉においては，Poの背景にある順序付け体系が捨象されるため，Poはそれ自身独立した単体の〈モノ〉を表すことになる。そこで，"V+Po"「PoをVする」というある一つの事象への到着の有無を言う解釈が得られる。「事象への到着の有無を言う」というのは比ゆ的な言い方であるが，言い換えれば，これこそ第2節で議論してきた"有/冇 V 到"の構文的意味「事象実現への推移の有無を言う」にほかならない。ここにいたり，"－到"は"V+Po"という事象の実現への推移を表すマーカーだと再分析されたのだと考えられる。

そして，一度そのような再解釈が生じてからは，本来は"V+Po"という動詞＋目的語の構造において生起していた"－到"が，その生起環境を徐々に拡大していく。すなわち，目的語（O）を取らない自動詞（例(65)），さらには形容詞（例(66)）の後ろに生起するようになるに至り，アスペクト助詞としての機能はさらに確立される。

(65) 佢**有冇變到**？　〔彼は変わった？〕

(66) 佢**有冇肥到**？　〔彼は太った？〕

このようにして，"V 到 Po"の有無を述べる"有/冇 V 到 Po"の再分析を経てアスペクト助詞"－到"が生じたのではないかと考えられる。

## 4　まとめ

本稿では，"有/冇Ｖ到"構文に生起するアスペクト助詞"一到"の機能と文法化・機能拡張を考察し，以下のような結論を得た。

"一到"は，事象の有無を言う"有/冇"と共起する環境において，「事象Ｖの実現への推移」を表す標識（マーカー）である。語用論的には，事象が実現に至る前段階の過程に焦点を当てる効果を持つ。

"一到"の機能は，"有/冇Ｖ"構文がＶそのものの有無に言及するだけで，Ｖ実現への推移や変化に言及することができない点を補うものである。また，"一到"が通常の叙述文に生起しないのは，完了アスペクト助詞の"咗"と機能が大きく重なり合うからだと見られる。

最後に，アスペクト助詞"一到"は，「到着」義を表す動詞"到"に由来するが，より直接的には「動作ＶがＰという〈点〉まで継続する」という構文的意味を持つ"Ｖ到Ｐ"の"到"が来源と考えられる。

**参考文献**

木村英樹 1982　テンス・アスペクト：中国語,『講座日本語学 11』, pp.19-39, 明治書院

飯田真紀 2010　粵語裡的動態助詞"一到"與否定, 第十五屆國際粵方言學術研討會提交論文, 澳門理工學院

飯田真紀 2011　粵語動態助詞"一到"的語法化機制, 第十六屆國際粵方言研討會提交論文, 香港理工大學

方小燕 2003　廣州話裡的動態助詞"到",《方言》第 4 期, pp.352-353, 中國社會科學院語言研究所

木村英樹 1997　'變化'和'動作',『橋本萬太郎紀念中國語学論集』, pp.185-197, 内山書店

Lamarre, Christine 2007　從趨向範疇的方言表述看"書面漢語中的不同層次"的判定,『中国語学』254 号, pp.51-73, 日本中国語学会

李新魁・黃家教・施其生・麥耘・陳定方 1995《廣州方言研究》, 廣東人民出版社

吳福祥 2002　南方方言裡虛詞"到（倒）"的用法及其來源,《中國語文研究》第 2

期，pp.28-46，香港中文大學出版社
張國憲 1995 現代漢語的動態形容詞，《中國語文》第 3 期，pp.221-229，中國社會科學院語言研究所
張洪年 1972 《香港粵語語法的研究》，香港中文大學出版社
周國正 2008 "有＋VP"的功能特性，《語言學論叢》第三十八輯，pp.165-181，商務印書館
Kwok, Helen 1971 *A Linguistic Study of The Cantonese Verb*, Centre of Asian Studies, University of Hong Kong
Lee, Po-lun, Peppina 2011 Is Cantonese Pre-Predicate jau5 'have' a suppletive of perfective marker –zo2?, Paper presented at the 16th International Conference on Yue Dialects, The Hong Kong Polytechnic University.
Matthews, Stephen and Yip, Virginia 1994 *Cantonese: a comprehensive grammar*, Routledge
Yiu, Yuk Man, Carine 2005 *Spatial Extension: Directional Verbs in Cantonese*, A Thesis Submitted to The Hong Kong University of Science and Technology

**例文出典**

J & M：《John and Mary》 鄧藹霖 1988 博益出版集團有限公司
小男(下)：《小男人周記（第二版）下集》 阿寬 1996 皇冠出版社
四點：《四點水 廣播劇小說》 少爺占 2001 香港：商台製作有限公司
八王 02：《八王子 廣播劇小說・下集》 少爺占・王貽興 2005 商台製作有限公司
落雨：《落雨路》少爺占 2007 青春文化事業出版有限公司

（いいだ・まき　北海道大学）

# AABB型動詞重畳形式の形態と意味

## 池田　晋

## 1　はじめに

　動詞の重畳形式（重ね型）は，通常単音節動詞ならばAA，二音節動詞ならばABABという形をとるが，それ以外にもAABBという形の重畳形式が見られる場合がある。
　(1) 庄文新支支吾吾有些尴尬。　　　　　　　　（丛蓉《京城大律师》）
　　〔庄文新はもごもごと言葉に詰まり少し気まずそうだった。〕
　(2) 老孙吞吞吐吐的，自己要面子，还替小马要面子，(……)
　　　　　　　　　　　　　　　　　　　　　　　（苏童《香草营》）
　　〔孫さんははっきりしない口ぶりだった，自分のメンツも大事だし，馬
　　さんの顔も立てなくてはならないのだ〕
AABBの形をとる動詞の重畳形式には様々なものが含まれる。重畳形式の語構成をとってみれば，(1)のようにABという二音節動詞にしか分解できないものと，(2)のようにA・Bという2つの単音節動詞に分解できるものとがあるし，意味や機能の面に着目してみても，実際には様々な特徴を持つものが観察される。
　これまでに，李珊1990，张谊生2000，储泽祥2000，周永惠2000，胡孝斌2006をはじめとする多くの論著がAABB型動詞重畳形式の文法機能や意味の多様性について論じているが，多くはAABBの意味や機能を列挙するだけに留まっており，AABBの意味と機能をその語構成のあり方——即ち，原型としてどういう動詞を取るかということ——と有機的に関連付ける作業が十分に進んでいなかった。そうした試みをす

るものはあっても成功しているとは言い難く，両者の対応関係を具体的かつ明確に指摘したものはほとんど見られない。そのような現状の中で，近年になって，张恒悦 2012：172-173 が，AB（またはAとB）が均質的意味を表す場合にはAABBも均質的意味を表し，反対にAB（またはAとB）が非均質的意味を表す場合にはAABBは「複雑な反復」を表す，と指摘していることは非常に重要である。大まかな傾向に留まるとはいえ，原型と重畳形式の関係を的確に指摘したという意味では，AABB型重畳形式の研究を更に一歩前進させるものであった。

しかし，それが大まかな傾向である以上，张恒悦 2012 が見落としている点も少なくない。そこで本稿では，改めてAABB型動詞重畳形式の形態と意味の対応関係の問題に取り組み，「連続体としてのAABB」の実像を明確に描き出したいと考える。まず第2節において，AABB型動詞重畳形式を構成要素となる動詞に基づいて大まかに4つのタイプに分類する。しかるのちに，第3節において，各々のタイプの意味や文法機能を記述することを通して，それらと内部構造の間に明確な対応関係が存在することを明らかにしていく。

## 2　AABB型動詞重畳形式の分類

これまでAABB型動詞重畳形式の分類方法として，様々な基準が提案されてきたが，本稿では，AABBの構成要素となる動詞に着目し，これに基づいてAABBを「Ⅰ型」「Ⅱ型」「Ⅲ型」に分類する。動詞以外の語が構成要素となるものは，動詞重畳形式には含めない。

(3) Ⅰ型：2音節動詞ＡＢから構成されるが，単音節動詞Ａ・Ｂには分解できないもの

嘟嘟哝哝〔ぶつぶつ〕，趔趔趄趄〔よろよろ〕，哆哆嗦嗦〔ぶるぶる〕，迟迟疑疑〔ぐずぐず〕……

Ⅱ型：類義の単音節動詞Ａ・Ｂに分解できるもの

摇摇晃晃〔ゆらゆら〕，拖拖拉拉〔もたもた〕，磕磕绊绊〔よろ

よろ〕，遮遮掩掩〔こそこそ〕……
　Ⅲ型：異義の単音節動詞A・Bに分解できるもの
　　(a) A・Bが反義の関係にあるもの
　　　来来往往〔行ったり来たり〕，进进出出〔出たり入ったり〕，走走停停〔進んだり止まったり〕，分分合合〔くっついたり離れたり〕……
　　(b) A・Bが互いに関連の深い2つの動作を表すもの
　　　说说笑笑〔にぎやかに話す〕，吃吃喝喝〔食べたり飲んだり〕，写写画画〔文を書いたり絵を描いたり〕，缝缝补补〔縫ったり繕ったり〕……

Ⅰ型には"嘟哝〔ぶつぶつ言う〕""哆嗦〔ぶるぶる震える〕"のように，2音節動詞ABから構成されるものが含まれる。これらの語の多くは，AB2音節で1形態素になっており，ABをそれ以上細かく分解することができない。"迟疑〔ためらう〕"等の動詞は[1]，"迟"と"疑"という形態素に分けられるが，これらは拘束形態素で，単独で語として用いることができない。ここではこうした動詞から成るものもⅠ型に含めている。Ⅱ型は"摇〔揺れる〕"と"晃〔揺れる〕"のような類義の2つの単音節動詞から構成されるもの，Ⅲ型は異なる意味を持つ単音節動詞から構成されるものを指す。Ⅲ型には，"来〔来る〕"と"往〔向かう〕"，"走〔歩く〕"と"停〔止まる〕"のような反義の2つの単音節動詞から構成されるタイプ（これをⅢa型とする）と，関連する概念を表す2つの単音節動詞から構成されるタイプ（これをⅢb型とする）が含まれる。例えば，"吃〔食べる〕"と"喝〔飲む〕"は共に飲食物の摂取に関係する動作であり，これらが基になってⅢb型の"吃吃喝喝"が構成される。

　なお，Ⅱ型やⅢ型の中には，"摇晃""遮掩""来往""缝补"のように，2音節語ABが成り立つものが見られるが，本稿ではⅡ・Ⅲ型における

---

[1] "迟疑""犹豫"等の語を動詞とするか形容詞とするかは，辞書によって見解が異なるようである。本稿では，"迟疑了一下/犹豫了一下〔少しためらった〕"のような表現が可能であることから，これを動詞と見なす。

2音節語の成立可否は分類基準には含めない。先行研究の中には，AB が2音節語として成立するか否かを重視し，その点のみに基づいて AABBの分類をおこなうものが見られるが，その場合，AとBが類義か異義かといった点は分類基準に組み込まれないことになる。しかし，AABBを詳細に分析するためには，結局はどこかでAとBの意味関係を問題にする必要が出てくる。本稿がこの方法を採らず，AABB型動詞重畳形式の構成要素となる「最小の動詞」に着目した分類法を採用するのは，予めAとBの意味関係を反映させておくためである。

　本稿の方法では，幾つかの語を中間的な成員として扱う必要が出てくるが[2]，各類間の境界が本来明確なものではなく，むしろ曖昧で連続的なものであることを考えれば，さしあたってはこれ以上の細かい分類は必要ないように思われる。第3節で詳述するように，この分類でも十分にAABBの形態と意味の関係を記述することが可能である。

## 3　各タイプの意味と文法機能

　AABB型動詞重畳形式は，朱徳熙1982：36も指摘するようにAとBの意味の単純な総和を表すものではなく，一般的に「反復態（太田1958：187）」という文法的意味を持つ形式であると考えられることが多い。しかし，この文法的意味はAABB型動詞重畳形式の一面を捉えたものにすぎない。大河内1969：45-46が明確に述べているように，重畳形式——とくにAABBのような形をとるものの最も重要な働きは，「状況描写語」となることにこそある。そこで，第3節ではこの「描写」の働きに注目し，「何をどのように描写するのか」という観点から，Ⅰ・Ⅱ・Ⅲ型の各タイプの用法を記述していく。

---

2）　例えば，"骂骂咧咧"のように，具体的意味を持たない接尾辞的要素"咧咧"を含むものは，Ⅰ型とⅡ型の中間的な成員として扱わざるを得ない。

## 3.1　Ⅰ型の意味と文法機能

　まず，Ⅰ型AABBの意味と文法機能について考察をおこなう。Ⅰ型に分類できる語としては，次の(4)のようなものが挙げられる。

(4) 嘟嘟哝哝〔ぶつぶつ言う〕，支支吾吾〔もごもご話す〕，嘀嘀咕咕〔ひそひそ話す〕，唠唠叨叨〔くどくど話す〕，絮絮叨叨〔くどくど話す〕，呜呜咽咽〔しくしく泣く〕，哆哆嗦嗦〔ぶるぶる震える〕，迟迟疑疑〔ぐずぐずする〕，犹犹豫豫〔ぐずぐずする〕，趔趔趄趄〔ふらふら歩く〕，踉踉跄跄〔ふらふら歩く〕……

以下では描写という側面からⅠ型の特徴を観察していきたい。まず，Ⅰ型AABBには動作主に対する制限が見られ，基本的には全て単一の個体がおこなう動作を描くために用いられる。

(5) 菲菲上前试图好言相劝，哆哆嗦嗦地刚开口说了一句（……）
　　　　　　　　　　　　　　　　　　　　　　　　（海岩《河流如血》）
　　〔菲菲は言葉巧みに説得しようと進み出て，震えながら一言口を開いた〕

(6) 家珍不愿意去医院，一路上嘟嘟哝哝的。　　　（余华《活着》）
　　〔家珍は病院に行きたがらず，道すがらぶつぶつつぶやいている。〕

(5)は「菲菲」という1人の人物が「ぶるぶる震える」さまを描いており，(6)も「家珍」という個人が「ぶつぶつつぶやく」さまを描いている。このような用法を，本稿では「個体描写」と呼ぶことにする。(4)に挙げた語は，いずれも単一の個体の振る舞いを描写対象とする「個体描写」に用いられる。個体描写はAABB型動詞重畳形式の最も基本的な用法であり，後述するようにⅠ・Ⅱ・Ⅲ型全てにこの用法が観察される。

　Ⅰ型AABBの具体的意味について言うと，(4)に挙げた語は大河内1969：46が指摘するようにほぼ全てが「外見上明らかな，あるいは知覚しうる一種の"様態"」を備えている。興味深いのは，そもそもⅠ型AABBの基となる動詞ABに，そうした知覚可能な「様態」の意味を含むものが多いことである。例えば"嘟哝〔ぶつぶつ言う〕"は"说话〔話す〕"の具体的なあり方を述べる語であるし，"踉跄〔よろめく〕"も酔っ

払い等が"走路〔歩く〕"する際に生じる具体的な動きを述べている。Ⅰ型を構成するABに，とくに"说话""走路""做事〔仕事・作業をする〕"のような基本動作の具体的様態を表すものが多いことは注目に値する。

　したがってⅠ型AABBは，典型的には元来様態義を持つ動詞ABがより主観性・情意性を深めて描写語化したものなのだと考えられる。実はこのことと関連して，Ⅰ型AABBの個体描写には興味深い文法的特徴が観察される。Ⅰ型AABBは多くのものが木村2002：237の言う「態度叙述文」の述語になることができるのである。木村2002：237によれば，態度叙述文とは，文字通り主語に立つ人物の行為に対する態度を述べるもので，次の例のように，述語の直前に行為名詞かVO構造をとり，述語には一般に形容詞が用いられるものを指す。

　　(7) 小李工作很认真。〔李さんは仕事がとてもまじめだ。〕
　　(8) 小李做事很细心。〔李さんは事に当たるにとても周到だ。〕

実際には態度叙述文には，形容詞ではなくAABB型動詞重畳形式が用いられる場合がある。個々の語によって許容度に差は見られるものの，多くのⅠ型AABBが，態度叙述文の述語となることができる[3]。

　　(9) 他说话嘟嘟哝哝的。〔彼は話しぶりがぶつぶつしている。〕
　　(10) 他走路趔趔趄趄的。〔彼は歩きぶりがふらふらしている。〕
　　(11) 他做事犹犹豫豫的。〔彼は仕事ぶりがぐずぐずしている。〕

一般に形容詞，厳密に言えば程度副詞を伴った状態形容詞が生起する位置に用いられるわけであるから，ここでのAABBは状態形容詞と同等の意味を表していると考えられる。例えて言えば，「ぶつぶつ言う」「ふらふら歩く」という状況から動作の意味が捨象されて，「ぶつぶつ」「ふらふら」という様態だけが顕在化し，それを当該の動作の態度や様子として述べているのに等しい。これまで张谊生2000：207等が，AABB型動詞重畳形式の中に状態的意味を持つものがあることを指摘してきたが，統語面での決定的根拠となるものは示されてこなかった。ここで見

---

[3] 本稿で挙げる作例は，全てインフォーマントのチェックを受けている。

た態度叙述文は，Ⅰ型ＡＡＢＢが「動作の様態」という面において状態形容詞と意味的な重なりを持つことを示している。

とはいえ，Ⅰ型ＡＡＢＢの中にも態度叙述文に用いにくいものが幾つか見られる。とくに"嘀嘀咕咕"や"呜呜咽咽"は，多くのインフォーマントがこの構文に用いにくいと感じるようである。

(12) ??他说话嘀嘀咕咕的。〔彼は話しぶりがひそひそしている。〕

(13) ?他哭泣呜呜咽咽的。〔彼は泣き方がめそめそしている。〕

本稿ではこれらの語が態度叙述文を許容しない理由を個別に検討する余裕はないが，ここではこれらの語が状態的意味との親和性が低いという点にだけ注目しておきたい。これらは「動作」の意味が完全に捨象できず，純粋な「様態」になりきれない語だということである。

ところで，多くのⅠ型ＡＡＢＢが様態義を強く指向する傾向は，Ⅰ型の文法機能の分布からも観察される。次の【表１】は，Ⅰ型の代表的な成員が文中でどのような文法機能を担っているかをまとめたものである。

【表１　Ⅰ型ＡＡＢＢの文法機能】

| 文法機能<br>AABB | 連用修飾語 | 述語 | "得"補語 | 連体修飾語 | 主語 | 目的語 | 合計 |
|---|---|---|---|---|---|---|---|
| 嘟嘟哝哝 | **30** | 17 | 0 | 0 | 0 | 1 | 48 |
| 嘀嘀咕咕 | 32 | **65** | 0 | 0 | 0 | 3 | 100 |
| 支支吾吾 | 40 | **53** | 1 | 5 | 0 | 1 | 100 |
| 迟迟疑疑 | **36** | 15 | 0 | 3 | 0 | 0 | 54 |
| 趔趔趄趄 | **25** | 6 | 1 | 2 | 0 | 0 | 34 |
| 哆哆嗦嗦 | **75** | 8 | 9 | 8 | 0 | 0 | 100 |
| 合計 | 238 | 164 | 11 | 18 | 0 | 5 | 436 |

統計調査にあたっては，北京大学中国語言学研究中心コーパス（CCLコーパス）を利用した。各語ごとに辞書の記述および重複する用例を除いた上で，ヒット数が100件を越えるものについては，先頭から100例目までを上限としてデータ収集をおこなった。ヒット数がごく少数に留

まるものについては調査の対象外にしている[4]。

【表１】によれば，Ⅰ型ＡＡＢＢは，個々の語を見ても連用修飾語の用例数が述語の用例数を上回るものが多く，全ての語の合計も，連用修飾語の用例数が述語の用例数の２倍近くあることになる。この出現頻度の差は，次節以降で述べるⅡ・Ⅲ型と比べても圧倒的であり，Ⅰ型ＡＡＢＢの中心的な働きが連用修飾語であることを示している。

この傾向はⅠ型ＡＡＢＢが態度叙述文と共起可能であることとも無関係ではないと思われる。態度叙述文との共起も，連用修飾語への適性も，Ⅰ型ＡＡＢＢが，大きく様態の意味に傾斜していて動詞句と最も強く結びつくことを示すものである。ゆえにⅠ型ＡＡＢＢは基本的に，「動作主の状況」を直接的に描写しているのではなく，それが描写する範囲は「動作の有り様」までに留まっていると考えるべきであろう。

### 3.2　Ⅱ型の意味と文法機能

Ⅱ型に分類できる語としては，以下のようなものが挙げられる。

(14) 吵吵闹闹〔わいわい騒ぐ〕，指指点点〔後ろ指をさす〕，晃晃悠悠〔ゆらゆら揺れる〕，摇摇晃晃〔ゆらゆら揺れる〕，磕磕绊绊〔つまずきながら歩く〕，拖拖拉拉〔ずるずる引き延ばす〕，遮遮掩掩〔こそこそする〕，躲躲闪闪〔こそこそする〕，偷偷摸摸〔こそこそする〕[5]，拉拉扯扯〔いちゃいちゃする〕，推推搡搡〔押し合いへしあいする〕，挑挑剔剔〔選びに選ぶ〕……

Ⅱ型はＡ・Ｂという２つの類義動詞から構成される。Ⅰ型と異なるのは，類似の動作であるとはいえ，２種類の動作から事態が構成されていると捉える点である。また，原型となるＡ・Ｂに具体的様態の意味が備わっ

---

[4]　次節以降の【表２】【表３】【表４】も，同様の方法で統計調査をおこなった。
[5]　辞書の記述では，"摸"に「盗む」の意味があることは確認できないが，本稿は"偷鸡摸狗〔盗みを働く〕""小偷小摸〔コソ泥〕"等の四字句が成立すること，更に前者の同義表現として"偷鸡盗狗"という言い方があることを考慮に入れ，"偷偷摸摸"を類義のＡ・Ｂから成るⅡ型として扱う。

ておらず，AABBの形をとってA・Bの「反復（太田1958：187）」を表すことで，はじめて様態の意味が生じる点でもⅠ型とは異なる。

　描写の面における顕著な違いとしては，Ⅱ型AABBが個体描写以外の用法を備えている点が挙げられる。例(15)が示すように，Ⅱ型は複数の動作主が無秩序に繰り返す動作の集合を表現することができる。

　(15) 我也在威海，我在一家饭店见到了你，你和十来个人坐在一起，你们大声说话，我就坐在你们右边的桌子旁，你们在一起吵吵闹闹，我看到了你。　　　　　　　　　　　　　　　（余华《战栗》）

　　〔私も威海にいて，あるホテルで君を見かけたんだ。君は十数人と一緒に座って，大声で話をしていた。私は君たちの右手の机のそばにいて，君たちが一緒になってわいわい騒いでいたところで，君を見かけたんだ。〕

"吵吵闹闹"は多くの場合，複数の人物が騒ぎ立てるさまを描くものである。(15)では一人一人が各々"吵吵闹闹"なのではなく，"你们"全員の様子が"吵吵闹闹"なのだと述べていることに注意されたい。Ⅰ型AABBにはこうした用法は見られない。

　(16) 邻居们嘀嘀咕咕满脸不满地各回各家，菲菲也转身回到屋里。
　　　　　　　　　　　　　　　　　　　　　（海岩《河流如血》）

　　〔隣人たちはぶつぶつと不満の表情を浮かべながらそれぞれの家に帰っていき，菲菲も踵を返して部屋に戻っていった。〕

(16)ではⅠ型の"嘀嘀咕咕"が用いられているが，これは「それぞれの家に帰る」という述語を修飾していることからも分かるように，"邻居们〔隣人たち〕"がそれぞれに「ぶつぶつ言う」さまを描いているのであり，「隣人たち全員」を1つの集合体として捉えている訳ではない。

　本稿ではこれを個体描写に対して，「全体描写」と呼ぶことにする。1つの2音節動詞から構成されるⅠ型AABBよりも，2つの単音節動詞から構成されるⅡ型AABBのほうが，全体描写という複雑な意味を表現することができるという点は，AABBの形態と意味の関係を考える上で，極めて重要である。「全体描写」の用法は，"吵吵闹闹"のほか"指

指点点""拉拉扯扯""拖拖拉拉"等にも観察される。これらの多くは「全体描写」とともに「個体描写」の用法をも併せ持っている。

　一方で，Ⅱ型AABBの個体描写の用例を見ても，Ⅰ型との違いが観察される。まず1つに，Ⅰ型に比べて意味のヴァリエーションが増える点が挙げられる。⒁にはⅠ型と同様"说话""走路""做事"の様態を描くものも多いが,同時にその枠に収まりきらない語も見られる。例えば，"指指点点"は「後ろ指をさし非難するさま」を描いているが，もはや単に"说话"だけの様態を表したものとは解釈しにくい。

　また，"摇摇晃晃"を見てみると，例⒄を見る限りⅠ型の"跟跟跄跄""趔趔趄趄"と同じく「歩行の様子」を描く語のように思われるが，"摇摇晃晃"のほうが使用可能な範囲が広く，⒅のように建物が揺れる様子等も描くことができる。これはⅠ型の"跟跟跄跄"等がほとんど歩行の様子を描くことしかできないのとは対照的である。

⒄ 保良不知哪根神经忽然复原，他摇摇晃晃地走过去，（……）
　　　　　　　　　　　　　　　　　　　　　　　　（海岩《河流如血》）
　〔保良は突如として頭のどこかで正気を取り戻したのか，ふらふらと歩み寄っていった…〕

⒅ 手榴弹这时候爆炸了，一声巨响将这幢陈旧的楼房震得摇摇晃晃，灰尘纷纷扬扬地飘落到跑出去的王立强身上。
　　　　　　　　　　　　　　　　　　　　　　　　（余华《在细雨中呼喊》）
　〔手榴弾がその時爆発すると，巨大な音でこの古い建物はぐらぐらと揺れ〕

"磕磕绊绊"はなお「歩行の様子」を描くことしかできないが，それでも「ふらふら」という様態を引き起こす原因（"磕/绊〔つまずく〕"）に着目している点で，Ⅰ型よりも分析的かつ具体的に状況を描写していると言える。AABBの構成要素が2つに増えることで，複雑な動作や多様な動作の様態を描くことができたり，分析的で具体的な描写になったりするという事実には，やはり相応の注意が向けられるべきである。

　次に態度叙述文の成立可否について見てみると，Ⅰ型に比べ全体的に

許容度の落ちるものが多くなる。

(19) 他走路揺揺晃晃的。〔彼は歩き方がふらふらしている。〕
(20) 他做事偸偸摸摸的。〔彼は仕事ぶりがこそこそしている。〕
(21) ??他们走路拉拉扯扯的。〔彼らは歩き方がいちゃいちゃしている。〕
(22) *他们说话吵吵闹闹的。〔彼らは話しぶりががやがやしている。〕

Ⅱ型AABBは動作A・Bの繰り返しによりはじめて様態の意味が生じるものであった。これは換言すれば動作と様態の意味が分かち難く結びついているということであり、それゆえに動作義の捨象が要求される態度叙述文の述語になりにくいのであろう。その中にあって態度叙述文が成立しやすいのは、"揺揺晃晃""磕磕絆絆""偸偸摸摸"のように個体描写になることの多い語である。反対に"拉拉扯扯""吵吵闹闹"のように主に全体描写に用いられるものは、態度叙述文が成立しにくい。

態度叙述文の許容度の低下と関連して、Ⅱ型AABBは文法機能の面でもⅠ型との差異が観察される。

【表2　Ⅱ型AABBの文法機能】

| 文法機能<br>AABB | 連用修飾語 | 述語 | "得"補語 | 連体修飾語 | 主語 | 目的語 | 合計 |
|---|---|---|---|---|---|---|---|
| 吵吵闹闹 | 19 | **67** | 0 | 10 | 1 | 3 | 100 |
| 揺揺晃晃 | **59** | 25 | 8 | 7 | 0 | 1 | 100 |
| 遮遮掩掩 | 5 | **73** | 1 | 12 | 1 | 8 | 100 |
| 偸偸摸摸 | **62** | 23 | 1 | 10 | 0 | 4 | 100 |
| 拖拖拉拉 | 8 | **65** | 1 | 9 | 0 | 1 | 84 |
| 拉拉扯扯 | 20 | **55** | 1 | 9 | 0 | 11 | 96 |
| 推推搡搡 | 20 | **27** | 0 | 5 | 0 | 4 | 56 |
| 指指点点 | 21 | **76** | 0 | 0 | 0 | 3 | 100 |
| 合計 | 214 | **411** | 12 | 62 | 2 | 35 | 736 |

Ⅱ型では述語の頻度が連用修飾語を上回り、全体の5割強を占めていることが分かる。即ち、Ⅱ型の多くは文中で述語として、直接動作主と結

びついているのである。その一方で、連用修飾語の割合が高い"摇摇晃晃"や"偷偷摸摸"のようにⅠ型と共通の振る舞いをするものも幾らか見られる。こうした統計結果や、態度叙述文の許容度、動作と様態が一体化しているという意味的特徴等を考え合わせると、Ⅱ型AABBは、一部に専ら「動作の有り様」を描写する成員を残しつつも、多くは「動作主の状況」全体を描写の射程に含んでいると見なすことができる。

### 3.3　Ⅲa型の意味と文法機能

Ⅲa型に分類できる語には以下のようなものがある。

(23) 呑呑吐吐〔もごもご話す〕、来来回回〔行ったり来たりする〕、来来往往〔行ったり来たりする〕、走走停停〔動いては止まる〕、进进出出〔出入りする〕、分分合合〔くっついたり別れたりする〕、推推拉拉〔押したり引いたりする〕、生生死死〔生きるも死ぬも〕、哭哭笑笑〔泣いたり笑ったりする〕……

Ⅲa型AABBは、反義の動詞A・Bから構成される。2つの動詞に分けられる点ではⅡ型と共通するが、A・Bが類義の関係ではなく、反義の関係である点が異なっている。やはりA・Bの繰り返しによって様態の意味が生じるものと考えられるが、A・Bが反義であるために、Ⅲa型AABBの描く状況はⅠ・Ⅱ型よりも一層複雑なものになる。

A・Bが意味の異なる2つの動詞から構成されることの1つの意味上の反映として、AとBの間に時間的な規則性を読み込むことが可能になる点が挙げられる。次のような、2つの動作が規則的に交互に実現する「交替反復」の意味は、Ⅰ型やⅡ型では表すことができない（张谊生 2000：219，周永惠 2000：69-70）。

(24) 车子行了20米，又是红灯，走走停停，起步，停车，他们在拥堵的路上慢慢地前行……　　　　　　　　　　（丛蓉《京城大律师》）
　　〔車が20m進むとまた赤信号，進んでは停まり，発車しては停車，彼らは渋滞する道をゆっくりと前進するのだった…〕

(24)は時間の流れに沿って何度も「発車」と「停車」という動作の間で切

り替えが起こり，これらが交互に実現することを表している。即ち，ある個体において「時間軸に沿った局面の展開」が発生していることを描いているのである。「時間的な展開」の意味は，全体的に「均質的」な意味を表すⅠ・Ⅱ型には見られないものである。この用法は本来「個体描写」の１種に位置づけるべきものであるが，本稿ではこれがⅢ型にしか見られないことに鑑み，通常の「個体描写」とは区別して「時間展開描写」と呼ぶことにする。Ⅲa型では，ほかに"来来回回"等にこの用法が観察される。

「時間展開描写」を表すⅢa型ＡＡＢＢは，张谊生 2000：215，李珊 1990：140，胡孝斌 2006：22 等の先行研究で指摘されている回文式の構造をとることがある。即ち，"ＡＡＢＢ，ＢＢＡＡ"という構造である。

⒇ 那天晚上我抱着有庆往家走，走走停停，停停走走，抱累了就把儿子放到背脊上，一放到背脊上心里就发慌，又把他重新抱到了前面，我不能不看着儿子。　　　　　　　　（余华《活着》）
〔その晩私は有慶を抱いて家まで歩いた。歩いては停まり，停まっては歩いた〕

こうした回文構造は，ＡとＢが独立した動作として認識されているからこそ構成され得るものである。ＡＡＢＢという１つの構造体に緩みが生じ，連動構造のような臨時的結合との区別が曖昧になっていく様子をここに読み取ることができる。ただし，ＡとＢが結合して語彙化する際，その順序が慣習的に固定しているものは，回文構造をとりにくい。

このほか，Ⅰ・Ⅱ型に見られた通常の個体描写や全体描写の用法も観察される。そのうち"吞吞吐吐"は個体描写に特化した語であり，"来来往往""进进出出"は全体描写に特化した語である。

⒇ 老孙吞吞吐吐的，自己要面子，还替小马要面子，（……）
　　　　　　　　（苏童《香草营》）
〔孫さんははっきりしない口ぶりだった。自分のメンツも大事だし，馬さんの顔も立てなくてはならないのだ〕

⒇ 在那种小旅馆里，旅客来来往往，人流五方杂处，男女同居没人

管的。　　　　　　　　　　　　　　　（海岩《河流如血》）
〔あの手の小さな旅館では，客がひっきりなしに行き交い，様々な地方の人が一緒になる，男女の同室など誰も気にしない。〕

(28) （……）人们在休息室进进出出，咬着蛋卷冰激凌侧身在狭窄的座位排间找座位号，（……）　　　　（王朔《顽主》）
〔人々は休憩室を出入りし，クレープアイスを咥えながら狭い座席の間を半身になって座席番号を探している〕

"吞吞吐吐"は「飲む」「吐く」という本義から，比喩的に「もごもご話す」という「発話の様子」の意味を獲得している。Ⅰ型と同じ意味を持つものが，Ⅰ型と同じく専ら個体描写に用いられるという点は大変興味深いが，実は態度叙述文についても，Ⅲa型では"吞吞吐吐"のみが成立可能となり，それ以外のものは許容度が落ちるようである。

(29)　他说话吞吞吐吐的。〔彼は話しぶりがもごもごしている〕
(30)　??他开车走走停停的。〔彼は車の運転が進んでは休みだ〕
(31)　*他们走路来来往往的。〔彼らは歩き方が行ったり来たりだ〕

次の【表3】からも，"吞吞吐吐"には連用修飾語の用例数が比較的多く，統語的にⅠ型との類似性を示すことが分かる。Ⅰ型に近い意味を持つも

【表3　Ⅲa型AABBの文法機能】

| 文法機能<br>AABB | 連用<br>修飾語 | 述語 | "得"<br>補語 | 連体<br>修飾語 | 主語 | 目的語 | 合計 |
|---|---|---|---|---|---|---|---|
| 吞吞吐吐 | 42 | **45** | 5 | 5 | 0 | 3 | 100 |
| 来来回回 | **85** | 13 | 0 | 0 | 0 | 2 | 100 |
| 生生死死 | 14 | **20** | 0 | 19 | 10 | 16 | 79 |
| 来来往往 | 4 | **58** | 0 | 35 | 1 | 2 | 100 |
| 走走停停 | 2 | **81** | 0 | 3 | 1 | 0 | 87 |
| 进进出出 | 1 | **81** | 0 | 10 | 4 | 4 | 100 |
| 分分合合 | 0 | **11** | 0 | 1 | 3 | 6 | 21 |
| 合計 | 148 | **309** | 5 | 73 | 19 | 33 | 587 |

のが，文法機能の面でもⅠ型に近い振る舞いを見せているわけである。

【表3】に基づいてその他のⅢa型の文法機能を見てみると，多くのものはⅡ型に比べて述語の割合が顕著に高くなっていることがうかがえる。"吞吞吐吐""来来回回""生生死死"以外のものは，全て述語用法を主とし，連用修飾語としては用いられにくいようである。"来来回回"と"生生死死"の連用修飾語の用例数が多いのは，2音節語"来回""生死"が連用修飾語になりやすいからだと考えられる[6]。このほか，連体修飾語や主語・目的語の用例数が多い語が見られることも特徴の1つである。

以上の議論から，Ⅲa型AABBもまた，幾つかの例外を除き，「動作主の状況」全体を描写の範囲に含むものだと判断できる。

### 3.4　Ⅲb型の意味と文法機能

Ⅲb型AABBには以下のような語が含まれる。

(32) 说说笑笑〔賑やかに談笑する〕，吃吃喝喝〔飲み食いする〕，跌跌撞撞〔転びまろびつ歩く〕，打打杀杀〔殴ったり殺したりする〕，写写画画〔文を書いたり絵を描いたりする〕，缝缝补补〔裁縫をする〕，亲亲抱抱〔キスしたりハグしたりする〕……

Ⅲb型は，何らかの点で意味的に関連性を有する2つの動詞A・Bから構成されるものである。Ⅲb型が表す事態は，基本的にはこの2つの動作から構成されるが，このタイプの個体描写や全体描写には，「汎説」（大河内1969：46）或いは「代表性」（储泽祥2000：234）という特徴を持つものが観察されるようになる[7]。(33)の"写写画画"であれば，単に「文を書く」

---

6)　"来来回回""生生死死"のように，2音節語ABがAABBの機能に影響を及ぼしうることを考えると，本稿で考察対象外とした2音節語の成立可否についても，今後は十分な検討を加える必要がありそうである。

7)　この中には"缝缝补补"等のように，原型となる2音節動詞ABがそもそも「汎説」の意味を持つものも含まれるが，本稿ではこれらと，AABBの形をとることではじめて「汎説」の意味が生じるものとを区別しない。

ことと「絵を描く」ことだけではなく，広く「創作活動をする」ことをも表し，そのための素材集めや準備作業等の行為も排除されないわけである。(34)の全体描写の例も同様に，"说〔話す〕""笑〔笑う〕"だけでなく，「食事」や「遊び」等の行為もその中から排除されない。

(33) 咱这儿没有写写画画的活儿，大柱能干什么？　　（CCL コーパス）
〔私らの所には創作関係の仕事はないが，大柱は何ができる？〕

(34) 照他看来，这个家已经很完整了，老人小孩，说说笑笑，实在是，多一人碍得慌，少一人则叫人惆怅。　　（魏薇《姐姐》）
〔彼からすれば，この家は既に完全であった，老人と子供がいて，笑いが絶えずにぎやかで，本当に，一人増えれば邪魔になるし，一人減れば皆が悲しくなる，というものだ。〕

注意すべきなのは，Ⅲa 型にも汎説のような意味を表すものが見られるが，Ⅲb 型に見られる汎説とはやや性格が異なるということである。例えばⅢa 型の"生生死死"は，「生き死に」という意味以外に，「どうあっても」という汎説的な意味を表す場合がある。だが，これは「比喩」としてそうした意味が成立しているにすぎない。比喩ではなく，AとBが原義を保ったまま汎説の意味を表すものはⅢb 型以外にはないのである。Ⅰ・Ⅱ型に「A・B以外のものも含めて」という意味での汎説性が全く成立しないことを考えれば，たとえ比喩であっても，その意味が生じるという事実を無視することはできないが，ここでは一応Ⅲb 型の表すもののみを汎説とし，Ⅲa 型が比喩的に表す意味については，汎説に準じるものとして扱っておく。

まれに汎説の意味は，構造の面に反映されることがある。李珊 1990：140 は，AABB の中に，CC を加えて AABBCC の形を構成できるものがあると述べているが，これは汎説性の反映であると思われる。

(35) 偶尔帮孩子糊糊剪剪贴贴，增加点热闹。　　（李珊 1990：140）
〔たまに子供の手伝いで糊付けや切ったり貼ったり（工作）をして，盛り上げたりする。〕

(35)では，"糊〔糊付けする〕""剪〔切る〕"に，"贴〔貼り付ける〕"を加える

ことで，ＡＡＢＢＣＣを構成している。李珊1990：140等に見られるＡＡＢＢＣＣの例が全てⅢｂ型であることには注意が必要である。
　また，Ⅲａ型と同様に，時間展開描写の用例も観察される。次の㊱では"看〔見る〕""笑〔笑う〕"が交互に実現する様子が描かれている。

　㊱ 那天晩上凤霞摸着二喜送来的花布，看看笑笑，笑笑看看。
　　　　　　　　　　　　　　　　　　　　　　　　（余华《活着》）
　　〔その晩鳳霞は二喜にもらった更紗を触りながら，眺めては笑い，笑っては眺めしていた。〕

Ａ・Ｂの意味的関連性が時間軸上における隣接関係だけであるという点で，この例は更に連動構造に近いものであると言える。そもそもⅢａ型もⅢｂ型も，時間展開描写の意味は一般に㊱のような回文構造をとることが多いのだが，これもＡＡＢＢが既に単独でⅠ・Ⅱ・Ⅲａ型のような描写性を維持しにくくなっているからであり，ＡＡＢＢの連動構造としての読みが強くなっていることの１つの反映であると考えられる。
　時間展開描写のような複雑な意味を表す一方で，Ⅲｂ型にも個体描写の用法が観察される。中でもとくに目を引くのは，"跌跌撞撞"が「歩行の様子」を描く点でⅠ型と共通していることである。"跌跌撞撞"は，やはりⅢｂ型の中で唯一態度叙述文をとることができ，また以下の【表４】によれば連用修飾語の用例数も群を抜いている。つまり，ここでもⅢａ型の"吞吞吐吐"と同じように，Ⅰ型と同じ意味を持つものは，文法機能の面でもⅠ型と同様の振る舞いをするという傾向が当てはまるのである。

　㊲ 保良跌跌撞撞冲出这间卧室，看到卫生间的门上已经鲜血淋漓。
　　　　　　　　　　　　　　　　　　　　　　　　（海岩《河流如血》）
　　〔保良がよたよたと寝室を飛びだすと，トイレのドアが既に血に染まっているのが目に入った。〕

　㊳ 他走路跌跌撞撞的。〔彼は歩き方がよたよたしている。〕

ＡＡＢＢの形態的特徴がどうであるかにかかわらず，意味的にⅠ型に近いものは機能的にもⅠ型に引き寄せられるという事実は，Ⅰ型が表して

いる状態的意味こそがAABBという重畳形式の本質的な意味に合致するものであることを示唆しているようにも思われる。

Ⅲb型AABBの文法機能は，次の【表4】のようにまとめられる。"跌跌撞撞"以外のものは，ほとんど連用修飾語として用いられず，述語としての用法が中心となる。

【表4　Ⅲb型AABBの文法機能】

| 文法機能<br>AABB | 連用<br>修飾語 | 述語 | "得"<br>補語 | 連体<br>修飾語 | 主語 | 目的語 | 合計 |
|---|---|---|---|---|---|---|---|
| 说说笑笑 | 10 | **80** | 0 | 3 | 1 | 6 | 100 |
| 吃吃喝喝 | 1 | **48** | 0 | 5 | 6 | 22 | 82 |
| 跌跌撞撞 | **76** | 19 | 0 | 3 | 0 | 2 | 100 |
| 打打杀杀 | 0 | **14** | 0 | 10 | 0 | 10 | 34 |
| 写写画画 | 1 | **22** | 0 | 1 | 0 | 6 | 30 |
| 缝缝补补 | 2 | **31** | 0 | 4 | 5 | 1 | 43 |
| 合計 | 90 | 214 | 0 | 26 | 12 | 47 | 389 |

Ⅲb型もやはり，"跌跌撞撞"を除けば，基本的に「動作主の状況」全体が描写の範囲に含まれるものであると判断できる。

本節の最後に，Ⅲa型とⅢb型に見られる興味深い用法を取り上げておく。Ⅲa型の"哭哭笑笑""生生死死"，Ⅲb型の"吃吃喝喝""吹吹拍拍""缝缝补补"等には，以下の例のように，「動作のタイプ」を総称的に指示する用法が観察される。

⑶⑼　说她没算计吧，她整天把眼睛眨巴眨巴的，小心思又多得很，而且全不掩饰，哭哭笑笑那是常有的事，委实有点神经不正常。

(魏微《姐姐》)

〔泣いたり笑ったりは日常茶飯事で，本当に情緒不安定気味だ。〕

⑷⑼　而我们的一些意志薄弱的领导干部则在吹吹拍拍、吃吃喝喝之中丧失了警惕，不知不觉中被拖下了水。　　　　(CCLコーパス)

〔意志薄弱な数人の幹部たちはゴマすりや接待の中で警戒心を失い，知

らないうちに腐敗した関係の中に引きずり込まれる。〕
こうした用法はⅢ型の「時間的な展開」の意味から生じているものと考えられる。恐らく時間展開の意味が，複数期間にまたがってA・Bが繰り返されるという「習慣」の意味へ拡張することで，AABBの時間的限定性が失われ，総称用法を獲得するのであろう。動作とその様態の意味を併せ持っていたAABBが，時間的限定性を失うことで様態性をも喪失し，タイプとしての「動作」を表す語に変化したというわけである。ここでのAABBは完全に描写性を失っていると見てよいだろう。

## 4　むすび

本稿では，AABB型動詞重畳形式について分析をおこなった。本稿の分析は【表5】のようにまとめられる。

本稿の考察で明らかになったのは，AABBの形態と意味の間には明確な対応関係が存在しているということである。【表5】が示すように，AABBの構成要素が，ABからAとBに，またAとBの意味が類義から異義へと変わるに従い，それが表す描写の内容も多様で複雑になっていくのである。

【表5　各タイプが表す描写の内容と範囲】

| 描写タイプ | | Ⅰ型 | Ⅱ型 | Ⅲa型 | Ⅲb型 |
|---|---|---|---|---|---|
| 描写タイプ | 個体描写 | ○ | ○ | ○ | ○ |
| | 全体描写 | × | ○ | ○ | ○ |
| | 時間展開描写 | × | × | ○ | ○ |
| 汎説義の有無 | | × | × | △ | ○ |
| 描写範囲 | | 動作の有り様 | 動作主の状況 | | |

AABBの描写の範囲もまた一様ではなく，様態義に傾くⅠ型は基本的に動作の有り様のみを射程とする描写であり，動作と様態が混然一体となったⅡ・Ⅲ型は基本的に動作主の状況全体を射程とする描写である。

Ⅲ型にはまた，描写性を失い，タイプとしての動作を指す用法までもが観察される。このように動作様態描写から動作主の状況の描写に，更には動作タイプの総称指示や連動構造のような事象叙述にまで繋がる連続性を，AABB型動詞重畳形式の中に見て取ることができるのである。

**参考文献**

木村英樹 2002　中国語二重主語文の意味と構造，『認知言語学Ⅰ：事象構造』，pp.215-242，東京大学出版会（木村英樹『中国語文法の意味とかたち―「虚」的意味の形態化と構造化に関する研究―』白帝社，2012：265-297 に再録）

大河内康憲 1969　重畳形式と比況性連合構造，『大阪外国語大学学報』第 21 号，pp.41-58（大河内康憲『中国語の諸相』白帝社，1997：3-26 に再録）

太田辰夫 1958　『中国語歴史文法』，江南書店

储泽祥 2000　单音动词的叠结现象，《语言研究和探索（九)》，pp.227-241，商务印书馆

胡孝斌 2006　动词重叠ＡＡＢＢ式的语法化，《汉语学习》第 4 期，pp.18-25

李珊 1990　现代汉语动词ＡＡＢＢ重叠式，『中国語学』第 237 号，pp.138-143

张恒悦 2012　《汉语重叠认知研究――以日语为参照系》，北京大学出版社

张谊生 2000　现代汉语动词ＡＡＢＢ复叠式的内部差异，《语言研究和探索（九）》，pp.207-226，商务印书馆

周永惠 2000　关于动词ＡＡＢＢ重叠式,《四川师范大学学报（社会科学版)》第 3 期，pp.67-71

朱德熙 1982　《语法讲义》，商务印书馆

北京大学中国语言学研究中心コーパス（総字数：307317060 字）
　　URL:http://ccl.pku.edu.cn:8080/ccl_corpus/index.jsp?dir=xiandai

（いけだ・すすむ　筑波大学）

# 日本語と中国語における
# 無標疑問文・有標疑問文の機能分担

井上　優

## 1　はじめに

　本論では，木村・森山1992の議論を出発点として，日本語と中国語における無標疑問文・有標疑問文（後述）の機能分担のあり方について考察する。具体的には，木村・森山1992が「無標疑問文と有標疑問文の機能分担の原理は日本語と中国語で共通である」とするのに対し，本論では「無標疑問文と有標疑問文の機能分担の原理は日本語と中国語で異なる」ことを主張する。

## 2　無標疑問文と有標疑問文——木村・森山1992——

　疑問文には，「質問（問いかけ）」を表すものと「疑念表出（疑い）」を表すものがある（森山1989, 仁田1991, 三宅2011ほか）（以下では「質問」「疑念表出」という用語を用いる）。
　質問の疑問文は，当該の疑問に対する解答となる情報を聞き手が有するという想定のもとで，聞き手に情報提供を要求する疑問文である。また，疑念表出の疑問文は，話し手の疑問を表出するのみで，聞き手に特に情報提供を要求しない疑問文である。日本語では，無標疑問文「〜（か）？」が質問を表し（例(1)），有標疑問文「〜だろうか（ねえ）？／〜かな（あ）？／〜かしら（ねえ）？」が疑念表出を表す（例(2)）。聞き手不在の文脈，あるいは聞き手が解答を持つと想定できない文脈では，有

標疑問文のみが使用可能である（以下，「#」は当該文脈での使用が不自然なことを表す）。

(1) （時計を持っている人に）
　　今何時？　［質問］
(2) （独り言で，あるいは時計を持っていない聞き手に）
　　a. #今何時？［質問］
　　b. 　今何時だろうか（ねえ）？／今何時かな（あ）？／今何時かしら（ねえ）？　［疑念表出］

有標疑問文は「もし可能なら情報を提供してほしい」という気持ちのひかえめな質問としても用いられる（有標疑問文の質問用法）。この場合も，聞き手が情報を有するとは限らないという想定のもとで，有標疑問文が用いられている。

(3) （時計を持っている人に）
　　今何時でしょうか？／今何時かな？／今何時かしら？

木村・森山1992:3-8は，無標疑問文が質問を表し，有標疑問文が疑念表出を表すということを，「聞き手情報依存・非依存」という概念を用いて次のように理論化する。

(a) 疑問文は，不確定（話し手内部で複数の判断が相互排除的に併存する）という情報状態を表す「不確定情報文」である。
(b) コミュニケーションの現場で疑問文を発し，不確定という不安定な情報状態を開示することは，（聞き手が談話に参加しているかぎり）聞き手に対して，その判定なり情報提供なりを要求することにつながる。すなわち，無標の不確定情報文は，伝達的環境にある限りにおいて，聞き手が当該情報を保持していると見なすものであり，話し手はそれに依存することを表す。
(c) 不確定でありながら，聞き手の情報に依存しない場合には，聞き手の情報に依存しないという形式を付与して有標化しなければならない[1]。

木村・森山1992は，(b)を「不確定情報文の聞き手情報依存の原則」，

(c)を「ずらしの原則(1)」と呼び，この二つの原則は日本語だけでなく中国語にもあてはまると主張する[2]。具体的には，語気詞"呢"を用いた疑問文を中国語における有標疑問文と位置づけ，"呢"を含まない無標疑問文は質問の疑問文（聞き手情報依存の疑問文，例(4)），"呢"を含む有標疑問文は「話し手の〈はてな？〉と疑い，思い惑う気持ち」を表す疑念表出の疑問文（聞き手情報非依存の疑問文，例(5)〜(7)）であるとする。

(4) （時計を持っている人に）
　　現在几点了？（今何時？）

(5) （時計を持っていない人に）
　　現在几点了呢？（今何時だろう？）　　　　　　（木村・森山 1992：19）

(6) 田所　「君達は何がいい，僕はさっき済んだとこだが」
　　佐知子「私，お腹ぺこぺこ，英良さん，何になさる？」
　　和賀　「何がいいかな／吃点儿什么好呢」
　　　　　　　　（砂の器／沙器：木村・森山 1992：19，表記一部変更）

(7) おかしいな。今ごろ何だろう？／真奇怪，現在叫我去有何公干呢？
　　　　　（官僚たちの夏／官僚们的夏天，木村・森山 1992：21，表記一部変更）

(5)〜(7)からもわかるように，中国語の"〜呢？"は日本語の有標疑問文と同じように使えることが多い（ただし，(5)については不自然とする話者もいる。後述）。"〜呢？"は，文章中の問題提起（例(8)）や，話し手の思い惑いの気持ちを開示して聞き手のフォローを期待するひかえめ

---

1) 「だろうか」「かな」「かしら」は，それぞれ聞き手情報非依存のあり方が異なる。三宅 2011 第 15 章，第 16 章参照。
2) 聞き手情報依存・非依存の理論では，疑問文（木村・森山 1992 の用語では不確定情報文）だけでなく，平叙文（木村・森山 1992 の用語では確定情報文）についても，「確定情報文の聞き手情報非依存の原則」（無標平叙文は情報を持たない聞き手に情報を提供する聞き手情報非依存の平叙文である）と「ずらしの原則(2)」（平叙文で聞き手情報依存の場合は有標化せよ）が提案されている。日本語では「ね」「だろう」「じゃないか」，中国語では"吧""嘛"が有標平叙文をつくるとされる。

な質問（例(9)）としても用いられるが，この点も日本語の有標疑問文とよく似ている。

(8) 彼に母親を去らせ，そして彼等二人に故郷まで捨てさせたものは何でありましたでしょうか。それは…
他母亲为什么弃他家去，他父子俩又为什么离开家乡呢？　就是因为……　　　（砂の器／沙器：木村・森山1992：22，表記一部変更）

(9)（ホテルの従業員が客に）
明日は木曽福島においでのご予定だそうですが，何時にお発ちでございましょうか。／什么时候起程呢？
（波の塔／波浪上的塔，木村・森山1992：24-25，表記一部変更）

その一方で，木村・森山1992は，日本語と中国語で疑問文の有標化のあり方が若干異なることも指摘している。具体的には，日本語の有標疑問文は「聞き手情報に依存しない」ことの表示に重点があるが，中国語の有標疑問文は「話し手の〈はてな？〉と疑い，思い惑う気持ち」の表出に重点がある。そのため，中国語の有標疑問文は，聞き手に聞けば確実に情報が得られる場合（例(10)），話し手が答えを知っているクイズの場合（例(11)）のように，聞き手の前で思い惑うことが不自然な場合は使いにくい。

(10) どちらさまでしょうか？
您贵姓？／#您贵姓呢？　　　　　　　　　（木村・森山1992：34）

(11) 甲：わたし，四月に結婚するの。
乙：誰と？
甲：さあ，誰とでしょうか？
你猜一猜和谁？／#和谁呢？　　（木村・森山1992：26-27, 41）

以上の木村・森山1992の議論をまとめると次のようになる。

(a) 無標疑問文と有標疑問文の機能分担の原理は日本語と中国語で共通である。すなわち，「不確定情報文の聞き手情報依存の原則」（無標疑問文は聞き手情報依存の疑問文である），「ずらしの原則(1)」（疑問文で聞き手情報非依存の場合は有標化せよ）という二

つの原則は，日本語にも中国語にもあてはまる。
　(b) ただし，日本語と中国語とでは聞き手情報依存のあり方が若干異なる。すなわち，日本語の有標疑問文は「聞き手情報に依存しない」ことの表示に重点があるが，中国語の有標疑問文は「話し手の〈はてな？〉と疑い，思い惑う気持ち」の表出に重点がある。

　「聞き手情報依存・非依存」にもとづく木村・森山1992の理論は，疑問文だけでなく，平叙文も視野に入れた一般性の高い理論であり，文の形式と意味の関係について考える上で重要な示唆を与えるものである。しかし，疑問文に関する上記の主張には若干修正の余地がある。以下，その点について述べる。

## 3 「不確定情報文の聞き手情報依存の原則」のあり方

　木村・森山1992の議論は，「無標疑問文と有標疑問文の機能分担の原理は日本語と中国語で共通であるが，日本語と中国語とでは有標疑問文の意味が若干異なる」という見方に立つものである。これに対し，本論では「無標疑問文と有標疑問文の機能分担の原理は日本語と中国語で異なり，日本語と中国語の有標疑問文の意味の違いもそのことを反映したものである」と考える。

　このように考えるのは，日本語にはあてはまる「不確定情報文の聞き手情報依存の原則」（無標疑問文は聞き手情報依存の疑問文である）が，中国語には必ずしもあてはまらないと見られるからである。実際，聞き手の情報に依存できない（聞き手がいない，聞き手が情報を持たない）ために日本語では無標疑問文が使えない文脈で，中国語では無標疑問文が自然に使えることがある。

　⑿は，聞き手不在の文脈におけるマンガの登場人物（みさえ）のセリフである。聞き手がいないため，日本語では無標疑問文が使えず，有標疑問文が用いられている。しかし，その中国語訳である⒀では，無標疑

問文と有標疑問文の両方が用いられている(井上2012)。

(12) (みさえが一人でうきうきした気持ちで)

明日は5年ぶりの高校のクラス会。

ジュンとネネは元気かな？(#元気？)

ゆう子とやよいは結婚したかしら？(#結婚した？)

野球部のイチローくんやサッカー部の中田くん来るかな？

(#来る？) 　　　　　　　(『クレヨンしんちゃん』32:104, 下線追加)

(13) ((12)の中国語訳)

明天是五年一次的高中同学会，

纯和奈奈还好吗？[無標]

优子和弥生结婚了吗？[無標]

棒球部的一郎, 足球部的中田会不会来呢？[有標]

(段薇訳《蜡笔小新》32:102, 下線追加)

(13)はマンガのセリフであり，このような独り言が発されるような現実の場面は考えにくいところがある。しかし，中国語のマンガのセリフとして(13)は特に不自然ではないことを考えると，中国語では聞き手不在の文脈でも無標疑問文が使えると見るのが自然である(この場合の無標疑問文の意味については後述)。

聞き手が情報を持たないことが明らかであり，日本語では有標疑問文を用いるしかない文脈で，中国語では逆に有標疑問文が使えず，無標疑問文を使わなければならないということもある。

(14) (夫と妻が誘拐されて知らない場所に監禁された。夫が不安な気持ちで妻に話しかける)

　　a. ここ，どこだろう？(#どこ？)

　　b. 这是什么地方(呀)？

　　c. #这是什么地方呢？

(14)の話し手は，「ここがどこであるか知りたいが，自分には情報がなく不安である」という気持ちで疑問文を用いている。話し手も聞き手も自分たちがどこにいるかわからないという文脈なので，日本語では有標

疑問文を用いるしかない。一方，中国語では，⒁の文脈で有標疑問文"～呢？"を用いるのはかえって不自然であり，無標疑問文のほうが自然である（語気詞"呀"を用いると「自分には情報がない」という気持ちが強調される。後述）。

有標疑問文"这是什么地方呢？"が自然に使えるのは，何かのきっかけで発話現場に「ここはどこか」という問題が存在することが新たに意識された場合である。

⒂ （久しぶりに故郷に帰って街を歩いていたら，見覚えのない風景に出くわした）
　　a. ここ，どこだろう？
　　b. 这是什么地方呢？

中国語母語話者に先の⒁を示すと，一様に「この文脈で"呢"を使うのはのんきな感じがする」と言う。これも，"呢"を用いると，その場で新たに「ここはどこか」という問題の存在が意識された（それまで意識していなかった）ということになるからである。

次の例についても同じである。

⒃ （時計のない場所で，時間を知る方法がなく困っている話し手が聞き手に訴えるように）
　　a. 今何時だろう？（<sup>#</sup>何時？）
　　b. 现在几点了呀？（今何時だろう？）
　　c. <sup>#</sup>现在几点了呢？

⒃は話し手も聞き手も時間がわからない文脈であり，日本語では有標疑問文を用いるしかない。一方，中国語では，話し手が「今何時か知りたいが，自分には情報がなく困っている」という気持ちの場合は"呢"は使いにくい。"现在几点了呢？"が自然に使えるのは，やはり何かのきっかけで発話場面に「今何時か」という問題が存在することが新たに意識された場合である。

⒄ （時計のない部屋であれこれ作業をしているうちに眠くなってきた）

a. 今何時だろう？
　　　b. 现在几点了呢？

木村・森山 1992 があげる，

　(18) (＝(5)) (時計を持っていない人に)
　　　现在几点了呢？（今何時だろう？）　　　　　　（木村・森山 1992：19）

についても，中国語母語話者，特に北方方言話者は不自然に感ずることが多い（南方方言話者は不自然とは感じないことが多い）。聞き手を前にして発話現場に「今何時か」という問題が存在することが新たに意識されたという状況が考えにくいということであろう。

　このように，中国語の有標疑問文"～呢？"は，「何かのきっかけで発話場面に当該の問題が存在することが話し手の中で新たに意識された」ことを表す文であり，木村・森山 1992 が指摘する以上に，日本語の有標疑問文よりも使用可能な文脈が限られる[3]。その結果，中国語では無標疑問文が用いられる文脈の幅が日本語よりも広くなっている。

　このことはすなわち，中国語においては，「不確定情報文の聞き手情報依存の原則」よりも有標疑問文"～呢？"の意味的性質の方が，無標疑問文と有標疑問文の機能分担に強く関与しているということである。やはり，日本語とは異なり，中国語には「不確定情報文の聞き手情報依存の原則」は必ずしもあてはまらない——無標疑問文と有標疑問文の使い分けの原理は日本語と中国語とで異なる——と考えるのが自然である。また，日本語と中国語の有標疑問文の意味の違いも，日本語と中国語で無標疑問文と有標疑問文の機能分担のあり方が異なることの反映と考えるのが自然である。次節ではこの点について述べる。

---

[3]　日本語では，「これ，誰の？——うーん，誰のだろう？」のように，質問された内容について考えてもわからないことを示すのに有標疑問文を用いることができる。中国語の有標疑問文はこのようなやりとりには使えないことが多く，考えてもわからない場合は"不知道"（知らない。わからない）と答えるのが普通である。質問された側が疑問文を発することが談話の進行を阻害することにつながるからであろう。

## 4　無標疑問文と有標疑問文の機能分担の原理

　日本語の有標疑問文「～だろうか（ねえ）？／～かな（あ）？／～かしら（ねえ）？」は，聞き手情報に依存しない（聞き手に回答を要求しない）疑問文である。一方，中国語の有標疑問文"～呢？"は，何かのきっかけで発話場面に当該の問題が存在することが話し手の中で新たに意識されたことを表す文である。本論では，この相違を次のような無標疑問文と有標疑問文の機能分担そのものの相違としてとらえる。

　(19) 日本語では，「聞き手に情報がある」という想定に立つか（無標疑問文）立たないか（有標疑問文）により，無標疑問文と有標疑問文が使い分けられる。

　(20) 中国語では，「話し手に情報がない」という想定に立つか（無標疑問文）立たないか（有標疑問文）により，無標疑問文と有標疑問文が使い分けられる。

表の形で整理すれば次のようになる[4]。

【表I　日本語と中国語の疑問文の機能分担】

|  |  | 日本語 | 中国語 |
|---|---|---|---|
| 話し手に情報なし | 聞き手に情報あり | 無標疑問文 | 無標疑問文 |
|  | 「聞き手に情報あり」未確定 | 有標疑問文 |  |
| 「話し手に情報なし」未確定 |  | | 有標疑問文 |

---

4)　予期せぬ状況に遭遇した話し手が「ん？」「あれ？」「うそ？」といった気持ちで反射的に疑問文を発する場合は，日本語でも中国語でも，聞き手の有無に関係なく無標疑問文が用いられる（井上2012）。この種の疑問文（井上2012では「反射的疑問」と呼んだ）は，外界からの予期せぬ刺激に対して問いかけの形で反応するものであり，本論で問題にしている無標疑問文と有標疑問文の機能分担とは別の問題と考えておく。
　・（机の上に素性のわからないものが置いてあるのを見て，独り言で）
　　ん？何これ？／欸，这是什么？

(19)は，日本語には「不確定情報文の聞き手情報依存の原則」があてはまるということを言い換えただけである。一方，(20)が述べているのは次のようなことである。

疑問文は「わからない」という心的態度を基盤とする文である。そして，「わからない」という心的態度には次の二種類がある。

    Ⅰ  話し手は「自分には情報はない（情報があるとすれば外の世界である）」という想定に立っており，自らの知識の中に解答を探すことを放棄している（当該の問題は話し手に解決不能な問題として確定している）。

    Ⅱ  何かのきっかけで話し手が当該の問題の存在を新たに意識し，まず自らの知識の中に解答がないか探している（当該の問題は暫定的に問題になっているだけで，「自分には情報はない（自分には解決不能である）」と想定するには至っていない）。

中国語では，Ⅰの場合は無標疑問文が用いられ，Ⅱの場合は有標疑問文 "～呢？" が用いられる。これが(20)が述べていることである。

中国語では，聞き手に情報提供を要求する「質問」はⅠの特殊なケースとして位置づけられる。また，先にあげた(14)(16)では，話し手は聞き手に情報提供を要求しているわけではないが，「自分には情報はない」として自分にない情報を希求する気持ちを表すのに無標疑問文が用いられている。

  (21)（＝(14)）（夫と妻が誘拐されて知らない場所に監禁された。夫が不安な気持ちで妻に話しかける）
    这是什么地方（呀）？（ここ，どこだろう？）
  (22)（＝(16)）（時計のない場所で，時間を知る方法がなく困っている話し手が聞き手に訴えるように）
    现在几点了呀？（今何時だろう？）

一方，有標疑問文を用いた(15)(17)では，発話場面に当該の問題が存在することを話し手が新たに意識したというだけであり，話し手は「自分には情報がない」という想定に立っているわけではない。

⑳ ( ＝⒂) (久しぶりに故郷に帰って街を歩いていたら，見覚えのない風景に出くわした)

　　这是什么地方呢？（ここ，どこだろう？）

㉔ ( ＝⒄) (時計のない部屋であれこれ作業をしているうちに眠くなってきた)

　　现在几点了呢？（今何時だろう？）

　有標疑問文"〜呢？"の意味は，「話し手の〈はてな？〉と疑い，思い惑う気持ち」（木村・森山1992），「いろいろ考えたがなおよくわからず，いったいどうなのかといぶかる気持ち」（『白水社中国語辞典』）のように説明されることがあるが，これらの説明は「問題の存在を意識しているだけで，まだ『自分には情報がない』と想定するには至っていない」という心的態度について述べたものと見ることができる。

　有標疑問文"〜呢？"が聞き手に対する発話として用いられる場合も，同じように考えてよい。

㉕ (夫と妻がいかにも高価そうなダイヤの指輪を見ている)

　　妻：このダイヤの指輪，いくらかなあ？（#いくら？）

　　　这个钻戒得多少钱呀？

　　夫：きっと高いだろうねえ。

　　　肯定很贵。

㉖ (夫と妻がいかにも高価そうなダイヤの指輪を見ている)

　　妻：このダイヤの指輪，いくらかなあ？（#いくら？）

　　　这个钻戒得多少钱呢？

　　夫：100万以上はするだろうねえ。

　　　大概得上百万吧。

　"呢"を用いない㉕では，話し手は「自分には見当がつかない」という気持ちで疑問文を発している。一方，"呢"を用いた㉖では，話し手は「いくらぐらいするか可能性を考えている」という気持ちで疑問文を発している。日本語では，夫と妻はともに値段を知らないので，いずれの場合も有標疑問文「いくらかなあ？」が用いられるが，中国語では，

話し手が「自分には情報がない」という想定に立っているかどうかで，無標疑問文と有標疑問文が使い分けられる。

有標疑問文"〜呢？"については，「答えを催促する気分を表す」(『小学館中日辞典第2版』)と説明されることもある。これも，話し手が発話場面の状況から当該の問題を意識させられたことを聞き手に示し，聞き手も当該の問題を発話場面における重要問題として意識するよう誘導するものである。

(27) a. 你问谁呢？／だれに尋ねているのですか。

b. 你在学校都学了些什么呢？／学校で何を習ったのですか。

c. 都八点了，你怎么还不上班呢？／もう8時だ，なぜ早く出勤しないのか。（中国語文，日本語訳とも『小学館中日辞典第2版』）

日本語でも中国語でも，有標疑問文はひかえめな質問として用いることができるが，日本語と中国語とではひかえめさの質が異なる。

(28) (＝(9))（ホテルの従業員が客に）

明日は木曽福島においでのご予定だそうですが，何時にお発ちでございましょうか。／什么时候起程呢？

（波の塔／波浪上的塔，木村・森山 1992：24-25，表記一部変更）

日本語の有標疑問文のひかえめさとは，「聞き手情報に依存しない（聞き手に回答を要求しない）」ということである。一方，中国語の有標疑問文のひかえめさとは，「自分にない情報を希求するという気持ちを前面に出さない」ということである。(28)でも，話し手は客の予定を確認したことを受けて，「そうすると，何時にお発ちになることになりましょうか」と考えながら，客の回答を待っている。

以上述べてきた無標疑問文と有標疑問文の使い分けは，聞き手不在の文脈で無標疑問文，有標疑問文が用いられた場合にもあてはまる。

(29) (＝(13))

明天是五年一次的高中同学会，（明日は5年ぶりの高校のクラス会。）

纯和奈奈还好吗？（ジュンとネネは元気かな？）

优子和弥生结婚了吗？（ゆう子とやよいは結婚したかしら？）

棒球部的一郎，足球部的中田会不会来呢？（野球部のイチローくんやサッカー部の中田くん来るかな？）

(段薇訳《蜡笔小新》32：102，下線追加)

　有標疑問文"会不会来呢？"（来るかな？）は，話し手が「来るかなあ，来ないかなあ」と考えていることを述べる文である。一方，無標疑問文"还好吗？"（元気かな？），"结婚了吗？"（結婚したかしら？）は，「自分には情報はないが，元気かどうか（結婚したかどうか）知りたい」という気持ちの文である[5]。

## 5　まとめと補足

　本論では，「無標疑問文と有標疑問文の機能分担の原理は日本語と中国語で共通である」という木村・森山1992の主張に対し，「無標疑問文と有標疑問文の機能分担の原理は日本語と中国語で異なる」ことを主張した。具体的には，(i)日本語では，「聞き手情報」に関する想定のあり方（「聞き手に情報がある」という想定に立つか否か）により，無標疑問文と有標疑問文が使い分けられる，(ii)中国語では，「話し手情報」に関する想定のあり方（「話し手に情報がない」という想定に立つか否か）により，無標疑問文と有標疑問文が使い分けられる，ということを述べた。

　この結論に関しては，二点補足説明が必要である。

　第一点は，語気詞"呀"をともなう疑問文の位置づけである。第3節で述べたように，中国語では，聞き手が情報を持たないことが明らかな文脈で無標疑問文を用いる場合，"这是什么地方呀？"（ここ，どこだろ

---

[5] 井上2012では，日本語の無標疑問文と有標疑問文の対立を「問いかけ―非問いかけ」の対立，中国語の無標疑問文と有標疑問文の対立を「非思い惑い―思い惑い」の対立ととらえた。また，㉙の"还好吗？""结婚了吗？"は思い惑いの気持ちのない「問題設定」，"会不会来呢？"は「思い惑い」を表すとした。本論の説明は井上2012のこの説明の延長線上にある。

う？：例(21))，"现在几点了呀？"（今何時だろう？：例(22)），"这个钻戒得多少钱呀？"（このダイヤの指輪，いくらかなあ？：例(25)）のように，語気詞"呀"をともなうことが多い。"呀"をともなう疑問文を日本語に訳す際に，「だろうか」「かな」の形に訳すのが自然なことも多い。

しかし，ここでは，疑問文につく"呀"は「聞き手情報非依存」の有標疑問文をつくるわけではなく，無標疑問文の「話し手には情報がない」という意味を強調するだけと考える。日本語では，

(30) 昨日のうちに準備しておきなさいよ↓。（↓：非上昇）

のように，「よ↓」を付した命令文が「すべきことをしなかった」ことに対する非難の気持ちを表すのに用いられることがある（井上1993）。「よ↓」により「話し手の意向と違う」という気持ちが前景化され，その分行為指示の意味が背景化されると見られる。中国語の無標疑問文においても，"呀"により「話し手には情報がない」という気持ちが前景化され，その分情報要求的な意味が背景化されるのだと思われる。

第二点は，平叙文と疑問文との関係である。神尾1990が指摘するように，日本語の無標平叙文は「聞き手にない」と想定される確定情報を聞き手に提供する文である（例(31a)）。「聞き手にない」とは言えない（聞き手も持っていると想定される）確定情報に言及する場合は，「ね」を付す必要がある（例(31b)）。

(31)（点呼が終わり全員そろったことを確認して）
  a. はい，全員そろいました。出発しましょう。
  b. はい，全員そろいましたね。出発しましょう。

一方，中国語の無標平叙文は「話し手に情報がある」ことを述べる文である。(31)の文脈でも，中国語では"大家都到齐了"（全員そろいました）と言えばよい（例(32)）。(33)のように"吧"を用いると，「話し手に情報がある」とは言えないとして聞き手に確認を求める文になる。

(32)（点呼が終わり全員そろったことを確認して）
  好，大家都到齐了。出发吧。
  （はい，全員そろいました（ね）。出発しましょう。）

(33)（点呼が終わった後，全員そろったことを再確認する）

　　大家都到齐了吧？　好，那就出发吧。

　　（全員そろいましたね？〔そうですね？〕はい，では出発しましょう。）

　このように，平叙文においても，日本語においては「聞き手情報」に関する想定のあり方，中国語においては「話し手情報」に関する想定のあり方が，無標平叙文と有標平叙文の機能分担に関与している。

【表Ⅱ　日本語と中国語の平叙文の機能分担】

| | | 日本語 | 中国語 |
|---|---|---|---|
| 話し手に情報あり | 聞き手に情報なし | 無標平叙文 | 無標平叙文 |
| | 「聞き手に情報なし」未確定 | 有標平叙文 | |
| 「話し手に情報あり」未確定 | | | 有標平叙文 |

　本論において，無標疑問文と有標疑問文の機能分担のあり方が日本語と中国語で異なると考えるのも，疑問文と平叙文のこのような平行性を考慮してのことである。

　無標文と有標文の機能分担に関して，日本語は「聞き手情報」に関する想定のあり方が，中国語は「話し手情報」に関する想定のあり方が深く関与しているという見方は，木村・森山1992：37においても「中国語の場合，話し手の認識こそが基準となるのに対して，日本語の場合，聞き手の認識を談話の内部で尊重しなければならないのである」という形で述べられている。本論は，この見方を徹底させる形で，日本語と中国語の無標疑問文と有標疑問文の機能分担について考察したものである。

　無標文と有標文の機能分担に「聞き手情報」と「話し手情報」のいずれが強く関与するかということは，類型論的な観点からも興味深い問題である。今後の課題としたい。

**参考文献**

井上優 1993 発話における「タイミング考慮」と「矛盾考慮」―命令文・依頼文を例に―,『国立国語研究所研究報告集』14, pp.333-360, 秀英出版

井上優 2012 モダリティの対照研究―日本語と中国語を例に―,『ひつじ意味論講座4 モダリティⅡ：事例研究』, pp.195-213, ひつじ書房

神尾昭雄 1990 『情報のなわ張り理論』, 大修館書店

木村英樹・森山卓郎 1992 聞き手情報配慮と文末形式, 大河内康憲編『日本語と中国語の対照研究論文集（下）』, pp.3-43, くろしお出版

仁田義雄 1991 『日本語のモダリティと人称』, ひつじ書房

三宅知宏 2011 『日本語研究のインターフェイス』, くろしお出版

森山卓郎 1989 コミュニケーションにおける聞き手情報―聞き手情報配慮非配慮の理論―, 仁田義雄・益岡隆志編『日本語のモダリティ』, pp.95-120, くろしお出版

＊本論の内容は, 井上優・黄麗華 2012「「問いかけ」と「疑い」に関する言語対照」(日本語学会2012年度秋季大会ブース発表, 2012年11月4日, 富山大学) にもとづく。

（いのうえ・まさる　麗澤大学）

# 上古中国語における不定行為者表現と
# 裸名詞主語文に関する試論

大西　克也

## 1　はじめに

　現代中国語において，主語に立つ名詞が発話の場における既知のもの，若しくは確定的な指示物を強く指向することはよく知られた事実である。朱徳熙 1982：96-97 が指摘するように，"书买来了"の"书"は既知の確定した本であるし，不確定の名詞句を主語にした"*一位客人来了"（お客様が一人いらっしゃいました）は成立せず，同様の意味を表すには動詞「有」によって不確定の行為者を導入し，"有一位客人来了"と言わなければならない。その一方で，一定の条件のもとでは"正在这时候，一只大老虎跳进公堂来"（ちょうどその時，虎が一匹白州に躍り込んできた）のような不定主語文も許され，それがいわゆる「物語文」「報道文」などの特定の文体と結びついていること，いわゆる episode の転換機能があることなども，刘安春・张伯江 2004 等によって明らかにされている。木村 2011：43 は，現代語タイプの数量表現によって構造化された不定主語文の歴史的形成過程を今後の課題として指摘している。本稿は，この課題に答えるための準備作業として，上古中国語において不定の行為者がどのように構文化されていたのかを探る試みである。

　分析の対象としたのは『論語』『孟子』『戦国策』の3つの文献である。『論語』『孟子』については阮刻十三経注疏本によりつつ，楊伯峻 1980，同 1960 を用いて現代中国語訳を比較参照した。また，両文献では十分なデータが得られない談話的情報を調べるため，『戦国策』を用いた[1)]。

テキストは范祥雍 2006 による。

## 2　上古中国語における裸名詞主語文と指示性

　董秀芳 2010 は，中国語の裸名詞の指示性の通時的変遷に概略的な見通しを得ることを目指した労作である。上古中国語における定・不定の区別は文脈に依存しており，特に明示する必要がある時のみマーカーが付加されたこと，後に両者は文法的に区別されるようになるが，その鍵は唐代にあること，上古から現代にいたるまで，定指示と総称指示は一貫して裸名詞で表現できる反面，不定指示は無標の裸名詞から数量表現を付加する有標表現に変化したことを指摘して，歴史的に見ると総称指示と定指示が裸名詞の本質的機能であると結論付けている。本稿の関心からは，裸名詞が不定行為者を導入する機能を持つことが，現代と上古の大きな違いとされていることに注目される。

　この点を検証するため，本稿では『論語』『孟子』については全ての裸名詞主語をリストアップし，『戦国策』についてはサンプル調査を行った[2]。その結果判明したのは，裸名詞主語文の主流は総称指示及び不特定指示であり，不定的な裸名詞主語文は極めて少数例しか存在しないことであった。董氏の所説は再検討の余地があると考えられる。

(1) 土廣不足以為安，人眾不足以為強。　　　（『戦国策』秦策四 426[3]）
　　土地が広くても安全とは言えず，人口が多くても強大とは言えません。
(2) 子曰："丘也幸，苟有過，人必知之。"　（『論語』述而 7-10A/31[4]）

---

1)　『戦国策』の使用にはテキストの時代性や均質性からの批判もあり得ようが，ここでは試論という性格上，緩やかな上古という時代を念頭に使用した。
2)　調査対象は下記の名詞が構成する裸名詞主語文である。「人、客、盗、狗、犬、虎、狐、馬、牛、兔、雀、鳥、烏、鵲、鶴、商、賈、童、夫、父、男、僕、女、婦、妻、妾、玉、璞」及びそれらを構成要素とする一部の複合語も含む。
3)　『戦国策』の用例には范祥雍 2006 の頁数を付す。
4)　『論語』『孟子』からの用例には十三経注疏の葉数と楊伯峻 1980，楊伯峻 1960 の章番号を併記する。前が葉数，後が章番号である。

万一過ちを犯しても，誰かが必ず気づいてくれます。

例(1)は総称指示（generic），例(2)は不特定指示（non-specific）である。類例は非常に多いが，これは名詞の指示的特徴からある程度推測できることである。総称指示は原則例外のない全量指示であり，不特定指示はユニークな指示対象を持たず，その名詞句が表現する如何なるモノにも対応する。例(2)の「人」は自分以外の如何なる人であってもよく，この楊訳が「人家一定給指出来」となっているように，しばしば「人家」「別人」の訳が当てられ，現代語でも裸名詞主語を構成する。両者の違いは，対象を類と見るか任意の個体と見るかという点にあるが，特定性を持たないことでは共通している[5]。個としてのレベルでの同定は必要とされず，聞き手はそこから排除される実体を想定する必要がない。そのため裸名詞のような特定情報に乏しい表現による描写の対象として安定しているのではないか。用例は省略するが，「民」「君子」「小人」「聖王」など，特定の存在を前提としない名詞は，極めて自由に主語になることができる。

これに対し，定・不定にかかわらず特定的（specific）な事物を裸名詞主語として導入するにはかなりの制約を伴う。近代中国語に関して張文2011：210が指摘したように，定的指示物が裸名詞で導入される場合，話し手と聞き手に共有される知識や文脈上の照応による同定が必要であるという状況は，上古においても同様であった。次の例は話し手と聞き手の眼前にある事物を裸名詞で言及した例である。

(3) 衛人迎新婦，婦上車，問："驂馬，誰馬也？"

（『戦国策』宋衛策1846）

衛の人が嫁取りをした時のこと，新婦は車に乗る時，「添え馬は誰の馬ですか」と（御者に）尋ねた。

---

[5] 大河内康憲 1985/1997：69-70 は specific と generic との対立を基本的に考え，specific をさらに definite と indefinite に分けている。generic なものにおいて，この差は中和するという。このように generic を広くとらえる場合，本稿の non-specific は generic に包含されることになろう。

陈平 1987：84 は現代語における同様の状況に言及しているが，眼差しやジェスチャーの助けを借りて区別することができるとする。恐らくそれは上古でも同様であろう。

　話し手・聞き手に同定不可能な不定的な指示物を裸名詞で導入することは，定的指示物以上に制約が大きい。正確な数字を出すのは困難だが，多く見積もっても 30 例程度であろう。董秀芳 2010 に倣って裸名詞「人」を主語とする例を挙げるなら，全 115 例のうち，不定的と解釈できる例(4)のような用例は 10 例しかない。

　(4) 柳下惠爲士師，三黜。人曰："子未可以去乎？"

(『論語』微子 18-1A/2)

　　　柳下恵は士師となったが三度免職になった。ある人が，「(魯を)立ち去ってよろしいのではありませんか」と言った。

また，董秀芳 2010 ではほとんど触れられていないが，不定の人物の行為を述べるには，「或＋VP」「有＋VP＋者」「有＋NP＋VP（＋者）」「NP＋有＋VP（＋者）」等，他の構文を用いる方が圧倒的に多い。ここからは章を改めて，各種不定行為者導入形式の意味のネットワークの中に，裸名詞主語文を位置付けることを試みたい。

## 3　上古中国語における不定行為者の導入形式

### 3.1　「人」「人有」「有人」「或」「人或」

　董秀芳 2010：13 は上古中国語の裸名詞主語は不定指示の用法を具えており，具体的例として"有人説"に相当する「人曰」が非常に多いことを挙げている。しかし上述の通りそれは事実に反しており，裸名詞「人」が不定の主語を導く例は限定的である。現代語的な「有人＋VP」に該当する最もポピュラーな表現は「或＋VP」であり，さらに「人＋有＋VP（＋者）」「人（＋或）＋VP」等も使われる。これらは不定行為者に「人間」であるという以外の属性を付与しないという共通性を持つため，一括して扱うのが妥当と考えられる[6]。

「有人」に相当する「或」は83例ある[7]。

(5) 楚兵在山南，吾得將，爲楚王屬怒（怨）於周。或謂周君曰："……
（『戰國策』西周策104）

楚の軍隊が山南にあり，吾得が将軍であったが，楚王のために怨みを周に転じようとした。ある人が周君に言った。「…

これに対し後漢末の高誘は，「或，猶有人謂周君也」という注をつけている。当時「或」よりも「有人」が普通の言い方になっていたのかもしれない。しかし上古では「有人」は未成熟で，わずか4例しかない（『孟子』1例，『戰國策』3例）。

(6) 三國隘秦，周令其相之秦，以秦之輕也，留其行。有人謂相國曰："秦之輕重，未可知也。……
（『戰國策』東周策73）

三国が（邯鄲を囲む）秦に迫った時，周はその相を秦に行かせようとしたが，秦は傲慢だとして，行くのを留保していた。ある人が相に言った。「秦の態度が重いか軽いかは分かりません。…

この物語は，「或」を使う例(5)と同じ構成で，不定の人物の献策をテーマとしている。両者に有意な差異は認められない。しかし次の「有人」はやや異なっている。

(7) 今有人操隨侯之珠，持丘之環，萬金之財，時（特）宿於野，內無孟賁之威，荊慶之斷，外無弓弩之禦，不出宿夕，人必危之矣。
（『戰國策』趙策三1147）

もし隨侯の珠，持丘の玉，万金の財宝を携え，一人で野営した人がいたとして，内には勇猛果断な孟賁，荊慶はなく，外には弓弩の備えがなかったとすれば，一晩と経たずに，誰かが危害を加えるでしょう。

上例(5)「或」，例(6)「有人」がいずれも不定であるのに対して，例(7)「有人」は虚構の存在で，不特定的である。上古では架空の人物を導入する場合，「有人於此」と言い方がしばしば使われる。「此」という談話の場

---

6) 現代語の「有＋人＋VP」に該当する文言表現が「有…者」であり，裸名詞不定主語が文言でも少ないことは，呂叔湘1942/1982：107-109が早くに指摘している。
7) 「或」は人の他，物を表すこともできるが，用例数は人を表すもののみである。

に導入された「人」は，架空の存在でありながら，様々な描写が加えられるのが常であり，例(7)の「有人」も実質的に「有人於此」に等しい。この例文には「人」が2例使われており，ともに不特定的であるが，「有」によって導入される「人」は具体的かつ詳細な描写がされるのに対し，裸名詞の「人」の人は不意の闖入者で，後継性も乏しい。「有人」の存在感は，「人」と比べて明らかに際立っている。上述の高誘の注から見て，存在感の薄い例(6)「有人」が後人による「或」の書き換えであった可能性も否定できないけれども，同時代的に併存する表現として解釈するなら，「有人」は「或」よりその存在を際立たせる表現と言えよう。

「人＋有＋VP（＋者）」は，『孟子』に2例，『戦国策』に10例ある。

(8) 人有惡蘇秦於燕王者，曰："武安君，天下不信人也。王以萬乘下之，尊之於廷，示天下與小人羣也。" 武安君從齊來，而燕王不館也。謂燕王曰："……足下不聽臣者，人必有言臣不信，傷臣於王者。　　　　　　　　　　　　　　　　　（『戦国策』燕策一 1656）

燕王に蘇秦を讒った人がおり，「武安君は天下の信頼できない人です。王様は万乗を以て彼に遜り，朝廷で彼を尊重し，天下に対してつまらぬ人物と群れていることをお示しになるとよいでしょう」と言った。武安君が斉から来ると，王はその宿を訪ねなかった。（武安君は）燕王に言った。「…あなた様が私を信用されないのは，きっと私が信頼できないと言って私を王様に讒った者がいるからでしょう。

「人＋有＋VP（＋者）」もまた，不定の行為者が物語の中で一定の存在感を主張する表現である。例(8)では文頭に導入される讒言者の具体的な讒言内容がさらに彼を主語とする文章で示され，二度目に登場する時には原因を述べる「……者，……」という構文が使われ，武安君が燕王に信用されない原因としてクローズアップされている。「人＋有＋VP（＋者）」は属性の希薄な不定の人物の存在感を高める表現と考えられる。この表現の構文的解釈は3.3.2で述べる。

この構文から「人」が脱落した「有＋VP＋者」も同等の意味を表す[8]。

(9) 子擊磬於衛，有荷蕢而過孔氏之門者，曰："有心哉，擊磬乎！"
（『論語』憲問 14-15B/39）

孔子が衛の国で磬を擊っていた時のこと，もっこを担いで孔氏の門の前を通りかかったものがおり，「心がこもっているなあ，この磬の音にはなあ」と言った。

裸名詞「人」が不定指示の主語を表すものは 10 例あるが，存在性は希薄である[9]。「或」との間に差異を見出すことは難しい。

(10) 昔者曾子處費，費人有與曾子同名族者而殺人。人告曾子母曰："曾參殺人。"曾子之母曰："吾子不殺人。"織自若。有頃焉，人又曰："曾參殺人。"其母尚織自若也。頃之，一人又告之曰："曾參殺人。"其母懼，投杼踰牆而走。　　　　（『戰國策』秦策二 252）

昔曾子が費に住んでいた時，費の人に曾子と同名同族の者がいて殺人を犯した。ある人が曾子の母に「曾參が人を殺した」と告げたが，曾子の母は「私の子は人を殺しません」と言って，自若として機織りを続けた。またある人が「曾參が人を殺した」と言ったが，その母はやはり自若として機織りを続けた。しばらくしてまたある人が「曾參が人を殺した」と言うと，母は恐れ，杼（シャトル）を捨て垣根を越えて逃げた。

本例では一人二人の報告では動じなかった曾参の母が，三人に同じことを言われるとさすがに信じてしまったことが述べられている。同じ言葉が三度繰り返されたことに焦点が当たり，誰が言ったのかはどうでも

---

8) 王冠軍 1984：127 は，「有＋VP＋者」によって導入された行為者がしばしば叙述の中心になることを，早くに指摘している。
9) 次の例は，裸主語「人」で導入された文脈に長く留まる例外である。
楚人有兩妻者，人誂其長者，詈之；誂其少者，少者許之。居無幾何，有兩妻者死。客謂誂者曰："汝取長者乎，少者乎？"曰："取長者。"客曰："長者詈汝，少者和汝，汝何為取長者？"曰："居彼人之所，則欲其許我也．今為我妻，則欲其為我詈人也。"　　　　（『戰國策』秦策一 224）
『後漢書』桓譚馮衍列傳上の引用では「人有挑其鄰人之妻者」となっており，本稿の趣旨とは合致する。但し両者の物語構成には違いがある。

よいことであって，不定の行為者は背景化している。この他，用例は割愛するが「人或」と両者が併用されるものが『戦国策』に2例あることからも，裸名詞主語「人」と「或」との近さがうかがわれる。

「人＋VP」と「或＋VP」においては，行為者は黒子のように背後に隠れ，行為自体（多くの場合言説）に焦点が当たる表現であった。それに対し「（人＋）有＋VP（＋者）」で導入される不定の行為者は，属性は希薄ながら一定の重要性を持つ参与者として位置付けられていたのである。

## 3.2 「客」

「客」を独立して取り扱うのは，物語の冒頭にいきなり不定の行為者として登場するという点において，「或」と極めて似ているからである。裸名詞主語「客」が不定行為者を表す13例のうち，物語の冒頭に現れるものは4例ある。そのうちの1例をやや長くなるが，全文で示す。

(11) 客見趙王曰："臣聞王之使人買馬也，有之乎？" 王曰："有之。" φ "何故至今不遣？" 王曰："未得相馬之工也。" 對曰："王何不遣建信君乎？" 王曰："建信君有國事，又不知相馬。" 曰："王何不遣紀姬乎？" 王曰："紀姬婦人也，不知相馬。" 對曰："買馬而善，何補於國？" 王曰："無補於國。" φ "買馬而惡，何危於國？" 王曰："無危於國。" 對曰："然則買馬善而若惡，皆無危補於國。然而王之買馬也，必將待工。今治天下，舉錯非也，國家為虛戾，而社稷不血食，然而王不待工，而與建信君，何也？" 趙王未之應也。客曰："燕郭（郭偃）之法，有所謂桑雍者，王知之乎？" 王曰："未之聞也。" φ "所謂桑雍者，便辟左右之近者及夫人優愛孺子也。此皆能乘王之醉昏，而求所欲於王者也，是能得之乎內，則大臣為之枉法於外矣。故日月暈於外，其賊在於內。謹備其所憎，而禍在於所愛。"
　　　　　　　　　　　　　　　　（『戦国策』趙策四 1219）

（訳文省略）

客は趙王と問答を繰り返すが，主語として登場するのは冒頭と段落の切

れ目の2回だけであり（省略箇所を「φ」で表す），「王」と際立った対照を見せる[10]。言い換えるならば，「客」が展開する弁論に焦点が当たっており，「客」の個別性は無視されていると言ってよい。これは「或」とも共通の特徴である。人であるという点以外に何等の属性を持たない「或」に対し，外来者という身分を付与されたものが「客」である。

　裸名詞「客」によって導入される不定行為者の多くが物語の中で議論を交わす役割しかないことには注意が必要である。『戦国策』には諸侯や封君と策士との間で交わされた弁論が多く収められている。そして諸国を駆け巡る策士は，通常「客」という身分・属性を備えている。『戦国策』の語り手・聞き手の間には，「客」が君主を説得することが蓋然性の高いストーリー・パターンとして認識されており，そのような共通認識を背景に裸名詞「客」による不定行為者文が成立しているのではなかろうか。逆に言うと，ある特定のパターンを除いては，「客」が裸名詞形式で不定行為者を導入するケースは少なく，また「客」以外の名詞が裸名詞主語として不定行為者を導くケースも後述のように非常に少ないのである。

　裸名詞主語文「客＋VP」と「客＋有＋VP（＋者）」との間にも，上で取り上げた「人＋VP」「人＋有＋VP（＋者）」と同様の違いが見られる。

⑿　對曰："齊大夫諸子有犬，犬猛不可叱，叱之必噬人。客有請叱之者，疾視[11]而徐叱之，犬不動；復叱之，犬遂無噬人之心。

（『戦国策』韓策二 1559）

斉の大夫諸子（人名か？）は犬を飼っていましたが，凶暴で叱ることができず，叱ると必ず人を嚙みます。その犬を叱ることを願い出た客がおりまして，睨み付け（ないで）おもむろに叱ると，犬は動きません。それから再び叱ると，犬には人を嚙む気持ちがなくなってしまいました。

---

10) 全般的に高貴な人物の方が省略されない傾向がある。
11) 何建章 1990：1022 が引く于鬯の或説に，「疾」の上に「不」が落ちているのではないかと言う。

(13) 鄒忌脩八尺有餘，而身體昳麗，朝服衣冠，窺鏡，謂其妻曰："我孰與城北徐公美？" 其妻曰："君美甚，徐公何能及也！" 城北徐公，齊國之美麗者也。忌不自信，而問其妾曰："吾孰與徐公美？" 妾曰："徐公何能及君也！" 旦日，客從外來，與坐談，問之客曰："吾與徐公孰美？" 客曰："徐公不若君之美也。"

(『戦国策』斉策一 521)

鄒忌は…自信がなく，妾に「私と徐公ではどちらが男前か」と尋ねると，妾は「徐公はどうしてあなた様に及びましょうか」と言った。あくる日，客が外からやってきて，座って語り合った。（鄒忌は）客に「私と徐公はどちらが男前か」と尋ねた。客は，「徐公はあなた様の男前には及びません」と言った。

例(12)では存在自体に焦点が当たる「NP＋有＋VP＋者」構文が使われており，文脈とも適合している。例(13)では裸名詞で導入される「客」は主人公の鄒忌と会話を交わしており，それなりの存在感はある。しかし物語の展開は客の存在自体より，会話を軸に進んでいる。この点は上で観察した「或＋VP」「人＋VP」とも共通する。例(13)は董秀芳2010：12でも取り上げられ，話し手の関心は「客」という身分であって，その個体性ではないと指摘されている。個体性の際立ちが低いという点では，この指摘は妥当であると認められる。

### 3.3　その他の名詞

#### 3.3.1　裸名詞主語文

今回の調査範囲において，「人」「客」以外の裸名詞主語が不定行為者を導入する例は非常に少ない。

(14) 溫人之周，周不納。（問曰：）"客即（耶）？" 對曰："主人也。" 問其巷[12]而不知也，吏因囚之。君使人問之曰："子非周人，而自謂非客何也？" 對曰："臣少而誦詩，詩曰：'普天之下，莫非

---

12)『韓非子』説林上は「巷人」に作る。

王土。率土之濱，莫非王臣。'今周君天下，則我天子之臣，而又為客哉？ 故曰主人。"君乃使吏出之。　　　（『戰國策』東周策38）
温の人が周に行ったが，周では受け入れず，尋ねて言った。「客ですか。」答えて「主人です。」その村（人）の事を尋ねても分からない。役人はそこで彼を捕えた。周君は人を遣って尋ねさせた。「あなたは周人ではないのに，なぜ自分のことを客ではないと言うのか。」答えて言うには，…

(15)　匡章曰："陳仲子豈不誠廉士哉？ 居於陵，三日不食，耳無聞，目無見也。井上有李，螬食實者過半矣，匍匐往將食之，三咽，然後耳有聞、目有見。"　　　（『孟子』滕文公下6下-7B/10）
井戸のそばに李があり，コガネムシが半分以上食っていたのですが，這いつくばって行って食べようとし，三度嚥で，初めて耳が聞こえ目が見えるようになったのです。

例(14)「温人」は上で取り上げた「客」と同じく，その議論が物語の眼目であり，属性は背景化している。かりに「温人」を「斉人」と書き換えても，話は成り立つ。例(15)の「螬」も陳仲子が食べた李の描写に過ぎない。裸名詞が不定行為者を導入するのは，その属性や存在自体が物語において重要な意味を持たない場合が多いようである。言い換えれば行為の主体が誰かがそれほど問題にならず，聞き手が個のレベルで同定できなくても構わないものが裸名詞で導入されているのである。無論行為者が関与する出来事自体は特定の時空間上に発生したものであり，その意味では主語は不定としか言いようがないが，「誰でも良い」という意味ではむしろ不特定に近い性質を持っている[13]。

次の例はやや異質である。

(16)　齊欲伐魏，淳于髡謂齊王曰："韓子盧者，天下之疾犬也。東郭逡

---

13) Givón 1978：296 が提唱する「non-definite」という概念がこれに近い。個としてのアイデンティティはメッセージの本質でなく，総称的と不定的の中間的な概念を指す。具体例として「He bought shirts.」「He went to the movies.」が挙げられている。

者，海內之狡兔也。韓子盧逐東郭逡，環山者三，騰山者五。兔極於前，犬廢於後，犬、兔俱罷，各死其處。田父見之，無勞勸之苦，而擅其功。今齊、魏久相持，以頓其兵，弊其眾，臣恐強秦大楚承其後，有田父之功。" （『戰國策』齊策三613）

韓子盧（犬の名）は東郭逡（兎の名）を追いかけ，山を回ること3度，山を登ること5度．兎は前で精根尽き，犬は後ろでへたり込み，犬・兎ともに疲れて，それぞれその場で死にました。それを見ていた百姓の親父は，何の苦労もなく，獲物を独り占めにしました。

「田父」は犬と兎の争いの場に闖入する不意の登場者である。物語は「田父」が漁夫の利を得たところで終わり，それをもとに別の話題が展開され，「田父」自身が叙述の焦点となることはない。このような例は今回の調査範囲では類例を見いだせないが，『左伝』に1例確認できる。

(17) 楚子渉雎，濟江，入于雲中。王寢，盜攻之，以戈擊王，王孫由于以背受之，中肩。王奔鄖。鍾建負季羋以從。由于徐蘇而從。

（『左伝』定公四年54-25B）

楚王は雎水を渡り，江水を渡って雲中に入った。王が寝ていると，盗賊が攻めてきて，戈で王を撃ち，王孫由は肩でそれを受け，肩に命中した。王は鄖に逃げた。鍾建は季羋を背負って従った。由于はやがて蘇生して後を追った。

本例は董秀芳2010が不定主語文の例として指摘したものだが，「盜」はやはり突如として現れ，物語の焦点とはならずに消えている。劉安春・张伯江2004が指摘したエピソード転換機能を持つ不定主語文との共通性が感じられるが，時代が離れていることもあり，更なる調査が必要である。

ところが裸名詞不定主語が，一定の際立ちを獲得している例がある。

(18) 應侯曰："鄭人謂玉未理者璞，周人謂鼠未腊者朴。周人懷璞過鄭賈曰：'欲買朴乎？' 鄭賈曰：'欲之。' 出其朴，視之，乃鼠也，因謝不取。

（『戰國策』秦策三341）

応侯は言った。「鄭の人は玉のまだ磨いていないものを璞と言い，周の

人は鼠のまだ干し肉にしていないものを朴と言います。周の人が璞（朴）を懐にして鄭の商人のところに行き，『朴を買わないか』と言いました。鄭の商人は『欲しい』と言ったので，（周人は）朴を出し，（鄭の商人が）それを見ると，なんと鼠だったので，断って受け取りませんでした。

例(18)では「周人」の属性が物語で決定的な役割を果たしている。最初に言及される鄭と周の方言の違いが話の前提となり，その中で「周人」は総称的な指示対象として登場する。二度目に登場する「周人」は，それを参照点として導入され，上述の特性を具えた「周人」の中のある一人である。もう一つ類例を挙げる。

(19) 江一對曰：″虎求百獸而食之。ϕ得狐，狐曰：'子無敢食我也。天帝使我長百獸，今子食我，是逆天帝命也。

（『戦国策』楚策一 755）

江一は答えて言った。「虎は百獸を求めて食べます。狐を捕まえると，狐が言いました。『私を食べてはいけません。天帝は私を百獸に長たらしめました。今私を食べると，天帝の命に逆らうことになります。

「求百獸而食之」は虎の一般的な性質であり，文頭の「虎」は総称的である。ところがその直後の「得狐」という行為を行ったのは特定の虎である。主語を用いることなく総称的な「虎」が特定的かつ初出・不定の「虎」に切り替わっているのである。

次の例文も裸名詞の用法として興味深いものである。

(20) 張儀之楚，貧，舍人怒而（欲）歸。張儀曰：″子必以衣冠之敝故欲歸。子待我，爲子見楚王。″　（『戦国策』楚策三 847）

張儀が楚に行った時のこと，貧しかったので，家来は怒り，帰ろうとした。張儀は言った。…

この「舍人」は張儀の舍人であることが文脈上明白で，「李兌舍人」等と同様定的との解釈も成り立ち得る。しかし張儀の舍人は複数居たかもしれず，その中のどれとは同定不可能であるという点では不定的とも言える。但し物語の理解上それを同定することは必要ではなく，張儀の家来であれば誰でも話は成り立つ。類例を挙げる。

(21) 有献不死之薬於荊王者，谒者操以入。中射之士問曰："可食乎？"
曰："可。"因奪而食之．王怒，使人殺中射之士。中射之士使人
説王曰："臣問谒者，谒者曰可食，臣故食之。……"王乃不殺。
（『戦国策』楚策四 890）

不死の薬を楚王に献上した者があり，取り次ぎ役はそれを持って入っ
た。護衛官が尋ねた。「食べられますか。」「大丈夫です。」そこで薬を
奪って食べた。王は怒り，護衛官を殺させようとした。護衛官は人を
使いにやって王を説得して言った。…

例(20)と同様，「谒者」にしても「中射之士」にしても，誰であっても話
は成り立つ。しかし興味深いのは，「中射之士」が裸名詞で導入された
にも関わらず，この物語の主人公と位置付けられることである。不定的
な裸名詞主語がなぜそのような振る舞いをすることが可能なのか。ある
人が楚王に不死の薬を献上した。場面は楚王の宮殿である。当然そこに
は取り次ぎ役（谒者）も居れば護衛官（中射之士）も居る。聞き手の視
線は楚王に薬を献上した者→それを取り次いだ谒者→楚王に献上する途
中で出会った中射之士へと移り行き，彼が登場した時点において，楚王
の多くの護衛官の一人であるにもかかわらず，物語の主人公として長く
留まり得るに足る十分な情報量を獲得していたと考えられる。不定の行
為者を文脈に位置付けるという意味では，「有中射之士問」「中射之士有
問者」といった表現も使えたはずであるが，裸名詞の選択には，参照点
の有無や設定される場における存在の蓋然性も関わっていたようで，
それが確保されている場合には，ことさらに「有」字文によって導入する
必要はなかったようである。

特定の出来事に出現する裸名詞主語は，文脈上の参照点に依拠して定
的な解釈若しくは存在の蓋然性を獲得するが，それが不可能な場合は存
在自体が後景化し，時には不意の闖入者を表す。このような裸名詞の性
質を逆手に取った表現が次の例(22)である。

(22) 四年，春，王二月庚戌，盗殺蔡侯申。
（『左伝』哀公四年・経 57-19A）

二月庚戌の日，盗賊が蔡侯申を殺した。

(23) 四年，春，蔡昭侯將如吳。諸大夫恐其又遷也，承；公孫翩逐而射之，入於家人而卒。　　　　　　　（『左伝』哀公四年 57-20A）

蔡の昭侯は呉に行こうとし，…公孫翩は昭侯を追いかけて射撃し，（昭侯は）家人の中に入って亡くなった。

例(22)の「盗」は，例(23)から明らかなように「公孫翩」を指す。ところが例(22)は記事として完結しており，読み手はこの記事から「盗」を同定することはできない。殺人者を知っている書き手はそれに「盗」というレッテルを貼ると同時に，裸名詞主語を使って個としての際立ちを奪い，主語の「公孫翩」を貶めているのである[14]。

### 3.3.2 動詞「有」による不定行為者の導入

不定行為者を導く形式には動詞「有」を使う形式として，「NP＋有＋VP（＋者）」「有＋NP＋VP（＋者）」がある。いずれも物語の中で一定の際立ちと後継性を備えている。まず「NP＋有＋VP（＋者）」の例を挙げる。

(24) 孟子謂齊宣王曰："王之臣有託其妻子於其友而之楚遊者，比其反也，則凍餒其妻子，則如之何？"　　（『孟子』梁恵王下 2 下 1A/6）

王様の臣下に妻子を友人に預けて楚に出かけた者があり，帰ってくると，妻子が飢え凍えていたならば，王様は何となさいますか。

(25)＝(10) 昔者曾子處費，費人有與曾子同名族者而殺人。人告曾子母曰："曾參殺人。"曾子之母曰："吾子不殺人。"織自若。
　　　　　　　　　　　　　　　　　　　　　　（『戦国策』秦策二 252）

(26) 孟嘗君舍人有與君之夫人相愛者，或以問孟嘗君曰："為君舍人而內與夫人相愛，亦甚不義矣，君其殺之。"君曰："睹貌而相悅者，人之情也。其錯之，勿言也。"　　　　　　（『戦国策』斉策一 600）

孟嘗君の舍人に君の夫人と愛し合っている者がいた。ある人が孟嘗君

---

14) 杜注に「稱盗，非大夫也」とある。

に尋ねて言った。「君の舎人でありながらひそかに夫人と愛し合うのは甚だ不届きです。殺してはいかがでしょう。」君は言った。「容貌を見て気に入るのは人の心情である。放っておけ。口にするな。」

網掛けの部分は，「有」字構文で導かれる不定の行為者への働きかけや態度・評価を表し，物語の中で顕著な際立ちを持つことが分かる。

「NP＋有＋VP（＋者）」構文の「VP（＋者）」は体言化表現であるから，「NP1＋有＋NP2」に等しく，上古の時代では実質的には所有構文である。NP1は話し手・聞き手ともに了解済みの定的若しくは総称的な世界設定語であり，NP2はその範囲内に存在する要素である。不定の行為者はNP2（VP＋者）によって導入され，既知のNP1と恒常的な関係を結ぶことにより[15]，談話の場に定位される。前節で取り上げた「人/客＋有＋VP＋者」もこれと同様の理解が可能である。

これに対し「有＋NP＋VP（＋者）」の意味はやや異なる。そもそも無主語の「有＋NP」には談話の場若しくは談話文脈中において了解された時空間へNPを導入する機能を有している。これが当該構文で導入されたNPが談話における一定の際立ちを獲得する拠りどころとなっている。

(27) 湯使亳眾往爲之耕，老弱饋食。葛伯率其民，要其有酒食黍稻者奪之，不授者殺之。有童子以黍肉餉，殺而奪之。

(『孟子』滕文公下6上10A/5)

ある子供が穀物や肉を送ると，（葛伯は）子供を殺して奪い取った。

(28) 孟子曰：「有人曰：'我善爲陳，我善爲戰'，大罪也。

(『孟子』盡心下14上3B/4)

「私は布陣が上手い，私は戦が上手い」という人がいれば，その人には大罪がある。

この構文で導入されたNPには，別の登場者からの働きかけ，または話者によるコメントがあるのが通常である。

---

15) このような上古の所有構文の機能については大西2011を参照されたい。

さらに本構文は VP 中において NP が存在する実空間を表現することが可能である（ゴシック体の部分）。

⑳ 頃間, 有鵲止於屋上者, 曰："請問楚人謂此鳥何？" 王曰："謂之鵲。"
（『戦国策』韓策二 1574）
しばらくして, カササギが屋根の上に止まった。（史疾は）言った。「お尋ねします。楚の人はこの鳥を何と言うのですか？」

㉚ 襄王立, 田單相之。過菑水, 有老人渉菑而寒, 出不能行, 坐於沙中。田單見其寒, 欲使後車分衣, 無可以分者, 單解裘而衣之。
（『戦国策』斉策六 722）
襄王が即位し, 田単が宰相となった。菑水を通りかかると, ある老人が菑水を渡っていたが, 寒くて川を出ても歩くことができず, 川原に座っていた。田単は老人が寒がっているのをみると, 後ろの車から衣服を分け与えようとしたが, 分けられるものが無かったので, 自分の裘を脱いで老人に着せた。

これらの例には, 実空間を表す語がその前後にあり, 行為者の存在が空間と密接に結びついていることが分かる。大西 2011 で詳しく論じたように, これは現代語タイプの空間存在文が未形成であった上古時代において, 実質的に空間存在文として機能していた構文なのである。

また例㉙「鵲」にせよ例㉚「老人」にせよ, それらが「屋上」や「菑水」に居る蓋然性は低い。例㉑で論じた楚王の宮殿における「謁者」や「中射之士」の存在が聞き手に容易に理解されるのと好対照を為す。話し手は場から存在物へアクセシビリティ[16]をも勘案しつつ, 構文を選択していたのではないかと考えられる。アクセシビリティの低い特定の事物を裸名詞主語として導入するなら, 個としての存在性は背景化し, いわば誰でも良いという意味において不特定的性格を帯びるか, 若しくは不意の闖入者として描き出されることになるのである。「有」はその強力な導入機能により, 蓋然性の低い存在物を談話の場に据え付ける働きを有していた。

なお「NP＋有＋VP（＋者）」は, VP によって不定行為者を実空間に

位置付けることも可能な「有＋NP＋VP（＋者）」と比べて機能的に明らかに見劣りがする。不定の行為者「VP（＋者）」を，参照点としての定的若しくは総称的なNPにダイレクトに結び付けることを動機として成立しており，行為者の存在性の確保以外にあまりメリットのない構文と考えられる。上古では盛んに用いられているが，中古以後，「有＋NP＋VP（＋者）」構文に吸収されていったのであろう。

## 4　おわりに

　上古中国語の裸名詞主語文の指示性は，総称指示および不特定指示がそのプロトタイプであった。特定の時空間や出来事と結びつかない総称性，不特定性が裸名詞によって表現されることは，容易に理解可能である。それに対し特定的な行為者は，定・不定にかかわらず，話し手と聞き手との間でそれと分かるための工夫が必要であった。手立ては主に二つあり，一つは文脈中の参照点を介した絞り込みと同定，もう一つは動詞「有」による導入である。前者は定的若しくは例(21)のようなアクセシビリティの高い行為者の導入に用いられ，後者は不定行為者を発話の場若しくは実空間に定位することにより，個としての際立ちを高めるのに

---

16) Chafe 1996：40によれば，アクセシビリティは，意識における活性度の高低として理解される。現に話題になっている対象はそれに対する意識が活性化されており，アクセシビリティは最も高い。これまで一度も言及されていない対象は意識が不活性であり，アクセス可能とはみなされない。ところが興味深いのは，これまで一度も言及されていないにもかかわらず，文脈，状況その他からの推論（inference）によって聞き手にとってアクセス可能と話し手が判断し，相応する形式で表現する場合があることである。例えば仕事の後にバスケットボールの試合をする習慣をやめた男がその理由を説明する時に，初出の「the gym」を主語とする「sometimes the gym's closed」と表現した場合を考えてみると，話し手のバスケットボールをやるという概念が，試合が行われるジムという概念を伴い，それに基づいてジムは聞き手にとってアクセス可能と判断され，それを主語とする上記表現が採用されているのだと言う。「謁者」や「中射之士」が主語となるのは，設定された物語の場に必ず居ることが予想される存在として，聞き手にアクセス可能と話し手が判断したことが想定される。

用いられた。裸名詞主語文による不定行為者の導入は，この２つの工夫を放棄したところに成り立っている。定位されない行為者は個として際立ちを得られずに後景化する。この形式は時には不意の闖入者を導入する効果を演出するために用いられることもあった。

上古中国語の不定行為者の導入様式は【表Ⅰ】にまとめることができる。

【表Ⅰ】

| 形式 | 行為者の際立ち | 定位 |
|---|---|---|
| NP＋VP | 低い | 無し |
|  | やや高い | 文脈中の参照点 |
| NP＋有＋VP（＋者） | 高い | NPが設定する場 |
| 有＋NP＋VP（＋者） | 高い | 談話の場／実空間 |

物語における際立ち度が低く，突発的に談話の場に侵入する裸名詞主語文と，物語の中に設定される場若しくは実空間に定位され，際立ち度が高い「有」字文という対立が形成されていた。Givón 1984：422-427 は意味的には同じく不定であっても，会話における重要性（communicative importance）があり，話題としての継続性（topic persistence in the subsequent discourse）を持つなど語用論的な指示性の高いものには不定のマーカーが付き，そうでないものには付かないことがあることを，ヘブライ語の例などを挙げつつ指摘している。上古中国語においては前者が「有」字文，後者が裸名詞主語文に該当しよう。董秀芳 2010 は上古の「有」が実質不定主語のマーカーと見て差し支えないと言うが，上古における「有」字構文の選択には「communicative importance」が基本的に関与していたのであって，不定のマーク付けが主要な動機であったとは認め難い。さらに，裸名詞による定的行為者の導入も文脈に大きく依存していたことを考えあわせるならば，上古における定／不定範疇は，形式的にはほとんど未分化であったと言って差し支えない。これは中古以降の資料によって解明すべき問題であると指摘し得たこと

が,本稿のささやかな結論である。

**参考文献**

木村英樹 2011 中国語文法研究にみる認知言語学の成果と課題,『中国語学』258 号,pp.24-64,日本中国語学会

大河内康憲 1985/1997 量詞の個体化機能,『中国語の諸相』,pp.53-74,白帝社,もと『中国語学』232 号

大西克也 2011 所有から存在へ――上古中国語における「有」の拡張――,『汉语与汉语教学研究』第 2 号,pp.16-31,桜美林大学孔子学院

陈平 1987 释汉语中与名词性成分相关的四组概念,《中国语文》第 2 期

董秀芳 2010 汉语光杆名词指称特性的历时演变,《语言研究》第 30 卷第 1 期,pp.11-20

范祥雍 2006 《戰國策箋證》,上海古籍出版社

何建章 1990 《战国策注释》,中华书局

刘安春・张伯江 2004 篇章中的无定名词主语句及相关句式,*Journal of Chinese Language and Computing*, 14(2), pp.97-105

吕叔湘 1942/1982 《中国文法要略》,商务印书馆

王冠军 1984 "有……者"句首之范围处所词,《齐鲁学刊》第 4 期

楊伯峻 1960 《孟子譯注》,中華書局

楊伯峻 1980 《論語譯注》,中華書局

張文 2011 近代漢語時期有定性表達手段考察,《歷史語言學研究》第四輯,pp.202-217,商務印書館

朱德熙 1982 《语法讲义》,商务印书馆

Chafe, Wallace 1996 Inferring Identifiability and Accessibility, T. Fretheim & J. Gundel (ed.), *Reference and Referent Accessibility*, John Benjamins Publishing Company

Givón, T. 1978 Definiteness and Referentiality, *Universals of Human Language* vol.4, Stanford University Press

Givón, T. 1984 *Syntax A Functional Typological Introduction*, volume I, John Benjamins Publishing Company

＊本稿は，平成23〜26年度日本学術振興会科学研究費補助金基盤研究B 23320082「中国語文法史の歴史的展開——構文と文法範疇の相関的変遷の解明」の成果の一部である。研究グループのメンバーである木村英樹，木津祐子，松江崇諸氏との議論から多くの教示を得た。

（おおにし・かつや　東京大学）

# 中国語における連体修飾句の意味機能

## 小野　秀樹

## 1　問題の所在と考察対象

　中国語はSVO型言語に属していながら，名詞を修飾する句や節は主名詞（被修飾語；head）に前置するという極めて例外的な語順をとる言語である。「修飾部＋主名詞」の語順は，通常SOV型言語のもつ特徴であり，結果，中国語と日本語は同型の連体修飾構造を有することになる。

　日中両言語の連体修飾構造に関する近年の主な研究は，類型論の分野では堀江・パルデシ2009（第2章：63-74）が挙げられる。両氏の研究は対訳コーパスなどから得たデータに基づき，両言語における名詞修飾節の使用比率を比較した上で，日本語の連体修飾を用いる度合いが中国語を大きく上回っていることを提示している。さらに，名詞修飾節を複文の機能と照らし合わせた上で，中国語は関係節との重なりが多いのに対して，日本語は関係節のみならず，補文や副詞節にも対応し，機能領域の拡張を呈していると分析した。楊凱栄2011は，日中対照の観点から，両言語におけるさまざまな連体修飾構造の成否を確認した上で，連体修飾構造を多用する日本語は「モノ的」に，片や同じ事象を主述構造などで表すことが多い中国語は「コト的」に，それぞれ事態の範疇化と構造化を行なう言語であると結論づけた。楊氏の考察対象は連体修飾構造全般を含んで多岐にわたるが，キャプションや書名の比較に基づいて分析している部分も含まれ，構文における考察に限定されたものではない。これらの先行研究では連体修飾構造の成否や頻度を基準とした日中両言

語の性格的特徴づけがなされているわけだが，そもそも日本語が連体修飾を「好む」言語であることは，たとえば寺村1993：164-165にも夙に指摘があり，この種の記述はさらに遡ることもできる。そのこと自体はことさら新しい知見ではない。課題は日中の差を齎す原因の解明である。

　本稿の関心は日中両言語の連体修飾の使用に関するギャップとその要因を，統語論や意味論，さらに語用論の面からより細かく分析し，とくに中国語の側からの観察を軸にすることで両言語の違いを考察することにある。日本語では連体句の使用がごく自然であっても，中国語ではそれが連体のかたちで出難いという部分はどういうところなのか。また，それはなぜなのか。言語事実に潜む実態を少しでも掘り下げて分析することが本稿の目指すところである。従来の連体修飾に関する研究では，当該の構造を俯瞰して総体的に考察したものが多い。そのため，日中対照の分野でも，現象の記述とその総括が主な結論となっており，具体的な原因の解明には至っていない。本稿ではさらにミクロな視点から両言語の相違を明らかにしてみたい。そのひとつの試みとして，本稿では「ヒト」を表す代名詞・固有名詞（以下，これを「ヒト名詞」と呼ぶ）を主名詞とし，修飾部が動詞句（已然の行為で，かつ動詞が完了の接尾辞"了"または結果補語［R］をともなうもの）で構成される構造を考察対象として分析を行なう。この構造を考察対象に含めた先行研究として，方梅2008が挙げられる。これは語の形態変化に乏しい中国語において，節の前景化と背景化がどのような手段によって実現しているのか，ということに注目した考察である。方論文は「動詞句＋"的"＋ヒト名詞」の連体修飾構造を「描写性関係節」（"描写性关系从句"）と認定した上で（方氏の考察対象には連体修飾部の動詞句が恒常的な意味を表すものも含まれているが），この構造は情報のパッケージング（"包装"）を反映した文法的降格（"句法降级"）手段の現れであり，その動機は「背景化」にあると分析している。この種の連体句が「背景化」に寄与しているということは事実である。しかし，それがこの種の連体句を成立させ，それを用いる最も主要な動機であるとするならば，中国語においても，より

多量の連体句(方氏の言う関係節)が存在して良いはずである。中国語の言語事実に鑑みれば，話者が主名詞に関わる任意の情報を背景化したいという動機がありさえすれば，常に連体句を構成できるという命題は真ではない。中国語の連体句が日本語と同程度に生産的ではない理由は，方梅2008の考察からは得ることができない。また，方氏は"描写性关系从句"と同じく情報の背景化に寄与する形式として，「ゼロ主語照応節」("小句主语零形反指")を挙げているが，両者の相違点については言及していない。

本稿は，単に連体修飾構造そのものの成否だけではなく，それが文中で果たしている意味役割に注目し，複文との対応関係も視野に入れつつ，前掲の先行研究とは異なる角度から日中両言語における連体修飾構造の実態を比較し，その機能について分析を試みる。なお，本稿では"V了 or VR(O)的+ヒト名詞"の構造を「ヒト型連体修飾構造(またはヒト型連体句)」と呼び，"V了or VR(O)的"の部分を修飾部と呼ぶ。

## 2　中国語のヒト型連体修飾構造の意味特徴

### 2.1　コーパスから得られる実例の分析

コーパス(北京大学中国語言学研究中心のCCL语料库を指す。以下同じ)から得た実例を分析した結果，ヒト型連体修飾構造の表す意味は，そのほとんどが，次の(Ⅰ)と(Ⅱ)の意味範疇に属することが判明した。

(Ⅰ)属性タイプ:「習慣」「身分・年齢」「経歴」「(当該の時点における
　　　　　　　　主名詞の)認識・感情(の変化)」

(Ⅱ)描写タイプ:「様態あるいは現状描写(所在する位置も含む)」

以下，それぞれの具体例を挙げる。紙幅の都合により一例ずつに留める。

(Ⅰ)属性タイプ

【習慣】

(1)抽惯了俄国大白杆的我，觉得这烟没什么劲儿，更谈不上香味儿，似乎连一般的中国烟都不如。(ロシアの大白杆を吸い慣れていた私

は，このタバコがちっともガツンとこないと感じ…）（1994 年報刊精選）

【身分・年齢】
(2) 不知不覚中，已经过了不惑之年的我，近年来又和童话接触频繁起来。（いつの間にか，すでに不惑の齢を過ぎていた私は，ここ数年来また童話との接触が頻繁になってきた。）　　　（人民日報 96 年 5 月）

【経歴】
(3) 当了十五年支书的他，年龄却很轻，如今才三十多岁！（15 年支部書記を務めた彼は，年齢はとても若く，今まだ 30 過ぎである。）
　　　　　　　　　　　　　　　　　　　　（人民日報 98 年 1 月）

【認識・感情】
(4) 已经萌生了重新学画的我，觉得这些石峰石岭是一种取之不尽的绘画素材。（すでにまた新たに絵を学ぶ兆しがあった私は，これらの岩の峰が取り尽くせない絵の素材のように思えた。）
　　　　　　　　　　　　　　　　　　　（人民日報 94 年第 4 季度）

（Ⅱ）描写タイプ

【様態あるいは現状描写】
(5) 躲在被窝里哭湿了半边枕头的我，知道分分秒秒接近分离。
（布団をかぶって横になり枕の半分を涙で濡らした私は，刻一刻と別れに近づいていることを知っていた。）　　　（梁凤仪《弄雪》）

　少数ながら（Ⅰ）（Ⅱ）の意味範疇に属さないものが存在するが，それは，次の（Ⅲ）に属するものであると考えられる。

　（Ⅲ）「修飾部の已然の行為が主節で述べる事態の前提・根拠となる」実例として(6)のような文が該当する。

(6) 临回北京的那天晚上，吃完晚餐已是晚上 10 点了，喝了一杯红酒的我感觉有些眩晕，就进入自己的房间准备休息。（…一杯の赤ワインを飲んだ私は少し目眩を感じて，すぐ自分の部屋に入って寝る支度をした。）　　　（卞庆奎《中国北漂艺人生存实录》）

　筆者が調査したコーパスの実例は，すべてが上記（Ⅰ）から（Ⅲ）に属するものであった。"我" と "他" を主名詞とする連体句のデータ分布を，

次の【表Ⅰ】にまとめておく。

【表Ⅰ "Ｖ了（Ｏ）的＋人称代名詞"の意味範疇別データ数】
（注：パーセンテージは切り上げを含む）

|  | 習慣 | 身分 | 経歴 | 認識 | Ⅱ | Ⅲ | 計 |
|---|---|---|---|---|---|---|---|
| "我"が主名詞 | 7例<br>16% | 8例<br>19% | 14例<br>32% | 2例<br>5% | 8例<br>19% | 4例<br>9% | 43例<br>100% |
| "他"が主名詞 | 3例<br>4% | 15例<br>20% | 22例<br>30% | 1例<br>1% | 24例<br>33% | 9例<br>12% | 74例<br>100% |

　上の調査結果だけに基づいて，中国語の「ヒト型連体修飾句」の意味は，必ずすべて（Ⅰ）から（Ⅲ）に属すると結論づけるのは万全ではないかもしれない。ことに，作例をデータに含めると，この種の連体句が表す意味範疇はさらに広くなることも十分予測できる。筆者自身も，中国語のヒト型連体修飾句が属すべき意味範疇の全面的な記述と規則化は非常に困難であると認識している。ただ，膨大な収録字数（3.07億字）を有するコーパスから無作為かつ網羅的に得たデータの分析結果が示す分布は，有意なものと認定しても良いだろう。（Ⅰ）に属する4つの意味範疇は，いずれも動詞句で表されてはいるが，益岡2008：6-7の言う「所有属性（履歴属性）」とも意味的に関連が深く，高度に属性的である。これらは単に個別の行為を表すものではなく，一定期間における恒常的な行為や付属状況，ときには属性そのものを表すものであり，主名詞の指す人物の能力や立場，内在的属性に関わるものだと言える。（Ⅱ）は（Ⅰ）に比べて主名詞の内面に関わる度合いは低いが，主節と同一時の主名詞の現状を描写することにより，主名詞が有する付帯的様態を提示し，主節で展開する事態との間に密接な意味関係を保持している。中国語の「連動構造」について，朱徳熙1985：56-57は"开着窗户睡觉"のような構造を，「Ｎ（窗户）と$V_2$（睡觉）の間に何の意味的関係も無いもの」と分析しているが，"开着窗户"は"睡觉"という行為の付帯的様態であり，それが直接結びついてひとつの構造を形成している。（Ⅱ）はこれと類似の意味関係をもって「連体修飾句＋述語（主節）」という単一の構造を

構成していると考えられる。(Ⅲ)は最も個別的な行為を表すものである。2.2でも詳しく述べるが，このタイプの修飾部で表されている行為は，決して独立したひとつの行為ではなく，主節で展開する事態に対する直接的な原因や根拠を表すものであり，意味機能面では主名詞に対して臨時的な属性付与を行なっているものだと捉えることが可能である。

以上述べたように，(Ⅰ)から(Ⅲ)のタイプに分類されるヒト型連体句は，程度の差こそあれ，いずれも「属性付与」の機能を有していると見なすことができる。そのような状況にあって，中国語の連体句に現れ難いのはどのようなものであろうか。2.2でそのことについて考えたい。

## 2.2 日中両言語の対訳資料から得られる実例の分析

すでに多くの研究者によって行なわれているように，本稿も日本語の小説とその中国語訳文とを比較する方法を採用するが，それにより，あらためてひとつの事実を指摘したい。調査を進めていくうちに，「単純に継起性のみを有する2つの行為を表す文」の第一動詞句では，中国語において連体修飾句の使用が見られないことが判明してきた。

(7) a. 県警上層部の慌てふためく様が目に見えるようだった。それは同時に，県警の意に添う梶供述が捏造される危険性を想起させた。官舎でタイムスを読んだ佐瀬はすぐさま中央署に電話を入れ，梶の身柄を大至急地検に送致するよう命じた。

(横山秀夫『半落ち』)

b. 佐瀬仿佛看見警署上層慌忙想遮掩的窘态，同时又怀疑梶聡一郎有可能根据警署的意思编造口供。佐瀬看完《县民时报》后立即打电话命令将梶聡一郎紧急送押到地检，采取了试图阻止警署行动的果断措施。　(《半落》张珏，陈晓琴，王葆华译)

(7b)の下線部を連体句に書き直した(7c)は，インフォーマント（中国・台湾の20～30代の計13名）によって座りが悪いという判定が下された。

c. ??看完《县民时报》的佐瀬立即打电话命令将梶聡一郎紧急送押到地检，采取了试图阻止警署行动的果断措施。

同様の例を別の小説からも挙げてみる。次の(8a)(9a)に対する中国語の訳文(8b)(9b)では，いずれも連体句は使用されていない。

(8) a. 柏木と私はネットの外れの遊動円木にいたのである。女の顔を窺った私は驚きに搏たれた。そのけだかい顔は，柏木が私に説明した「内翻足好き」の女の人相に，そっくりであったからだ。　　　　　　　　　　　（三島由紀夫『金閣寺』）

b. 柏木和我坐在离护网不远的浪桥上。我看到这个女人时心中实在大为吃惊，因为她那高雅的风度特征正与柏木说的那种"喜爱内翻足"的女人相同。　　　　　　　　（《金阁寺》唐月梅译）

(9) a. 駈けているズボンのポケットの中で音を立てるものがある。燐寸箱が鳴っているのである。立止った私は，燐寸箱の隙間に花紙を詰めて音を消した。　　　（三島由紀夫『金閣寺』）

b. 跑时裤兜里发出响声了。是火柴盒和火柴杆碰撞作响。我收住脚向火柴盒中塞进一张软纸，响声立刻消失了。

（《金阁寺》唐月梅译）

次の(10a)は，下線部の表す意味が持続的な行為であり，付帯的な状況だと理解できそうな面もあるが，後続節でまったく別の行為の発生が述べられており，中国語(10b)ではやはり連体句は用いられていない。

(10) a. 念の為に枕元に坐って，濡手拭で父の頭を冷していた私は，九時頃になって漸く形ばかりの夜食を済ました。

（夏目漱石『こころ』）

b. 为了慎重些，我坐在他枕边，用湿手巾冰着他的头，直到九点多钟才吃完晚饭。　（北京日本学研究センター　日中対訳コーパス）

孫海英2009は動詞句を修飾部に含む日中両言語の連体修飾構造を広く考察した研究である。孫氏は益岡1995による非制限的連体節の分類に基づいた上で，「付帯状況」を表す日本語の連体句は「背景化」の度合いが高く，中国語でも同様に連体句を使用することが可能であるのに対して，「対比・逆接」「継起」「原因・理由」は「背景化」の度合いが低く，中国語の連体句に訳すことには抵抗があると述べている（孫2009：65）。

孫氏が中国語の連体句を成立させ難いと主張する意味項目の中には，本稿が指摘する「継起的な行為」が含まれているが，孫氏はその理由を背景化の度合いの低さに求め，「対比・逆接」と「原因・理由」も同様の理由により連体修飾と馴染まないものだと認定している。しかし，実際には，「逆接」と「理由」を含意するヒト型連体句の実例は中国語にも少なからず存在する。ここでは，方梅2008が挙げている例を引用しておく[1]。

(11) 还在读书的你偷偷喜欢上班里一个女孩子。（まだ学生であるあなたは，密かにクラスのある女の子を好きになってしまった。）［逆接］

(12) 一向注重家庭温馨的老张，结婚后从来没有离开家自己一个人过生日。（平素から家庭の温もりを重視してきた張さんは，結婚してから家を離れて一人で誕生日を過ごしたことが無い。）［因果］

「背景化」の度合いを基準とし，「継起的行為」「対比・逆接」「原因・理由」の3種の意味項目を一括して捉え，これらすべてが連体句を構成し難い意味範疇だと認めている孫氏の主張に本稿は同意しない。すでに2.1で述べたように，考察対象をさらに絞り込んだ本稿の調査においてすら，(Ⅲ)「原因・根拠」を表す連体句が存在する。その点から考えて，「原因・理由」は中国語においても，むしろ連体句を成立させやすい意味範疇であると考える方が妥当であろう。ここで補足的に述べると，先に挙げた(Ⅲ)の実例(6)において，「一杯の赤ワインを飲んだ」ことと，「目眩を感じ，自室に入って寝る支度をした」こととは，事実としては「継起的」な一連の行為である。しかし，本稿の言う「継起的行為」は，時間的な順序以外に何ら意味的関連が無い，もしくは直接的な関連性が低い2つの行為を指す。換言すれば，連体句で表される行為が，主節で表される行為や事態にとって，十分条件としての意味特性を有するなら，それを「因果」と理解するのが本稿の立場である。次の(13)は日本語では問題無

---

1) 例文(11)を「逆接」と分析するのは，中国では高校生までは恋愛が禁止されているという社会事情に基づく解釈による。

く成立するが，中国語としては座りが悪いという[2]。

　　(13) ??做完作业的我跟朋友玩儿去了。(宿題を済ませた私は友達と遊びに行った。)

(13)も論理的には「宿題を済ませたので友達と遊びに行った」という解釈を許しはするが，「宿題を済ませた」ことは「遊びに行った」ことに対する唯一の，あるいは必然的な条件ではない。「食事を終えた」「ひと仕事済ませた」「することが無い」「授業をサボった」など，他にも無数の条件が想定可能である。(6)における連体句（〔夜遅く〕ワインを飲んだ）と主節（目眩を感じて寝る支度をした）の意味関係は，(13)に比べて遥かに「整合的・統一的」であると考えられる。(13)のような事例を本稿では「継起的な行為」と規定し，例(6)などの「前提・根拠＋行為（事態）」を表す文とは区別する。これに関する議論は第4節と第5節でも行なう。

　「（単なる）継起的な行為」を中国語で連体句を用いて作例した場合，それが一様に非文法的もしくは語用論的に不適切だと判定される保証は無い。現に筆者の調査の過程においても，この種の連体句を可とするインフォーマントが存在した。しかしながら，実例の中に同種の連体句が稀少であるという事実も，また看過できないことである。可と認める母語話者が存在するゆえに，それが全く問題の無い自然な文だとするならば，なぜ実際にはそのような例が散見されないのか。なぜ翻訳する際にも連体句が避けられるのか。次節以降において，このひとつの傾向を生みだす原因を，統語論・意味論・語用論の面から考えてみたい。

## 3　統語論における日中連体修飾構造の相違点

　人称代名詞か人名を主名詞とし，已然の行為や事態を表す動詞句を修飾部とする連体修飾句を対象として調査した結果，2.2で述べたように，「単に継起的に並ぶ2つの行為」を「連体句＋主節」のかたちで構文化

---

[2]　東京大学大学院博士課程在学中の相原まり子氏のレポートによる調査結果。

することが，中国語では困難なのではないかというひとつの回答を得た。なぜそうなのかという点について，まず構造的な面から考えてみる。

　形態論的，あるいは統語論的な観点から日中両言語の連体修飾構造を比較した研究は寡聞にして知らないが，日本語の連体修飾部に含まれる動詞は，文の言い切りに使われる形であり，寺村1993：142はこれを「陳述形」と呼んだ。具体的には「現在形（スル）」「過去形（シタ）」「推量・意向形（シヨウ）」「過去推量形（シタロウ）」「命令形」の５つである。このうち，「推量・意向形」「過去推量形」および「命令形」は連体修飾部に用いられることは無く，「現在形」と「過去形」が修飾部を構成する。本稿の考察対象に対応するのは「過去形」である。このように，日本語では，文の述語動詞として用いられる場合と，連体修飾部の中で用いられる場合とで動詞の形態に違いが無く，いずれも叙述（述定）するかたちで表される。一方，中国語の方は周知の通り，連体修飾句は構造助詞"的"を用いて句全体を「名詞化」する必要がある。以上を簡単に図示すると⒁と⒂のようになる［注：Ａは動作主を表す］。

　⒁　日本語の連体修飾構造
　　　　（Ａ／Ｏ）＋動詞の陳述形（現在形／過去形）＋主名詞
　⒂　中国語の連体修飾構造
　　　　［Ｖ（了）／ＡＶ（了）Ｏ／Ｖ（了）Ｏ］＋的　＋主名詞

　複文で継起的に並ぶ行為は，"然后"などの順序を表す接続詞を用いて表すこともあるが，こういった成分が文中にある場合，中国語では連体句の使用は文法的に成立しない。一方，日本語にはその制約が無い。

　⒃　小五被村民打了个半死，然后被扭送到了当地派出所。（小五は村人に半殺しにされ，そのあと地元の公安派出所に引き渡された。）

　　　　　　　　　　　　　　　　（卞庆奎《中国北漂艺人生存实录》）

　⒄　＊被村民打了个半死的小五然后被扭送到了当地派出所。（村人に半殺しにされた小五は，そのあと地元の公安派出所に引き渡された。）

　⒅　小五下了地铁从地铁口钻出来听到我的歌声便停住了脚步，他站在我的面前三四米的地方，听了足足半个小时，然后便慢慢地向

我走来。(…彼は私の目の前3,4mのところに立ち，たっぷり30分聞いて，そのあとゆっくりと私の方に歩いてきた。)

（卞庆奎《中国北漂艺人生存实录》）

(19) \*站在我的面前三四米的地方，听了足足半个小时的他，然后便慢慢地向我走来。(私の目の前3,4mのところに立ち，たっぷり30分聞いた彼は，そのあとゆっくりと私の方に歩いてきた。)

(19)については，"然后"だけでなく，その直後の副詞"便（すぐに）"も文法的に共起不可能である。接続詞（と副詞）を削除したあとの文に対する許容度はインフォーマントによって差が見られたが，接続詞（と副詞）の共起に関しては100％非文法的だという判定であった。この日中両言語における振る舞いの相違は，(14)と(15)で示した連体修飾部の品詞性の違いに起因していると考えられる。中国語の連体句はそれ自身が助詞"的"をともなって名詞句化しているため，述詞性を有する節（clause）同士を接続する"然后"や"便"と共起することができないのである。ただし，どのような連体句と接続詞の組み合わせでも，すべて一様に共起不可能というわけではない。次の例(20)は，連体句のあとに接続詞"于是"が共起しているものである。

(20) 在许多事情上都被家里人用一句"你还小哩！"来剥夺了权利的我，于是就感到月亮也那么"欺小"，真正岂有此理。(多くのことにおいて家族から「お前はまだ幼いじゃないか」の一言で権利を剥奪された私は，そこで月もまたそのように「幼い者いじめ」をしていると感じた。本当にもってのほかである。) （茅盾《谈月亮》）

(20)は，本稿の分析では，「継起的な行為」ではなく，(Ⅲ)「原因・根拠」に属するものである。また，"于是"という接続詞も，単に2つの連続する行為を順に繋げるというよりは，前の行為を受けて，その結果としてあとの行為の発生を述べる機能を有するものである。さらに(20)では連体句が主題として機能し，あとに続く述語との間に表現論的な「分断性」を生じさせているとも考えられる。このように，連体句と接続詞はすべてが文法的に共起しないわけではないが，中でも，「単に継起的な行為」

を並べる接続詞は，連体句と共起することが困難だと言える[3]。
　一方，述語として現われる形態をそのまま用いる日本語の連体句では，修飾部内部にある動詞は，依然として動詞としての機能を保持しており，接続詞との共起も意味関係に関わらず自由である。このように，中国語と日本語の連体句には統語機能の差が存在しており，それが両言語の連体句の使用に影響を与える一因になっていると考えられる。

## 4　意味論における日中連体修飾構造の相違点

　寺村 1993：163 は「一般に主名詞が固有名詞であれば，関係節が非制限的になるのはむしろ当然の理である」と述べており［注：ここでの固有名詞は人称代名詞も含む］，この認識は，益岡 1995 をはじめ，連体句に関わるすべての研究に継承されていると言って良いだろう。それはまた，中国語の連体句に関する先行研究においても同様である。人名や人称代名詞は当然のことながら特定の人物を指すのであるから，これに係る修飾部を限定的に読むことは通常は難しい。ただ，この「非制限的」の表す意味について，中国語に関しては，さらに再考の余地があると思われる。
　朱徳熙 1982：140 は修飾語（連体と連用を含む）と中心語（被修飾語）との間における主要な意味関係を 8 項目列挙した上で（修飾語の表す意味が「所有者・性質または状態・材質・用途・数量・時間または場所・様態・程度」），"概括起来说，修饰语的语法意义在于限制或描写中心语。（総じて言えば，修飾語の文法的意味とは中心語を限定もしくは描写することにある）" と述べている。つまり，中国語において「非限定」という意味領域は，「描写」という概念に通じているわけである。無論，そのこと

---

3）"然后" 以外の順序を表す接続詞や方位詞，"后来""随后""此后""之后" が連体句のあとに共起する例（CCL）は，"后来" が 2 例，"此后" が 1 例存在したが，いずれも已然の行為や事態ではなく，恒常的な性質を表す語句が修飾部を構成している。"随后" と "之后" は用例自体が見つからなかった。

自体は日本語にも当てはまるわけだが，ここで注意すべきことは，中国語（文法）における「描写」の概念である。筆者は小野2008において中国語名詞句の機能についてさまざまな考察を行なったが，名詞述語（文）に関わる最も基盤的かつ重要な意味概念は「分類（限定）」と「描写（非限定）」であり，「描写」においては，常に事物の「存在」を中核とし，それに関連する属性（ヒト名詞を対象とする場合は，年齢・所有物・姿かたちなどの様態といったもの）が述語となって文を構成するということを指摘した（小野2008：23-29）。中国語（文法）の意味機能において，ある人物・事物を「描写」するという場合，典型的には，その人物・事物の「存在」そのものに関わる意味要素を切り離しては成立しないのである。

　また，主名詞が普通名詞である場合，これも小野2008で指摘したことであるが，たとえば"我的书（私の本）"，"很便宜的书（とても安い本）"，"去年出版的书（去年出版した本）"などの連体句においては，まず主名詞の「本」の存在が認識されており，それに対して，所有者・性質・関与した行為などを"Ｘ的"で付加し，「限定」するのが中国語の連体修飾構造の（認知的）成立過程であると考えられる（小野2008：37-38）。

　本稿の考察対象であるヒト型連体句について言えば，主名詞のヒトは既知かつ特定の人物であるので，あらかじめ認識されているわけだが，それに動詞句を連体修飾部で付加する場合，主名詞は「限定」されるべき対象ではないので，修飾部の意味機能は自ずと「非限定」に傾く。ただ，中国語では上で述べたように「非限定」すなわち「描写」であるから，中国語においてはヒト名詞を動詞句で修飾する際にも，その制約が強く関与していると考えられるのである。この点において，2.1で述べた，ヒト型連体句の実例が属する意味範疇の調査結果は非常に示唆的である。すなわち，（Ⅰ）属性タイプの「習慣」「身分・年齢」「経歴」「（当該の時点における主名詞の）認識・感情（の変化）」は，程度の差はあるものの，名詞述語文の観察で見られた主語名詞の「存在」に関わる属性と重なるか，もしくは近いものであり，（Ⅱ）描写タイプは「様態あるい

は現状描写」であるから，これも主名詞に関わる「存在描写」に準じるものである。（Ⅲ）は最も個別的な行為ではあるが，すでに述べたように，この種の修飾部は当該の時点において主名詞に臨時的な属性を付与していると考えることができ，さらにそれが主節と連続性・整合性を有する主名詞の様態・状態であることを考えれば，この種の連体句は「主節の行為を行なう主名詞」に対する広義の「存在描写」だと理解することができるだろう。動詞を修飾語とした連体句を構成する場合においても，主名詞（人称代名詞または人名）の性質により修飾語の機能が「非限定」にシフトすると，それに連動して，中国語の場合は「存在描写」という概念による意味的制約が修飾部に働くということである。

日本語の連体修飾の研究において，「非限定的」な修飾部は「情報付加」と分析されるものが多くを占めている。日本語では，たとえば「渋谷駅の地下でお昼を食べた私は，そのあと漫喫に行って夜まで過ごした」のような単なる継起的な行為による主節への情報付加であれ，「今年学会の賞をとった彼女は，私と同じ中学に通っていた」のような主名詞に対する情報付加であれ，かなり自由に連体句で表現することが可能である。中国語において，作例はさておき，実例の調査からこのような例が見つけ難いのは，「非限定」の表す意味領域が日本語と中国語において同一ではないということが，その一因になっていると考えられる。

## 5　語用論における日中連体修飾構造の相違点

### 5.1　連体修飾句の意味機能が属する領域

最後に語用論の面から考えたい。まず，日本語の事例に基づき，議論の前提となる考察から始める。益岡1997（補説第1章）は，非限定的連体節の主節に対する4種の情報付加機能，すなわち「対比・逆接」「継起」「原因・理由」「付帯状況」について詳しく考察したものである。たとえば次の(21)の文は，(22)のような「因果関係を表す文と同じ内容であると見ることができる」と益岡氏は指摘する（益岡1997：169）。

(21) 最後のバスに乗りおくれた⟦僕⟧はしようがなく橘寺をうしろにして一人でてくてく歩き出しました。　（堀辰雄『大和路・信濃路』）
(22) 僕は最後のバスに乗りおくれたので，しようがなく橘寺をうしろにして一人でてくてく歩き出しました。

しかしながら，(21)と(22)は「内容は同じ」だとしても，まったく同一の意味を表すものではない。さらに(21)は，次の(23)に書き換えても，それほど「内容」に変わりはない。

(23) 僕は最後のバスに乗りおくれ<u>て</u>，しようがなく橘寺をうしろにして一人でてくてく歩き出しました。

(23)は「因果関係」を明示する要素を何ら有していないが，それでも(21)との間に大きな意味的乖離は無い。(23)の「乗りおくれて」における動詞の「テ形」は，益岡・田窪 1992：191 では，「時間的に先行する動作やその時の状態が，ある結果の原因とみなされる場合に使われる」と記述されているものである。ここで，聞き手（読み手）が「（原因と）見なす」手順の介在を必要とすることは注意すべきことである。

また，次の(24)は「対比・逆接」の関係を表すと指摘される例である。

(24) 宗教については何の関心も持っていなかった⟦私⟧が，宗教関係の書物をひもとく機会を持つことができた……。
　　　　　　　　　　　　　　　　　　　　　（井上靖『私の自己形成史』）

益岡氏は(24)において，連体節と主節の間に「対立関係」があると指摘する。(24)を複文に書き換えると，おそらく(25)が最も自然な文であろうが，(25)の下線部の助詞「が」がどこまで逆接を表しているだろうか。

(25) 私は宗教については何の関心も持っていなかった<u>が</u>，宗教関係の書物をひもとく機会を持つことができた……。

この助詞「が」は，もちろん逆接の意味を含んではいるが，一方で，次の(26)の「が」とも繋がっているように思われる。

(26) 私は上海から来た李佳樑と申しますが，楊先生はおられますか。

(26)に見られる「が」は，益岡・田窪 1992：206 が「順接的並列」と呼んでいる接続助詞としての用法であるが，本稿では，この「が」の機能を

「前提の提示」(主節で述べる事態を発話する自然さを保証するための情報を,前もって提示する機能)と分析する。(21)と(23)および(24)と(25)との比較から,連体句と主節と間に存在する「因果」「逆接」という意味(読み)は,明示された顕在的なものではなく,聞き手(読み手)の解釈に依存したものであることが分かる。筆者は益岡 1997 の分析と分類そのものに異議を申し立てているのではない。ただ,「連体句」と「複文の従属節」との間に存在する意味の「異質性」に,より注目しているのである。寺村 1993：164 に次の指摘がある。

 (27) …場合によっては,「…ダガ」とか「…ノニ」とかで言いかえられるような内容のこともある。しかし,それらの関係明示的表現をとらえないことこそ関係節の本質ではないかと思う。それが表わす事実,状況についての知識を背景として,主節の表わす叙述,命題などの評価を下す,それをそれとなく聞き手にゆだねる,というのが関係詞の非制限的用法を使おうとする話し手の心理のように思われる。

この指摘は英語の関係節を念頭においているものであり,寺村氏はこのことを日本語の一般的特徴とも関連づけているが,日本語,延いては中国語のヒト型連体修飾句の意味機能を分析するに当たって,この観点は非常に重要であると本稿は考える。連体句では種々の意味関係が明示されておらず,それを汲み取り,了解するのは「ゆだねられた」聞き手(読み手)である。連体句自体はそれを積極的に主張しているわけではなく,受信側が主節と繋げてその意味関係を理解できる範囲において構成され,発話されるのである。たとえば「因果」を表すと分析できる連体修飾構造が,上の(22)(23)で見たように,必ずしも「因果」関係を明示する複文と1対1の対応関係にあるわけではないように,連体句の表す意味は暗示的であり,多少の幅がある[4]。このことから,連体句の表す意味機能

---

[4] 楊凱栄 2011：10 は修飾部の動詞の形態に触れつつも,それをモダリティと関連づけた上で,日本語は論理関係の明示を好まない言語であると述べ,その原因については日本語が「なる」型言語であるということに帰結させている。

は，意味論の領域を越えて，語用論の領域に跨がるものであると考えることができ，それは日中両言語に対してともに適用可能な視点である。

以上を前提として，中国語と日本語の連体修飾句の相違点について，語用論の面から考えてみる。

## 5.2　文脈依存性

中国語と日本語において連体修飾句の使用頻度とその内容に差があることの原因のひとつとして，本稿は，両言語の有する「文脈依存性」の違いが深く関わっているということを主張したい。

「文脈依存性」というのは，「言語化せずに，どこまで伝達できるか」という度合いであり，言語化せずに伝達できる意味が多い，あるいは確定しているほど，文脈依存性が高い言語である。その意味において，中国語と日本語は，ともに高い文脈依存性を有する言語であると言える。いわゆる「ウナギ文」と呼ばれる構文は，論理的には一致しない2つの項を，コピュラ文を用いて繋ぎ合わせた上で，現場の状況に依存しつつ意味を伝達するものであるが，これは日本語と中国語の双方で成立する。

　⑱　僕はタンメンで，彼女はチャーハンです。
　⑲　我是汤面，她是炒饭。[⑱と同義]

また，中国語では，"意合法（parataxis）"によって表される文が，特に口語において顕著に存在する。

　⑳　你去，我不去。（あなた行く，私行かない）[逐語訳的な訳文]

⑳は，その場の状況や，対話者同士の関係などの外部環境によって，「因果」「譲歩」「仮定」「命令と意志の並列（お前は行け，俺はやめておく）」など，さまざまな意味関係を含意し伝達することが可能である。

ただ，中国語と日本語は同程度の文脈依存性を有しているかと言えば，そうではなく，実際には日本語の方がより高い依存性を呈する。中川1992：14-15 が指摘するように，身体部位に関して言えば，英語が"Raise your hand!"のように所有者をマークする必要があるのに対し，中国語と日本語は対話者や主語が所有者の場合はマークしないのが原則である

が（"明白的人举手。",「分かった人は手を挙げなさい」），親族名詞に関しては日本語が依然としてノーマークである一方で，中国語はマークする。

　(31)　［夜，玄関のチャイムが鳴る。母親が幼い子どもに向かって］
　　　　"你爸爸回来了。"
同じ状況において日本語で「あなたのお父さんが帰ってきたよ」と言えば，かなり複雑な家庭環境が想起されるが，中国語ではむしろ"你"をつける方が自然であろう。ここにおいて，中国語の依存性はやや下がる。

　さらに，中国語と日本語の文脈依存性に関する考察のひとつに木村1990が挙げられる。これは日中両言語の「省略疑問文」「三人称代名詞」「指示詞」の3つのトピックに対して語用論の観点から分析を行なっている考察である。本稿の考察と最も関連が深いのは，「省略疑問文」である。これは中国語では"〜呢？"，日本語では「〜は？」という形式で表される。

　(32)　来週僕はパーティーに行くつもりだけど，あなたは？
　(33)　お母さん，僕の携帯は？
　(34)　［同僚が普段とは違う眼鏡をかけて出勤してきたのを見て］
　　　　おや，その眼鏡は？

木村1990の分析に基づけば，これらの省略疑問文が表している機能はそれぞれ，(32)「対比的先行文脈の省略」，(33)「所在」，(34)「解説要求」と名づけることができよう。このうち，「対比的先行文脈の省略」は先行の言語的文脈に支えられて成立するものであり，あとの2つは対話者を取り巻く状況から推論するものである。中国語の"〜呢？"は「対比的先行文脈の省略」と「所在」を問うことは可能であるが，「解説要求」の機能を持たない。(37)の質問では，問われている内容が判別不能である。

　(35)　下周我要去参加联欢会，你呢？　［(32)と同義］
　(36)　妈，我的手机呢？　［(33)と同義］
　(37)　［(34)と同じ状況で］
　　　　#哎，你这副眼镜呢？（#は語用論的に不適格であることを示す）

つまり，中国語の"〜呢？"は「所在」を問う場合を除けば，常に言語的なコンテキストに依存した端折りしか機能しないのに対して，日本語の「〜は？」は言語的な文脈に留まらず，より広範な「状況」に依存した端折りが可能だということである（木村 1990：25-26）。

以上に引用した「文脈依存性」の違いが，日中両言語のヒト型連体修飾句を構成する場合にも影響を及ぼしていると考えられる。2.1で述べたように，ヒト型連体句の表す意味範疇（Ⅰ）（Ⅱ）（Ⅲ）は，大なり小なり属性付与機能を有していると考えられるが，同時に，これらの連体句で表される行為や事態，状況は，主節で表される行為や事態との間に密接な意味的関連を有している。2.1で挙げた（Ⅰ）の例文のうち，(1)(4)では連体句と主節の意味関係が順接的であり，(2)(3)では逆接的であるが，いずれの連体句も，主節の内容を述べるための「拠り所」となっている。「拠り所」とは一般的知識に照らしてそこから得られる一定の基準・イメージを意味する。次の2例は「年齢」の逆接的な例である。

(38) 他取下眼鏡用手絹擦了擦镜片——已经年过花甲的他，还是这么容易动感情。（彼はメガネをとってハンカチでレンズをぬぐった——すでに還暦を過ぎた彼は，あいかわらずこのように感情的になりがちである。）
(1994年报刊精选)

(39) 刚过了花甲之年的竹内先生令人感觉到真像一位身材扎实的农民，待人朴实坦率。（還暦を過ぎたばかりの竹内さんは体のがっちりした農民さながらで，人に接するのも飾り気がなく率直である。）
(1994年报刊精选)

還暦とは，体力的にはやや衰えがあるが，理性的で重厚なイメージを喚起させるのであろう。このように見れば，（Ⅰ）と（Ⅲ）はともに主節が発話される「前提」になっていると言える。（Ⅱ）は主節で展開する事態に付帯する主名詞の様態を連体句が描写している。この種の連体句は主節と一体のものであり，現状的な「拠り所」であるので，やはり「前提」と見なし得よう。中国語のヒト型連体句は，このような「前提＋行為（事態）」の関係を有する文での使用を典型とし，「継起的」だが互いに無関

係な行為を結びつける状況依存的な連結は，それを構成する十全な機能を獲得していないのではないだろうか。ただ，それをも許容する母語話者が存在するのは，これが語用論的な領域であるがゆえに，個人により容認度に幅があることと，作例などの文を判定する際にも，自身が歩み寄って解釈できる余地があるからだと考えられる。日本語は中国語よりも高い文脈依存性を有しており，それが連体句の使用にも発揮される。

(40) 余の病気に就て治療上色々好意を表してくれた<u>長与病院長</u>は，余の知らない間にいつか死んでいた。余の病中に，空漠なる余の頭に陸離の光彩を抛げ込んでくれた<u>ジェームス教授</u>も余の知らない間にいつか死んでいた。<u>二人に謝すべき余</u>はただ一人生き残っている。　　　　　　　　（夏目漱石「思い出す事など」）

(40)において，3つのヒト型連体句が使用されているが，とくに最後の「二人に謝すべき余」は意味を保持したままで単独の複文に書き換えることが困難であり，かつ連体句を用いることで3つの文が対比をなし，言外の余韻を与える効果もある。一見無関係な名詞と名詞を自由に繋いだり，名詞だけを提示してあとを端折ったりしつつも十全に多様な意味を伝達する文を構成できる日本語の文脈依存性は，ヒト型連体修飾構造の使用においても中国語に比べて，より広範に機能しているのである。

**参考文献**
堀江薫，プラシャント・パルデシ 2009 『言語のタイポロジー』，研究社
木村英樹 1990 文脈依存と状況依存，『中国語』第368号，pp.25-28，内山書店
益岡隆志・田窪行則 1992 『基礎日本語文法—改訂版—』，くろしお出版
益岡隆志 1995 連体節の表現と主名詞の主題性，『日本語の主題と取り立て』，pp.139-153，くろしお出版
益岡隆志 1997 『複文』，くろしお出版
益岡隆志 2008 『叙述類型論』，くろしお出版
中川正之 1992 類型論からみた中国語・日本語・英語，『日本語と中国語の対照研究論文集（上）』，pp.3-21，くろしお出版
小野秀樹 2008 『統辞論における中国語名詞句の意味と機能』，白帝社

寺村秀夫 1993 『寺村秀夫論文集Ⅱ』，くろしお出版
楊凱栄 2011 日中連体修飾節の相違に関する考察，《汉日语言对比研究论丛・第2辑》，pp.1-32，北京大学出版社
方梅 2008 由背景化触发的两种句法结构——主语零形反指和描写性关系从句，《中国语文》第 4 期，pp.291-303，商务印书馆
孙海英 2009 《汉日动词谓语类非限制性定语从句对比研究》，黑龙江人民出版社
朱德熙 1982 《语法讲义》，商务印书馆
朱德熙 1985 《语法答问》，商务印书馆

(おの・ひでき　東京大学)

# "的"を伴う時量修飾構造の
# シンタクスと意味

## 加納　希美

## 1　はじめに

　時量詞は"的"を伴う形で目的語を修飾し，"骑了一个小时的车"のような時量表現を構成することができる。本稿はこの種の構文について，統語的・意味的特徴を考察し，"的"を用いる動機付けについて合理的説明を与えることを試みるものである。結論として，「実行時量」を表す当該構文は「属性時量」を表す同一構造の構文から拡張したものであり，"的"の共起はこの拡張関係に基づくものであることを明らかにする。

### 1.1　時量詞と時量成分

　中国語において，時間量を表すフレーズの多くは，数詞と時間量の単位を表す成分（X）から成り，次のように「数詞＋X」の形をとる[1]。
　(1) 一会儿／一秒（钟）／一分钟／一（个）小时／一天／一（个）星期
本稿ではこのXにあたる成分を「時量成分」とよび，また「時量詞」という場合には「数詞＋X」から成るフレーズ全体を指すものとする。

### 1.2　時量修飾構造

　時量詞はしばしば"的"を伴う形で，次のような表現に用いられる。

---

[1]　"会儿"のように結合する数詞が"一"に限られ，時に数詞を伴わずに用いられるものも時量成分として扱うこととする。

(2) 烏世保这才磕了三个响头，结束了<u>一年零八个月的铁窗生涯</u>[2]。
　　［こうして烏世保はやっと叩頭の礼を三回して，一年八ヶ月の鉄格子窓生活を終わらせた。］
　　　　　　　　　　　　　　　　　　　　　　　　（邓友梅《烟壶》）
(3) 骑了<u>一个小时的车</u>，找到了李方的家。［自転車に一時間乗って李方の家を尋ねあてた。］　　　　　　　　　　　　　　　　（《人民日报》1994年）

以下では(2)や(3)のように"的"を伴う時量詞が目的語を修飾する形式を，一律に時量修飾構造とよぶ。両例における時量詞の働きは一様ではない。(2)の時量詞は目的語名詞の属性に関わる時間量を表すことから，このタイプを属性時量とし，(3)の時量詞は述語全体で報告される行為の持続時間を表すことから，このタイプを実行用法として両者を区別したい。本稿はこのうち，特に実行用法に関わる問題に焦点を当てるものである。目的語の前に時量詞を置き行為の持続時間を表す表現には，時量修飾構造の他に"骑了一个小时车"のように"的"を伴わないものもある。しかし後述のように，談話環境や目的語の性質によっては"的"の共起が制限される場合もあり，"的"は実行用法の構文特徴に関わる独自の役割を担っている。このことから本稿では，実行用法として扱う時量表現を"的"を伴うものに限ることにする。

ところで，実行用法に関連する先行研究では，往々にして(4)(5)のような動詞接尾辞の"了"を伴う例が取り上げられる。

(4) 昨天我们看了<u>一天的电影</u>。　　　　　　　　　（刘月华1983：381）
　　［昨日私たちは一日映画を見た。］
(5) 他坐了<u>十个小时（的）飞机</u>。　　　　　　　　（周小兵1997：144）
　　［彼は十時間飛行機に乗った。］

但し実例の中にはこれらの既然表現の他に，(6)のように譲歩文の従属節に用いられたり，(7)のように助動詞が共起するものも観察される。

(6) 妈！ 王老师给我找了个补习学校，我念<u>半天的书</u>，耽误不了上园子挣钱！［母さん！ 王先生が補習学校を探してくれたの。半日勉強し

---

[2] 例文中の下線は特に断りのない限り本稿の筆者による。

たって，ちゃんと芝居小屋で稼げるわ！］　　　　　（老舎《方珍珠》）
(7) 山区群众居住分散，有些孩子上学要走两小时的路，家长不放心也在情理之中。［山間の人々の居住地はまばらだ。登校するのに二時間の道を歩かねばならない児童もいて，保護者の心情には不安もある。］

（《人民日報》1993 年）

以上のことから，ここでは実行用法の成否に"了"の共起は直接関与しないものとし，(6)(7)のように"了"の伴わない例も当該構文に含めることとする[3]。以下ではこの構文について，相互に関連する二つの問題を順に取り上げたい。

## 2　問題提起

### 2.1　実行用法に関する第一の問題点

時量修飾構造の実行用法に関わる第一の問題は，当該構文においてこの"的"がどのような働きをもち，話し手はどのような動機に基づいて時量修飾構造を構成するのかということにある。この問題に関して，刘月华等 2001：620 では次の(8)(9)において"的"を用いることができることを示し，時間が長いことを表す意味をもつと指摘している。

(8) 为了这件事，我们开了两个晚上（的）会[4]。　　（刘月华 2001：620）
　　［この件で我々は二晩会議をした。］
(9) 我们今年上了将近二百天（的）课。　　　　　　　　　（同上）
　　［我々は今年二百日近く授業をした。］

"的"を伴う時量詞が長時間の持続を表すという解釈は，次のものを含め，確かに多くの実例に当てはまる。

(10) （略），磨上一两个小时的嘴皮子，骆驼才肯倒下去。

---

[3] 時量詞が名量詞や動量詞等と同じく数量情報を担う形式である以上，その働きは計量対象の事態のアスペクチュアルな意味特性と密接な関わりをもつ。この問題は，後の議論において改めて検討する。
[4] 例文中の傍点は刘月华等 2001 による。

[(略),そうして一,二時間ほど説き伏せると,やっとラクダは横たわる気になるのだ。]　　　　　　　　　　　　（王蒙《我的阴阳两界》）

(10)では,後続の節に"才"が共起することからも,計量対象の行為が長時間持続したものとして表されていることが分かる。しかし,当該構文の実例の中には,次のような例も観察される。

(11) 他觉得到天津去──虽然仅坐三小时的火车──就是"出外",(略)[彼には天津に行くことが（たったの三時間列車に乗るだけなのだが）「よその土地に行く」ことなのであって,(略)]（老舍《四世同堂》）

(12) 熟悉他的人都知道,他几乎每天只睡五六个小时觉,没有星期天、没有节假日,拚命地学,拚命地写;[彼をよく知る人は皆,彼がほぼ毎日5,6時間しか寝ず,日曜も祝日もなく,懸命に学び,懸命に執筆することを知っている]　　　　　　　（《人民日报》1994年）

この二例の場合,"仅"や"只"の共起に示されるように,それぞれの時間量は短時間の持続として捉えられている。このことから,時量詞が"的"を伴う場合に常に長時間の持続を表すとは限らないことが分かる。

これとは別に,呂文华1995：288では,時量修飾構造に該当する次のような例を挙げ,時量詞に伴う"的"の問題に言及している。

(13) 思懿,你是有儿女的人,已经做了两年的婆婆,并且都要当祖母啦,(略)[思懿,おまえは子供がいるし,もう姑になって数年で,しかもじきにおばあさんにもなるというのに,(略)]　　　（曹禺《北京人》）

呂氏は(13)の"两年"を補語とみなし,"的"の有無は文の構造や意味や伝達機能に影響を及ぼさないとした上で,"的"は語調を強める（强调语势）働きをもつことを指摘している。しかし,その語調の強さとは具体的に如何なるもので,なぜその働きを"的"が担い得るのかは詳細に説明されていない。一般に数量詞が名詞を修飾する際には,"的"を伴わないことが知られている[5]。名量詞や動量詞から成る数量詞が次のよ

---

5) 朱德熙1982：51-52では,一般に"两本书"とは言うが"*两本的书"とは言わないとしてこのことを指摘している。

うに目的語の前に置かれる場合にも，やはり"的"を伴うことができない。

(14) 我买了三本书。→ *我买了三本的书。
　　［私は三冊本を買った。］
(15) 我只骑过一次车。→ *我只骑过一次的车。
　　［私は一度しか自転車に乗ったことがない。］

"的"が語調を強める働きをもつのだとすると，なぜ時量詞には"的"を伴うことが認められるのに，名量詞や動量詞にはそれが認められないのかという疑問が残る。しかし"的"による強調の実体が明らかではない以上，量詞のタイプによって"的"の共起が制限される要因を，強調との関連から直に説明することは難しい。したがって，時量修飾構造を用いる動機の本質に迫るには，実行用法独自の構文特徴に基づいて"的"の働きを捉え直す必要があるように思われる。

## 2.2　実行用法に関する第二の問題点

　実行用法に関する第二の問題は，そもそもなぜ"的"の使用が可能であるのかという点にある。この種の構文では，時量詞から成る修飾語と目的語との間に，しばしば次のような意味上のミスマッチが認められる。

(16) 厂部离市区11公里，不少职工上下班要挤好几个小时的公共汽车。
　　［工場本部は市区から11km離れ，多くの従業員が何時間もすし詰めで
　　バス通勤しなくてはならない。］　　　　　　（《人民日報》1993年）
(17) 三个朋友划了几小时的船，都说乏了，应当休息休息。
　　［三人の友人は数時間船を漕ぐと，みな，疲れた，ちょっと休まなくちゃ，
　　と言った。］　　　　　　　　　　　　　　　　（苏雪林《棘心》）

物体としての車両の数量は，通常専用量詞の"辆"を用いて表す。一方で，"好几个小时"は意味上動作行為の時間量を限定する。したがって，"公共汽车"が物体としてのバスを指すのであれば，"好几个小时"と"公共汽车"の意味関係は明らかにミスマッチである。それにもかかわらず，修飾関係を明示化する構造をとることができるのはなぜだろうか。第一

の問いは，時量修飾構造の実行用法において"的"を用いる積極的動機付けを究明しようとするものであるのに対し，第二の問いは，時量詞が"的"を伴い得る潜在的要因の解明を試みるものである。本稿では，時量修飾構造を用いる談話環境や，統語的ふるまい及び構文的意味等を考察し，これらの課題に対して一定の見解を得ることを目標とする。

## 3　時量修飾構造における時間量の意味特徴

### 3.1　実行時量と属性時量

　上述のように，時量修飾構造において時量詞が表す時間量は，属性時量と実行時量とに区別される。ここではそれぞれの時間量が意味するところについて改めて確認しておきたい。次の表現の多義性は，属性時量と実行時量の意味的相違によってもたらされると考えられる。

　⑱　看了三个小时的录像。　　　　　　　　　　（蒋严・潘海华 1998：331）

蒋严・潘海华 1998：331 によれば，⑱は⑲⑳に示す二つの意味に理解でき，⑳の意味ならば㉑のように"一部"を置くことができる。

　⑲　看录像这个活动持续了三个小时。　　　　　　　　　　　　（同上）
　　　［録画を見るという行動が三時間続いた。］
　⑳　看的录像长达三个小时。　　　　　　　　　　　　　　　　（同上）
　　　［見た録画が三時間の長さに及ぶ。］
　㉑　看了一部三个小时的录像。　　　　　　　　　　　　　　　（同上）

⑲の"三个小时"は鑑賞する行為が実際に持続した時間を表すため，録画内容が1時間でも5時間でも命題の真偽には影響しない。矢澤 1985：104 では，「牛肉ヲ500g食ベル」における「500g」についてこれを達成量とよび，「動作・作用にともなって増減し，その完了時に達成される数量」と既定する。この定義に従えば，⑲の意味での"三个小时"は時間量としての達成量と言える。本稿で実行時量と言う場合にはこの種の時間量を指す。一方⑳の"三个小时"は録画を一通り再生するのに最低限必要な時間量であり，実際の鑑賞時間は3時間に限られない。特に㉑

のように"一部"を伴う場合，この時間量が意味上述語動詞とは無関係で，事物としての"録像"に関わる情報を表すことは明らかである。数量表現の同様の働きは次に示す日本語の例にも観察される。

　⑵　高イ山ニ　登ッタ　　　　　　　　　　　　（奥津 1983：17）[6]
　⑵　3000 メートルノ山ニ　登ッタ　　　　　　　　　　　（同上）

奥津 1983：17 では，このような例における数量について，名詞の前にあってその属性を示すという点で，「大キイ」「高イ」「強イ」などの形容詞と同じであると述べている。このように属性記述の働きをもつ時間量を，本稿では属性時量とよぶこととする。

## 3.2　属性用法の構文特徴

以下ではまず次の例をとり，属性用法の構文特徴を考察したい。

　⑵　整整运了一个月的粮食。　　　　　　　　　（朱德熙 1982：117）

朱德熙 1982：117 によれば，"一个月"を名量詞としてみなした場合，この文は「まるまる一ヶ月食べるに足りる食糧を運んだ」ことを表す。これは本稿での属性用法の解釈にあたる。この場合"一个月"から食糧の量を推測するためには，この時間量が他ならぬ「消費行為」の持続時間であることが前提となるが，"吃粮食"に相当するその消費行為とは，"粮食"という行為の対象を参照点として想起されるはずである。したがって，"一个月"を属性時量として表す表現は，部分が全体を代表するというメトニミーのしくみを利用するものとして一般化できる。"一个月"が"粮食"の数量的属性を表す場合，この時量詞は"很多的""很少的"等を修飾語にとる場合のように，"粮食"と直接的な意味関係を構成することになる。したがって，時量詞が"的"を伴う属性用法の形式は，言わば，言外の行為の実行時量を属性化し，時量詞と目的語の直接的意味関係を統語構造に類象的に反映するものとして捉えることができよう。

---

6)　例文⑵⑵中の下線は奥津 1983 による。

## 3.3 実行時量と属性時量の融合

　時量修飾構造が用いられる談話環境によっては，㉕のように属性時量と実行時量の解釈が同時的に成立する場合もある。

　　㉕ 那天孩子们对冉的父亲进行了<u>一个多小时的资格审查</u>，(略)
　　　　［その日子どもたちはゼンの父さんに一時間余り（の）資格審査を行い，
　　　　（略）］　　　　　　　　　　　　　　　　　　　　　　（梁晓声《冉之父》）

㉕の"一个多小时"は，前後の文脈に基づけば，完了時点においてはじめて確定した時間量，すなわち，実行時量としても理解できる。但し，この行為を後に回顧する場合には，"那一个多小时的资格审查……"のように anaphoric に照応できる。したがって，この時量詞は"资格审查"の属性情報として捉え直されたもので，時量詞と目的語とが独立した意味のまとまりを構成していると理解することもできる。実行時量と属性時量との同時的成立は次の例にも見てとれる。

　　㉖ 10 岁的张志金每天要走 <u>1 个半小时的山路</u>才能坐到那间漏雨的教
　　　　室里。［10 歳の張志金くんは毎日 1 時間（の）山道を歩いてようやくあ
　　　　の雨漏りのする教室にたどり着くことができる。］(《人民日报》1995 年)

この"一个半小时"を属性時量と理解する場合，それは日頃の通学経験を通じて"山路"に付与されたはずの属性である。そうである以上，その道のりを実際に歩けば，特別なことがない限り自ずとその行為の実行時量は"一个半小时"である。但し，"山路"は"资格审查"とは異なり時間量としての数量をもたず，その数量は通常，距離や個数によって限定される。このため，"一个半小时"という時間量の前提の行為として"走山路"が想起される際には，述語動詞の"走"の意味に依拠することになる。このように，㉕と㉖とでは述語動詞からの独立性という点で程度の差は見られるものの，属性時量としての時間量は，共に述語動詞を中心に組み立てられる行為の実行時量に基づくと解釈し得る。この点で述語動詞と時量詞の意味関係は，㉔のような属性用法と比べるとよ

り直接的である。属性時量を実行時量として解釈し得るこのような言語環境は，時量詞が"的"を伴う構造を，実行時間を表すための構造として再解釈するのに充分な語用論的基盤を提供するものであり，"骑了一个小时的车"に代表される実行用法は，こうした構文的意味の拡張の結果として理解できる。以下ではこの拡張関係により説明可能となる言語事実を順に検討する。

### 3.4　実行用法に見られるメトニミー

　実行用法の中には，⑳のような一部の属性用法に見られたように，時量詞と目的語の意味関係を字面どおりに解釈しにくい場合がある。

　㉗　敲了半天的门，没有人应声。　　　　　　（老舎《四世同堂》）
　　　［しばらくノックしたが，応答する者はない。］

㉗の場合，"半天"は"门"の物体としての数量を限定しているわけではない。そのため，一見すると"半天的门"が独立した意味のまとまりを構成しているとは考えにくいが，この問題は，実行用法においても，属性用法のようにメトニミーのしくみを利用していると考えることにより説明可能である。"整整运了一个月的粮食"では，"粮食"が参照点となることで言外の消費行為が想起され，"一个月的粮食"が独立した意味のまとまりを構成し得るのであった。これと同様に，㉗の"半天的门"は，"门"が参照点となり"敲门"という行為全体が想起されることで，独立した意味のまとまりを構成し得ると考えられるのである。この意味で，"门"は"敲门"という行為全体を代表していると言ってよい。したがって，"半天的门"のような実行用法の修飾構造は，属性用法の場合と同様に，時量詞と目的語の意味上の関係を統語上に反映するものとして理解することができる。時量詞と目的語から成る名詞句がこのように独立の意味のまとまりを構成し得ることを端的に示す実例として，次のような表現が挙げられる。

　㉘　从董家河乡政府出发，一个小时的山路后，汽车在一片云雾缭绕、

葱茏蓊郁的山峰前停下。［董家河の郷政府から出発し，山道を一時間通過した後，車は雲霧立ちゆれ，草木生い茂る峰の前で止まった。］

（《人民日報》1996 年）

(29) 她在公路旁边，<u>两小时的汽车</u>可以到达昆明。（然而从来没有一辆营业汽车在两小时间到达过。）［その街は道の脇にあり，車で二時間もすれば昆明に到着できる。（だが，今までに二時間で着いたことのあるタクシーは一台もない。）］

（北京大 CCL）

これらの例は不自然で，(28)の下線部は，"经过一个小时"のように動詞性の語句を補う必要があると判断される場合もある。しかし次のように"一个小时"を欠く場合よりは容認されやすい。

(30) ＊从董家河乡政府出发，<u>山路后</u>，汽车在一片云雾缭绕、葱茏蓊郁的山峰前停下。

このことは，たとえ動詞性の成分を用いなくても，時量詞が名詞句を修飾することにより何らかの行為を聞き手に想起させ，一定の意味のまとまりを構成し得ることを示している。

　属性用法からの拡張の現れは，実行用法の構文的意味特徴にも見てとることができる。以下では実行用法の計量対象の行為が，一括的に捉えられ，かつ公共性を備えるものであることを指摘し，属性用法から実行用法への拡張関係を検証したい。

## 4　実行用法の意味特徴

### 4.1　実行用法における一括的事態把握

　目的語が計量対象の行為全体を代表するという実行用法の特徴は，次に示す談話環境での当該構文の適用を制限する。

(31) 用盐水把生姜浸泡一个小时，然后把它晒干，可以防止生霉。
　　［生姜を塩水に一時間浸して，その後これを乾燥させるとカビの発生を防ぐことができる。］

(32) ??用盐水浸泡<u>一个小时的生姜</u>，然后把它晒干，可以防止生霉。

(33) ?用盐水浸泡一个小时生姜，然后把它晒干，可以防止生霉。

(32)に示すとおり，(31)の下線部を時量修飾構造の形に置き換えることはできないが，(33)のように"的"を伴わなければ，(32)よりも自然であるとされる。このことは，同じ言語環境であっても"的"を伴うことにより表現の成立が容認されにくくなることを示している。但し，次のような場合には"的"を加えることができる。

(34) 昨天浸泡了一个小时的生姜。[昨日は生姜を一時間浸けた。]

このことから，(32)の不自然さは"把"構文を構成する場合と，時量修飾構造を構成する場合とで，それぞれの構造に反映される事態把握のあり方が異なることに起因すると考えられる。"把"構文は木村 2000：29 において，〈シテ・ナラセル〉事態を表すものとして端的に特徴づけられるように，事物に対するはたらきかけと，その客体に生じる位置移動や状態変化を表す構文である。また，"把"の目的語は一般に特定（specific）の事物であることが知られている。そのような個体性の高い客体に関わる一連の動作過程を表すには，動作過程の内部を連続的スキャニング（sequential scanning）によって微視的に捉え，分析的に観察する必要がある。したがって，(31)のように下線部の前後に"用盐水"や"然后把它晒干"などのフレーズを用い，時間の推移に伴う一連の過程をつぶさに描こうとする談話環境は，〈シテ・ナラセル〉事態を表す"把"構文の構文特徴には適していても，行為全体を目的語に代表させて一括的に表す実行用法の表現には相応しくない。一方，(34)は「生姜浸し」という行為全体の実現とその継続時間を報告するものであり，動作内部の過程を描くものではない。したがって，実行用法はむしろ，このように一括的スキャニング（summary scanning）によって行為の全体を巨視的に捉える事態把握を反映するのに適していることが分かる。

## 4.2 実行用法における事態の公共性

実行用法の計量対象となる事態は，一括的に捉えられ，且つ公共性を備えることが求められる。このことは，次のようなある種の熟語的表現

が生産的に構成されるという点からも確認することができる。

(35) 但如果15万奥运观光客住在这些旅馆里，每天就得<u>坐几个小时的车</u>去看比赛。［しかし，もし15万の五輪の観光客がこれらの旅館に泊まるならば，毎日何時間も乗車して試合を見に行かねばならない。］

(《人民日報》1993年)

(36) 我<u>念半天的书</u>，耽误不了上园子挣钱！　　　((6)の一部を再掲)

(37) 郭克俭排了几小时的队，也没有买到车票，［郭克俭は何時間も並んだが切符を手に入れることができず，］　　　(《人民日報》1995年)

例えば(35)の"坐几个小时的车"は連動文の前節に用いられていることから，ここでの"坐车"は"坐船""骑车"などと対立的に捉えられる交通手段としての行為であることが分かる[7]。こうした交通機関としての"车"は非指示的（non-referential）であり，これに対応する"坐"も大河内1997：104-105で提案される素表現として理解できる。(36)の"念半天的书"のようないわゆる離合詞を用いるものを含め，(35)から(37)の一連の表現は，いずれもこのように動作対象とそれに対するはたらきかけが具体性をもたず，それぞれを分析的に捉えるという視点を欠いている。このことは，行為全体を一括して捉え，それを目的語名詞によって代表するという実行用法の構文特徴によく合致している。

　また，この種の行為が熟語としての意味で理解されるには，参照点としての行為と，ターゲットとなる熟語としての行為が共に公共性をもたなければならない。例えば，"念书"の場合，「学校で勉強する」という熟語としての意味は，「本の音読（念书）」が「学校で勉強する」という意味を想起させる参照点として機能することで確立してきたはずである。そのためには，「本の音読」という"念书"本来の行為が，「学校で勉強すること」に相当する様々な行為の内の一つであることを，百科事典的知識として不特定多数の話し手や聞き手の間で共有されていること

---

7) これらは交通手段として述べられる行為であり，"坐椅子（上）""坐沙发（上）"等に比べると動作の具体性を欠き，熟語的な性質をもつと考えられる。

が最低限求められる。"运了一个月的粮食"のような属性用法も、メトニミーを利用する表現である以上、参照点としての"粮食"とこれによって想起される消費行為に公共性が求められることは言うまでもない。属性時量からの拡張を経た実行用法においても、メトニミーによる表現方法と同時に公共性の特徴が踏襲されているため、公共性に相容れない成分は目的語名詞として用いられにくいのである。

　以上に、公共性をもつ行為を一括的に捉えて表現するという実行用法の構文特徴が属性用法からの拡張によって説明し得るものであることを述べてきた。4.3 ではこれらの構文特徴について、目的語名詞の指示特性との関連から更に考察したい。

## 4.3　実行用法における目的語名詞の指示特性

　4.2 で指摘したように、一般に実行用法における目的語は非指示的であり、次に示す(39)の不成立はこの指示特性に起因する[8]。

(38)　我连续吃了<u>五天</u>咖喱，还没吃完。
　　　［私は五日間連続でカレーを食べたが、まだ食べ終えていない。］

(39)　*连续吃了<u>五天的</u>咖喱，还没吃完。

(38)の"咖喱"を家庭で作り置きした特定のカレーであると想定した場合、"五天"に"的"を加えると(39)のように不成立となる。これに対して次の(40)はカレーという料理一般を指す。このように"咖喱"が非指示的である場合には、"的"を伴うことができる。

(40)　"吃<u>五天的</u>咖喱会不会吃腻？""这里有各种咖喱餐厅，味道都不一样，吃<u>五天的</u>咖喱也不会吃腻。"［「五日間連続でカレーを食べたら飽きない？」「この辺はいろんなカレーショップがあって、味がそれぞれ違うから、五日間連続でカレーを食べても飽きないよ。」］

(39)の"咖喱"のように対象の個体性が高ければ、その事物に対するはた

---

8)　属性用法における目的語は、例えば(21)の"录像"が"一部"に修飾されることからも示されるように個体性をもつ場合もある。

らきかけも具体的になるはずである。このように動作対象と動作の際立ちが共に高い行為は，一括的事態把握を反映する実行用法の述べ方とは相容れない。個体性をもつ動作対象が実行用法の成立を妨げるのはこのような理由に因ると考えられる。事物の個体性は，行為の公共性の問題にも関わっている。このことはまず次の例によって確認できる。

　　⑷1）＊我找了半天的护照还是不见踪影。

この例で表される行為は二重の意味で公共性をもたない。まず，ここでの"护照"は，その持ち主も，色形等の特徴も特定的な「私のパスポート」であることが容易に推測される。そのような客体を対象とする行為は公共性が低い。更に，パスポートを探すという行為が偶発的なものであるという意味でも公共性が低い。このような場合，行為の継続時間と行為の実現を一つの文で述べようものなら，聞き手にとっては情報過多になってしまう。時量修飾構造の目的語によって行為全体を一括して表すためには，時間量の情報に対してその行為の実現が背景化され得るほどの公共性の高さが求められるのである。実行用法における行為の公共性については，更に人称代詞の個体性との関連から確認できる。次に示す例は"的"を伴わない時量表現であるが，周小兵1997：143ではこれらについて，人称代名詞が時量詞より後方に置かれると，新情報がより文の後方に置かれるという語順の規則に反するためと説明している[9]。

　　⑷2）＊我找了<u>老半天</u>你。　　　　　　　　　（周小兵1997：143）
　　⑷3）＊小王陪了<u>一天</u>我们。　　　　　　　　（周小兵1997：144）

次に示すとおり，これらに"的"を加えて時量修飾構造の形にしてもやはり成立しない。

　　⑷4）＊我找了<u>老半天</u>的你。
　　⑷5）＊小王陪了<u>一天</u>的我们。

⑷4）や⑷5）が成立しない直接の要因は，本稿の立場から分析するならば，人称代詞の個体性の高さにより，これを対象とする行為の一括的把握が阻

---

[9] 人称代詞と時量詞の語順については，刘月华1983：382にも指摘が見られる。

まれると同時に，実行用法に求められる行為の公共性に抵触することに因る。例えば(44)の「訪問」は，「あなた」という，発話の場に限定される特定の事物を対象とする行為であり，「あなた」の値次第では「訪ねる」ことの意味合いや，その持続時間の解釈はいか様にも異なり得る。したがって，人称代詞のように極めて個体性の高い客体を対象とする行為は公共性をもたず，実行用法の成立条件を満たせないのである。

### 4.4 清代の言語資料に見られる時量修飾構造の意味特徴

時量修飾構造の実行用法が属性用法からの拡張であることを窺わせる通時的言語事実として，ここでは清代の言語資料に見られる実例を取り上げたい。清代中期の代表的言語資料《儒林外史》《红楼梦》《儿女英雄传》において，時量修飾構造の時量成分に"天"や"年"を用いるものは27例観察される。各用法の内訳は，【表Ⅰ】に示すとおりである[10]。

【表Ⅰ　清代言語資料における時量修飾構造】

| 属性用法 | 融合用法 | 実行用法 |
| --- | --- | --- |
| 15例 | 4例 | 8例（熟語的表現：7例） |

次の(46)に示すのは属性用法の実例であり，(47)に示すのは融合用法と見られる実例である[11]。

(46) "叫鸳鸯拿出一百银子来交给外头，叫他明日起预备<u>两天的酒饭</u>。"
　　［「鴛鴦にな，銀子一百両を出してきて表の方に渡し，明日から向こう二日間の酒席の支度をさせるようにと伝えさせなさい」］
　　　　　　　　　　　　　　　　　　　　　　　　　(《红楼梦》第8回)

(47) 若想到黄老爹的地步，只怕还要做<u>几年的梦</u>！［黄旦那の地位を望んだりすりゃ，あと，何年も夢を見つづけなければなるまいさ！］
　　　　　　　　　　　　　　　　　　　　　　　　　(《儒林外史》第3回)

---

10) "一天的""一年的"のように時量成分の直後に"的"を伴うものだけを計数した。したがって"三年多的""三年半的"等の例は統計に反映されない。
11) 以下(46)から(49)の和訳は『中国古典文学大系』(平凡社) に基づく。

【表Ⅰ】に示すとおり，当該構造による表現のうち実行用法は約3例に1例検出されることから，清代中期において一定の生産性をもつことが分かる。但し，時量修飾構造の独立性という点に着目すると，現代語の実例よりも更に属性用法の特徴を色濃く残していることが見てとれる。実行用法と見られる8例のうち，7例は(48)のように目的語が熟語の構成要素となるものか，(49)のように立場を表すものに限られる。

(48) 因他苦读了<u>几十年的书</u>,秀才也不曾做得一个,(略)［何十年もの間，一生懸命学問してきましてね，ですが，いまだに秀才にもなれず，(略)］
　　　　　　　　　　　　　　　　　　　　　　　　(《儒林外史》第3回)

(49) 但我和他做过<u>十年的邻居</u>,只一墙之隔。［ただ，わたくし，あのかたとは，十年越しに垣根一重のお隣づきあいをしておりましたんですの。］
　　　　　　　　　　　　　　　　　　　　　　　　(《红楼梦》第63回)

(48)の"做邻居"は，特定時空間の一回的行為を表すのではなく，「お隣づきあい」に該当する様々な行為を一括して表している。その意味において，"做"によって表される動作は抽象的であり，"邻居"も個体としての事物を指すものではない。したがって，この場合においても動作の客体と，それに対するはたらきかけが分析的に捉えられることなく，"十年的邻居"によって行為の全体を代表させているのだと考えられる。現代語の実行用法でも，目的語が非指示的で個体性をもたないという点は共通するが，例えば(11)の"坐三小时的火车"と(16)の"挤好几个小时的公共汽车"を比べると，利用する交通機関や乗車時の行為・姿勢に応じた語彙の選択が見られ，この点では一定の具体性をもつ。清代中期の用法の熟語性の高さからすれば，現代語における実行用法の方がより具体的な行為にも適用できるということであり，このことは，用法の拡張を示す事実の一つとして捉えることができよう。

## 5　おわりに

ここまでに，"骑了<u>一个小时的车</u>"に代表される実行用法の構文的特

徴を考察し，当該構文が，動作対象を参照点とするメトニミーにより，目的語名詞に行為全体を代表させる表現であることを，属性用法からの拡張関係に基づいて示してきた。本稿の考察に基づけば，"一个小时的车"において，"一个小时"は"车"に代表される行為の時間量を表すものであり，両者の意味関係は決してミスマッチではないと解釈できる。実行用法において"的"を伴い修飾関係を明示化できる潜在的要因はこのように説明できよう。

実行用法に関わるもうひとつの問題，すなわち，"的"を伴う積極的動機付けについても，実行用法の意味特徴に基づき説明することができる。次の例における"六七个小时"と"长途公共汽车"の統語上の修飾関係は"的"を伴うことで明確になる。

(50) 说乘火车是直接到不了的，得转车。转车也还是到不了，还得乘六七个小时的长途公共汽车。［彼らが言うには列車では直に到着できず，乗換が必要だ。乗り換えてもやっぱり到着できず，更に6，7時間長距離バスに乗らねばならない。］　　　　（梁晓声《表弟》）

"六七个小时的"と"长途公共汽车"のように字面の上でミスマッチの関係にある二要素の場合，"的"によって修飾関係が有標化されることにより，そのミスマッチ関係はますます際立つことになる。その際，動詞を伴わない"一个小时的山路"の解釈がそうであったように，明示化された統語上の修飾関係に見合う意味関係を見出そうとして，何らかの関連する行為が想起されることになるのである。実行用法において"的"を用いる積極的動機付けは，このような関連行為の読み込みを促すための修飾関係の顕在化にあると考えられる。

ところで，実行用法においても，時量詞は単に行為の持続時間を表すわけではない。このことを次の二例によって確認したい。

(51) 勐混乡有6个村公所，58个自然村，最远的离乡政府要走5个多小时的山路，……［勐混郷には，6つの村役場と58の村落があり，最も遠いのだと郷政府から5時間余りの山道を行かねばならない。］

（《人民日报》1996年）

⑸2) 8日上午，天津市常务副市长张立昌以普通乘客的身份乘坐了3个多小时的公共汽车，亲身感受了等车、挤车之苦。［8日午前，天津市常務副市長の張立昌は，一般乗客として3時間余りバスに乗り，バス待ちや混雑の辛さを自ら味わった。］　　　　（《人民日报》1993年）

⑸1)は融合用法として理解できるもので，「山道を5時間歩く」ことが「最も遠い」場合として示されていることからも，"5个多小时"を距離の情報として示そうという意図は明白である。一方⑸2)は実行用法として理解できるが，乗車に要した三時間という時間量を「混雑の辛さ（挤车之苦）」という表現の拠り所として，すなわち，すし詰めのバスの乗車時間にしては耐え難い時間量として示していると解釈できる。このように，実行用法において，客観的な実行時量を目的語（に代表させる行為）の属性情報として示そうとすることは，属性用法と同じ統語構造を用いる積極的動機として無理なく理解できる。実行用法における時量詞の属性表現としての働きは，次に示す時量詞の共起制限にも見てとれる。

⑸3) 小王听了一会儿新闻。→ *小王听了一会儿的新闻。
　　　［王くんはしばらくニュースを聞いた。］　　　　（周小兵1997：144）
⑸4) 我看了一阵儿电视。→ *我看了一阵儿的电视。
　　　［私はひとしきりテレビを見た。］　　　　　　　　　　　　（同上）

周小兵1997：144ではこれらの例を挙げ，時量詞が不確定な時間量を表す場合には"的"を加えられないと指摘している。しかし，それがどのような意味での不確定であるかは説明されていない。例えば，"几个小时"や"半天"は具体的数値が確定的ではないという意味では不確定な量であるが，次のように時量修飾構造に用いることができる。

⑸5) 每天就得坐几个小时的车去看比赛　　　　　　［⑶5)の一部を再掲］
⑸6) 敲了半天的门，没有人应声。　　　　　　　　　［⑵7)の一部を再掲］

"半天"は長時間であることを「半日」に喩えて表すものである。また，"几小时"は60分を単位とするのであり，不確定ながらも，乗車時間としては，"几分钟"と比べて長時間であると判断できる。このように，たとえ具体的数値を示さない時量詞であっても，それを属性として捉え

直すことができれば"的"を伴うことができる。先行研究に指摘される"的"による強調とは，このような長時間か短時間か等の属性の読み取りに付随するものとして説明することができよう。

"一会儿""一阵"は，短時間とも長時間ともつかないひとまとまりの時間を表す。そのような不確定な時間量に何らかの属性を読み取ることは難しい。木村1997に指摘されるように，一般に数量詞は動詞に限界性を与える働きを担う。時量詞も例外ではなく，"一会儿"や"一阵"はむしろ，その機能語としての働きしか担い得ないのである[12]。時量詞が有界化の働きを担う場合，動作過程のアスペクトを問題にするという点で動詞と数量詞の関係は直接的であり，"的"を伴い述語動詞との間接的関係を明示化する時量修飾構造とは相容れない。そのことが動詞の有界化に特化したこれらの時量詞の適用を妨げるのだと考えられる。

時量修飾構文において"的"を伴う積極的動機付けが，目的語（に代表される行為全体）の属性記述にあるのだとすれば，名量詞や動量詞がこの形に馴染まないことも無理なく理解できる。杉村・木村1995：9訳注に「"两本书"［本二冊］に"的"を加えて"两本的书"とすると，意味はまったく変わって「上下二巻の本」という意味になる」とあるが，このことは木村2008：16において，より具体的に次のように説明されている。

　(57) 対象となる餃子が総体として6個であるとか30個であるとかいう認定は，餃子の重さが2kgであるとか，味が上々であるとか，具がニラ抜きであるといった類の認定に類し，その意味において，〈量〉の認定もまた「中身」の記述であり，属性記述の一種と見ることができる。

これとは対照的に，"我买了三本书"や"我只骑过一次车"における数量は，対象の事物の総体としての量を示すものではく，その数値から個々

---

12) この問題に関しては，時量詞だけでなく，他の量詞タイプとの関連において考察する必要があるが，紙幅の都合上，ここでの議論は割愛したい。

の事物や行為の属性を読み取ることは難しい。その点，時量詞は行為の量を表すため，属性記述に転じやすいのである。

　本稿の一連の考察を踏まえると，結局のところ時量修飾構造を適用する動機は，属性用法にしても実行用法にしても，"的"によって時量詞と目的語の修飾関係を明示化することであると結論づけられる。特に実行用法においては修飾関係を明示化することで，事態の一括的把握が反映され，更には"念书"の熟語としての意味が活性化されたり，時量詞の属性記述の働きを前景化したりすることになるのであろう。

**参考文献**
木村英樹 1997　動詞接尾辞"了"の意味と表現機能，『大河内康憲教授退官記念中国語学論文集』，pp.157-179，東方書店
木村英樹 2000　中国語ヴォイスの構造化とカテゴリ化，『中国語学』247 号，pp.19-39，日本中国語学会
木村英樹 2008　中国語疑問詞の意味機能――属性記述と個体記述，『日中言語研究と日本語教育』Volume1-1，pp.12-24，好文出版
奥津敬一郎 1983　数量詞移動再論，『人文学報』160 号，pp.1-24，東京都立大学
大河内康憲 1967　複句における分句の連接関係，『中国語学』176 号，pp.1-12，中国語学研究会（大河内康憲 1997『中国語の諸相』，pp.86-106，白帝社に再録）
朱德熙著，杉村博文・木村英樹訳 1995　『文法講義―朱德熙教授の中国語文法要説―』，白帝社（原著は《语法讲义》，商务印书馆）
矢澤真人 1985　連用修飾成分の位置に出現する数量詞について，『学習院女子短期大学紀要』23 号，pp.96-112，学習院女子短期大学
蒋严・潘海华 1998《形式语义学引论》，中国社会科学出版社
刘月华・潘文娱・故韡 1983《实用现代汉语语法》，外语教学与研究出版社
刘月华・潘文娱・故韡 2001《实用现代汉语语法（增订本)》，商务印书馆
吕文华 1995　略论一组含时量词语的同义格式，《语法研究和探索（七)》，pp.280-291，商务印书馆
周小兵 1997　动宾组合带时量词语的句式，《语言教学与研究》第 4 期，pp.142-147，北京语言学院
朱德熙 1982《语法讲义》，商务印书馆

**辞書・コーパス**
北京大学汉语语言学研究中心コーパス（総字数：4.77億字）
　　URL:http://ccl.pku.edu.cn:8080/ccl_corpus/index.jsp

（かのう・のぞみ　東京理科大学非常勤講師）

# "有"構文の初出導入機能から見た『山海経』各経の内部差異

木津　祐子

## 1　はじめに

　本稿は,『山海経』各篇における,事物の存在表現について分析を行い,特に"有"構文がもつ「初出導入機能」に,『山海経』内部に顕著な相違が見られることに着目し,その相違が示す位相の実態を考察するものである。さらにその位相が,各巻の成立及び相互関係を考える上で,いかなる手がかりを我々に与えてくれるかについても言及したい。

## 2　テキストについて

　『山海経』十八巻は,「山経」五巻と「海経」十三巻に大別される。さらに「海経」十三巻のうち,「大荒経」四巻と「海内経」一巻は,古くより由来が異なると指摘されている。それらの議論を踏まえ,前野1975：10 は,『漢書』「芸文志」に「山海経十三巻」と著録するのは,「山経」五巻に,「海経」十三巻から「大荒経」四巻「海内経」一巻をのぞいた八巻を合わせた数ではないかと指摘する。少々長文に渉るが,本稿の考察にとって重要な前提であるので,以下に当該箇所を引用する。

　　しかし,ここから問題が発生する。というのは,劉秀（引用者注：劉歆）は叙録の中で,『山海経』の定本を十八篇に定めたと書いているにもかかわらず,「漢志」では十三篇となっているからである。劉秀が十八篇と定めたならば,『七略』でも十八篇となっていたは

ずであり，それを転載した「漢志」がなぜ十三篇としたのか，説明がつかない。現在の『山海経』は十八巻あり，昔の書物は後世の一巻をしばしば一篇と称したので，劉秀のいう十八篇が現在の十八巻を指すとすれば，数字は合う。また，十三篇とは，現在の十八巻のうちの巻十四以下，つまり「大荒経」以下の五篇をのぞいたものとみることもできよう。「大荒経」以下の部分は，それまでの部分と比べて書き方に明白な相違があり，あとから付加されたと考えてもよいからである。そこで，劉向が校訂したのは十三篇までであり，それが『七略』に書かれて「漢志」に伝わったが，劉秀がさらに五篇を発見して十八篇とし，後世に残したという推測が成り立つ。しかし，この推測の最大の弱点は，劉秀が校訂したという書き入れが，前述のごとく巻九と巻十三の末尾にありながら，巻十八の末尾にはないことである。劉秀が父劉向の定めた十三篇に五篇を加えたのならば，むしろ巻十八の末尾にこそ，自分が校訂した旨を明記したはずである。

今回，『山海経』における存在もしくは所在の表現手法を分析するに当たり，「山経」と「海経」との間では大きな懸隔が存在することは，一見して明らかであった。さらに「海経」から「大荒経」を抽出して対比してみると，その違いはさらに顕著となり，「山経」，「大荒経」と「海内経」を除く「海経」（以下これを「海経」と呼ぶ），残る「大荒経」「海内経」が，まさに三者三様の特徴を有することが明らかとなった。

以下，「山経」五巻，「海経」八巻，「大荒経」「海内経」五巻ごとに，存在及び所在の叙述方法を巡っての分析を行うこととしたい。

『山海経』全体の構成は以下のとおりである。

　　山経
　　　　第一巻　南山経　　　　第二巻　西山経
　　　　第三巻　北山経　　　　第四巻　東山経
　　　　第五巻　中山経

海経
- 第一巻　海外南経　　　第二巻　海外西経
- 第三巻　海外北経　　　第四巻　海外東経
- 第五巻　海内南経　　　第六巻　海内西経
- 第七巻　海内北経　　　第八巻　海内東経

大荒経・海内経
- 第九巻　　大荒東経　　　第十巻　　大荒南経
- 第十一巻　大荒西経　　　第十二巻　大荒北経
- 第十三巻　海内経

なお，分析に際しては，以下のテキストを用いた。

1　袁珂《山海經校注》上海古籍出版社，1980.7
2　袁珂《山海經校譯》上海古籍出版社，1985.9

## 3　『山海経』各篇の叙述について

　『山海経』は全編を通し，各巻が領域と定めた諸地域に存在する山川を，南→西→北→東と経巡りながら[1]，その場に存在する鉱物や動植物，さらに神話的諸物象の，何がどのように存在するかを，各土地に関連づけながら叙述する。「山経」は中原を中心とした地域で，「海経」や「大荒経」は中国の境外（想像上の地域も含む）を対象とするという違いは有するものの，「土地」とそこに存在する「事物」の関係を記すという基本は一貫する。ところが，その叙述方法には各経ごとに，極めて顕著な違いが見られるのである。

　まず指摘せねばならないのは，叙述は巻によるばらつきは存在するものの，基本的に経内はほぼ類似の定型文によって進行することである。以下，各経の叙述の基本型を確認しておこう。

---

[1]　袁珂は，『山海経』の「経」は，「経歴」の「経」であって「経典」の意ではないとする。「珂案：山海經之經，乃經歷之經，意謂山海之所經，初非有經典之義。……」（袁珂 1980：181．「山海経海経新釈巻一海経第六」の「山海経」への注）

## 3.1 「山経」の定型文——「曰」を用いたコピュラ文——

「山経」において，空間と存在物との関係は，次のような定型文にて記述される。

(1) 南山經之首曰誰山。(2) 其首曰招搖之山，臨于西海之上，多桂，多金玉。(3) 有草焉，其狀如韭而青華，其名曰祝餘，食之不飢。
(4) 有木焉，其狀如穀而黑理，其華四照，其名曰迷穀，佩之不迷。
(5) 有獸焉，其狀如禺而白耳，伏行人走，其名曰狌狌，食之善走。麗麿之水出焉，而西流注于海，其中多育沛，佩之無瘕疾。（南山経）
［南山経の起点は誰山という。その起点を招搖の山といい，西海のほとりを望む。桂が多く，金玉も多い。草が有り，その様は韭のようで青い花が咲き，名を祝余という。それを食べれば飢えを感じない。木が有り，その形は穀（かじのき）のようで肌理は黒く，その花は四方を照らし，名を迷穀という。それを腰に下げれば道に迷わない。獣がいる。その様は禺のようで耳が白く，四つんばいで歩き人のように走る。その名を狌狌という。それを食べればよく走るようになる。麗麿の水はここを水源として，西に流れて海に注ぐ。その中には育沛が多く，それを腰に下げれば病気にならない。］

(6) 又西北三百七十里曰不周之山。北望諸毗之山，臨彼嶽崇之山，東望泑澤，河水所潛也，其源渾渾泡泡。(7) 爰有嘉果，其實如桃，其葉如棗，黃華而赤柎，食之不勞。　　　　　　　　　　　（西山経）
［さらに西北三百七十里行ったところは不周の山という。北は諸毗の山を望み，かの嶽崇の山に望み，東は泑澤を望むが，それは河水が沈潜する場所で，その源泉は渾々と泡立っている。ここに嘉き果物が有り，その果実は桃のよう，その葉は棗のようで，黄色の花が咲き萼は赤く，それを食べたら疲れない。］

(8) 又北三百里曰神囷之山，(9) 其上有文石，其下有白蛇，有飛蟲。黃水出焉，而東流注于洹。滏水出焉，而東流注于歐水。　（北山経）
［さらに北に三百里行くと神囷の山で，その上には文石が有り，その下には白蛇，飛虫がいる。黄水がそこから始まっていて，東に流れて洹に注ぐ。

溢水がそこよりわき出て，東に流れ歐水に注ぐ。]

(1)(2)(6)(8)は，全体の叙述対象となる空間を範囲設定する，もっとも基本的な定型句である。主語に空間を置き，それを「曰」によって名付けることで，空間を特定する。(2)の「其首」，(9)の「其上」「其下」によって示されるのは，直前に特定された空間の一部である。一方，(7)の「爰」は前提の空間そのものを指す。

興味深いのは，(3)(4)(5)の「有＋NP＋焉」の形式と，(9)の「L（空間）＋有＋NP」の用法上の違いである。これについては，第4節にて改めて議論を加えることとする。

### 3.2 「海経」の定型文──「在」を用いた所在文──

続いて，「海経」の叙述形式は以下のとおりである。一見して「山経」とは異なる形式が採用されていることが見て取れる。

(10) 海外自西南陬至東南陬者。

(11) <u>結匈國在其西南</u>，其爲人結匈。(12) <u>南山在其東南</u>。自此山來，蟲爲蛇，蛇號爲魚。一曰 (12') <u>南山在結匈東南</u>。(13) <u>比翼鳥在其東</u>，其爲鳥青、赤，兩鳥比翼。一曰 (13') <u>在南山東</u>。(14) <u>羽民國在其東南</u>，其爲人長頭，身生羽。一曰 (14') <u>在比翼鳥東南</u>，其爲人長頰。(15) <u>有神人二八</u>，連臂，爲帝司夜于此野。　　　　　　　　　（海外南経）

[海外の西南隅から東南隅に至る（を範囲とする）。
結匈の国がその西南に在る。その住民の姿は結匈（胸の前がつきだす）である。南山がその東南に在る。この山から先では，虫を蛇とし，蛇を魚と呼ぶ。ある本には「南山は結匈の東南に在る」という。比翼鳥がその東にいる。その鳥は青と赤の羽で，二羽が翼を連ねて飛ぶ。ある本では「南山の東にいる」という。羽民の国がその東南に在る。住民は頭が長く，身体に羽が生えている。ある本には「比翼鳥の東南に在ってその姿は頬が長い」とする。神人の二八がいて，腕を組み合って天帝のためにこの野で夜警をしている。]

務隅之山，帝顓頊葬于陽，九嬪葬于陰。一曰 (16) <u>爰有熊、羆、文虎、</u>

離朱、鴝久、視肉。　　　　　　　　　　　　　　　（海外北経）
　［務隅の山は，帝顓頊がその南腹に葬られ，九嬪がその北腹に葬られている。
　　ある本には「そこには，熊，羆，文虎，離朱，鴝久，視肉が有る」という。］
　⑽は，「海経」の各巻「海外（内）南経」「海外（内）西経」「海外（内）北経」「海外（内）東経」が覆う範囲を各巻頭にて示す箇所である。つまり，冒頭で，それ以降の記述はすべてここで設定された世界内の事物であることが予め示されるのである。

　続く⑾〜⒁は「在」を用いた所在文で，これが，「海経」で，空間と事物の存在を示す際に用いられる最も一般的な構文である。「海経」を構成する全八巻において，事物と空間との関係は，「事物＋在＋空間」という所在文によって示されるのである。そして留意すべきは，それぞれの文の中で，主語に置かれる事物はすべて初出の情報，つまり非既知の情報であるという点である。つまり，⑾の「結匈國」，⑿の「南山」，⒀の「比翼鳥」，⒁の「羽民國」，すべて当該文では初出の情報である。本来「非既知」であるはずの国名（住民）や動植物が，既知であるかの如く主語の位置に置かれて新たに話題中に導入されるのは，独立したテキストとしてはかなり異質なものといえよう。

　「海経」で採用されるこの所在文の形式がいかに異質であるかは，「山経」や「大荒経」「海内経」での所在文の出現頻度及びそこでの用法を比較すれば一目瞭然である（第5節所掲の表を参照されたい）。

　「山経」や「大荒経」「海内経」では，そもそも空間と事物の存在を示すために「在」を用いるケースは極めて稀である。例えば「山経」全五巻では，下の⒄〜㉑が見える程度[2]であるし，「大荒経」「海内経」でも，㉒㉓㉔しか用例は見られない。

　⒄　有魚焉，其狀如牛，陵居，蛇尾有翼，其羽在魼下，其音如留牛，
　　　其名曰鯥，冬死而夏生，食之無腫疾。［魚が（そこに）いて，姿は

---

[2] 各巻末の「賛」とも呼ぶべき総括的文章に，既知の地名等を再掲する際に「在」が用いられることはあるが，「海経」での"在"構文とは用法が異なるため，ここでは取り上げない。

牛のよう，陸上にすみ，蛇の尾と翼が有る。羽は鮁（肋骨）の下に在り，鳴き声は留牛のよう，名を鯥という。冬に死んで夏に生まれる。それを食べると浮腫がなくなる。］　　　　　　　　　　　　　（南山経）

(18) 有獸焉，其狀如羊，九尾四耳，其目在背，其名曰猼訑，佩之不畏。［獸がいて，その姿は羊の如く，尾が九つ耳が四つ，目は背に在り，名を猼訑という。それを腰に下げると厄払いになる。］　　　　　（南山経）

(19) 西次三經之首曰崇吾之山，在河之南，北望冢遂，南望䍃之澤，西望帝之搏獸之丘，東望螞淵。［西次三経の筆頭は崇吾の山といい，河の南に在って北は冢遂に望み，南は䍃の沢に望み，西は帝の搏獸の丘に望み，東は螞淵に望む。］　　　　　　　　　　　（西山経）

(20) 其中多鰩鰩之魚，其狀如鵲而十翼，鱗皆在羽端，其音如鵲，可以禦火，食之不癉。［その中に鰩鰩の魚が多くいて，姿は鵲のようで翼が十，鱗はすべて羽の先に在り，鳴き声は鵲のよう，火を禦ぐことができ，食べると癉にならない。］　　　　　　　　　　　（北山経）

(21) 北次二經之首，在河之東，其首枕汾，其名曰管涔之山。［北次二経の筆頭は，河の東に在る。そのまた筆頭は汾河を枕し，名を管涔の山という。］　　　　　　　　　　　　　　　　　（北山経）

(22) 丘方圓三百里，丘南帝俊竹林在焉，大可爲舟。［丘は方円三百里，丘の南には帝俊の竹林が在り，（その竹は）大きくて舟を作ることができる。］　　　　　　　　　　　　　　　　　　　（大荒北経）

(23) 禹湮之三仞，三沮，乃以爲池，群帝因是以爲臺。在崑崙之北。［禹がこれを三仞の深さまで湮めたが，三たびくずれたので，それを池にした。群帝はそこに台を作った。崑崙の北に在る。］　　　（大荒北経）

(24) 其中有九嶷山，舜之所葬，在長沙零陵界中。［その中に九嶷山が有り，舜の墓所である。長沙零陵界中に在る。］　　　　　　　（海内経）

(17)(18)(20)は，「羽」「目」「鱗」すべて身体部分の在処を述べる。描写される動物が少々異形で，在ってはならない場所にそれらが出現するとはいえ，身体の構成要素としては想定可能なものであり，大西2011：18が述べるように，「存在することが自明な定の事物を主語とし，その所在

場所を動詞「在」の目的語として導入する構文」と見なしても問題はない。⑲⑳〜㉔は，"在"構文が現れるまでに，主語に相当する事物の新規導入は，名付けや事跡の説明等により完了していて，既知の事物を主語にもつ文として通例にかなっている。㉑は明の王崇慶が「北次二經之首，下當遺山字」と述べるなど[3]，字の脱落が指摘される文で，本来は⑲と同じく，名付けに相当する部分が先行していたと考えられる。使用頻度の偏頗のみならず，用法上も，「海経」での所在文の使用が極めて特徴的であることが見て取れよう。

『山海経』のテキストについては，『山海（経）図』とも呼ぶべき絵画に関連づけて理解しようとする意見が古くより見られる。これは，陶淵明の著名な詩「讀山海經」に「汎覽周王傳，流觀山海圖〔周王の伝を汎覽し，山海の図を流觀す〕」（『文選』巻三十「雑詩下」）と詠まれることによるのみならず，「海経」の，「所在文」を主体とする叙述様式がもつ特異性によるところも大きいと思われる[4]。

上でも述べたとおり，「海経」諸巻は，まず巻頭にて，叙述範囲の設定が行われる。「西南隅から東南隅まで」（海外南経），「西南隅から西北隅まで」（海外西経），「東北隅から西北隅まで」（海外北経），「東南隅から東北隅まで」（海外東経）等々という具合である。つまり，参照すべき空間範囲があたかも図幅の一部を区切るかの如く，予め指示されるのである。朱熹が，『山海経』について問うた弟子に，「漢の宮中にあった絵画に描かれた禽獣の形態を記録したもの」と答え，その根拠として，「南向きや北向き」等の方角指定語の存在を挙げる[5]のも，恐らくこの「海経」各巻冒頭の範囲設定等を念頭に置いた発言であろう。

このように範囲設定された空間の中で，"有"構文は，典型的なリス

---

3) 袁珂 1980：80。
4) 「海経」が他の経よりも絵画の絵解き的要素を色濃くもつことについては，前野 1975：16-17 や松田 1995：24 にも指摘がある。
5) 原文は次のとおり。「問山海經。曰，一卷說山川者好。如說禽獸之形，往往是記錄漢家宮室中所畫者，說南向北向，可知其為畫本也。」（『朱子語類』巻一三八「雑類」）

ト存在文（限量的存在文）[6]として現れる。上の用例では，(16)の「爰有熊、
羆、文虎、離朱……」がそれで，この「爰有＋NP1＋NP2＋NP3＋…」
というリスト存在文は，「海経」には頻繁に出現する。

(15)の"有"構文は初出導入文として用いられるが，後で見るとおり，「山
経」の初出導入文が「有＋NP＋焉」という定型文を採るのとは異なり，
「有＋NP」の形で後続文を導く。また，初出導入においては，「有」の
目的語は非既知のものでなくてはならないにもかかわらず，「二八」と
いう特定された名詞が来るのも異例のことであるが，上で論じたとおり，
「海経」が，独立したテキストとしては不自然な叙述によって進行する
ことに鑑みるならば，(15)も，別に参照する「図」もしくはテキストの存
在を推測させる例文の一つと見なすべき例かもしれない。

### 3.3 「大荒経」「海内経」の定型文──"有"構文──

最後に，「大荒経」「海内経」の叙述方式を見ておくこととしよう。

(25) 東海之外大壑，少昊之國。少昊孺帝顓頊于此，棄其琴瑟。(26) 有甘山者，甘水出焉，生甘淵。(27) 大荒東南隅有山，名皮母地丘。(28) 東海之外，大荒之中，有山，名曰大言，日月所出。(29) 有波谷山者，有大人之國。(30) 有大人之市，名曰大人之堂。(31) 有一大人踆其上，張其兩耳。(32) 有小人國，名靖人。　　　　　　　　　（大荒東経）
［東海の外の大きな壑（たに）は，少昊の国である。少昊は帝顓頊をここで育て，その琴瑟を捨てた。甘山という山が有り，甘水がここから出て，甘淵を作っている。大荒の東南隅に山が有って，皮母地丘という。東海の外，大荒の中に山が有り，名を大言といい，日月の出る所である。波谷山という山が有り，そこに巨人（大人）の国が有る。巨人の市が有り，名を大人の堂という。一人の巨人がいて，その上に蹲り，両耳を広げている。小人の国が有り，靖人という。］

(33) 大荒之中有山，名曰猗天蘇門，日月所生。有壎民之國。(34) 有蒸

---

6）　金水 2006：39。

山。又有揺山。有䣝山，又有門戸山。又有盛山。又有待山，有五采之鳥。　　　　　　　　　　　　　　　　　　　　　　（大荒東経）
［大荒の中に山が有り，名を猗天蘇門といい，日月が生ずる所である。壎民の国が有る。蟇山が有る。さらに揺山が有る。䣝山が有る。さらに門戸山が有る。さらに盛山が有る。さらに待山が有り，五采の鳥がいる。］

(35) 西有王母之山、𡼲山、海山。有沃之國，沃民是處。沃之野，鳳鳥之卵是食，甘露是飲。凡其所欲，其味盡存。(36) 爰有甘華、甘柤、白柳、視肉、三騅、璇瑰、瑤碧、白木、琅玕、白丹、青丹、多銀鐵。鸞鳥自歌，鳳鳥自舞。(37) 爰有百獸，相群是處，是謂沃之野。
　　　　　　　　　　　　　　　　　　　　　　（大荒西経）
［西に王母の山，𡼲山，海山が有る。沃の国が有り，沃の民はここに住む。沃の野では，鳳鳥の卵をここで食い，甘露をここで飲む。すべて欲しいもの，その味はすべて存在する。ここに，甘華，甘柤，白柳，視肉，三騅，璇瑰，瑤碧，白木，琅玕，白丹，青丹が有り，銀鉄が多い。鸞鳥が自ら歌い，鳳鳥は自ら舞う。ここに百獣がいて，群れを成してそこにいる。ここを沃の野というのである。］

「大荒経」「海内経」は，空間と事物との関係を主として"有"構文によって叙述する。「有」の多用は，「山経」よりも寧ろ甚だしい。

(25)が最上位の空間設定である。「山経」で見られたような「曰」はもたないものの判断文形式で，この点は「山経」に近いということができよう。しかし，それに続く"有"構文は，かなり「山経」とは様相を異にする。これら"有"構文の違いについて，節を改めて，以下に少し詳しく見ていくこととしよう。

## 4　「山経」「海経」「大荒経」における"有"構文の相違

### 4.1　「山経」の"有"構文

「山経」の"有"構文は，非既知の存在事物を談話の場に導く初出導入の用法と，存在物を列挙するリスト存在文（限量的所有文）がその大

半を占める。

### 4.1.1 「初出導入機能」の"有"構文

　初出導入機能を示す"有"構文は，「山経」では「有＋NP＋焉」をその基本形とし，導入された存在事物を詳述する文が必ず後続する。

　　（上掲3）有草焉，其狀如韭而青華，其名曰祝餘，食之不飢。
　　（同4）有木焉，其狀如穀而黑理，其華四照，其名曰迷穀，佩之不迷。
　　（同5）有獸焉，其狀如禺而白耳，伏行人走，其名曰狌狌，食之善走。
　　（同17）有魚焉，其狀如牛，陵居，蛇尾有翼，其羽在鮭下，其音如
　　　　　留牛，其名曰鯥，冬死而夏生，食之無腫疾。
　　（同18）有獸焉，其狀如羊，九尾四耳，其目在背，其名曰猼訑，佩
　　　　　之不畏。

　通常「初出導入機能」[7]は，存在する空間を特定せずに，事物の存在のみを談話の場に導くことをいうとされるが，『山海経』の場合，上の五例は，すべて直前の文において，存在空間が明確に規定されており，句末の再帰代名詞「焉」が，その空間を後から指示する形となる。(3)～(5)は「(1)南山經之首曰䧿山，(2)其首曰招搖之山」で規定された「南山経の筆頭の山たる䧿山の，さらに筆頭の招搖の山」に存在する動植物である。このような，「有＋NP＋L（焉）」構文を，大西2011：19は，「無主語の「有」字限量的存在文（所有文）を使って談話の場へ事物を導入した後，その所在を後から補った，いわば「擬似的空間的存在文」と位置付けることができ」ると指摘し，『孟子』盡心下の「有業履於牖上，館人求之弗得」や，『論語』子罕の「有美玉於斯，韞櫝而藏諸，求善賈而沽諸」などを例に挙げる。「山経」のこれらの用例も，この「擬似的空間的存在文」に近い機能を有すると考えられるが，さらに進んで「L＋有＋NP＋焉」の形で，同じく初出導入の機能を果たすものも多く見られる。

---

7）　呂叔湘1982：99-100，李佐丰2003：139等を参照のこと。

⑱ 又西八十里，曰符禺之山，其陽多銅，其陰多鐵。其上有木焉，名曰文莖，其實如棗，可以已聾。［さらに西に八十里行ったところは符禺の山といい，その南腹には銅，北腹には鉄が多い。その上には木が有って，名を文莖といい，実は棗のようで，聾を止めることができる。］
(西山経)

⑲ 又東二十七里，曰堵山，神天愚居之，是多怪風雨。其上有木焉，名曰天楄，方莖而葵狀，服者不䭇。［さらに東に二十七里行ったところは堵山といい，神の天愚がそこにいて，尋常ならざる風雨が多い。その上には木が有って，名を天楄といい，方莖で葵の姿をしていて，飲むとむせない。］
(中山経)

注意すべきは，ここで「有＋NP＋焉」の「NP」に該当する名詞は，「草」「木」「獸」「鳥」「魚」など，動植物の類称であって，その場所特有のそれを表す名称は，導入を受けて展開させる後続の文中に「其名曰……」として初めて示される点である。(3)ならば，その「草」の名は「祝餘」であり，(4)の「木」の名は「迷穀」，(5)の「獸」は「狌狌」等となる。また，NPは植物や鉱物のような静物だけではなく，動物（動くもの）も来ることができるが，その描写内容は恒常的な特徴を示すに止まり，臨時のもしくは一過性の行動を描写する叙述は，「山経」においては"有"構文に後続しない。

「山経」には，「爰有＋NP」型の初出導入文が，「西山経」にのみ2例出現する。

（上掲7）爰有嘉果，其實如桃，其葉如棗，黃華而赤柎，食之不勞。

⑳ 爰有淫水，其清洛洛。［ここに淫水が有り，洛洛と清らかである。］

共に，新情報の「嘉果」「淫水」を話題に導入し，後続の文でその内容を詳述する初出導入機能での用例であり，「海経」や「大荒経」での「爰有＋NP」が，殆どすべて「リスト存在文」として用いられるのとは一線を画す。但し，「爰有＋NP」型の初出導入文は，「有＋NP＋焉」とは異なり，NPは類称に限定されず，より焦点を絞った名詞となる。「淫水」は固有名詞であるし，「嘉果」は西王母の桃を指すとされ，やはり極め

て特定性の高い名詞である。

### 4.1.2　「リスト存在文」としての"有"構文

　「山経」の"有"構文には，他に「有＋NP」や「L＋有＋NP」の形式も出現するが，これらは，単数もしくは複数の存在物を挙げるために用いられ，すべて「リスト存在文」，木村 2011：100-104 に所謂「範疇における成員」の存在を示す所有文である。これは上に論じた初出導入機能とは異なり，存在物をリストとして列挙することのみを行い，存在物についてさらに詳述する後続の文はもたない。

　　（上掲9）其上有文石，其下有白蛇，有飛蟲。

　　(41)　又東十里，曰騩山，其上有美棗，其陰有琈珸之玉。[さらに東に十里行ったところは騩山といい，山上には美しい棗が有り，北には琈珸の玉が有る。]　　　　　　　　　　　　　　　　　　　（中山経）

　　(42)　又東南五十里，曰高前之山，……其上有金，其下有赭。[さらに東南に五十里行ったところは高前の山といい，…山上には金が有り，ふもとには赭が有る。]　　　　　　　　　　　　　　　　　（中山経）

　　(43)　是有大蛇。[ここに大蛇がいる。]　　　　　　　　　　　（北山経）

　これらの用例では，「有」に導かれる「NP」は類ではなく，その場に特化して存在する個別の物の名である。(9)の「文石」「白蛇」「飛蟲」，(41)の「美棗」「琈珸之玉」，(42)の「金」「赭」，(43)の「大蛇」がそれである。

## 4.2　「海経」の"有"構文

### 4.2.1　「初出導入機能」の"有"構文

　「海経」の"有"構文も，「山経」と同様の「有＋NP＋焉」で示す形式をもつが，その場合のNPは，類に止まらず，より絞った概念を示す名詞も許容される。

　　(44)　有獸焉，其名曰駮，狀如白馬，鋸牙，食虎豹。[獣がいる，その名を駮といい，姿は白馬のよう，鋸の牙で，虎豹を食う。]

　　(45)　有素獸焉，狀如馬，名曰蛩蛩。[しろい獣がおり，姿は馬のようで，

名は蛩蛩という。]
　⒃　有青獸焉，狀如虎，名曰羅羅。［青獣がいて，姿は虎のようで，名
　　　は羅羅という。］　　　　　　　　　　　　　　　（以上，海外北経）
　⒄　有鳥焉，兩頭，赤黃色，在其旁。［鳥がいて，頭が二つ，赤と黄色
　　　で（奇肱の人の）傍にいる。］　　　　　　　　　　　　（海外西経）
　しかし「海経」での初出導入機能としては，この形式よりも「(L＋)有＋NP」が主流であり，用例も数多い。
　⒅　有黃馬，虎文，一目而一手。［黄馬が有り，虎の模様，目は一つで
　　　手も一つ。］　　　　　　　　　　　　　　　　　　　（海外西経）
　⒆　肅愼之國在白民北。有樹，名曰雄常。［粛愼の国は白民の北に在る。
　　　樹が有って名を雄常という。］　　　　　　　　　　　（海外西経）
　⒇　臺在其東。臺四方，隅有一蛇，虎色，首衝南方。［台はその東に
　　　在る。台の四方は，隅に一匹づつ蛇が有り，虎の色で，首は南方を向
　　　いている。］　　　　　　　　　　　　　　　　　　　（海外北経）
　(51)　狌狌西北有犀牛，其狀如牛而黑。［狌狌の西北には犀牛がいて，そ
　　　の姿は牛に似て黒い。］　　　　　　　　　　　　　　（海内南経）
　(52)　上有木禾，長五尋，大五圍。面有九井，以玉為檻。［上には木禾
　　　が有り，長さは五尋，大きさは五囲。正面に九の井戸が有り，玉で欄
　　　干を作ってある。］　　　　　　　　　　　　　　　　（海内西経）
　(53)　雷澤中有雷神，龍身而人頭，鼓其腹。［雷沢中に雷神がおり，竜の
　　　身体に人の頭，腹を鼓のように叩く。］　　　　　　　（海内東経）
これら(48)～(53)の用例は，「状」と「名」をいうことに重きを置く「有＋NP＋焉」形式よりも，後続文の叙述内容がより多様となっている印象を与える。句末語気詞としての機能をすでに獲得していた「焉」をもたないことが，目的語に後続する部分の自由度をより高めたのかもしれない。これは，4.3で見る「大荒経」の用例にも通ずる特徴の一つである。

### 4.2.2 「リスト存在文」としての"有"構文

リスト存在文の"有"構文は，下のように，「爰有＋NP1＋NP2＋…」型(54)(55)と，「有＋NP1＋NP2＋…」型(56)(57)に大別される。それぞれ用例は豊富である。

(54) 狄山，帝堯葬于陽，帝嚳葬于陰。爰有熊、羆、文虎、蜼、豹、離朱、視肉。［狄山は，帝堯がその南腹に葬られ，帝嚳が北腹に葬られる。ここに熊，羆，文虎，蜼，豹，離朱，視肉が有る。］（海外南経）

(55) 平丘在三桑東，爰有遺玉、青鳥、視肉、楊柳、甘柤、甘華、百果所生。［平丘は三桑の東に在る。ここに遺玉，青鳥，視肉，楊柳，甘柤，甘華，百果が生息している。］（海外北経）

(56) 開明北有視肉、珠樹、文玉樹、玗琪樹、不死樹。［開明の北に視肉，珠樹，文玉樹，玗琪樹，不死樹有り。］（海内西経）

(57) 又有離朱、木禾、柏樹、甘水、聖木曼兌。［さらに離朱，木禾，柏樹，甘水，聖木曼兌有り。］（海内西経）

### 4.3 「大荒経」の"有"構文

#### 4.3.1 「初出導入機能」の"有"構文

初出導入機能をもつ"有"構文は，「山経」とは異なる形式を採る。一つは「有＋NP＋者」であり，もう一つは「有＋NP」である。また，「山経」では，初出導入でのNPは大きな類を示す名詞が充当されたが，「大荒経」はそれとは異なり，前者の場合には，NPに固有名詞など特定される名詞が用いられる。

（上掲26）有甘山者，甘水出焉，生甘淵。

（同29）有波谷山者，有大人之國。

この「有＋NP＋者」は，「大荒経」にのみ出現する用法である。

大西2007：3は，述語に置かれる「NP＋者」という形式は「NP」に新登場のしるしを付けることであり，とりわけ固有名詞に「者」を付けた場合は，「NP」という名をもつ未知の人（事物）となり，固有名詞を不定・未知のものとして話題に導入する際にこの「者」が付けられる，

と指摘する。「大荒経」のこの用例は，まさにその例に相当する。
　「有＋NP」による初出導入例には，次のようなものが見られる。
　　（上掲30）　有大人之市，名曰大人之堂。
　　（同31）　有一大人踆其上，張其兩耳。
　　（同32）　有小人國，名靖人。
　また，次のように，「L＋有＋NP」の形式も見られる。
　　（同33）　大荒之中有山，名曰猗天蘇門，日月所生。
　(30)(32)で話題に導入されたNPは，後続の文により，それぞれ「大人之堂」「靖人」と名付けられる。
　注目すべきは(31)の，NP「一大人」が後続の文の行為者を兼ねる形式で，これは「山経」には見られない用例である。大西2011：23-27によると，「有」の目的語に動物（動くもの）が置かれて，それが有る空間を占有（して何かを行う）形式の定着は，植物や鉱物のような静物の場合よりも成立が遅れると指摘する。
　また，「山経」でも見られた，「爰有＋N」で初出導入を行う例としては，次の(37)が挙げられるが，これも，「動くもの」たるNP「百獣」が後続文の行為者を兼ねる形式である。
　　（上掲37）　爰有百獸，相群是處，是謂沃之野。
　(31)や(37)のような例が「大荒経」中に存在することは，これが「山経」よりも遅れて成立したことを示す例と見なし得るかもしれない。

### 4.3.2　「リスト存在文」としての"有"構文

　「大荒経」には，多くのリスト存在文が存在する。一つは，次の(34)のように「有＋NP」を反復させるものと，(35)のように「有＋NP1＋NP2＋…」とNPを一つの「有」に付加していくもの，また(36)のように，「爰有＋NP1＋NP2＋…」の形式を採るものが併存する。もちろん，NPが単独のものも含まれる。
　　（上掲34）　有蓁山。又有揺山。有䴢山，又有門戸山。又有盛山。又
　　　　　　　有待山。有五采之鳥。

（同35）西有王母之山、壑山、海山。
　　（同36）爰有甘華、甘柤、白柳、視肉、三騅、璇瑰、瑶碧、白木、
　　　　　　琅玕、白丹、青丹、多銀鐵。
　⑸8 南海之中，有氾天之山。［南海の中に，氾天の山有り。］　（大荒南経）

## 5　終わりに——"有"構文から見る『山海経』の内部差異——

　以上，論じてきたとおり，『山海経』内部のテキストには，空間と存在事物との取り結びの点で，大きな差異が存在する。この問題については，先行研究にも幾つかの指摘がなされている。最も重要なものは王建軍2000であるが，王氏はその中で，『山海経』に現れる存在文を，非完形"有"字句（本論で所謂「初出導入機能」），完形"有"字句（多くは「リスト存在文」），"无"字句，"在"字句，"居"字句，非动词（"多"）字句に分類し，それぞれの出現頻度を，「山経」「海経」「大荒経」「海内経」の各篇ごとに統計を行った上で（下表を参照のこと），"在"字句ではなく"有"字句によって存在を示す点，また"爰有"形式が多く見られる点を根拠に，「大荒経」と「海内経」が最も古く，恐らく戦国時代に成立した可能性が高いとする[8]（王建軍2000：143）。

|     | 非完形"有" | 完形"有" | 无 | 在 | 居 | 非动词（多） |
| --- | --- | --- | --- | --- | --- | --- |
| 山経 | 145 | 72 | 98 | 3 | 0 | 638 |
| 海経 | 11 | 30 | 0 | 161 | 19 | 0 |
| 大荒経 | 199 | 88 | 0 | 2 | 0 | 0 |
| 海内経 | 28 | 23 | 0 | 1 | 0 | 0 |

（王建軍2000：142，表「山海经存在句分布状况一览表」所掲の数値を，引用者が各経ごとに合算したもの）

---

8)　原文は次のとおり。"若论及各板块的产生时序，恐怕应以"大荒经"和"海内经"为早。这一方面是因为其中只用了汉语中最早出现的存在句——"有"字句，另一方面还因为其中的多例"有"字句用了先秦语言中较为习见而后世稀见的虚词"爰"，句式以及用语之简约、古朴非他篇可比……"（王建軍2000：143）

しかしながら、大西 2011 の研究により、"有"の前後に主語と目的語が配される二項構文は、上古では「所有」義が基本であり、特定の場所に事物（静物）が「存在」することを述べる形式は、古くは「有＋NP＋L」であったことが明らかとなった。さらに、二項の"有"構文が「所有」から「存在」へと意味拡張を行うのは上古後期から前漢頃に始まるのであるが、時空間存在文「空間＋有＋存在事物」形式確立へ向けて空間範疇のカテゴリ化も、それと期を同じくすることが示された（大西 2011：27）。その成果に基づくなら、王氏のいう「大荒経」「海内経」戦国時代成立説は、恐らく時期的に早過ぎるであろう。寧ろ、「大荒経」の⑶⑶で「有」の目的語 NP が後続文の行為者を兼ねる用例が見えたことは、この箇所の成立が、少なくとも『山海経』内部では「山経」よりも遅れることを意味するのではなかろうか。

「初出導入機能」「リスト存在文」いずれにも分類しがたいため、上の討論では言及しなかったが、同種の例、つまり「有」の目的語 NP が後続部分の行為者を兼ねる用例は、「海経」にも存在する。

　　⑸9　龍魚陵居在其北，狀如狸。一曰鰕。即有神聖乘此以行九野。［竜魚は陸上に住んでその北にいる。姿は狸のようである。ある本では鰕という。神聖がこれに乗れば九野を行くことができる。］　　（海外西経）

この例を重視するならば、「海経」には「大荒経」と同様、「山経」より遅れて成立した部分が含まれる可能性も出てくるであろう。初出導入文の、NP 後の自由度の高い叙述形態が、「山経」よりも、「海経」や「大荒経」により多く見られることも、この例に平行する。

『山海経』については、従来絵画との強い結びつきが指摘されることは、上でも述べたとおりである。第 3 節で引用した朱熹の弟子への言葉もその一例であった。「海経」の他と異質な叙述方式（非既知であるはずの事物を所在文で空間に結びつける）は、目の前に絵画『山海図』が存在して、その絵解きを記録したものと考えるならば、確かに自然に解釈することも可能である。しかしながら、一つ大きな疑問として残るのは、

単に絵画の絵解きだけで，果たしてかくも詳細な記述が可能となるのかという問題である。絵画『山海図』は恐らく確かに存在したと思われるが，その描画の底本ともいうべき何らかのテキストが「海経」に先行して存在し，それによって描かれた図が『山海図』であり，その絵解きもしくは注解として成立したのが「海経」であると考える方が，より自然な解釈とも思われる。

　実は，「大荒経」「海内経」に記述される空間や事物，動植物や鉱物などは，その大部分が「海経」諸巻の記述と重複する。これについては，古くより，例えば清の畢沅が「詳此經文，亦多是釋海外經諸篇，疑即秀等所述也［この（「大荒経」「海内経」の）経文は，多くは「海経」諸篇を解説したものであるので，或いは劉秀が撰述した部分であろうか］」といい，郝懿行が「……又此下諸篇，大抵本之海外内諸經而加以詮釋，文多凌雜，漫無統紀。蓋本諸家記録，非一手所成故也［…またこれら（「大荒経」「海内経」）の諸篇は，大抵「海経」諸経に基づいて詮釋を加えたもので，文は乱雑で一貫性がない。思うに，諸家の記録に基づいて，一人が完成させてはいないためであろう］」と述べるのも，両者が実際に深い関係を有するテキストであることを踏まえての発言である[9]。

　ただ，本稿で論じたとおり，「海経」と「大荒経」とを比較すると，テキストの独立性の高さ，つまり参照点を想定しなくても成立するテキストかどうかという点において，「海経」は明らかに「大荒経」に遠く及ばない。全く前提知識を有さずに「海経」を読もうとすると，読者にとって非既知である固有名称が，冒頭から"在"構文によって主語の位置に置かれて叙述が進むこととなる。この叙述方式は，知識を共有しない読者には，大きな違和感を与えるに違いない。つまり，「海経」の"在"構文は，「在」の主語が読者にとっては既知である，または同時に参照できる絵画やテキストが存在することを想定しない限り，独立すること

---

9)　畢沅は『山海經新校正』（乾隆 46 年），郝懿行は『山海經箋疏』（嘉慶 14 年）。いま畢沅の引用は，袁珂 1980：337 の解説による。

は難しいのである。一方の「大荒経」は，「山経」と同じく，非既知のものを「有」の目的語に置き，新情報として話題に導入する「初出導入機能」によって叙述を穏当に進行させる。テキストの独立性の高さは，明らかに「海経」の及ぶところではない。

『山海経』の成立については，言語のみならず，言及される事物の地誌的特徴，さらに神話としての伝承や典拠の問題など，様々な要素が複合的に関連し合っており，単に言語的特徴からその成立背景を云々することは不可能である。本稿では言及することはできなかったが，言語的特徴に関しても，主語の位置に置かれる場所詞のタイプ（指示代詞・方位詞など）や，「有」と類似の働き（主に「リスト存在文」として）を一部で見せる「多」や「無」の用法など，考察すべき問題は数多い。もちろん，冒頭で引用した前野氏の指摘にもあるように，『漢志』にいう「十三巻」と，『七略』の「十八巻」という巻数の齟齬について説明することも求められる。また，『穆天子伝』がそうであったように，『山海経』の周辺には，現行テキスト以外にもかつて多くの関連テキストが存在していた可能性もあろう[10]。ただ，"有"構文の「初出導入機能」に着目し，『山海経』内部にある複層の対立構造を考えることは，或いは『山海経』の構造及び性質について，新たに再考する手がかりとなるかもしれない。

**参考文献**

木村英樹 2011 "有"構文の諸相および「時空間存在文」の特性，『東京大学中国語中国文学研究室紀要』14，pp.89-117
金水敏 2006 『日本語存在表現の歴史』，ひつじ書房
興膳宏 2008 陶淵明「讀山海經」詩の西王母像，『中國文學報』第75冊，pp.31-56
前野直彬 1975 『山海経・列仙伝』，全釈漢文体系33巻，集英社
松田稔 1995 『『山海經』の基礎的研究』，笠間書院

---

10）興膳 2008：54 は，『山海経』には絵図の存在のみならず，その絵画的理解を助けるテキストとして『穆天子伝』さらに『穆天子伝図』が存在した可能性を指摘する。

大西克也 2007 『論語』における「有」字存在文，平成 19 年度〜 22 年度日本学術振興会科学研究費補助金基盤研究（B） 19320057「中国語の構文及び文法範疇形成の歴史的変容と汎時的普遍性―中国語歴史文法の再構築―」（研究代表者：木村英樹）の 2007 年共同研究会レジュメ

大西克也 2011 所有から存在へ―上古中国語における「有」の拡張―，『汉语与汉语教学研究』(桜美林大学孔子学院）第 2 号，pp.16-31

李佐丰 2003 试谈《左传》"日有食之"中的"有",《上古汉语语法研究》, pp.61-76，北京广播学院出版社

吕叔湘 1982 《中国文法要略》, 商务印书馆

王建军 2000 从存在句再论《山海经》的成书,《南京师大学报》(社会科学版）第 2 期，pp.139-144

袁珂 1980 《山海經校注》, 上海古籍出版社

袁珂 1985 《山海經校譯》, 上海古籍出版社

（きづ・ゆうこ　京都大学）

# 『金瓶梅詞話』における"有"構文

## 玄　幸子

## 1　はじめに

　現代中国語における"有"構文は，とりわけ「存在文」と呼ばれる一部において，時空間詞が主語にたち，さらには存在するその主体が目的語の位置に数量詞を伴う不定表現として多く現れる点で，きわめて「特殊」な構文として位置づけられている。

　筆者は"有"構文の歴史的変遷を中国語口語史のなかで検証すべく『老乞大』『朴通事』二書における出現状況についてすでに調査・検討を加えた[1]が，いわゆる朝鮮資料という二次資料的限界を完全明快に打破するには至っていない。

　本稿では，中国明代を代表する白話小説である『金瓶梅詞話』をとりあげ，その中における"有"構文の出現状況を調査・分析することで，先述した論考の不足を補い，同時に明代における"有"構文の特徴を改めて明らかにしようとするものである[2]。

## 2　使用テキストと問題点

　本論に入る前に使用するテキストについて先に説明する必要があろ

---

1) 玄幸子 2007，2011
2) 調査対象資料に『金瓶梅詞話』を選ぶのは「老朴」との共通点が内容・言語面で確認されるからである。ただし，この2者の共通点に言及した論考は管見の限り未見である。本稿が端緒とならんことを望む。

う。従来の研究に拠れば『金瓶梅』のテキストには作者及び成立時期に関して確定できないという問題がある[3]。また，方言の反映，とりわけ山東方言が色濃く表れており，さらに他方では，他の方言の影響も認められるなど，諸要素混交の資料であって，言語資料としての明確な位置づけが難しいとされる状況がある[4]。しかし，この作品が限られた地域で流行したのではないことを鑑みれば，少なくとも広義の「時代を代表する共通中国語」としての位置づけは充分に可能である[5]。

ただし，すでに明らかにされているように，『水滸伝』からのそのままの引用とおぼしき第1-6回，真偽問題を問われる第53-57回[6]については本稿でも調査対象外とする。また，先行研究により最も信頼できるとされる「大安本」[7]を調査対象テキストとして使用する。

## 3 "有"構文の整理

### 3.1 整理法と"有"文法化

当然のことながら"有"が語彙の構成要素となっている場合は対象外である。"有餘""有的是""有請"などは語彙や連語，慣用挨拶用語として認められるのであって，"有"構文の主動詞としてとらえることはできない。

---

3) テキストの版本及び成立時期に関する考証は佐藤2007に詳しい。
4) 『金瓶梅詞話』に反映される方言の諸相についての研究状況は荒木2006にコンパクトにまとめられている。
5) 上野1970では，『水滸伝』と『金瓶梅』の重複部分における語彙の異同を詳細に調査した結果，「『金瓶梅』を特殊な方言文学と規定するのはいささか無理」(p.121)と結論づけ，さらに〔付記〕その二で語彙面で山東方言の特徴を欠いている事実を「『金瓶梅』の時代には規範的な文章用語としての白話がすでに確立していたという回答が一応可能である」(p.140)と説明している。
6) 潘承玉1999「《金瓶梅》五十三至五十七回真偽论」章（pp.1-37）に詳しく考証されている。
7) 日光山輪王寺慈眼堂所蔵。北平図書館蔵と同版。1963年大安が棲息堂本と合わせ影印出版した。佐藤2007他に詳細がある。

たとえば，現代語と同様に"有理"は形容詞ととらえられる。本資料でも常に見られる"説的有理"などを，ことさら"有"構文として検討する必要はないと思われる。同様に，

　　　"有＋名詞 or 動詞" → 形容詞，動詞

の形として考えられるグループは次の通り。

　　　有分　有酒　有理　有累　有名　有請　有如　有數　有數兒
　　　有忘　有望　有幸　有意　有餘　有緣

ただ一語彙として認めるべきか否かは，語彙によって温度差があり，時に判断が難しい場合がある。"有悔""有福""有處"などはどのように扱うべきか決めがたい。

　同様に"只有"を接続詞とみなし排除するか，副詞＋動詞ととらえ考察対象とするか，"有些"を副詞としてとらえるか，動詞＋量詞とみなすか，という問題がある。次の例文をみてみよう。

　　(a) 只有伯爵、溫秀才，在書房坐的。　　　　　　　（第67回）
　　(b) 竹山笑道：「休要作戲，只有牛黃，那討狗黃？」（第19回）

(a)は「伯爵と溫秀才だけが（いて），書斎に座っている」というように，"有"の動詞の意味は虚詞化してほぼ薄れてしまっている。一方，(b)は西門慶の手下のやくざにからかわれて蒋竹山が言葉を返すところであり，「おからかいにならないでください，牛黃があるだけで，狗黃なんてものはお求めになれませんよ」と，自分の店中の所有（存在）を示す主動詞の用法である。

　"只有"の文法化については，当然"有"構文が兼語文中に出現する場合においてのみ見られる。"有"構文が兼語文中に現れる場合はいささかやっかいであり，後述するように兼語の定不定問題とも関わる。にわかに文法化の度合いを測れない場合も含めて，各例文ごとに判断せざるを得ない。この状況は類義語"止有""惟有"についてもほぼ同様である。同様の問題を次の"有些"についても考慮すべきであろう。

　　(a) 婦人道：「我這兩日，身子有些不快，不曾出去走動。」（第85回）
　　(b) 想必他也和玉樓有些首尾，不然他的簪子，如何他袖着？（第82回）

(a)は「ここ数日少し体の調子がよくない」という副詞的な用法であり，(b)は「きっと彼は玉樓とも少し関係があるのだろう，でなけりゃ，彼女の簪がやつの袖の中にあるものか」と"有首尾"(関係がある)の"首尾"を修飾する成分として量詞"些"が認められる。

　本資料でさらに問題となるのは，次のような例文と併せて考えねばならないことである。

　　　小姜見說：「官人這兩日有些身子不快，不曾出門。」　　　（第98回）

現代語では，"有些头疼"(少し頭痛がする)と"头有些疼"(頭が少し痛い)を前者は「副詞＋形容詞」後者は「名詞（主語）＋副詞＋形容詞」と分析するだろうが，ここで"身子不快"を形容詞など一つの語彙としてとらえることは不可能である。やはり，形式としてはあくまでも"有"構文を含む兼語文とせざるを得ない。ただし，"有些身子，身子不快"と分けて理解できないことから，むしろこの文が伝達する意味を考慮して次のように分析すべきであろう。

　　　　　有（＋）些　＋　［身子不快］

本資料における"有"構文の特徴として"有"の目的語に動詞や文・フレーズをとる用例について後述するが，この用例も同様に分析しておく。

　次に必ず語彙として分けておかねばならない用例を挙げておく。"有日"と"有一日"は本資料では明確に使い分けられている。

　　(a)　有日經濟到家，陳定正在門首。　　　　　　　　　　（第92回）
　　(b)　有一日，風聲吹到孫雪娥、李嬌兒耳朵內，　　　　　（第12回）
　　(c)　一日，八月十五日，吳月娘生日，家中有許多堂客來，在大廳上坐。
　　　　　　　　　　　　　　　　　　　　　　　　　　　　　（第19回）

"有日"は「日をおいて，幾日が経って，数日後[8]」という意味の語彙であり，「ある日」と言う場合は"有一日"あるいは"忽一日"または"一日"で示される。現代語における"有一天"の"有"の任意・不特定の

---

8)　現代語で"有日子"の項目で説明されるのに当たる。白維国1991では【有日】"经过好些天"(p.643)と説明される。

用法は，この資料では"有"よりもむしろ"一"が担っていると考えられる[9]。

以上，明確に判断しがたい場合もあるが，語素としての"有"を排除した上で，"有"構文を検討していく。

### 3.2 "有"構文の分類

木村2012では，"有"構文の全体像とそのなかでの「存在文」の位置取りを明らかにするために二項文としての"有"構文全般を対象にしたタイプ分けをおこなっている[10]。本稿でもこの分類枠を踏襲し分類をおこなう。ただし，厳密な意味での二項文に限定してしまうと用例が集まらなくなる可能性があるので，無主語文あるいは"有"構文を含む兼語文まで調査対象を広げることにする。ここで現代中国語を対象とした分類枠を使用することの意味は，同じ分類法に依拠することで現代中国語との異同を明確にし，本資料における"有"構文の特徴をはっきりと示すことができる点にある。

（分類）
A 【特定の時空間におけるリアルな具体物の存在】を表す
B 【特定の時空間におけるリアルな状況の存在】を表す
C 【構造体における構造部品の存在】を表す
D 【範疇における成員の存在】を表す
E 【事物における相対的関係者の存在】を表す
F 【所有物としての存在】を表す
G 【事物における質的属性の存在】を表す

---

[9] "有一日"の出現状況は詞の部分を除くとわずかに2例のみである。ただし「ある人」は"有人"の出現率が大きく，"有一個人"や"一（個）人"で示されることはほとんど見られない。
[10] 木村2012ではタイプ分けについてさらに次のように説明する。「分類に当たっては，従来の「存在文」の枠組みからはひとまず離れて，これまで等閑視されてきたいくつかの意味的要因を考慮し，主として存在対象の意味的特性と〈存在〉のあり方に着目する。」(pp.305-306)

　　　　H 【事物における量的属性の存在】を表す

では，以下に例文を挙げつつ，各タイプの本資料における現れ方を確認してみよう。

A 【特定の時空間におけるリアルな具体物の存在】を表す
　(1) 因叫春梅：「門背後有馬鞭子，與我取了來！」　　　　　（第12回）
　　　そこで春梅を呼んで，「ドアの後ろに馬の鞭があるから，さっさと持って来い！」と言います。
　(2) 忽一日有一老僧在門首化緣，　　　　　　　　　　　　　（第47回）
　　　ある日ひとりの老僧がその門前に托鉢にやってきて，
　(3) 府傍側首，有個酒店。　　　　　　　　　　　　　　　　（第98回）
　　　屋敷のそばに，居酒屋があります。

最も典型的存在文と言えるタイプである。ある時間や場所にあるものが具体的に存在することを述べる。目的語は不定でなければならない。一般的に不定のマークとしての数量詞を伴う。

B 【特定の時空間におけるリアルな状況の存在】を表す
　(4) 來旺兒道：「……豈可聽見家有賊，怎不行趕。」　　　　（第26回）
　　　來旺兒は，「…家に泥棒が入ったと聞いて，追わずにいられようか。」と言います。
　(5) 婦人道：「端的我這屋裡有鬼，攝了我這雙鞋去了？　　　（第28回）
　　　女は，「一体全体我が家にお化けでもいるって言うの，私のこの靴を引っ張っていったってわけ？」と言います。
　(6) 西門慶……說道：「……一時哭的有好歹，卻不虧負了你的性命？
　　　　　　　　　　　　　　　　　　　　　　　　　　　　　（第26回）
　　　西門慶が言うには，「…あまり泣いて，もしものことがあっては，あなたの命が無駄になるだけじゃない？

これらの"賊""鬼""好歹"はその指すものが実際ある時ある場所に存在するものとして述べられているのではなく，「泥棒が入った」「お化け

が出た」という出来事を述べる文である。また，"好歹"は「思わぬ災難・出来事」を意味するが，ここでは「死ぬ」ことを暗に言っている。これらはいずれも木村2012で言うところの〈出来事性〉の高い表現である。

C 【構造体における構造部品の存在】を表す
　(7) 那來旺兒有口也說不得了。　　　　　　　　　　　　（第26回）
　　　來旺は口はあれども，言うことができなくなってしまいました。
　(8) 雪娥道：「……這裡墻有縫，壁有眼，俺每不好說的。（第59回）
　　　雪娥は，「…ここは壁に耳あり障子に目ありってことで，私たちお話しするのは都合が悪いわ。」と言います。

いずれも主語にたつのは，時間場所詞ではなく，二項の関係は"來旺兒"と"口"，"墻"と"縫"，"壁"と"眼"は，［不可分に存在する「地」と「図」の関係］[11]と見立てられる。

D 【範疇における成員の存在】を表す
　(9) 當下也有吳大妗子和西門大姐共八個人飲酒。　　　　（第23回）
　　　吳大舅夫人や西門のお嬢さんもすぐに来て，合計8人で酒を飲みました。
　(10) 說：「……酒席上有隔壁馬家娘子和應大嫂、杜二娘，（第75回）
　　　言うのには，「…酒の席には隣の馬の奥さんと應大の嫂さん，杜二の奥さんがいて，
　(11) 黎庶有塗炭之哭，百姓有倒懸之苦。　　　　　　　　（第100回）
　　　黎民は塗炭に哭き，百姓には倒懸の苦しみがある。

本資料の中で最も多く見られるのが，この成員を表す用法である。また，"有"に続く成分が定である場合が最多なのもこのタイプである。

E 【事物における相対的関係者の存在】を表す
　(12) 金蓮叫小厮：「……等他再打你，有我哩！」　　　　（第26回）
　　　金蓮が小者に，「あの人がまたぶとうとしたら，私がついているからね。」

---

11) 木村2012, p.309

と呼びかけます。
- ⑬ 一個人說：「……他還與人家做老婆，他那有三個妻來？」（第96回）
  ひとりが，「…こいつが人の妻なのに，三人の妻なんてできるものか！」と言います。
- ⑭ 原來統制還有個族弟周宣，在庄上住，……　　　　　（第100回）
  もともと，統制には周宣という従兄弟がいて，これが下屋敷に住んでいたのですが，…

これらは，「参照点なくしては存在し得ない非自立的な相対的関係者を表す語彙」[12]を"有"の目的語に持つタイプである。"你"に対する"我"，"他"に対する"妻"，"統制"に対する"族弟周宣"などの相対的関係性を"有"が表現するものであり，それならば，当然目的語は定性である場合が多くなる。

F 【所有物としての存在】を表す
- ⑮ 琴童兒道：「我有個好的兒，教他替我收着。」　　　　（第31回）
  琴童は，「いいものがあるから預かってもらおうと思って。」と言います。
- ⑯ 老婆便道：「爹，你有香茶，再與我些，前日你與的那香茶都沒了。」
  　　　　　　　　　　　　　　　　　　　　　　　　　　（第23回）
  かみさんが言うには，「だんなさん，香茶があれば，また少しください。先に頂戴した分は全部なくなってしまいましたの。」
- ⑰ 愛姐道：「奴也有個小小鴛鴦錦嚢，與他佩帶在身邊。（第99回）
  「私，また小さなかわいい鴛鴦の錦の匂い袋を持っておりましたが，いつもそばに付けていただくようにあの方にあげました。」と愛姐は言います。

言うまでもなく，「所有」を言うタイプである。

G 【事物における質的属性の存在】を表す
- ⑱ 玉樓笑道：「……看你有本事和他纏！」　　　　　　（第26回）

---

12) 木村 2012，p.314

玉樓は笑って，「…あの人と渡り合うあなたの腕前を見せていただくわ。」と言います。

(19) 你惜憐他，越發有精神。　　　　　　　　　　（第46回）
　　可愛がれば可愛がるほど，ますます元気になるんだ。

特定の事物，上記の場合は"你"と"他"ということになるが，これらについての質的属性「腕前」や「元気」の存在を言うタイプである。

H 【事物における量的属性の存在】を表す
(20) 我的仇恨，與他結的有天來大！　　　　　　　（第25回）
　　俺のあいつへの恨みは，天ほども大きい。
(21) 一個年小婦人，搽脂抹粉，生的白淨標致，約有二十多歲。
　　　　　　　　　　　　　　　　　　　　　　　（第98回）
　　一人の年若き女，紅おしろいほどこし，見目麗しく，およそ20歳ほどの齢と見える。
(22) 那日親朋遞果盒、掛紅者，約有三十多人。　　（第60回）
　　その日親戚友人たちの酒・果物の箱をかかえ，お祝いに来たものが，およそ30人以上あった。

　以上8タイプについて，本資料において現代語と特徴を同じくする部分についてまず確認した。

　木村2012ではこの8タイプについて，新たに「知覚」と「知識」という対立する2つの範疇に大きく分けている。タイプAとタイプBを「知覚」の表現，そのほかを「知識」の表現とし，「知識」の表現では目的語に定名詞句が許容されるのに対し，「知覚」の表現，つまり，タイプAとタイプBでは常に不定の対象の存在を語るものでなければならないとしている。

　現代語におけるこのルールが果たして本資料においても有効であるかどうかを次にみてみよう。

## 3.3 数量詞の付加と定不定問題

　木村2012では,「時空間存在文であれば目的語は常に数量詞を伴うというものではない」としながら,「叙景的用法と新規主題設定の用法で用いられる時空間存在文において,離散的,限界的な事物の存在が述べられる場合には,数量詞付加の要求度は高くなる」[13]という現代中国語の特徴をまとめているが,この点についてはどうであろうか。

　(23) 該謝希大先說：「有一箇泥水匠,在院中謾地,　　　（第12回）
　　　謝希大がまず話します.「ある左官,郭の中に煉瓦を敷いた.

　(24) 有一個僧人先到,走在婦人窗下水盆裡洗手,　　　（第8回）
　　　一人の坊さんが先に到着し,女の部屋の窓の下方にある手水鉢で手を洗っておりますと.

　(25) 見一日常有二三十染的吃飯,都是這位娘子主張整理。（第7回）
　　　日に染め職人二三十人がいつも食事をとっておりますが.

上記三例は,タイプAのまさしく叙景的用法および新規主題設定の用法と言え,それぞれに"一箇""一個""二三十"と数量詞を伴って出現している。

　また次の例はタイプBであるが,並べて示す(26)'の例と比較すれば,数量詞を伴う(26)の方が数段具体性,リアリティのある表現となっていることは明らかであろう。

　(26) 薛嫂道：「我來有一件親事,來對大官人說,　　　（第7回）
　　　薛嫂が言うには,「ひとついいお話があるのですが,旦那さまに申し上げます.

　(26)' 一日,也是合當有事,年除歲末,漁翁忽帶安童正出河口賣魚,
　　　　　　　　　　　　　　　　　　　　　　　　（第47回）
　　　ある日,またよくありがちなことではあるが,年の暮れに,漁翁が安童をつれて河口に魚を売りに出かけたところ,

---

13) p.326

㎝の"一件親事"は具体的な縁談，㎝'の"有事"は一般的な事柄である。次の⑰は"祝日念、孫寡嘴、呉典恩、……"と人名が並んでいるのだが，量詞の"個"を伴っている例である。現代語と同様固有名詞の普通名詞化と同様の働きをするものと思われる。

 ⑰ 還有個祝日念、孫寡嘴、呉典恩、雲裡手、常時節、卜志道、白來搶共十個朋友。　　　　　　　　　　　　　　　　（第 10 回）
  さらに，祝日念とか，孫寡嘴，呉典恩，雲裡手，常時節，卜志道，白來搶など全部で 10 人の友人がいた。

以上を存在対象の定性の問題について言い換えれば，タイプ C からタイプ G が談話環境に応じて定的な事物の存在を述べることも，不定の事物の存在を述べることも可能であるのに対して，一方タイプ A，B，H では，談話環境のいかんにかかわらず，存在対象を示す目的語に定表現を用いることは常に不自然に感じられるということである。
 ではタイプ A，タイプ B について，定表現の目的語が出現していないのかという点を確認しておく必要があろう。次の例をみてみよう。

 ⑱ 西門慶收下，厚賞來人不題。有吳月娘便說：「花家如何送你這分禮？」　　　　　　　　　　　　　　　　　　　　（第 13 回）
  西門慶はそれを納めますと，厚くご褒美を与えたことはさておきます。そこに吳月娘がいて言います，「何の家はどうしてあなたにこの贈り物をくれるの？」

ここで"有"は，その場に吳月娘がいたことを言うのであり，8 タイプのいずれかに分類をするのであれば，タイプ A ということにせざるを得ない。が，このような場合"有"は現れないのが普通の表現である。いわば不要な"有"とでも言えよう[14]。2，3 他にも例を挙げると，

 ⑲ 因問桂姐：「有吳銀姐和那兩個，怎的還不來？」　　（第 32 回）

---

14) 白維国 1991 では，"有"の解釈として"④用在人称名词前，无意义。"(p.643) と解釈される。

そこで桂姐に尋ねて，「呉銀姐とあのふたりはどうしてまだ戻らないの？」

(30) 西門慶道：「……有花大哥邀了應二哥，俺們四五個往院裡鄭愛香兒家吃酒。　　　　　　　　　　　　　　　　　　　（第14回）

西門慶が言うのには，「…何の兄貴が，應二哥と俺たち4，5人を郭の鄭愛香のところに招いて酒をおごってくれたことがあったんだ。

(31) ……說：「有看墳的張安兒，在外邊等爹說話哩！」　　（第30回）

「墓守の張安兒というのが，外で話がしたいと旦那さんを待ってます。」と言います。

いずれも"有"は余分であり，とりわけ(30)は花大哥の存在というよりは後文の内容全体が示す事項の存在を示している。このような，現代語文法では，あまり説明されない"有"構文を次にとりあげる。

## 4　特殊な"有"構文

本資料では"有"構文が非常に多くの場合に兼語文中に現れる。そこで，兼語文に現れる特徴的な"有"構文を中心に以下にとりあげてみよう。

### 4.1　定性兼語を持つ"有"構文

先述の例(30)でみた「余分な"有"」を含む用例をまず挙げてみる。

(32) 話說，次日有吳大妗子、楊姑娘、潘姥姥眾堂客，都來與孟玉樓做生日。　　　　　　　　　　　　　　　　　　　（第22回）

さて，翌日，吳大舅夫人，楊おば，潘金蓮の母親たち女客がみなやってきて孟玉樓のために誕生祝いをいたします。

この例は，翌日孟玉樓の誕生祝いに参加したリストを示すタイプDと分析できるだろうか。ここで"有"は現代語の用法に照らせば，むしろ邪魔な存在であり，"有"のない文に改める方がよほどわかりやすい。このようないわば「余分な"有"」の例が本資料では多く見られる。

現代語におけるこの定性兼語を持つ"有"構文についての研究は，蔡玮2000を除いて管見の限りほぼ見られない。ひとつには，やはり正当な文体ではないという意識が働いているのではないかと考えられる。この論考では，"有人来了"は許容されるのに対し"有老张来了"は認められないという一般的状況を踏まえた上，"有她们管着我这个愣头崽，不会出事故！"（《老舍剧作选》）などの用例が成り立つ要因を，
　　(a) "有"構文が複文の中の分文であること，
　　(b) ある特定の発話状況において使われること
の二点に絞って説明している。この結論にはにわかには同意しがたいが，挙げられている用例は重要である。なぜなら，従来ほとんど注目されてこなかった表現形式であると思われるからである。
　本資料における関連する例文を次に数例挙げておく。
　　・請西門慶道：「大娘後邊請，有李桂姨來了。」　　　　　　（第51回）
　　・月娘便問：「前邊有誰來了？」　　　　　　　　　　　　　（第32回）
　　・還說得這句，不想門子來請衙内，外邊有客來了。　　　　（第92回）
　　・老師便道：「娘子休哭兒的，那邊又有一位老師來了！」（第100回）

## 4.2　兼語文における"在"との共起

　現代語の会話の中でも"有人在吗？"のような形で"在"と共起する"有"構文を含む兼語文は見られる。が，本資料の中では，このような定型常用表現の他にも非常に多く"有＋N（兼語）＋VP"が見られる。本資料の大きな特徴のひとつである。
　以下に数例挙げてみよう。
　　(33) 玉樓道：「花園内有人在那里，咱每不好去的。」　　　（第58回）
　　　　 玉樓が言います，「お庭には人がいるから，私たち行くには具合が悪いわ。」
　　(34) 玳安說：「家中有三個川廣客人，在家中坐着。　　　　（第16回）
　　　　 玳安が言います，「うちに三人四川広州からの客人がいて，家で座っているんだ。

いずれも，"花園內有人""家中坐着三個川廣客人"で言い尽くせる内容であるのに，非常に冗長な無駄の多い表現となっている。このような冗長さは何に起因するのか，種々多様な理由が考えられようが，ひとまず，口語の反映と考えておく。さらに，

　㉟ 舖子裡有四五個客人，等候秤貨兌銀。　　　　　　　　（第16回）
　　御店には４，５人の客が（いて），量って銀に両替してもらうのを待っている。

　㊱ 西門慶于是醉中戲問婦人：「當初有你花子虛在時，也和他幹此事不幹？」　　　　　　　　　　　　　　　　　　　　　　　（第17回）
　　西門慶はそこで，酔っ払って女にふざけて尋ねるには，「以前きみの（前の夫）花子虛の生前にも，あいつとこんなコトをしたのかい？」

上記２例は，先述の「余分の"有"」と同様，"有"はなくてもよい成分である。

　さらによく見られるのが，"有……見在""見有……在此"である。

　㊲ 說：「……止有宅舍兩所，庄田一處見在。　　　　　　（第14回）
　　「ただ家宅が２カ所と田地が１カ所，現在残っているだけです。」と言います。

　㊳ 「……有你寫來的帖子見在。沒你的手字兒，我擅自拿出你的銀子尋人情，抵盜與人便難了。」　　　　　　　　　　　（第14回）
　　「…あなたが書いた書き付けがここに間違いなくあります。あなたの親書がなければ，私があなたのお金を取り出して人に贈り物をするのだって大変なのに，盗んで人にあげるなんて本当に難しいのですから。」

　㊴ 「……見有他借銀子的文書在此，這張勝便是保人，望爺查情！」
　　　　　　　　　　　　　　　　　　　　　　　　　　　（第19回）
　　「…今ここにあの人がお金を借りたという証文があり，この張勝というのが保証人です，旦那様どうぞお調べください。」

これらは，現にある，間違いなくある，ということを強調する表現であり，強調のための重複表現であると言えよう。

### 4.3 "有"構文の目的語

"有"の目的語は単語とは限らず,文目的をとる場合がある。たとえば,次例だが,

⑷⓪ 西門慶道:「……他若好時,有箇不出來見你的? （第12回）
    西門慶が言うには,「…あいつが気分が良ければ,お前に会いに出てこないことがあるか?
⑷① 李瓶兒道:「……晚夕常有狐狸打磚掠瓦,奴又害怕。（第14回）
    李瓶兒が言うには,「…朝夕いつも狐がいたずらをしにきて,私は怖かったの。
⑷② 金蓮戲道:「……今日姐姐有俺每面上寬恕了他。（第21回）
    金蓮がふざけて言うのには,「…今日おねえさまは私たちの面子を立ててあの人を許すのですよ。

⑷⓪は,"箇"と"的"があることから,"有箇不出來見你的事"の"事"が省略されたと考えることはできよう。この場合,中心語"事"は中心語であり,"不出來見你的"は中心語を修飾する定語である。

次に例⑷①は,一般的には"狐狸"を兼語に持つ"有"構文の兼語文であるととらえられる。文構造を理解するには,このような理解も当然あり得るが,しかし,この文の伝えたい意味は,"狐狸"の存在ではなく,「狐がいたずらをする」という事柄の存在を問題にしている。よって,"有"の目的語は"狐狸打磚掠瓦"であると解釈できよう。

また⑷②では,「有+状語+動詞」の構造となっている。本資料では"有"構造の目的語はかなり豊かなバリエーションを有していると言える[15]。

### 4.4 "有"と"在"

白維国《金瓶梅詞典》の"有"の項目には"①在"と解釈して,

---

15) このような文目的語をとる"有"構文については,現在,台湾国語の中にも見られ,竇煥新2006では,"你真地有一个人唱三个吗?"(p.47)という例文を提示している。

西門慶道：「文嫂兒，許久不見你？」文嫂道：「小媳婦有。」　　（69.1）
　　　西門慶が，「文嫂兒，しばらくぶりだね。」と言うと，文嫂は「不在にはし
　　　ていなかったんですが」と言います。

の例を引いている。同様の文脈では，本資料ではほぼ同様の会話をかわ
している[16]。このような場合，現代中国語では，"在"を用いる方がよ
り一般的であろう。が，現在でも点呼，出欠確認時には"有"も使われ
ることをみれば，性急に"有""在"の使い分けのない資料であると判
断できないと思われる[17]。

## 5　結論

　本資料における"有"構文について得られた結論は，現代語と共通す
る部分を確認した上で，特に次の点に大きな特徴が見られる。

　(a) 常に不定の対象の存在を語るものであるタイプＡとタイプＢに
　　　おいて，時に定性目的語をとることが許容される。
　(b) 兼語文の兼語の述部に"在"が現れる用例が多く見られる。
　(c) "有"構文の目的語には，動詞，文などを持つ場合が見られる。

　ただ，多くの用例分析について，必ずしも明快な判断ができたわけで
はなく，未決着の部分も多いことを最後に用例を挙げて確認しておく。
次は，使用人の不始末を助けてもらおうとする西門慶の正妻呉月娘に託
された手紙を持ち，薛嫂が，呉月娘の昔の女中であり今は周守備の妻と
なっている春梅と会う場面である。

　　　春梅問道：「**有**箇帖兒沒有？不打緊，**有**你爺出巡去了，怕不的今晚
　　　來家，等我對你爺說。」薛嫂兒道：「他**有**說帖兒，**有**此。」向袖中取出。
　　　　　　　　　　　　　　　　　　　　　　　（第95回10葉表1行目）

---

16) 伯爵道：「李自新，一向不見你。」李銘道：「小的有。……」(第22回) など。
17) 同様の分析を玄2007で示した。

春梅は,「お手紙はあるの？ま,いいわ。旦那様はいまご巡視にお出かけだけど,たぶん今晩には戻られるでしょう。そのとき旦那様にお話ししましょう。」と言います。薛嫂兒は,「<u>あの人の簡単な書状（說帖兒）がここにございます／あの人からの簡単な書状（說帖兒）がございます。（私めが）それを持っております。</u>」と言って袖の中から取り出しました。

ここには全部で4つ"有"が認められるが,今その用法を確認してみると,最初の"有箇帖兒沒有？"はタイプAであり,今ここに手紙がリアルに存在しているかどうかを訊ねているのである。そこで量詞"箇"が用いられている。次に"有你爺出巡去了"は強いて言えばタイプBの範疇に入れてよかろうが,文を目的語にとる例である。このような状況があるという説明になろうか。

問題は次の"他有說帖兒有此"である。これをどのように分析するか,可能性は2通りある。まず句読を"他有說帖兒有此。"とし,"有此"の"有"は"在"の誤りとするものである。本資料で多く見られる"有～在"を書き誤ったものとみなすのである[18]。傍証として第17回の次の箇所を参照されたい。

　　西門慶問：「你爹有書沒有？」陳經濟道：「（他）有書在此。」向袖中取出,遞與西門慶拆開觀看。
　　西門慶が「お父うえからの手紙はあるか。」と聞くと,陳經濟は,「ここにございます。」と言って袖の中から取り出し西門慶に渡します。西門慶はそれを開けて読みます。

この場合,該当箇所の書き誤りは本資料における"有"と"在"の用法混交の状況を端的に示す有力な証例となる。

　次に"他有說帖兒,有此。"と句読を打つ場合が考えられる。この場合,はじめの"有"は"有飯"などに確認される,ほぼ代動詞としての"有"としてとらえ「あの人は手紙をしたためられて」と理解する

---

18) 白維國1995では,【校記】16に"原作『有此』酌改。"とあり,"有"を"在"に改めている（第4冊 p.2765）。

こともできようし，前解釈と同様に「彼から手紙がある」としてもよいが，"有此"の"有"は隠されている主語を"我"と考えるべきであろうか。それならば，これは所有を表すタイプＦということになるだろう。また，双方に共通する"他有説帖兒"の"有"は，"來"に置き換えたいところであるが，タイプＢの範疇に入れることができよう。

**参考文献**

荒木典子 2006 『金瓶梅詞話』基礎方言研究概況，『中國古籍文化研究』第4号，pp.14-17

玄幸子 2007 李氏朝鮮期中国語会話テキスト『朴通事』に見られる存在文について，『外国語教育研究』第14号，pp.1-12，関西大学外国語教育研究機構

玄幸子 2011 『老乞大』諸資料における中国語"有"字文の諸相——"一壁有者"再考，『外国語学部紀要』第4号，pp.91-106，関西大学外国語学部

木村英樹 2012 "有"構文における「時空間存在文」の特性——所有と存在，『中国語文法の意味とかたち——「虚」的意味の形態化と構造化に関する研究——』第12章，pp.298-327，白帝社

佐藤晴彦 2007 『金瓶梅詞話』をめぐって，『神戸外大論叢』第58巻，pp.73-92

上野恵司 1970 『水滸伝』から『金瓶梅』へ——重複部分のことばの比較—，『関西大學中國文學會紀要』第3号，pp.119-140

白維国 1991 《金瓶梅词典》，中华书局

白維國 1995 《金瓶梅詞話校註》，岳麓書社

蔡玮 2000 带定指兼语的"有"字句，《镇江师专学报》（社会科学版）第2期，pp.94-95

窦焕新 2006 台湾普通话中的"有+动词"研究，《渤海大学学报（哲学社会科学版）》第28卷 第3期，pp.47-50

潘承玉 1999 《金瓶梅新证》，黄山书社

（げん・ゆきこ　関西大学）

# ヴォイス構文と主観性
―― 話者の言語化をめぐって ――

佐々木　勲人

## 1　主観的把握と客観的把握

　文を発話する存在である話し手（話者）は，事態を把握しそれを言語化していく認知の主体でもある。従って，発話の中には話者の立場や態度，感情などが少なからず反映されている[1]。認知の主体である話者が発話の中でどのように言語化されているかは，話者が事態をどのように把握したかを知る上で重要な手掛かりとなる。

　話者による事態把握には，主観的把握 (subjective construal) と客観的把握 (objective construal) という二つの類型があると考えられている。池上 2011：52 は二つの類型を次のように規定している。

　　主観的把握：話者は問題の事態の中に自らを置き、その事態の当事
　　　　　　　者として体験的に事態把握をする。
　　客観的把握：話者は問題の事態の外にあって、傍観者ないし観察者
　　　　　　　として客観的に事態把握をする。

Langacker 1990：20 は次の二つの文の対比から，事態把握の違いを端的に説明している。

　(1) a. Vanessa is sitting across the table from me.
　　　b. Vanessa is sitting across the table.　　　（Langacker 1990：20）

---

1)　池上 2011：49，Lyons 1977：739，沈家煊 2001：286 を参照。

二つの文はどちらもVanessaと話者がテーブルをはさんで向かい合って座っている状況を表しており，話者が参照点となっている点では違いがない。しかし，(1a)では参照点である話者がmeによって言語化されているのに対して，(1b)では言語化されていない。(1a)において，話者は事態の外に身を置いて，まるで他者の視点を通して状況全体を見るかのように，客観的に事態を把握している。これに対して(1b)では，話者は事態の中に身を置いて，自らが体験するように主観的に事態を把握している。(1a)において話者は客体化されているが，(1b)では主体化されている。従って，二人が写っている写真を見ながら(1a)を発話することはあっても，(1b)を発話するのは不自然であるという。

　日本語は英語に比べて主観的な状況把握を好む，即ち主体化の度合いが高い言語であると言われる。例えば，話者の欲求を表す(2)において，英語では一人称を用いて話者を言語化しなければならないが，日本語ではあえて言語化しないのが普通である。

　(2) a.　I want water.
　　　b.　水が欲しい。
　　　c.　?私は水が欲しい。

　主観的把握を好む日本語では，話者を基点として事態を観察していく。その際，話者自身が観察の対象となることはなく，言語化されることはない。話者の背景化（ゼロ化）とは，きわめて主観性の高い事態把握であると言ってよい。これに対して，客観的把握を好む英語では，話者は主語として前景化され，必ず言語化される。日本語では「主語の省略」が好まれるとよく言われるが，そこには主観的把握への強い傾斜が反映されている[2]。

　一方，中国語では話者は言語化されるのが一般的であり，この点では英語と共通している。中国語は英語のように文法的に必ず主語を要求する言語ではないが，話者である"我"が言語化されない(3b)はかなり

---

2)　池上2006：24，Shimizu 2010：6を参照。

不自然である[3]。
   (3) a. 我要水。
       b. ?要水。

また、日本語では「欲しい」のような内的状態を表す述語は、そのままでは3人称には使えない。内的状態を直接知覚できない場合は、それが話者の推測であることを示す「〜がる」を伴う必要がある。
   (4) a. 水が欲しい。
       b. *彼は水が欲しい。
       c. 彼は水を欲しがっている。

中国語においてそうした人称の違いが問題になることはない。この点も英語と共通している。
   (5) a. 我要水。
       b. 他要水。
   (6) a. I want water.
       b. He wants water.

一方で、中国語と英語が必ずしも一致せず、むしろ日本語との共通点を見せる現象もある。場所を尋ねる次の(7)において、英語では話者を前景化して言語化するのに対して、日本語では場所が前景化され、話者を言語化することはない。
   (7) 〔知らない場所に来てしまって〕
       a. 'Where am I ?'
       b. 「ココハドコデスカ」                 (池上 2006 : 24)

この点において、中国語は日本語と一致している。話者を言語化した(8a)は明らかに不自然であり、場所を前景化した(8b)が用いられる。
   (8) a. *我在哪儿？（私はどこですか。）
       b. 这是什么地方？（ここはどこですか。）

---

3) 相手に聞き返すような状況では、話者を言語化しない文も成立可能である。
   A：你说要什么？（何が欲しいって？）
   B：要水！（水が欲しい！）

中国語と英語の差異は，自分にかかってきた電話を受ける次のような状況からも見て取ることができる。

(9)〔電話でのやりとり〕
  a. 'May I speak to Mr. Jones ?'
   'This is he.'
  b.「ジョウンズサンヲオ願イシマス。」
   「私デス。」         （池上 2006 : 24）

客観的把握を好む英語では，話者自身をも客体化し，3人称を用いて指示しているのに対して，主観的把握を好む日本語では1人称が用いられる。この点に関しても中国語は日本語と共通している。話者を3人称で指示する(10a)は明らかに不自然である。

(10) "我找王先生。"（王さんをお願いします。）
  a. *"是他。"（彼です。）
  b. "是我。"（私です。）

このように中国語では，ある部分では英語と同様に話者を前景化した客観的把握が行われる一方，ある部分では日本語と同様に話者を背景化した主観的把握が行われる。どのような現象において主観的把握が好まれ，どのような現象において客観的把握が好まれるのかという問題は，中国語における主観性の研究の重要なテーマの一つとなっている。

ここでは，おもに日本語との対比から，中国語における話者の言語化について考えてみたい。とくに受動文や使役文，受益文などヴォイスと呼ばれる現象に関わる構文において，言語主体である話者がどのように言語化されているかを観察することによって，中国語の事態把握の特徴の一端を明らかにしてみたい。

## 2 受動文における話者の言語化

### 2.1 不如意の意味と主観性

多くの先行研究が指摘するように，中国語の受動文は不如意の意味を

表す。马真1981：120は，(11)が"被"を用いる文として成立するのは不如意な事態を表すためであり，(12)が成立しないのは不如意な事態を表さないためであると指摘している。

(11) a. 衣服被他撕破了。（服は彼に引き裂かれた。）
    b. 饭被我煮糊了。（ご飯は私に炊き焦がされてしまった。）
    c. 自行车被小偷儿偷走了。（自転車は泥棒に盗まれた。）
    d. 麦子被雨淋了。（麦は雨で濡らされてしまった。）

(12) a. *衣服被姐姐做好了。（服は姉に作り上げられた。）
    b. *饭被我煮好了。（ご飯は私に炊き上げられた。）
    c. *自行车被我领回来了。（自転車は私に引き取って来られた。）
    d. *麦子被太阳晒干了。（麦は太陽に乾かされた。） （马真1981：120）

中国語の受動文にとって，不如意の意味が構文の成立を左右する意味的制約であることは広く認識されている。重要なことは，受動文に表れる不如意の意味とは，主語の位置にある名詞句にとっての不如意ではなく，主語に関心を寄せる話し手，即ち言語主体としての話者にとっての不如意であるという点である。つまり，話者と事態の関わりを示唆する不如意という意味が明示的であるという点において，中国語の受動文はきわめて主観性の高い表現であるということができる。

しかし，この種の意味的制約には例外がある。杉村1982, 1991, 1998, 2004の一連の研究が指摘するように，話者あるいは話者が感情を移入する存在を"被"が導く文では，難事が実現したことを表し，不如意の意味はキャンセルされる。杉村1982, 1991はこのような文を「自己称揚の被動文」と呼んでいる[4]。

(13) a. 这个字终于被我写像样了。

---

[4] 李临定1980：411は次の例を挙げて，受動文が表す不如意の意味が話者にとってのものであることを指摘している。
　　好的（姑娘）都叫人家挑完了。（良いのはみんな選ばれてしまった）
　選ばれることは主語にとっては良いことであるが，それを望ましくない事態ととらえる話者の存在がある。

（この字はついに私によってまともに書かれた。）
　　b. 他的花招被我识破了。
　　　（彼のペテンは私に見破られた。）
　　c. 敌人一个排被我们消灭了。　　　　　　　　（杉村1991：53）
　　　（敵の一連隊は我々によって殲滅させられた。）

　杉村2004は，中国語の受動文の本質を「受事を視点に意外な事態との遭遇を描く」と規定した上で，基本的構文義である「不如意な遭遇」という意味は「意外な事態との遭遇」から自然に拡張したものであると述べている。そして，意外性が強く前景化した際には「不如意な遭遇」への拡張は抑制されると指摘している。马真1981：120が成立不可能として挙げた(12a)についても，"一个晚上就（一晩で）"という修飾句を伴うことによって，難しい仕事を予想外に早く片付けた，という状況が示されさえすれば問題なく成立するのはそのためであるという。

　⒁ a. ＊衣服被姐姐做好了。（＝(12a)）
　　 b.　衣服被姐姐一个晚上就做好了。　　　　　（杉村2004：36）
　　　（服はお姉ちゃんによってたった一晩で縫い上げられた。）

　話者あるいは話者が感情を移入する存在を事態の引き起こし手，即ち有責者として表示する受動文が[5]，必ずしも不如意の意味を表さないことは，主観性の観点から見て興味深い現象である。

　すでに述べたとおり，話者と出来事との関わりを示唆する不如意という意味が明示的であるという点において，中国語の受動文はきわめて主観性の高い表現である。不如意の意味とは，主観的な事態把握に裏打ちされた構文義であると言ってよい。言語主体である話者を有責者として表示する場合に限ってその意味がキャンセルされるということは，話者を言語化する客観的な事態把握においてのみ主観的な構文義がキャンセルされるということである。つまり，受動文における不如意の意味のキャ

───────────
5）　木村1992：13は，受動文において"被"が導く名詞句が必ずしも致使力を持たないことに注目し，対象に及ぶ結果的な事態に有責性（responsibility）をもつ動作の仕手として「有責者」と定義している。

ンセルという現象は，話者を言語化する客観的な事態把握によって，主観的な構文義が抑制された結果であると理解することができる。

## 2.2　間接受動の事態把握

　中国語の受動文について，日本語との対照においてしばしば指摘されることに間接受動文の成立の難しさがある。被害者である話者を主語として表示し，その身体部位を目的語の位置に置く(15a)は，中国語の受動文として容認度が下がる。話者を身体部位の所有者として表示する(15b)の方が明らかに好まれる。

　(15) a.　?*我让猫给抓破了手。
　　　b.　　我的手让猫给抓破了。　　　　　　　　(杉村 2004：31)
　　　　　（私の手は猫に引っかかれた。）

　対応する日本語では，話者を主語の位置に置き，身体部位を目的語として表示する(16a)が好まれるのとは対照的である。

　(16) a.　　私はネコに手を引っかかれた。
　　　b.　?*私の手はネコに引っかかれた。

　所有物に至ってはさらにその傾向が顕著となる。(17a)は中国語の受動文として容認されない。被害者である話者は(17b)のようにモノの所有者として表示されなければならない。

　(17) a.　*我被小偷儿偷走了钱包。
　　　b.　　我的钱包被小偷儿偷走了。
　　　　　（私の財布は泥棒に盗まれた。）

　日本語の場合，話者を所有者として表示する(18b)は，間接受動文の形式を用いる(18a)に比べて不自然である。但し，身体部位を用いた先の(16b)に比べれば，(18b)の容認度はやや高いと言ってよいであろう。

　(18) a.　　私は泥棒に財布を盗まれた。
　　　b.　?私の財布は泥棒に盗まれた。

　こうした現象も日本語と中国語の事態把握に関する差異として説明することができる。被害者である話者を主語として言語化し，話者に何が

起こったのかを描こうとする日本語に対して，中国語は話者を所有者として言語化し，あくまでも身体部位や所有物にどのような変化が生じたのかを描こうとする。日本語では，話者の視点は出来事の中にあり，当事者として直接体験する主観的なとらえ方が示されている。一方，中国語では，話者の視点は出来事の外にあり，客観的に観察するとらえ方が示されている。このように，間接受動文に対する容認度の違いという点からも，主観的把握を好む日本語と客観的把握を好む中国語の差異を見て取ることができる。

## 3 使役文における話者の言語化

### 3.1 感情表現と誘発使役

大河内 1991 がつとに指摘するように，中国語の使役文は人の感情や感覚の表現にしばしば利用される。一人称である話者もその例外ではなく，"叫""让""使"などの使役標識によって被使役者として言語化されることが多い。

(19) a. 刚刚大家说的，真叫我失望。
　　　（いまみんなが言ったことが，私を実に失望させた。）
　　b. 这个消息让我很高兴。
　　　（その知らせが私を喜ばせた。）
　　c. 马老的一番话使我很感动。　　　　　　　　　（CCL 语料库）
　　　（馬さんの話が私を感動させた。）

日本語であれば，「みんなが言ったことに失望した」「その知らせを喜んだ」「馬さんの話に感動した」など，知覚主体である話者を言語化しないのが普通である。これに対して，中国語では感情を惹起した無意図的な誘発者を主語の位置に置き，知覚主体である話者を被使役者として客体化する誘発使役文が好んで用いられる[6]。

---

6) 誘発使役文については，木村 2000：22 を参照。

対格言語に属す中国語にあって，経験者の意味役割を担う話者は主語として言語化されるのが無標の形式である。誘発者を主語として表示し，経験者である話者を被使役者として言語化する(19)のような文は有標の形式にあたる。にもかかわらず，誘発使役文は中国語の感情表現として好んで用いられ，話者を主語として言語化する次の(20)のような文は非文法的となってしまう。

(20) a. ＊我真失望刚刚大家说的。
　　　　（私はいまみんなが言ったことに実に失望した。）
　　b. ＊我很高兴这个消息。
　　　　（私はその知らせを喜んだ。）
　　c. ＊我很感动马老的一番话。
　　　　（私は馬さんの話に感動した。）

　感情表現に誘発使役文が好んで用いられるのはなぜなのか。その背景には，やはり中国語の事態把握の特徴があると考えられる。使役という因果の枠組みの中で出来事をとらえ，自ずとそのような感情が惹起された存在として話者を表現する誘発使役文において，話者の視点は出来事の外にあり，あたかも他者の視点で事態をとらえているかのように，話者自身を客体化している。少なくともそれは体験的な事態把握ではない。感情表現に誘発使役が多く用いられるという現象は，客観的な事態把握を好む中国語の傾向を表していると考えられる。

　感情表現に関わる日本語と中国語の事態把握の違いは，次のような感嘆表現にも表れる。中国語の形容詞は日本語のような感嘆詞的な使い方は難しいと言われている[7]。

(21) a.　うれしい！
　　b. ＊?非常高兴！
(22) a.　こわい！
　　b. ＊?很害怕！

---

7) 大河内 1991 を参照。

感嘆表現は発話時点での話者の感情を直接吐露するきわめて主観的な表現であるが，中国語の形容詞は単独で感嘆文を構成することはできず，次のように結果補語を伴うことによってはじめて成立する。これも因果の枠組みで出来事をとらえようとする一つの表れである。

　　⑵3 高兴死了！
　　⑵4 怕死了！

　また，中国語ではこうした感情吐露を表す感嘆表現においても，話者が主語として客体化される場合が少なくない。

　　⑵5 哎呀，我可高兴死了！
　　⑵6 我可怕死了！　　　　　　　　　　　　　　（CCL 语料库）

　主観的な事態把握を好む日本語において，「私はうれしい」や「私はこわい」といった表現は，感情の吐露としては不自然である。話者は言語化されないのが普通である。こうした点からも，客観的把握を好む中国語の傾向を見て取ることができる。

## 3.2　感情表現と執行使役

　感情表現における話者の言語化にとって，中国語が好んで用いる表現の一つに処置文がある。

　　⑵7 小冯原来是你，可把我吓坏了！
　　　（シャオフォンおまえだったのか，本当に驚いた。）
　　⑵8 你简直要把我气死。　　　　　　　　　　　（CCL 语料库）
　　　（お前には本当に頭にきた。）

　木村 2000 によって執行使役文と定義されるように，処置文は使役文の一つと理解されてよい。前節で見た誘発使役文との違いは，感情の知覚主体である話者が働きかけの対象として言語化されている点にある。従って，主語の位置にある名詞句は無意図的な誘発者ではなく，意図をもった執行者として描かれる。

　同様の述語を用いる執行使役文と誘発使役文を比較されたい。

　　⑵9 a. 突然，他腾地跳起来，把我吓了一跳。

（突然，彼はパッと飛び上がり，私を驚かせた。）
b. 他俯头过来，在我耳边低语了几句，让我吓了一大跳，
（彼はうつむきながらやってきて，私の耳元で低くささやき，私をひどく驚かせた。） (CCL 语料库)

　執行使役文の主語である(29a)の"他"には，話者を驚かせようという意図があるかのような読みが生じる。少なくとも，誘発使役文の(29b)に比べてそのような解釈が成り立ちやすい。沈家煊2002は，処置文の構文義は主観的処置を表すことにあると指摘しているが，処置文の主語には，意図的な働きかけを行う主体としての性質が読み込まれる。

　次の(30a)では，執行使役文である"把我气死"と話者を目的語として表示する"气死我"が一文中に同時に用いられているが，両者を入れ換えた(30b)は不自然である。"存心"という副詞が示すように，主語に明確な意図がある状況では執行使役文がふさわしい。

(30) a. 你们存心把我气死，气死我你们就有好日子过了。
（お前たちはわざと私を怒らせて，私が怒れば幸せに暮らすんだろう。）
(CCL 语料库)
b. ??你们存心气死我，把我气死你们就有好日子过了。

　感情の知覚主体である話者を意図的な働きかけの対象として客体化する執行使役文において，話者の視点は出来事の外にある。自らを行為の受け手と表現している点において，執行使役文を用いた感情表現は誘発使役文と同様に客観的な事態把握を示している。

## 4　受益文における話者の言語化

### 4.1　逆行態とやりもらい表現

　日本語の主観的な事態把握を示す典型的な現象として，移動動詞「クル」の逆行態（inverse voice）用法がある。

(31) a. ケンがハナコに電話をした。
b. ボクはハナコに電話をした。

c. ?ケンがボクに電話をした。

　　d. ケンがボクに電話をしてきた。　（Shibatani 2003：274 一部変更）

　Shibatani 2003：276 は，行為の流れが人称の階層（Person hierarchy）の順序に逆行する場合，日本語ではそのことを文法的に明示する必要があると指摘している。

　　人称の階層：1人称＞2人称＞3人称

　(31c)では3人称から1人称に向けて行為が行われており，低い階層から高い階層へと行為の流れが逆行している。このような場合，日本語では逆行態標識として補助動詞「クル」を用いなければならない。話者に向けて行為が行われた場合，そのことを文法的に明示しなければならないというこのような現象は，話者の視点を基点として主観的に出来事をとらえていく日本語の事態把握の特徴を示している。

　一方，中国語には逆行態の現象は見られない。話者の視点が受け手側にある場合であっても，そのことを文法的に明示する必要はない。

　(32) a. 我给小王打了个电话。（僕は王さんに電話をかけた。）

　　　b. 小王给我打了个电话。（王さんは僕に電話をかけてきた。）

　この点は英語と同じである。

　(33) a. I phoned Taro at midnight.

　　　b. Taro phoned me at midnight.　　　　（Shimizu 2010：8）

　中国語の移動動詞"来"は，日本語の補助動詞「クル」と同様，動詞の直後に付加されて，行為が話者に向けて行われることを示す機能を持っている。しかし，少なくとも以下の例において，その付加は任意であり，逆行態標識と見なすことはできない[8]。

　(34) 3个月后，那个经理又给我打（来）电话。

　　　（3か月後，その社長はまた私に電話をかけてきた。）

　(35) 我收藏的一些绝版书大多是他给我寄（来）的。　　（CCL语料库）

　　　（私が収蔵している絶版書の多くは彼が私に送ってきたものだ。）

　話者の視点ということに関して言えば，いわゆるやりもらいの表現に

ついても，日本語と中国語の差異が見て取れる。日本語では，話者が受け取り手である場合，補助動詞「クレル」を用いて文法的に明示する必要があるが，中国語にそのような制約はかからない。(37c)において，話者が受け取り手であることを示す文法標識はとくに見られない。

(36) a. ケンがハナコに本をプレゼントした。
　　 b. ボクはハナコに本をプレゼントした。
　　 c. ?ケンがボクに本をプレゼントした。
　　 d. ケンがボクに本をプレゼントしてくれた。

(37) a. 小王送小李一本书。
　　　（王さんは李さんに本をプレゼントした。）
　　 b. 我送小李一本书。
　　　（僕は李さんに本をプレゼントした。）
　　 c. 小王送我一本书。
　　　（王さんは僕に本をプレゼントしてくれた。）

　日本語では話者の視点に基づいてやりもらいの出来事が描かれていくのに対して，中国語ではあたかも舞台上のやり取りを眺めるかのように客観的に出来事を描いていく。話者である"我"も舞台上の参与者の一人であり，たとえ行為が話者に向けて行われる場合であっても，そのことを文法的に明示する必要はとくにない。こうした現象からも，主観的把握を好む日本語と客観的把握を好む中国語の差異を見て取ることができる。

---

8) 中国語が日本語よりも話者の視点を明確にしなければならない場合もある。次の文で，話者がバスの中にいることを示す方向補語の"去"は欠かせない。
　　 a. 他在美术馆下去了。（彼は美術館で降りた）
　　 b. *他在美术馆下了。
　話者の視点を明確にしない場合，述語は行動パターンを表す"下车"とする必要がある。徐靖2011を参照。
　　 c. 他在美术馆下车了。（彼は美術館で下車した）

## 4.2 命令文と受益者

　話者の視点を明確にすることを好む中国語の言い回しとしては，次のような命令文の存在を挙げることができる。中国語の命令文では，話者が受益者として言語化されることがしばしばある。

　　(38) 你给我死去！（死んでくれ。）

　　(39) 你给我马上滚！（出て行ってくれ。）　　　　　（朱德熙 1982 : 180）

受益前置詞の"给"によって話者が言語化されるこれらの命令文には，話者が言語化されない(40)や(41)に比べて命令のムードが強く表れる。インフォーマントによれば，(38)や(39)には上から目線を強く感じるという[9]。

　　(40) 你死去！（死ね。）

　　(41) 你马上滚！（出て行け。）

但し，命令文において受益者として言語化できるのは，1人称の話者だけであって，3人称を用いる次のような文は成立しない。

　　(42) *你给他马上滚！

　　(43) *你给他死去！

"给我"という形で話者が言語化される命令文は，行為が誰のために行われるべきものであるかを明示している点において，形式的には客観的な事態把握が行われている。話者を客体化し，出来事と話者の関係を明示するこのような文に，命令のムードが強まるという事実は非常に興味深い。

　日本語の命令文においても，補助動詞「クレル」を用いて出来事と話者との関係を明示することがある。

　　(44) a. 出て行け。

　　　　 b. 出て行ってくれ。

　　(45) a. 死ね。

　　　　 b. 死んでくれ。

---

9)　大阪大学金昌吉氏のご教示による。

しかし,「出て行ってくれ」という日本語は,「出て行け」に比べればむしろ穏やかな表現である。「死ね」と言われる方が「死んでくれ」と言われるよりもきつい。「クレル」を伴うことによって,依頼表現の形式をとる日本語の命令文には,中国語のような上から目線の強いムードはとくに感じられない。

　命令文は聞き手に行為を強制する表現形式である。従って,命令文にとって,強制する立場である話者の存在は自明の前提であり,通常それが言語化される必要はない[10]。この点において,命令文はもとより主観性の高い表現である。

　話者は命令内容の実現を強く希求している存在であり,多くの場合,行為の実現によって利益を得る。従って,通常は言語化されない利益の受け手である話者をあえて言語化する命令文には,受益者としての話者の存在を強く意識させられることになる。つまり,話者を言語化することが命令文本来の主観的な解釈を促進することに繋がっているのである。先に見た受動文では,話者を言語化することによって客観的な事態把握が示され,主観的な解釈が抑制されていたのとは対照的である。

## 5　おわりに

　本稿は,受動文や使役文,受益文などヴォイスと呼ばれる現象に関わる構文の中で,言語主体である話者がどのように言語化されているかを見た。日本語との対照において明らかになったことは,中国語は総じて話者を言語化していく傾向が強く,客観的把握が優勢であるということである。こうした事態把握の特徴がどのようにもたらされたものであるのかは,今後さらに詳しく検討しなければならない。

　中国語では,受動文の多くが不如意の意味を表し,感情表現に使役文

---

10) 中国語の命令文では,命令される立場の聞き手がしばしば2人称によって言語化される。
　　 你多吃点儿！（たくさん食べなさい）

が好んで用いられる。また，日本語の逆行態やクレル表現のような，行為が話者に向けて行われることを示す文法標識も見られない。従来のヴォイス研究において個別に論じられてきたこれらさまざまな現象にも，主観性という観点を導入することによって統一的な説明を与えることが可能となる。

**参考文献**

池上嘉彦 2006 〈主観的把握〉とは何か―日本語話者における〈好まれる言い回し〉―，『言語』5月号，pp.20-27，大修館書店

池上嘉彦 2011 日本語と主観性・主体性，『ひつじ意味論講座 第5巻 主観性と主体性』，澤田治美編，pp.49-67，ひつじ書房

木村英樹 1992 BEI 受身文の意味と構造，『中国語』6月号，pp.10-15，内山書店

木村英樹 2000 中国語ヴォイスの構造化とカテゴリ化，『中国語学』247号，pp.19-39，日本中国語学会

木村英樹 2012 中国語の知覚・感覚・感情表現―"痛快"と"凉快"の境界―，『日本言語学会第144回大会予稿集』，pp.22-27，日本言語学会

大河内康憲 1991 感情表現と使役構文，『中国語』11, 12月号，『中国語の諸相』所収，pp.149-160，白帝社，1997年

杉村博文 1982 被動と『結果』拾遺，『日本語と中国語の対照研究』第7号，pp.58-82

杉村博文 1991 遭遇と達成―中国語被動文の感情的色彩―，『日本語と中国語の対照研究論文集（下）』，pp.45-62，くろしお出版

杉村博文 2004 中国語の受動概念，『次世代の言語研究Ⅲ』，pp.29-44，筑波大学現代言語学研究会

李临定 1980 "被"字句，《中国语文》第6期，pp.401-412

马真 1981 《简明实用汉语语法》，北京大学出版社

杉村博文 1998 论现代汉语表"难事实现"的被动句，《世界汉语教学》第4期，pp.57-64

沈家煊 2001 语言的"主观性"和"主观化"，《外语教学与研究》第4期，pp.268-275

沈家煊 2002 如何处置"处置式"―论把字句的主观性，《中国语文》第5期，pp.14-27

徐靖 2011 《移动与空间―汉日对比研究》，复旦大学出版社
朱德熙 1982 《语法讲义》，商务印书馆
Langacker, Ronald. W. 1990 Subjectification. *Cognitive Linguistics*. 1-1, pp.5-38.
Lyons, John 1977 *Semantics; Vol. 2*. Cambridge University Press.
Shibatani, Masayoshi 2003 Directional verbs in Japanese. *Motion, Direction, and Location in Languages: In Honor of Zygmunt Frajzngier*, ed. By Erin Shay and Uwe Seibert, pp.259-286, John Benjamins Publishing Company.
Shimizu, Keiko 2010 Subjective Conceptualization in Japanese. *Language Issues*. 16-1, pp.1-12, Prefectural University of Kumamoto.

北京大学汉语语言学研究中心コーパス（CCL 语料库检索系统）
　　URL:http://ccl.pku.edu.cn:8080/ccl_corpus/index.jsp?dir=xiandai

（ささき・よしひと　筑波大学）

# 量化の意味への言語的手がかり

## 定延　利之

## 1　はじめに

　「全称量化」「存在量化」という意味は人間にとって普遍的なものと考えられているが，その表現は言語によって異なる[1]。この論文では，現代日本語共通語（以下「日本語」）と現代中国語共通語（以下「中国語」）の観察を通して，言語が全称量化・存在量化の意味をどのように表すか（あるいは表さないか）を考えてみたい。より具体的には，全称量化・存在量化の表現形式が日本語ではしばしば似通っているが，中国語ではそのような似通りが（曖昧文を除けば）見られないことに対する一つの説明を提出したい。

## 2　全称量化と存在量化の意味

　まず，日本語をデータとして，全称量化と存在量化の意味について2点の観察をおこなっておく。その内容は，「全称量化と存在量化の意味の区別は存在そのものに関わるものであって，主体や領域を問わない」「全称量化と存在量化の意味は似たものどうしと考えられる」というものである。第1点を2.1で，第2点を2.2で述べる。

---

[1]　「まで」と「までに」など，この論文と重なる観察をおこなっている寺村1993: 127 は，「時，所の認定の仕方は，一般に思われているより以上に言語個性的なもの」と述べている。

## 2.1 全称量化と存在量化の意味の区別は主体や領域を問わない

はじめに，全称量化と存在量化の意味を簡単に紹介しておこう。たとえば次の文(1a)(1b)では，空間領域（海域）におけるモノ（財宝）の存在が表されている。

(1) a. この海域じゅうに財宝が眠っている。
b. この海域ちゅうに財宝が眠っている。

文(1a)で表されているのは，財宝というモノが，この文で問題とされている海域のあらゆるところにあるということである。もっとも，「あらゆるところ」とは言っても，財宝が海底に一分の隙もなくびっしり埋まっている必要はなく，我々が日常生活の中で「至るところに」などと言える程度の稠密性でその海域に分布していればよい。このような意味を全称量化の意味と呼ぶ。全称量化の意味は論理式では「∀」と記される。

これに対して文(1b)で表されているのは，財宝が，問題の海域のうち少なくとも1箇所にあるということである。このような意味を存在量化の意味と呼ぶ。存在量化の意味は論理式では「∃」と記される。

空間領域と同様，時間領域についても全称量化・存在量化の意味の区別は観察できる。というのは，「終期」表現とは全称量化の表現で，「期限」表現とは存在量化の表現と考えられるからである。次の(2)を見られたい。

(2) a. 私は3時までこの仕事をする。
b. 私は3時までにこの仕事をする。

文(2a)で表されているのは，話し手が仕事をするというデキゴトが，3時を終期とする問題の期間の，あらゆる瞬間に成立しているという意味で，文(1a)とは存在主体（モノか，デキゴトか）や存在領域（空間か，時間か）が違っているが，やはり全称量化の意味である。「あらゆる瞬間」とは言っても，話し手が寝食も忘れて仕事をする必要が必ずしもないということは上述の空間領域の場合と同様で，話し手が仕事をするというデキゴトは，日常生活で「ずっと」などと言える程度の粗い稠密性で問

題の期間に分布していればよい。これに対して文(2b)で表されているのは，話し手が仕事をするというデキゴトが，3時を終期とする問題の期間のうち少なくとも1箇所にあればよいということで，やはり存在の主体や領域は違っているが，文(1b)と同様，存在量化の意味である。

全称量化・存在量化の意味の区別が観察される領域は，「空間」「時間」に限られるわけではなく，「モノ」「程度」など，厳密な区別は難しいが他にもある。モノについて文(3)，程度について文(4)を見られたい[2]。

(3) &ケーキを3つ食べた。

(4) &木が倒れた。

これらの文は，全称量化と存在量化の意味を併有しており曖昧である（文頭の「&」印はこの曖昧性を記すものとする。以下も同様である）。文(3)について言えば，「ケーキを3つ食べきった」というのが全称量化の意味で，問題とされている領域（ケーキというモノ）のあらゆる部分が食べられているということが3つのケーキについて生じている。「あらゆる部分」と言っても，わずかなかけらも残ってはいけないというわけでは必ずしもなく，日常レベルで「食べきった」と言える程度にケーキが食べられていればよいということはこれまでと同じである。（このことは以下では繰り返さない。）また，存在量化の意味は「わずかにせよ口を付けたケーキが3つある」というもので，問題とされている領域（ケーキというモノ）の少なくとも一部が食べられているということが3つのケーキについて生じている。

文(4)も同様である。垂直に生えていた木がかなり傾いたが，地面に接してはいないという段階で「木は傾いてはいるが倒れたわけではない」「木はまだ倒れてはいない」などという形で文(4)「木が倒れた」が否定される場合，この文は「倒れる程度（角度）」が完全でなければならない全称量化の意味を表している。また，垂直に生えていた木がごくわず

---

[2] これらの文を過去形にしたり，「3つ」という度数表現を加えたりしたのは読者の解釈しやすさを考慮した措置に過ぎず，本論の妥当性を左右するものではないというのが筆者の判断である。

かな角度ではあるが傾いた段階で「木がわずかに倒れた」「わずかではあれ，木が倒れたことは倒れた」などという形で文(4)が肯定される場合，この文は「倒れる程度（角度）」がわずかでもよい存在量化の意味を表している。

以上のように，全称量化と存在量化の意味の区別は存在そのものに関わるもので，主体や領域を問わず広く想定できる。

## 2.2　全称量化と存在量化の意味は類似していると考えられる

以上に挙げた日本語の例文は，全称量化の場合と存在量化の場合で，表現形式が似通っている。

空間領域の例(1)を見ると，全称量化の文(a)「この海域じゅうに財宝が眠っている」と存在量化の文(b)「この海域ちゅうに財宝が眠っている」の形式面の違いは，「海域」に後接している接辞が「じゅう」か ((a))，それとも「ちゅう」か ((b)) という1箇所だけで，両接辞の音韻「じゅう」「ちゅう」は酷似している。文字についても，文(a)の「じゅう」を漢字で表記することが（たとえば「一日中」「年中」と同じ程度に）一般的とは思われないが，それでも対応する漢字は文(b)の「ちゅう」と同様，「中」と考えられる。(なお，ここで述べたいのは，全称量化と存在量化の意味を表現する言語形式が似通っているということに尽きる。「中」がどのような場合に「じゅう」と読まれ，どのような場合に「ちゅう」と読まれるかという問題については丹保2002他を参照されたい。)

時間領域の例(2)の場合も，全称量化の文(a)と存在量化の文(b)の形式の違いは，「3時まで」の直後に格助詞「に」がないか ((a))，それともあるか ((b)) という1箇所だけで，両者はよく似ている。類例として，「じゅう」絡みの文ペア(5)，さらに「あいだ」絡みの文ペア(6)を挙げておく。

(5) a. 私は夏じゅうこの仕事をする。
　　b. 私は夏じゅうにこの仕事をする。
(6) a. 私は夏のあいだこの仕事をする。
　　b. 私は夏のあいだにこの仕事をする。

これらのペアにおいて，文(a)と文(b)の形式の違いは，(2)の場合と同様，格助詞「に」がないか（(a)），あるか（(b)）だけである。そして，格助詞「に」のない文(a)の意味とは，話し手がこの仕事をするというデキゴトが夏のあらゆる時点において成立していなければならないという全称量化の意味であり，夏の終わりは終期である。他方，格助詞「に」のある文(b)の意味とは，話し手がこの仕事をするというデキゴトが夏のうち一時点において成立していればよいという存在量化の意味であり，夏の終わりは期限である。

　以上の例(2)(5)(6)では，全称量化・存在量化の意味の違いは，格助詞「に」の有無のみによって表し分けられている。さらに，両者の意味を表す言語表現が完全に一致し，単一の言語表現が全称量化・存在量化の意味を併有して曖昧になっていることもある。例として格助詞「に」のない(7)(8)を挙げる。

　　(7) &10時までの仕事
　　(8) &この仕事は，夏じゅうだ。

まず(7)について。たとえば「10時までの仕事があるから今日は飲みに行けない」などと言う場合は，10時は終期であり，それまでずっと仕事をしなければならないという全称量化の意味が表されている。またたとえば「10時までの仕事が間に合いそうにない」などと言う場合は，10時は期限であり，それまでのどの時点かで仕事をすればよいという存在量化の意味が表されている。同様に(8)も，仕事が夏の終わりまでずっと行われ続けるという全称量化の意味，仕事は夏のうちの一時点で行われればいいという存在量化の意味を併せ持ち，曖昧である。

　モノや程度を領域とする場合も同様で，先述の文(3)「&ケーキを3つ食べた」や(4)「&木が倒れた」のように，単一の言語表現が全称量化・存在量化の意味を併有し，曖昧になっていることは珍しくない。

　「全称量化の場合，問題とされる領域（例(1)なら海域）の全ての部分が当該命題（例(1)なら財宝が眠っていること）を満たさねばならない。それに対して存在量化の場合は，いずれか1部分が当該命題を満たしさ

えすればよい」と述べると，両者の相違点が際立ち，共通点などないかに思えるかもしれない．だが，以上のように言語表現に着目すると，両者の表現形式は（全称量化の意味と結びつく「すべての」，存在量化の意味と結びつく「或る」といった語彙的なものを別とすれば），しばしばよく似通っており（(1)(2)(5)(6)），時には完全に重なることさえある（(3)(4)(7)(8)）．このことから考えられるのは，全称量化と存在量化の意味は，単に「∀」「∃」と書き分けて済ますしかない，全く別々のものというわけではなく，実は人間にとってはかなり類似したものではないか，ということである．

## 3 全称量化・存在量化と言語の意味

　以上では，全称量化と存在量化の表現形式がしばしば似通っているという日本語の観察をもとに「全称量化と存在量化の意味には，類似性もあるのではないか」という考えを述べた．しかしながらこの考えは，中国語のデータに接して以下2点の観察結果を得ると，崩れてしまうようにも見える．第1点は，中国語では，全称量化と存在量化の意味を表す言語形式が日本語の場合ほど似通っていないということである．第2点は，そもそも中国語は（そしてよく考えてみれば日本語も），全称量化や存在量化の意味を直接表すとは限らないということである．これら2点の観察からすれば，「全称量化と存在量化の意味が人間にとってどのようなものか」を論じる際に，言語の観察は根拠にならないようにも見える．

　このような中国語データの否定的なインパクトは，実は表面的なものに過ぎない．中国語のデータは，全称量化・存在量化の意味と言語表現に関する我々の考えをより深める契機として利用できる[3]．以下このことを，2点の観察結果から具体的に示していく．

---

3) このような言語対照研究の意義については井上2001を参照されたい．

まず，空間領域の文(9a)(9b)を見てみよう[4]。

(9) a. 在这片海域中到处都沉睡着宝藏。
    b. 在这片海域中沉睡着宝藏。

文(9a)は日本語文(1a)「この海域じゅうに財宝が眠っている」に対応する全称量化の表現，文(9b)は日本語文(1b)「この海域ちゅうに財宝が眠っている」に対応する存在量化の表現である。文(9a)は，存在量化の文(9b)をベースとし，それに全称量化の語彙的表現"到处""都"が加わっているという，日本語には見られない形式を備えており，このことは，言語が全称量化・存在量化の意味を表す方法が一つではないということを教えてくれる。

それ単独では専ら存在量化の意味を表す文(9b)が，全称量化の語彙的表現"到处""都"と結びつき，結果として全称量化の意味を表すということからすると，文(9b)は「潜在的」には存在量化だけでなく全称量化をも表し得る曖昧文と考えてよいかもしれない。このように全称量化・存在量化の意味と言語形式との1対1の対応が成り立たず，多対1の対応（つまり曖昧性）が成り立つ場合，言語の意味は全称量化や存在量化の意味を直接表してはいないと考える必要があるだろう。

空間領域の場合(9a)(9b)と似たことが，時間領域の場合(10a)(10b)にも観察される（このうち(10b)としては，スラッシュで区切られた2つの文が書かれているが，これら2つの文に大差はないので両文とも「文(10b)」として扱う。以下も同様である）。

(10) a. 我整个夏天都工作。
     b. 我在夏天工作。/我夏天的时候工作。

文(10a)は日本語文(5a)「私は夏じゅう仕事をする」や(6a)「私は夏のあいだ仕事をする」に対応する全称量化の表現，文(10b)は日本語文(5b)「私は夏じゅうに仕事をする」や(6b)「私は夏のあいだに仕事をする」に対

---

[4] 中国語のデータについては程莉氏（神戸大学大学院生）の協力を得た。お名前を記して謝意を表したい。もちろん誤りはすべて筆者一人の責任である。

応する存在量化の表現である。文(10a)には，文(10b)にはない全称量化の語彙的表現"整个""都"が現れており，文(10b)の潜在的な曖昧性を思わせる。これは，言語が全称量化・存在量化の意味を表す方法が一つではなく，そして少なくとも一部の方法では，言語は全称量化と存在量化の意味それ自体を表さないということを示している。

次の(11)は，以上とは少し異なる場合である。

(11) a. 我干这个活儿到三点。
b. 我三点之前干这个活儿。

文(11a)は日本語文(2a)「私は3時までこの仕事をする」に対応する全称量化の表現，文(11b)は日本語文(2b)「私は3時までにこの仕事をする」に対応する存在量化の表現である。日本語文(2a)(2b)の形式の違いは格助詞「に」の有無だけだが，中国語文(11a)(11b)は"到三点"と"三点之前"という形式の違いだけでなく"干这个活儿"との位置関係も異なっており，日本語文(2a)(2b)よりも大きく違っている。

だが，より根本的なレベルで目を惹くのは，文(11a)にしても文(11b)にしても，直接表されているのは［話し手が仕事をする］というデキゴトと3時との先後関係（前者が先で後者が後）だけで，3時が終期である全称量化の意味や((11a))，3時が期限である存在量化の意味は((11b))は，直接表されていないように見えるということである。

以上は中国語に限って成り立つ話ではない。格助詞「に」の有無が全称量化・存在量化の意味と対応することがある（(2)(5)(6)）とはいえ，全称量化・存在量化の意味の違いが言語形式の違いと対応しない曖昧表現は(7)「&10時までの仕事」や(8)「&この仕事は，夏じゅうだ」のように日本語にも見られ，これらの場合には言語が全称量化と存在量化の意味を直接表さないと認める必要がある。

モノ領域の例(12)も上と似ている。

(12) a. 吃了三块蛋糕。
b. 尝了三块蛋糕。

文(12a)は，日本語の曖昧文(3)「&ケーキを3つ食べた」の全称量化の場

合に対応し，文(12b)は存在量化の場合にほぼ対応する。「ほぼ」と言うのは，文(12b)は存在量化の意味（3つのケーキの各々は，少なくとも一口食べられていればよく，仮にまるごと食べられていたとしても構わない）を厳密に表すものではなく（まるごと食べられていた場合は文(12b)は不自然である），あくまで最近似値的な表現でしかないからで，このことも「言語が全称量化・存在量化を直接表さない」という考えを支持するものである。

　程度領域の例(13)もまた同様である。

　　(13) a. 树倒了。
　　　　b. 树歪了。／树斜了。

文(13a)は，日本語の曖昧文(4)「&木が倒れた」の全称量化の場合に対応し，文(13b)は存在量化の場合に対応する。日本語文(3)(4)に見られる曖昧性は中国語には見られない。

　以上，ここでは中国語のデータを契機として，全称量化・存在量化の意味と言語表現に関する我々の考えを深めた。結論は以下のとおりである。そもそも言語が全称量化・存在量化の意味を表す方法は，1つではなく，多様である。そして，少なくとも一部の方法では，言語は全称量化や存在量化の意味を直接表さない。全称量化と存在量化の意味を併有する曖昧な言語表現は，量化に関して中立であって，それらの意味を直接表さない。

　では，言語が全称量化・存在量化の意味を直接表さない場合，全称量化・存在量化の意味はどのようにして得られるのだろうか？　全称量化と存在量化で言語形式が変わらない曖昧表現ではなく，たとえば「まで」と「までに」のように言語形式が似通っている場合，両者の違いを生み出す言語（格助詞「に」）は，どのような意味を表しているのだろうか？

## 4 集合的なイメージングと言語差

### 4.1 集合的なイメージング

　ここでカギとなるのは，「或る限定された領域を，より小さな領域の集まりでできていると捉える」という認知操作で，以下これを「集合的なイメージング」と呼ぶ。集合的なイメージングによれば，1個の領域でも複数個の領域と同じように捉えられる。

　たとえば「走り回る」という動詞は，「回る」以上は複数個の場所を要するのが基本である。（部屋が1個なら，「子供部屋を走り回る」とは言うかもしれないが，「空き部屋を走り回る」「部屋を回る」などは相対的に不自然という具合に，自然さは不安定である。これに対して部屋が複数個あればこれらはすべて自然である。）だが，実際には場所が複数個ある場合だけでなく，場所が1つの場所をも「走り回る」の対象としやすい場合がある。インターネット上の実例を(14)に挙げる（下線は定延による。以下も同様）。

(14) a. 愛犬も苦しみ病名が分かるまで何軒も<u>病院を走り回って</u>…
　　　（http://shepherd-lana.at.webry.info/201202/article_4.html，最終確認日：2012年10月16日。以下も同様）
　　b. ところがその域に達するためには一人でも多くの患者さんを診察し，治療し，手術を数多く経験する努力が必要なのです。そのためには一日中<u>病院を走り回って</u>忙しく働かねばなりません。
　　　（http://www.yoshizawa.com/contents/2012/05/dr201204.html）

このうち(a)の病院は「何軒も」とあるように複数個だが，(b)の病院は文脈から判断するかぎり1つだけだろう。だが，集合的なイメージングによれば，1つの病院はさまざまな科や階，区画などといった，より小さな部分の集まりになるので，実質的には複数個の病院と実質的に変わらず，「走り回る」対象となれる。

同様に,「巡る」対象は複数箇所だけでなく((15a)),1箇所でもよい((15b))。下の(15a)(15b)は旅行関連会社のサイトにある実例で,

(15) a. ヨーロッパ　テーマで巡る世界遺産

　　　(http://www.nta.co.jp/kaigai/europe/worldheritage/index.htm)

　　b. 伊豆半島最南端　石廊崎岬をめぐる

　　　(http://www.izu-kamori.jp/izu-cruise/irouzaki/index.html)

(a)は或るテーマのもとにヨーロッパの複数の世界遺産を見てまわるツアーの宣伝文句,(b)は伊豆半島最南端にある石廊崎岬(いろうざきみさき)という1つの岬をぐるりと見てまわるツアーの宣伝文句である。このように,「巡る」対象が複数箇所だけでなく1箇所でもよいのは,1つの岬を,より小さな区域の集まりとして集合的にイメージできるからである。

また,学校が複数個ある場合((16a))と同様,1校だけの場合も「全校」と言えるのは((16b)),

(16) a. 学校司書書（ママ）等がほぼ全校に配置され、司書教諭も平成26年度当初までに全校配置を目指しています。

　　　　　　　　　　　(http://www.j-sla.or.jp/slanews/post-9.html)

　　b. 金高だより（H23第11号）.全校挙げて除雪ボランティアを実施.

　　　(http://www.kaneyama-h.ed.jp/dayori/dayori_pdf_h23/dayori_h23_11.pdf)

1つの学校を（たとえば学年やクラスなどで）より小さな部分が集まっているものとして集合的にイメージできるからである。

## 4.2　集合的なイメージングが言語表現に反映される程度

集合的なイメージングが言語表現に反映される程度は,言語によって異なる。中国語では,集合的なイメージングを反映した言語表現が日本語ほど活発ではなく,「複数個か,1個か」の違いがしばしば決定的な違いとなる。たとえば,上の(14)(15)(16)に対応する中国語(17)(18)(19)では,複数個の場合((a))と1個の場合((b))で形式が異なる。

⒄ a. 爱犬也很痛苦，在知道病名之前我跑了好几家医院…
　 b. 但是为了达到那个境地，即便是一个人也想为更多的患者做诊察和治疗，并且需要努力积累多次手术经验。为此不得不整日在医院里跑来跑去，忙的团团转。
⒅ a. 巡游／环游／周游　世界遺产　欧洲篇
　 b. 伊豆半岛最南端　游览石廊崎岬
⒆ a. 学校图书管理员已基本分配到了所有学校，接下来的目标是在平成 26 年初之前将图书管理员教员也分配到所有学校。
　 b. 全校上下实行清除积雪的义务活动。

　集合的なイメージングが言語表現に反映される程度に関する日中両語の差は，さらに幅広く観察することができる。以下，副詞的な表現の例を 3 つ挙げておく（詳細は定延 2003 を参照）。
　第 1 の例は，日本語の「ずっと」と，これに対応する中国語の"一直"である。次の⒇(21)を見てみよう。

⒇ a. この数年はずっと暖かかった。
　 b. 今日はずっと暖かかった。
(21) a.　这几年一直都很暖和。
　 b. ??今天一直都很暖和。

日本語の「ずっと」は(20a)のように，複数個のモノ（年）から成る期間（数年）について事態（暖かい）の持続を表す場合は自然である。また(20b)のように，1 個のモノ（日）から成る期間（今日）について事態（暖かい）の持続を表す場合もやはり自然である。（1 日は 24 時間であり，1,440 分であり，86,400 秒であるが，「複数個のモノから成る」わけではなく，「1 個のモノ」であることに注意されたい。「世紀」「年」「月」「週」「日」を単位とする期間と異なり，「時」「分」「秒」を単位とする期間はモノではない。上位の時間単位「世紀」「年」「月」「週」「日」が初期値が 1 で（つまり暦は 1 世紀の 1 年 1 月第 1 週の 1 日から始まり），大きさを持つ（たとえば 1 世紀は 100 年という時間幅を持つ）のに対して，下位の時間単位「時」「分」「秒」が初期値が 1 ではなく 0 であり（つま

り1日は1時1分1秒からではなく0時0分0秒から始まり)，大きさを持たない（たとえば1時は一瞬であって60分ではない）ことを考えられたい（詳細は定延2000を参照）。これに対して中国語の"一直"は，前者の場合は自然だが（(21a)），後者の場合は不自然である（(21b)）。日本語は1個のモノでも集合的なイメージングで捉えられるので，複数個のモノがある場合と同様「ずっと」は自然だが，"一直"はモノが1つでは不自然である。

　第2の例は，日本語の「ばっかり」と，これに対応する中国語の"净"である。次の(22)(23)を見られたい。

(22) a. ［人に連れられて或る大学を初めて訪れる。最寄りの駅で下車し，その大学まで歩く。初めは同行者とのんびり世間話をしながら道をゆくが，角を曲がっても，林を抜けても，歩いても歩いても道は途切れのないのぼり階段で，まったく平地にならない。思わず同行者に不平をもらす状況で］
　　　ちょっと，どうなってるの。階段ばっかりじゃない。

b. ［人に連れられて或る大学を初めて訪れる。最寄りの駅で下車し，その大学まで歩く。初めは同行者とのんびり世間話をしながら道をゆくが，角を曲がっても，林を抜けても，歩いても歩いても道は途切れのないのぼり坂で，まったく平地にならない。思わず同行者に不平をもらす状況で］
　　　ちょっと，どうなってるの。坂ばっかりじゃない。

(23) a. ［(22a)と同じ状況で］　诶，怎么净是台阶呀？
　　 b. ［(22b)と同じ状況で］　??诶，怎么净是坡呀？

これらの状況は，話し手たちが歩いているのが階段か（(a)），坂か（(b)）という点を除けば同じだが，中国語はこの違いに敏感で，"净"は階段の場合は自然だが（(23a)），坂の場合は不自然である（(23b)）。階段は一段一段切れており，したがって沢山のモノがあるが，のぼり坂は切れておらず，全体で1つのモノだからである。だが日本語では，階段の場合だけでなく（(22a)），坂の場合も集合的なイメージによって「ばっか

り」は自然である（(22b)）。

　第3の例は日本語の「時々」と，これに対応する中国語の"偶尔"である。次の(24)(25)を見られたい。

　　(24) a. あれらの本は読んだけど，時々誤字があるね。
　　　　b. あの本は読んだけど，時々誤字があるね。
　　(25) a. 那些书我看了，其中有几本偶尔有些错别字。
　　　　b. ??那本书我看了，偶尔有些错别字。

書物における誤字の分布を頻度表現「時々」で表すことは，日本語では書物が複数冊であれ（(24a)），1冊であれ（(24b)），問題がない。だが，中国語の"偶尔"は，書物が複数冊あれば（たとえば10冊チェックして3冊に誤字があるといった場合なら）或る程度自然だが（(25a)），1冊の書物のところどころに誤字があるという場合は不自然である（(25b)）。

## 4.3　全称量化・存在量化の意味と集合的なイメージング

　全称量化・存在量化の意味は，集合的なイメージングによって得ることができる。たとえば(26)の場合，

　　(26) a. この海域じゅうに財宝が眠っている。＝(1a)
　　　　b. この海域ちゅうに財宝が眠っている。＝(1b)

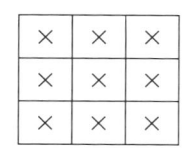

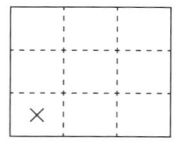

【図Ⅰ　全称量化表現(26a)の意味（左）と存在量化表現(26b)の意味（右）】
（内部の実線は集合的なイメージングが行われていることを，点線は集合的なイメージングが行われていないことを表す。「×」印は財宝の存在を表す。）

「この海域」が下位の区域の集まりとして集合的にイメージングされると（【図Ⅰ】左），それらの区域も「この海域」である以上は財宝が眠っているという全称量化の意味になる。反対に集合的なイメージングが働かず，「この海域」が内部の見えない1つの領域とイメージされると（【図

Ⅰ】右），その領域に財宝がありさえすればよく，領域内での遍在までは要求されないという存在量化の意味になる。

## 4.4　時間領域における格助詞「に」の効果

　集合的なイメージングをするか否かについて，言語表現が「手がかり」を与えている場合がある。時間領域の日本語の表現において，全称量化の表現形式と存在量化の表現形式がよく似ており，違いは格助詞「に」の有無だけというのは，この場合にあたる。まず，時間領域の表現における格助詞「に」の効果を紹介しておこう。

　時間領域の表現において，格助詞「に」は全称量化の意味を阻害し，存在量化の意味を促進する。以下，格助詞「に」が全称量化の時間表現と共起する場合，存在量化の時間表現と共起する場合に分けて紹介する。

　全称量化の時間表現と共起する場合，格助詞「に」は，存在量化への意味変化や，自然さの低下をもたらす。存在量化への意味変化とは，㉗㉘㉙について，

　　㉗ a. 私は3時までこの仕事をする。　　＝(2a)
　　　 b. 私は3時までにこの仕事をする。　＝(2b)
　　㉘ a. 私は夏じゅうこの仕事をする。　　＝(5a)
　　　 b. 私は夏じゅうにこの仕事をする。　＝(5b)
　　㉙ a. 私は夏のあいだこの仕事をする。　＝(6a)
　　　 b. 私は夏のあいだにこの仕事をする。＝(6b)

「格助詞「に」のない文(a)は全称量化の意味を持つが，「に」のある文(b)は存在量化の意味を持つ」という形で既に観察したものである。また，自然さの低下とは，たとえば次の㉚㉛で言えば，

　　㉚ a.　6月いっぱい雷が鳴る。
　　　 b. ??6月いっぱいに雷が鳴る。
　　㉛ a.　6月べったり雷が鳴る。
　　　 b. ??6月べったりに雷が鳴る。

文(a)は雷が6月末までずっと鳴り止まないという意味を表す文として自

然だが，文(b)は不自然というものである。

　その一方で，格助詞「に」は，存在量化の時間表現と共起しても大きな意味変化を起こさない。たとえば次の(32)を見ると，

　　(32) a. テレビを観ているうち寝てしまった。
　　　　 b. テレビを観ているうちに寝てしまった。

文(a)には格助詞「に」がなく，文(b)には格助詞「に」がある。だが，［話題の主がテレビを観ている］という事態が成立している期間内に［話題の主が寝てしまう］という事態が一瞬でもあればよいという，存在量化の意味を表せるという点において両文には何ら違いがない。

　以上のように，時間領域の表現における格助詞「に」の生起は，全称量化の意味の阻害，存在量化の意味の促進という効果を持つ。

　但し，注意しなければならないのは，格助詞「に」を持たない(33)(34)が全称量化だけでなく存在量化の意味も表せることは既に観察したとおりであって，

　　(33) <sup>&</sup>10 時までの仕事　＝ (7)
　　(34) <sup>&</sup>この仕事は，夏じゅうだ。＝ (8)

存在量化の意味にとって格助詞「に」は必須というわけではない，ということである。存在量化の意味に対する格助詞「に」の貢献は，絶対的なものではなく，あくまで「効果」と考えておくべきものだろう。

　では，格助詞「に」の効果はどのように理解できるだろうか？

## 4.5　時間軸上の1点への位置づけ

　時間表現（たとえば(35)）において格助詞「に」が，全称量化の意味阻害，存在量化の意味促進の効果を持つことは，

　　(35) a. 私は3時までこの仕事をする。　　＝ (27a)
　　　　 b. 私は3時までにこの仕事をする。＝ (27b)

格助詞「に」の意味として，当該の事態（［この仕事をすること］）を時間軸上の1点に位置づける（その結果，時間［3時まで］は1点になる）という操作を考えれば理解できる。（たとえば「3世紀の時点」などと

言えるように，そもそもどのような長い時間でも，時間軸の縮尺を調整することにより，1点としてイメージ可能であることに注意されたい。）時間軸上の1点に結びつけられると，その時間の内部が見えにくくなり，集合的なイメージが得られにくくなる結果，存在量化が選好される。

　事態を時間軸上の1点に位置づけるという操作を格助詞「に」の意味として認める考えは，スコープに関する先行研究，具体的には「「に」が付いた時間表現は「時の設定」ではなく「時の特定」をおこなう。その結果，当該の時間は主張や疑問のスコープに入りやすくなる」という益岡 1997 の主張とも合致する。たとえば(36)では，(a)は(b)の解釈を持たないが，(c)は(d)の解釈を持ち得ると益岡（ibid.）は述べている。

　(36) a. 10年前、私はあることを決意したのだ。
　　　b. 私があることを決意したのは、10年前だ。
　　　c. 7月4日に生まれたのだ。
　　　d. 生まれたのは7月4日だ。

　時間軸上の1点への位置づけという専用の意味が格助詞「に」にあるという考えの利点はさらにある。それは，広範な語句に観察される「空間から時間への比喩的転写」が，場所名詞句に付く格助詞に関しては生じないという現象に関わっている。まず，この現象を紹介しよう。

　従来からよく知られているように（たとえば山田 1981），デキゴトの存在場所を表す名詞句には，格助詞「に」ではなく格助詞「で」が付く。たとえば(37)を見られたい。

　(37) a. ??庭にパーティがある。
　　　b. 　庭でパーティがある。

ここで表現されているパーティは，始まって展開して終わる存在，つまりデキゴトである。したがって，パーティの存在場所を表す名詞句「庭」に格助詞「に」が付いている(a)は不自然で，格助詞「で」が付いている(b)が自然である。

　このように，「デキゴトの存在場所を表す名詞句には，格助詞「に」ではなく「で」が付く」ということを，「空間から時間への比喩的転写」

という通言語的によくある現象と考え合わせると,「デキゴトの存在時間を表す名詞句にも,格助詞「に」ではなく「で」が付く」と予想される。だが,たとえばパーティの生じる時間を表す名詞句「12月」に格助詞「に」が付いた(38a)が自然で,「で」が付いた(38b)が不自然であるように,この予想は事実に反する。

(38) a. 12月にパーティがある。
　　 b. ??12月でパーティがある。

つまり,デキゴトの存在場所を表す名詞句に付く格助詞「で」は,デキゴトの存在時間を表す名詞句の格形へと比喩的に転写されない。このことは,「格助詞「に」には時間軸上の1点への位置づけという時間専用の意味がある」という考えを認めれば自然に理解できる。

## 5　まとめ

　この論文では,日本語と中国語の観察を通して,言語が全称量化・存在量化の意味をどのように表すか（あるいは表さないか）を検討した。結論は以下5点である。

　第1点。全称量化と存在量化の意味の区別は存在そのものに関わるものであって,主体や領域を問わない。時間領域について言えば,「終期」表現とは全称量化の表現で,「期限」表現とは存在量化の表現と考えることができる。

　第2点。言語が全称量化・存在量化の意味を表す方法は,1つではなく,多様である。そして,少なくとも一部の方法では,言語は全称量化や存在量化の意味を直接表さず,全称量化の意味に至る「手がかり」や,あるいは存在量化の意味に至る「手がかり」を表すにとどまる。全称量化と存在量化の意味を併有する曖昧な言語表現は,量化に関して中立であって,それらの「手がかり」さえ表さない。

　第3点。そのような方法が採られた場合,言語が表す意味（「手がかり」,あるいは中立的な意味）から全称量化・存在量化の意味が導き出される

一つの方法は,「集合的なイメージングをする／しない」という区別による方法である。集合的なイメージングをすれば全称量化の意味が得られ,集合的なイメージングをしなければ存在量化の意味が得られる。

　第4点。時間領域の日本語の表現において,全称量化の表現形式と存在量化の表現形式がよく似ており,違いは格助詞「に」の有無だけ(「に」があれば存在量化の意味,なければ全称量化の意味になりやすい)というのは,集合的なイメージングをするか否かについて言語表現が「手がかり」を与えている場合にあたる。このような格助詞「に」の効果は,「に」が「事態を時間軸上の1点に位置づける」という意味を持つと考えると,うまく説明できる。1点に位置づけされると,その時間の内部が見えにくくなり,集合的なイメージが得られにくくなる結果,存在量化が選好される。この考えはスコープに関する先行研究と合致し,デキゴトの存在場所名詞句の格形「で」が時間領域へと比喩的に転写されないことをも説明する。

　第5点。全称量化・存在量化に限らず一般に,中国語は集合的なイメージングの有無を言語表現に反映しにくい。日本語に観察されるような,全称量化・存在量化の表現形式の似通りが(同一形式の曖昧文を除けば)中国語に見られないのは,このためである。

**参考文献**

井上優 2001　日本語研究と対照研究,『日本語文法』1巻1号, pp.53-69, 日本語文法学会

益岡隆志 1997　時の特定、時の設定,『複文』pp.139-156, くろしお出版

定延利之 2000　『認知言語論』, 大修館書店

定延利之 2003　インタラクションの文法、帰属の文法,『中国語学』250号, pp.250-263, 日本中国語学会

丹保健一 2002　接辞的造語成分「中(チュウ)」「中(ジュウ)」の使い分けについての覚え書き――「午前ちゅう」「午後じゅう」「夏じゅう」「冬じゅう」を中心に――,『国語論究』10集, pp.288-317, 明治書院

寺村秀夫 1993　時間的限定の意味と文法的機能,『寺村秀夫論文集』1巻, pp.

127-156,くろしお出版

山田進 1981 機能語の意味の比較,國廣哲彌(編)『日英語比較講座 第 3 巻 意味と語彙』pp.53-99,大修館書店

(さだのぶ・としゆき　神戸大学)

# "等A，B"構文における"等"の文法化

## 島津　幸子

## 1　はじめに

　"等"という語は待つという動作を表す動詞の意味の他に，複文形式の前節[1]に用いられて時間的限定節を構成する機能語[2]の意味をもつ。呂叔湘主編 1980:144 では次のように記述されている。

　　等＋动/小句[＋的时候（以后，之后）]。用于另一小句前，表示主要动作发生的时刻。后一小句常用'再、才、就'配合。（別の節の前に用い，主な動作が起こる時を表す。後節にはしばしば'再、才、就'が呼応する。）

　さらに用例が挙げられているが，そのうちの二つをここに引用する。

　　(1) 等下了雨就追肥。（雨が降ったら追肥をする。）
　　(2) 等我走到老张床前的时候，才发现他已经睡着了。（張さんのベッドの前まで行った時，彼がもう眠っていることに気づいた。）

例(1)では雨が降るまで待つ動作主体を想定することができ，実際に"我等下了雨就追肥。"のように主語を補うことが可能である。一方例(2)で

---

1)　前節に"等"が生起する複文を"等A，B"構文と呼ぶ。複文には緊縮文も含み，複文同様，緊縮文についても「前節」「後節」という言い方を用いる。

2)　島津 2002:211 では前置詞，島津 2003:17 では機能語と呼んだ。劉月華等 2001:312-314 によれば"连词"（接続詞）が繋ぐ対象は語・句・節であるが，節を繋ぐことのできるものが表に掲げた 51 例中 47 例を占め，典型的には接続詞は節どうしを繋ぐものと言えよう。"等"が節と節を繋ぐことに鑑みればこれを接続詞と呼んでよいとも思われるが，後述のように否定詞を前置することもあり，完全な接続詞であるとも認めがたい。本稿では，動詞ではないという意味でこれを機能語と呼ぶことにする。

は私が張さんのベッドの前に行くまで待つ動作主体を想定することはできない。待つ動作にとっては動作の主体が不可欠である。そのため，動作主体を想定できる(1)の"等"にはなお若干の動詞性が残り，想定できない(2)の"等"の動詞性はかなり弱くなっていると言える。

"等"は"等A，B"という複文形式の前節に用いられた時，呂叔湘主編 1980：144 の指摘するように「Aが起こった時」という意味を表す機能語となっているのだが，実は(1)(2)の例に見られるように文法化の進度は一様ではない。当該構文における"等"は動詞から機能語への文法化の過程にあって，あるものは動詞に近く，あるものは機能語に近い，という状況を呈しているのである。機能語の「文法力」が弱く，中国語が完全な文法形式に乏しいことは夙に指摘のあるところだが"等"も例外ではない[3]。先の(1)(2)の例はそれぞれ当該形式の二つの異なるタイプ((1)は①タイプ，(2)は②タイプ)に属し，文法化の進度に違いがある。

本稿ではまず"等A，B"構文の生成即ち"等"の文法化の動機づけ，二つのタイプが何を基準に分けられているのかについて確認した上で②タイプの"等"の文法化が①タイプのそれより進んでいる事実を具体例を挙げて提示する。また，否定詞の直接修飾を受けているかに見える二つの否定形式における"等"が動詞ではなく機能語であることを確認した上で，②タイプ（の否定形式"没等A，B"）の"等"の文法化が①タイプ（の否定形式"不等A，B"）のそれより進んでいることを明らかにする。

---

[3] 木村 1997：166-167 は，前置詞については[－空間性]の名詞表現をも空間表現に転じるほどの強制力がない点，動詞接尾辞の"了"については[＋限界性]もしくは[＋変化性]という特性を備えた述語形式としか結びつかない点を挙げ，典型的な文法形式がとかく乏しいと言われる中国語の性格の一端が窺えると指摘する。接続詞は文成分とはならず（刘月华等 2001：312），"等"も結びつく相手の句や節に意味的な共起制限を求めるものではないが，文法形式として完全でない点においては他の機能語と変わらないであろう。

## 2 先行研究のまとめ

　島津 2002:219-220 では"等 A, B"形式と"等"の意味形成における相互作用について考察し，"等"の後続フレーズの表す事象が'変化'事象であることから，"等"はこの形式に入ることによって時間の流れにそったスキャニングによる「点」の認知という意味を獲得し，逆に当該形式には時間の隔たりとそれを埋める時間の継続性という意味を付加することになったと結論づけた。また，島津 2002:225 で動詞から前置詞への文法化のプロセスの中間段階にあるという言及にとどまった"等"の文法化について，島津 2003:25 は待つ行為のプロセスと新たな事態の出現という二つの要素[4]の反転（そのうちのどちらが前景化し，どちらが背景化するか）こそが動詞の意味と機能語の意味を分かつと考えたが，文法化の動機づけについては明らかにしていない。文法化については内藤 1986:90 も「相対的に 2.1 類[5]にはまだ"等"の実詞としての意義があるけれども，他の類はそれが虚詞化していると考えることはできる」とし，"等"の一部が文法化していることを示唆しているが，文法化そのものについての考察はなされていない。

---

4) 本稿では「待つ行為のプロセス」「新たな事態の出現」をそれぞれ「（待つ動作の）過程」「（待つ動作の）終点」と呼ぶ。「"等"＋動詞句」の時間的構造における構成要素という観点から捉えなおしたものである。詳細は後述。

5) 2.1 類で冒頭に挙げられた例は"等他抄完了新闻，我就把秘书长的话，转告给他，把行李也搬到他住的窑洞里。"「彼がニュースを写し終えると，私は秘書長の話を彼に伝え，荷物も彼の住むヤオトンに運んだ。」（内藤 1986:86）である。この文は実際に"我等他抄完了新闻，……"のように主語を補うことが可能である。待つという動作の主体を言語化できるということから，内藤 1986:86 の指摘のとおり，"等"の動詞性がまだ強いことが窺える。

## 3 "等A, B" 構文の生成

### 3.1 「"等"＋動詞句[6]」の「終点」

"等"は本来語彙的アスペクトにおいて限界点をもたない非限界動詞である。動作の起点と過程のみを有し，終点をもたないのである。しかし，"等"の後ろに動詞句が続く場合，その動詞句が表す事態の出現時点が待つ動作の終点（goal）として設定される。次の例では「電話局が（回線）を繋ぐ」時点が待つ動作の終点として設定されていると考えられる。

(3) 姑娘点头说："可以打长途电话，但是要在这里等，要等电话局给接。" （海岩《永不瞑目》）
（娘はうなずいて言った。「長距離電話はかけられる。でもここで待って。電話局が繋いでくれるまで待つ必要があるの。」）

この終点は内的限界点に類似し，任意に選択可能な「外的限界設定[7]」（金水 2003：31-32）によるものとは異なる。"我等了他两个小时。"「私は彼を2時間待った」と言える一方で"我等了他两个小时，但是他没来。"「私は彼を2時間待ったが，彼は来なかった」と言うことも可能である。文中の"两个小时"は「外的限界設定」にあたるが，この例からわかるように「外的限界設定」は動作に一応の区切りをつけるだけで，待つ動作が彼が現れるという結果を招来するとは限らない。本稿で言う終点は待つ動作がどこへ向かって遂行されるのか，動作の向かう goal という意

---

6) 島津 2002：212，島津 2003：17 で「フレーズ」と呼んだ同じものを本稿では「動詞句」と呼ぶことにする。内実は述詞性のフレーズであるが，本稿の用例からもわかるように，節と呼ぶにふさわしいものから緊縮文の一部であるものまで多様である。

7) 金水 2003：31-32 では，非限界動詞は動詞以外の文の成分によって限界性を定めることができるとし，「10km 歩く」「3時間歩く」「4時から7時まで歩く」「東京・大阪間を歩く」といった例を挙げている。下線を引いて示した成分を「外的限界設定」と呼んでいる。

味合いをもつものであり，単に非限界的な動作に限界性を付与するだけのものではない。"等A，B"構文の"等A"は「"等"＋動詞句」であり，当該構文の"等"の時間的構造は必ず終点を含むと考えられる。

### 3.2 "等"が文法化する動機づけ

本項では"等"が如何なる動機づけによって機能語へと文法化するのかを考えてみたい。"等"は直後に動詞句を伴っても単文にあっては文法化しない。また，複文であっても後節に現れる場合には"等"の文法化は起こらない。複文の前節に現れる場合に初めて文法化する。しかし，複文の前節に現れても，次の文では"等"の動詞性は未だ失われていない。

(4) 我<u>耐心地</u>等他把那些华丽的词藻全部用尽，假惺惺地掉了几滴泪，然后带着"好好想一想"的任务上床睡觉去了。(王朔《动物凶猛》)
（私は彼がそうしたきらびやかな言葉をすべて使い果たすのを辛抱強く待ち，わざとらしく何滴か涙を流し，その後「しっかりと考える」という任務をもってベッドに眠りに行った。）

例(4)では"等"の前に待つ動作の様態を描く連用修飾語"耐心地"「辛抱強く」が置かれている。"等"は動詞性を保ったままだと考えられる。
　次の例を見られたい。

(5) 老陶带着小齐姑妈在宿舍里找到小齐，他已经睡下了。姑妈说，我等你一起吃个饭吧，看看你的伙食。　　　(须一瓜《忘年交》)
（陶さんは斉君のおばさんと宿舎に斉君を訪ねて行ったが，彼はもう寝床に入っていた。おばさんは言った。待ってるから一緒にご飯を食べよう。あなたが何を食べているのか見ないと。）

例(5)は"等"の後ろに人称代詞"你"があるだけで動詞句はなく，当該構文の文ではない。それでも斉君が目覚める時点が一緒にご飯を食べるという事態出現の参照時点となっていることが了解される。この例は，後ろに節を伴えば，たとえ"等"の後ろに名詞性成分しかなくても，読み取られた終点が，継起する事態の参照時点と解釈され得ることを示唆

する。例(4)のように動詞性を担保する語句がなければ「"等"＋動詞句」の後ろに別の節を伴うことが文法化の動機づけとして大きな要因となり得ることが推察される。

当該構文は「Aが起こったらBが起こる」という事態継起の表現である。動詞の意味と機能語の意味の交替については次のように考えられる。

(6) ［動詞の意味］("等"＋動詞句)

　　待つ動作の起点＋過程，待つ動作の終点

　　［機能語の意味］("等A（＝動詞句），B")

　　待つ動作の起点＋過程，待つ動作の終点（＝事態Aの出現），B

後ろに節を伴わない「"等"＋動詞句」において"等"は動詞の意味をもつ。その場合、「待つ動作の起点＋過程」が前景化し、「待つ動作の終点」即ち事態Aの出現は背景化している。"等A，B"形式において"等"は機能語の意味をもつ。その場合，後ろに別の節即ち継起する事態Bが加わることで「待つ動作の終点」即ち事態Aの出現が前景化し、「待つ動作の起点＋過程」は背景化する[8]。「待つ動作の終点」（事態A）は複文形式の前節という文法的位置を得て事態Bの参照時点としての意味を獲得している。

## 4　"等A，B"構文の二つのタイプ

### 4.1　視点の違い

島津2003：17-18では"等A，B"構文を二つの異なるタイプに分けた。①タイプは事態Aも事態Bもこれから起こる未然の出来事で、事態Aが出現したら事態Bが起こるだろう，という話し手の推測を前もって述べる文であり、これを「動作者の視点から事態を捉えるタイプ」と呼んだ。②タイプは事態Aも事態Bも既に起こった已然の出来事で、事態Aが起

---

[8] "等"の機能語の意味と動詞の意味の交替は時間的構造の要素の反転と捉えるため，機能語の意味構造の要素についても「(待つ動作の) 起点，(待つ動作の) 過程，(待つ動作の) 終点」という言い方を用いることとする。

こったとき，事態Bが出現した（或いは出現していた）と後からふりかえって述べるタイプの文であり，これを「観察者の視点から事態を捉えるタイプ」と呼んだ。しかし，動作者の視点，観察者の視点が何に基づくのか説明が十分なされたわけではない。本稿ではあらためて①タイプ，②タイプが如何なる基準に基づいて分けられるのかを考えることとする。

　ここで冒頭に挙げた例を再録する。

　　(7) 等下了雨就追肥。(=(1))

　　(8) 等我走到老张床前的时候，才发现他已经睡着了。(=(2))

例(7)は前述の①タイプの文にあたる。事態A（雨が降る）も事態B（追肥する）も未然の事態と解釈されるからである。例(8)は②タイプの文にあたる。事態A（私が張さんのベッドの前まで行く）も事態B（彼が既に眠っていることに気づく）も已然の事態と解釈されるからである。木村1982：27によれば，已然とは，時間の流れの中にあって実現する運動・変化としての動作・作用の内で，話者の定位した時間的基準点（以下「基準時」と仮称）において既に実現をみている動作・作用が属する時間の領域であり，未然とは，基準時において未だ実現をみていない動作・作用が属する時間の領域である。例(7)(8)はそれぞれ時間的基準点をどこに置いているのだろうか。当該構文の"等A"の時間的構造は，待つ動作の起点・過程・終点から成っているのであった。例(7)では待つ動作の起点が時間的基準点だと考えられる。起点に視点を置き，一定時間経過後に「雨が降る」ということが起こったら「追肥する」という意志を述べている。例(8)では待つ動作の終点が時間的基準点だと考えられる。終点に視点を置き，一定時間経過後に「私が張さんのベッドの前まで行く」ということが起こった時に「彼がもう眠っていることに気づいた」という観察を述べている。①タイプは起点から事態を眺めるもの，②タイプは終点から事態を眺めるものと考えるわけである。

　4.2以降，実際の文の観察を通して"等"の文法化の様相を見ていく。

## 4.2 ①タイプの文

　当該構文の文においては，文頭に"等"があり，その前の主語が脱落していることが多い。前掲の呂叔湘主編1980：144でも，明示的な指摘はないが，挙げられた6例のすべてで文は"等"から始まり，主語が脱落している。前述のとおり，"等"は"等A（＝動詞句）"の後ろに別の節Bが現れることで事態Aの出現時点が事態Bの参照時点としての読みを獲得する。その時"等"は機能語へと文法化し，動詞性が弱まり，待つ動作の主体を表す主語が脱落する。しかし，そうした文においても主語を補うことができる場合がある。その場合には待つ動作の主体を想定することができ，待つ動作の過程が完全には背景化していないと考えることができる。次の例を見られたい。

　(9) 庆春对父亲说："不着急，等你输完液了我再回家取。"

（海岩《永不瞑目》）

　（慶春は父に言った。「急ぐことはないわ，お父さんの点滴が終わってから家に取りに帰るから。」）

病院のベッドで点滴を受けている父が娘の慶春に家にものを取りに帰るよう指示した後，慶春が父に話している場面である。主語は脱落しているが，慶春が待つ動作の主体だと想定できる。実際に後節の"我"を前節に移動させた"不着急，我等你输完液了再回家取。"は成立する。待つ動作の主体がまだ明らかで，待つ動作の背景化が完全ではないと言える。急がない，とあることからも今すぐ（帰るの）ではなく点滴が終わるのを待つことに意味の重点が置かれているのが明らかである。

　(10) 刘某推开铁栅栏门，一边扭回头低声对我说："你给他做一次全面检查，什么话也不要对他说。有什么情况，等完事后对我讲。"

（冯骥才《三十七度正常》）

　（劉某は鉄柵のドアを推しあけ，振り返って低い声で私に言った。「全面的に検査をしろ。彼には何も言ってはならない。何かあれば，事が済んでから私に言うように。」）

劉某が医者の私に素性の知れない男の検査をするよう命じている場面で，何かあれば事が済んだ後自分に言うよう指示している。主語を補って"有什么情况，你等完事后对我讲。"のように言うことができる。今すぐ（報告する）のではなく，検査終了を待つことに意味の重点が置かれている。

次の例では"等"の前の主語を補うことが難しい[9]。

(11) 李春强有些粗暴地回答："你听着，我现在和你站在一起是为了我的责任。咱们俩的问题，等这件事办完了以后再说！"

(海岩《永不瞑目》)

（李春強は些か荒っぽく答えた。「いいか，俺が今君と一緒の立場に立っているのは俺の責任のためだ。俺たち二人の問題は，この事件の処理が終わってからだ！」）

"等"の前の主語を補いにくいということは待つ動作の主体が想定しにくいということであるが，「この事件の処理が終わる」時点の参照時点読みが強くなっているということでもある。事態Bが具体的には述べられず，"再说"となっていることからもそのことが窺える。

(12) "一个人的成熟不是靠他自己的决心，而是要靠时间岁月。你现在整天还迷恋于打架和游戏机这种东西，几乎还是一个中学生的水平。等你何年何月成熟了，我可能已经老成了黄脸婆了。"

(海岩《永不瞑目》)

（人間の成熟はその人自身の決心によるのではなく，時間歳月によるものよ。あなたは今一日中けんかとゲーム機なんかに明け暮れて，殆どまだ中高生レベルだわ。あなたがいつか大人になる頃には，私はもう年をとってお婆さんになってるわね。）

後節の"我"を前節に移動して"我等你何年何月成熟了，……"のように主語を補うことができず，"等"の動作過程は完全に背景化されてい

---

9) 話し言葉では"等"の前に"咱们"を挿入できると判断するインフォマントもいるが，その場合の"咱们"は「私達はね」という挿入句に過ぎず，"咱们"と"等"の間にポーズを入れる必要がある。

ると考えられる。あなたがいつか大人になった時，私はお婆さんになっているだろうという推測が述べられ，参照時点読みに移行している。

①タイプの文の意味は次のように捉えることができるだろう。

　⒀　（Aが起こるまで一定時間の経過があり）Aが起こったらBが起こる／起こるだろう　　Bは意志性の動作または推測・判断

"等"の前に人を表す名詞句があれば第一義的には待つ動作の主体と解釈される。従って，動作主の関与が弱まり，待つ動作の過程そのものが背景化するようになると，人を表す名詞句が，待つ動作の主体という意味役割を担わないことの言語上への反映として主語の脱落が起こるのである。しかし，脱落している主語を補える例においては，待つ動作の主体，その意志性，待つ動作の過程が完全には背景化していないと考えられる。例⑼⑽は主語を補うことが可能で，まだ動詞性が強い。事態Aが起こる時点まで待つということに若干意味の重点が置かれていると読める。主語が補いにくい例⑾⑿では，待つ動作の背景化が進み，逆に終点の前景化が進んでくる。事態Aが起こる時点まで待つというよりは事態Aが起こった時に事態Bが起こるという参照時点読みに移行しているのだろう。

### 4.3　②タイプの文

次の例を見られたい。

　⒁　"还需要检查什么吗？""全查过了。""好，我们走！"他等我收拾好出诊器具，就领我走出来。　　　　（冯骥才《三十七度正常》）
　　（「まだ何か検査する必要があるのか？」「全部調べました。」「よし，行こう！」彼は私が往診器具を片付け終わると私を連れて出てきた。）

例⒁では主語の脱落が起こっていないが，"等"が置かれた節の後ろに別の節を伴い，複文形式を用いて二つの事態の継起を表していることからも当該構文の②タイプの文と見てよいであろう。彼はすぐにではなく私が往診器具を片付け終わるまで待って出てきたのである。

次の例では主語の脱落が見られる。

(15) 我赶紧爬出坑道，向老全跑去，跑到跟前一看，老全背脊上一摊血，我眼睛一黑，哇哇地喊春生。等春生跑过来后，我们两个人把老全抬回到坑道，子弹在我们身旁时时忽地一下擦过去。（余华《活着》）
（私は急いで坑道から這い出て全さんのほうへ駆け寄り，目の前に行ってみると全さんは背中が血まみれで，私は目の前が真っ暗になってワーワーと春生を呼んだ。春生が駆け寄ってきた後，我々二人は全さんを担いで坑道に戻ったが，銃弾が我々の身体の脇を常時さっとかすめていった。）

"我等春生跑过来后，跟他一起把老全抬回到坑道，……"のように主語"我"を補える。この場合，待つ動作の背景化は見られるが，完全ではないことになる。私は一人では全さんを坑道へと移すことができず，春生が駆け寄ってくるのを待ったのである。次の例でも主語脱落が見られる。

(16) 到了夏天，屋里蚊子多，又没有蚊帐，天一黑二喜便躺到床上去喂蚊子，让凤霞在外面坐着乘凉，等把屋里的蚊子喂饱，不再咬人了，才让凤霞进去睡。（余华《活着》）
（夏になり，部屋の蚊が増えたのに蚊帳がなく，暗くなると二喜はベッドに横たわって蚊の腹を満たしてやり，鳳霞を外に座らせて涼ませた。部屋の蚊が腹を満たし，もう人を刺さなくなって初めて鳳霞を部屋に入らせ眠らせた。）

"二喜等把屋里的蚊子喂饱，……"のように主語を補うのは難しい。部屋の蚊が腹を満たし，人を刺さなくなるまで待つというより，その時点が鳳霞を部屋に入らせ眠らせるという事態出現の参照時点であるという読みが優先されているのであろう。次の例でも主語を補うことができない。

(17) 后来有一天，我娘在烧火时突然头一歪，靠在墙上像是睡着了。等我和家珍从田里回来，她还那么靠着。（余华《活着》）
（その後のある日，母は炊事で火を起こしている時，突然頭がぐらっとかしいだかと思うと壁にもたれて眠り込んでしまったかのようになっ

た。私と家珍が畑から戻ったとき，彼女はまだそうしてもたれかかっていた。）

私と家珍が畑から戻るのを待つ主体として可能性があるのは"我娘"であるが，眠り込んでしまった母は意志をもって私と家珍を待つことができない。従って意味的にも主語を補えない。私と家珍が畑から戻った時点が参照時点となり，その時観察した母の状態が述べられている[10]。事態Ｂは非意志性の観察された事態である。次の例も同様である。

(18) 我和家珍总算舒了一口气。粥熬成后，我们一家四口人坐在桌前，喝起了热腾腾的米粥。这辈子我再没像那次吃得那么香了，那味道让我想起来就要流口水。有庆喝得急，第一个喝完，张着嘴大口大口地吸气，他嘴嫩，烫出了很多小泡，后来疼了好几天。等我们吃完后，队长他们来了。　　　　　　　（余华《活着》）
（私と家珍はやっと一息ついた。粥が煮上がった後，私達一家四人はテーブルの前に座り，熱々の粥を食べ始めた。人生のうちであの時の粥ほど美味しいものはなかった。あの味は思い出しただけでよだれが出そうだ。有慶は慌てて食べ，最初に食べ終わった。口を開けて大きく息を吸ったが，口が柔らかでたくさんの水膨れができ，何日も痛かった。私達が食べ終わった後，隊長たちがやって来た。）

待つ動作の主体を想定することができず，主語を補うのは難しい。従って，待つ動作の過程が背景化し，逆に終点の前景化の程度が高く，事態Ｂの参照時点として機能している。起点から終点に到るプロセス即ち皆で粥を食べる様子が前の文脈で細かく描写されていることに着目されたい。

次の例でも主語脱落が見られ，しかも主語を補うことは不可能である。

(19) 等我牵着小羊出了城，走到都快能看到自己家的地方，后面有人噼噼啪啪地跑来，我还没回头去看是谁，有庆就在后面叫上了："爹，

---

[10] 島津2002：216-217は同じ文を例に挙げ，"的时候"を加えて"等"を"当"に置き換え，"当我和家珍从田里回来的时候，……"としても文法的には正しい文となるが，"当"に換えると時間が継続している感じが消失してしまうと指摘している。

爹。"　　　　　　　　　　　　　　　（余华《活着》）

（子羊を引いて町を出て，まもなく自分の家が見えるところまでやって来ると，後ろから誰かがばたばたと駆けてきた。振り返ってそれが誰なのか見る前に，有慶が後ろで「父ちゃん，父ちゃん」と叫んだ。）

例(19)では"等"を含む複文の前節が「子羊を引いて町を出て，まもなく自分の家が見えるところまでやって来ると」となっており，起点から終点までの過程が一つの文の中で描かれている。次の例も同様である。

(20) 当时这种感觉在我心里好象一团迷雾，捉摸不透。等我晚间下班骑车在路上，给凉风一吹，脑袋渐渐清朗起来，我才惊讶地发现，在我们这次谈话中，他竟没有一句主动问到我的情况的话。

（冯骥才《三十七度正常》）

（当時こうした感覚が私の心の中でまるで霧のように捉えがたいものとなっていた。夜仕事が終わって自転車で路上にあって，涼しい風に吹かれ，頭がはっきりとしてくると，私はようやく発見して驚いた。私たちの今回の話の中で，彼はなんと私の状況を自分から尋ねるような言葉を一言も言わなかったのだ。）

例(20)では脱落した主語を補うことはできない。前例同様，起点から終点までの過程が一つの文の中で細かく描かれている。

例(19)(20)では"等Ａ，Ｂ"のＡにおいて起点から終点までの過程が細かく描かれている。これは"等"の文法化がさらに進んでいることの表れと捉えることができる。主語を補えないということは，待つ主体を想定し得ないということであり，待つ動作が完全に背景化していると考えられる。その場合に終点が前景化し，参照時点の読みが強くなる例は①タイプでも②タイプでも見てきた。例(18)では，待つ動作の背景化と終点の前景化が見られると同時に，待つ対象の事態が先行文脈の中で細かく描かれている。例(19)(20)では当該の一つの文の中で，待つ対象の動作について細かい描写がなされている。待つ動作の過程の背景化がさらに進んでいるからこそ，待つ対象の動作が前景化し得て，その過程が細かく描写され得るのである。待つ動作の過程の背景化が最も進んだ(19)(20)のよ

うな文は②タイプにしか見られない。ここに到って①タイプよりも②タイプのほうが"等"の文法化がより進んでいると言えるのである。
　②タイプの文の意味は次のように捉えることができる。
　　⑵　（Aが起こるまで一定時間の経過があり）Aが起こった時Bが起
　　　　こった／起こっていた　　Bは意志性の動作または非意志性の
　　　観察された事態
　①タイプ（⒀参照）のBは意志性の動作または推測・判断だが，②タイプのBは意志性の動作または非意志性の観察された事態である。

## 5　二つの否定形式の存在

　呂叔湘主編1999：166-167は"等A，B"構文の項目で，否定詞を前置するものとしては唯一否定詞"不"を用いた次の例を挙げている。
　　⑵　不等他说完，我就抢着说起来。　　　　（呂叔湘主編1999：166-167）
　　　（彼が言い終わるのを待たずに私はすかさず話し始めた。）
輿水1980：157は否定詞"没"が"等"の前に置かれた次の例を挙げ，"等"は接続詞的に使われても動詞性が強いと指摘する。
　　⑵　没等李英说话，他就跑了。　　　　　　　　（輿水1980：157）
　　　（リー・インがなにもいわぬうちに，かれは行ってしまった。）
　これら二つの形式が"等A，B"構文の否定形式であるならば，"等"は機能語でありながら否定詞の直接修飾を受ける形であり，"等"が完全には文法化していないことを裏付けるものと言える。5.1ではまずこれらの否定形式が"等A，B"構文に対応するものであることを確認する。

### 5.1　"等A，B"構文の否定形式

　日本語では「彼が来るのを待って出発しよう」と言える。「彼が来るのを待たずに出発しよう」とも言える。つまり最初の文は「[彼が来るのを待って]出発しよう」という構造であるため，[　]内のみを否定し

て「[彼が来るのを待たずに]出発しよう」と言えるわけで，「待つ」は依然として動詞であることがわかる[11]。

　一方，「彼が来るのを待たずに出発しよう」という日本語の意味にあたる中国語の文は"不等Ａ，Ｂ"形式を用いて"不等他来，我们走吧."とは言えない。"不等他了，我们走吧."或いは"別等他了，我们走吧."と言うのが自然である。この場合の"等"は明らかに動詞である。仮に"不等Ａ，Ｂ"の"等"が完全な動詞であれば，"不［等Ａ］，Ｂ"のように"不"が"等Ａ"のみを修飾し，事態Ｂが未然であることが可能なはずだが，それができず，事態Ｂは必ず已然の事態となる。これは"不等Ａ，Ｂ"形式の"等"が機能語であること，つまり"不等Ａ，Ｂ"が"等Ａ，Ｂ"構文の否定形式であることを裏付けるものである。事態Ｂが未然の事態たり得ない理由は次のように考えられる。前述のとおり，"等Ａ，Ｂ"構文は起点から一定時間の経過後に終点が現れ，それが継起する事態の参照時点になるという枠組みを有している。否定の場合にはその枠組みが採用されず，一定時間の経過がないため，終点を事態Ｂ出現の参照時点として読み込むことができない。従って事態Ｂは未然の事態ではあり得ないのである。さしあたって動作の否定において"不"は未然の，"没"は已然の否定詞である[12]から"不等Ａ，Ｂ"は①タイプの否定形式，"没等Ａ，Ｂ"は②タイプの否定形式にあたることになろう。

---

11) 日本語のこの種の表現における「待つ」が動詞であることを裏付ける言語事実は他にもある。中国語では"等我吃完饭，我们就走吧."「私が食べ終わったら出かけよう」は自然な文であるが，「私が食べ終わるのを待って出かけよう」（「私」は「食べ終わる」の主語であり，「待つ」の主語は脱落している）という日本語の文は不自然である。私の動作を私達が待つことを想定できないのは日本語も中国語も同じである。中国語では主語脱落により"等"が機能語としての役割を担い得るが，日本語では「待つ」はあくまで動詞であり，待つ動作主体を必要とするので，主語を脱落させた前述の文は成立し得ないのである。

12) 木村1982：29参照。

## 5.2 "不等A，B"形式は①タイプの否定形式

"不等A，B"形式の文では事態Bは意志的な動作である。

(24) 跟着他灵机一动，不等电话铃再响，拿起话筒，用一块手巾裹严，塞进办公桌的抽屉里，这法子真灵，铃声不响，耳膜感到分外轻松和舒适。　　　　　　　　　　　　（冯骥才《走进暴风雨》）
（するととっさに妙案が浮かび，彼は電話のベルが再び鳴る前に受話器を持ちあげ，ハンカチでしっかりとくるみ，事務机の引き出しにしまいこんだ。このやり方は実に効き目があり，ベルの音は鳴らず，鼓膜はひときわ軽快で気持ちがよかった。）

「彼」が間違い電話に腹をたて，ガチャンと音を立てて電話を切った直後の場面である。電話が再び鳴るのを待たず，受話器を机の中にしまい込むまでの彼の一連の意志的な動作が描写されている。

(25) 摄影师选好角度，支稳机器，指挥着我们摆好姿势。刚要照，果平突然说，慢着。等我一会儿好吗？ 说完不等别人表态，撒腿就跑。　　　　　　　　　　　　　　（毕淑敏《雪山的少女们》）
（カメラマンは角度を選び，器具をしっかりと支え，私たちによい姿勢をとらせた。写真を撮る段になり，果平が突如言った。待って。少し待ってくれますか？ そう言うと，誰かが態度表明するより前にさっと駆けだした。）

いよいよ撮影という時になって，果平が夏山での撮影に見せかけて親を安心させるため薄手の服に着替えると言いだす場面である。事態B（さっと駆けだした）は果平の意志的な動作である。

いずれの例においても，視点を起点に置き，ある動作主体が事態Aの出現を待つ選択をせず，事態Bを行ったことを表している。

## 5.3 "没等A，B"形式は②タイプの否定形式

次の例は"没等A，B"形式の文である。

(26) 医生并没有一一问他们谁是谁，甚至也没有请大家坐下来，便笼

統地問："单位领导和家属都来了吧？"没等回答又接下去说："病人的心脏已经停跳了，我们还在做最后的抢救。(海岩《永不瞑目》)
(医者は彼らに誰が誰なのか聞くこともなく，皆に座るよう勧めるでもなく，大雑把に聞いた。「職場の上司やご家族は来てますね？」答える前に続けてこう言った。「患者さんの心臓はもう止まっていますが，我々はまだ最後の救急を行っています。)

医者が職場の上司や家族が来ているのか訊ね，それに対する答えを待つことなく，続けて患者の病状について話し始めた場面である。文中の"没"を"不"に置き換えても医者の意志が強く感じられる以外には意味の違いが殆どない。それは"不等回答又接下去说"なら起点に視点を置いて答えを待たずに続けて言ったという意味になり，"没等回答又接下去说"なら，医者が答えを待たずに続けて言ったという同じ状況を終点から眺めているということで，事態を眺める視点をどこに置くかの違いに過ぎないからだと考えられる。この例の事態Bは意志的動作である。

(27) 两万个彩蛋在外贸仓库里，没等出口全长了霉。

(冯骥才《走进暴风雨》)

(二万個の絵つき卵が貿易倉庫にあったが，輸出を待たずにすべてカビが生えてしまったのだ。)

例(27)は動作者の現れない非対格の文である。事態A（輸出が行われる）の出現に到ることなく，事態B（カビが生える）が起こったことが述べられている。事態Bは非意志性の観察された事態である。

(28) 主席宣布选举结果："第一名郝魁山同志，得票数为三千四百零五，第二名……"没等他说完，雷动的掌声淹没了他的声音。

(李国文《改选》)

(議長は選挙結果を読み上げた。「第一位郝魁山同志，得票数3405票，第二位…」彼が言い終わる前に，うなるような拍手の音が彼の声を呑み込んだ。)

事態A（彼が言い終わる）の出現に到る前に事態B（うなるような拍手の音が彼の声を呑み込む）が起こったことを述べている。事態Bはやは

り非意志性の観察された事態である。

　例(26)では文中の"没"を"不"に置き換えることができたが，例(27)(28)はいずれも置き換えられない。"不等A，B"の文では事態Bが非意志性の観察された事態であってはならないのに対し，"没等A，B"の文の事態Bは意志的な動作でも観察された事態でもよい。①タイプでは起点に視点が置かれるため，起点における事態Bの動作主体の［＋意志性］の動作しか叙述できない。②タイプでは終点に視点が置かれるため，ある意味観察者的な視点で捉えられており，意志の有無が中和され，非意志性の観察された事態も叙述の対象となるのだと考えられる。

　"没等A，B"では事態Aが肯定文であれば現れないような内容のものである文がある。次の例を見られたい。

(29) 他的肆无忌惮的态度激怒了欧阳兰兰，还没等他下车站稳，便一踩油门疾驰而去。　　　　　　　　　（海岩《永不瞑目》）
（彼の何ら憚らない態度は欧陽蘭蘭を激怒させ，彼がまだ車を降りてしっかりと地面に立っていないのにアクセルを踏み込んでさっと走り去った。）

(30) 小如不慌不忙地把面揉成长条，然后猛地向空中一抖，那面条见风就长，长度立时增加了三倍有余。还没等我们看清楚，小如把面条像毛线似的缠绕在手指上，如同弹揉琴弦一般，依次拨去，那面就像瀑布似的变化成几十根，细如发丝……啊！拉面！我们赞叹不已。　　　　　　　　　（毕淑敏《雪山的少女们》）
（小如は落ち着いて麺を長く伸ばし，その後いきなり空中に振ると，その麺は瞬く間に成長し，長さはすぐに四倍以上になった。私たちがはっきりとその様子を捉えないうちに，小如は麺を毛糸のように手の指に巻きつけ，琴の弦を爪弾くように，次々と動かし，その麺は滝のように何十本にもなった。髪の毛のように細く…あ，ラーメンだ！私たちは大いに感心した。）

いずれも事態Bがあまりにも早く起こったことを述べている。例(29)の事態Aは「彼が車を降りてしっかりと地面に立つ」，例(30)のそれは「私た

ちがはっきりと見る」というように肯定であれば言語化されないような内容である。共通点は極めて起点に近い時点で起こり得る事柄だということであろう。極めて起点に近い疑似的な終点を設定することにより，結果として，極めて起点に近い疑似的な終点にさえ到らずして（それほど早く）Bが起こったという意味を表し得ているのではないかと考えられる。

　"不等A，B""没等A，B"が"等A，B"構文の否定形式（前者は①タイプ，後者は②タイプに対応）であることを確認した。否定詞の修飾を受けるという点に鑑みても"等"は完全には文法化を遂げていないと言えよう。"不等A，B"の事態Bは意志的動作に限られるのに対し，"没等A，B"のそれは非意志性の観察された事態でもよい。叙述対象に対する制限が緩和されていることから，否定形式においても②タイプのほうが"等"の文法化が進んでいると考えられる。

## 6　終わりに

　"等"は後ろに動詞句を伴った上でさらに別の動詞句を後続させる場合に，つまり，複文の前節という統語的位置において文法化する。動詞の"等"は本来内的限界点をもたない非限界動詞であるが，後ろに動詞句を伴う時，それは起点，過程のみならず終点をももつこととなる。複文形式の前節という文法的位置を得た終点は，継起する事態出現の参照時点の読みを獲得する。これこそが"等"の文法化の動機づけだと言える。しかしその文法化は決して一様なものではなく，動詞性をかなり強く残したものもあれば，機能語に限りなく近づいたものもある。当該構文の文には起点に視点を置く①タイプと終点に視点を置く②タイプがある。①タイプの文では，待つ動作の過程の背景化が完全でないもの，既に終点の参照時点読みが顕著となっているものなどが見られる。②タイプの文が①タイプのそれと区別される最大の点は，終点を表すはずの動詞句Aによって，待つ対象動作の過程全体が描かれる文が見られること

である。待つ対象動作の過程全体が一つの文の中で詳しく描かれるということは，待つ動作の過程そのものの背景化がより一層進んだことの言語上への反映だと考えられる。従って①タイプの文よりも②タイプの文のほうが"等"の文法化が進んでいると考えられるのである。その理由は，事態を起点から眺めるか，終点から眺めるかの違いに求めるのが自然であろう。待つ対象の動作を詳細に描くことは，視点が終点に置かれた②タイプでこそ可能となる。視点が起点に置かれる①タイプでは，待つ対象の動作は未だ起こっておらず，細かく描写するに至らないのである。当該構文は二つの否定形式をもつが，"不等 A，B"は①タイプ，"没等 A，B"は②タイプの否定形式である。"不等 A，B"の事態 B は意志的動作に限られるのに対し，"没等 A，B"の事態 B は非意志性の観察された事態であることもある。叙述対象に対する制限の違いに鑑みれば，やはり②タイプの否定形式のほうが"等"の文法化が進んでいると言える。②タイプの否定形式は，視点が終点に置かれるがゆえに，待つ動作に不可欠で起点との距離が近いと考えられる「意志性」から隔たり，時間的関係のみを表すことに向かっているのだと言えよう。

**参考文献**
木村英樹 1982　テンス・アスペクト：中国語，『講座日本語学』11，pp.19-39，明治書院
木村英樹 1997　動詞接尾辞"了"の意味と表現機能，『大河内康憲教授退官記念中国語学論文集』，pp.157-179，東方書店
金水敏 2003　時の表現，『時・否定と取り立て』第1章，pp.3-92，岩波書店
興水優 1980　DENG－等，『中国語基本語ノート』，pp.156-157，大修館書店
内藤正子 1986　条件句となる"等～"表現について，『中国語学』233号，pp.85-93，日本中国語学会
島津幸子 2002　時間を表すフレーズを構成する前置詞"等"と"当"について，『中国語学』249号，pp.211-228，日本中国語学会
島津幸子 2003　イメージスキーマからとらえた"等"の文法化，『お茶の水女子大学中国文学会報』22号，pp.17-31，お茶の水女子大学中国文学会

刘月华・潘文娱・故铧2001　《实用现代汉语语法（增订本）》，商务印书馆
吕叔湘主编1980　《现代汉语八百词》，商务印书馆
吕叔湘主编1999　《现代汉语八百词（增订本）》，商务印书馆

**用例出典**

毕淑敏〈雪山的少女们〉，《毕淑敏作品精选》，长江文艺出版社，2009年
冯骥才〈三十七度正常〉〈走进暴风雨〉，《冯骥才小说选》，四川文艺出版社，1985年
海岩《永不瞑目》，作家出版社，2000年
李国文〈改选〉，亦凡公益图书馆 http://www.shuku.net
须一瓜〈忘年交〉，《人民文学》2012年第1期，人民文学杂志社
王朔〈动物凶猛〉，《王朔文集》4，华艺出版社，1995年
余华《活着》，作家出版社，2008年

（しまづ・さちこ　立命館大学）

# 〈試み〉表現"VP 试试"について

## 張　佩茹

## 1　はじめに

　中国語において動詞の重ね型，つまり VV は動作の持続時間の短さや動作の回数の少なさを表現する文法形式であり，そこから発展して「ちょっと〜してみる」「試しに〜してみる」といった〈試み〉の意味を含意する場合があるとされている。しかし，裏返して言えば，VV に必ずしも〈試み〉が含意されるというわけではない。例えば，以下の(1)(2)の VV には〈試み〉が含意されていない。

(1) 等拉拉答应下来，李斯特又说："装修很忙，日常行政事务你还是要花精力管管。不然难免有不自觉的员工会借口太忙来搪塞本职，……。"
　　　　　　　　　　　　　　　　　　　　(《杜拉拉升职记》p.52)
　　(通常の業務はやはり力を入れて管理しなければなりません。)

(2) 王伟假装没注意她在用"您"称呼自己，说："上次是因为要给你赔情，这次就是朋友之间吃饭聊天，放松放松，就你和我。"
　　　　　　　　　　　　　　　　　　　　(《杜拉拉升职记》p.63)
　　(今回は友達として，食事をしながらおしゃべりでもして，リラックスするだけですよ，あなたと私だけで。)

動詞の重ね型 VV に〈試み〉が含意されているか否かは動詞の語彙的意味や文脈に依存しているため，VV が〈試み〉を表すための文法形式であるとは言いがたい。明示的に〈試み〉を表すマーカーとして，先行研究でしばしば考察されてきたのは"想想看"や"试试看"の"看"である。この"看"は語気助詞と見なされており，現代中国語においては，

単音節動詞の重ね型に後続する構造("VV 看")で最もよく現れる。

これに対し,张伯江・方梅 1996:148 は北京方言において,"VP 看"("VV 看"も含む)よりも"VP 试试"の方が〈試み〉を表す専用の言語形式として好まれると指摘する[1]。また,"VP 试试"の VP が「V＋動作量」からなる場合,形の上では連動構造を取っており,VP と"试试"はどちらも動作量を表すものの,両者は意味機能上対等ではないと言う。歴史的に見て"试试"の方は"试一试"から虚化した形式であり,「V＋動作量」よりも意味機能が弱い。そのため,意味フォーカスは「V＋動作量」,つまり VP にあり,このとき"试试"は〈試み〉を表す語気助詞になっていると分析している(张伯江・方梅 1996:148-150)。この分析は,動詞に関わる数量表現を考察した先行研究で得られた結論と一致しており,説得力があると思われる[2]。

しかしながら,"VP 试试"における"试试"の文法化については,まだいくつか問題点が残っている。まず,张伯江・方梅 1996:149 で取り上げられた「V＋動作量＋"试试"」の具体例に"跳跳试试"のような"VV 试试"が入っているが,"跳跳"も"试试"も"V一V"から虚化した VV であるため,意味的にどちらが強いか弱いかは,形式だけを頼りにしては判断しかねる。これは別の側面から説明しなければならない。もう一つ,より根本的な問題は,"VP 试试"の"试试"は完全に〈試み〉を表すマーカーに成り得ているかどうか,という問題である。結論を先にいうと,"VP 试试"において"试试"は文法化の過程を経てはいるが,動詞性を少なからず保持しているがために,完全なマーカーになっているとは言いがたい。

---

1) なお,北京方言では〈試み〉を表す形式には,(ⅰ) VV;(ⅱ)"VP 试试";(ⅲ)"VP 看";(ⅳ)"VP 一下"の 4 形式がある。その中では VV が最も広く使われ,無標(unmarked)の形式である(张伯江・方梅 1996:152)。
2) 李宇明 2000:29-30 では,「V＋動作量」は動詞の外部から量の概念を付け加える形式で,量の概念が動詞そのものに内包されている重ね型 VV の方が「V＋動作量」よりも文法化の度合いが高いと結論づけている。

本稿は，先行研究と異なる視点を採り入れながら，コーパスのデータやインフォーマント調査の結果に基づいて，"VP試试"の"试试"が文法化した要因を考察し，さらに"试试"がなぜ完全なマーカーに成り得ていないかを考察する。

## 2　連動構造におけるVP₂"试试"の文法化

　"VP试试"は連動構造の形を取りながらも，一部の"VP试试"の用法は典型的な連動構造と異なる性質を見せているため，もはや連動構造とは言えなくなっている。本節では「連動構造からの逸脱」という観点から"VP试试"における"试试"の文法化が進んだことについて考察する。

### 2.1　"VP试试"の"试试"が文法化した要因

　連動構造$VP_1VP_2$のうち，$VP_2$の位置を占める動詞の重ね型"试试"は名詞目的語以外に，述詞性の目的語（主に正反疑問形式）を取ることが可能である。以下の(3)(4)を見られたい。
　(3)　伸出手试试水温（手を出して水温を確かめる）
　(4)　伸出手试试烫不烫（手を出して熱いかどうかを確かめる）
目的語が名詞の場合，(5)のように"试试"はアスペクト助詞"了"と共起できる。一方，述詞性の目的語を取る場合，"试试"は"了"と共起しにくい。
　(5)　伸出手试了试水温（手を出して水温を確かめた）
　(6)　??伸出手试了试烫不烫（手を出して熱いかどうかを確かめた）
このことから，述詞性の目的語を取る"试试"の動詞性が若干低いことがうかがえる。さらに，連動構造において$VP_2$の"试试"が目的語を取らない場合もある[3]。
　(7)　唱一首歌试试（一曲歌ってみる）
　(8)　再拉拉试试（もう少し引っ張ってみる）

"試試"がある以上，(7)の「一曲歌う」ことや(8)の「もう少し引っ張る」ことは，何かを知るための動作行為であることが分かる。しかし，"試試"に目的語が後続する(3)(4)とは異なり，(7)(8)ではその何かが言語化されていない。統語的に明らかな目的語がないことが"試試"の動詞性を失う引き金となり，このことが"試試"を〈試み〉を表すマーカーへと一歩踏み出させる要因となったと本稿は考える。

## 2.2 "VP試試"の下位分類

VPと"試試"の意味関係を基準に，"VP試試"は以下の五つに分類することができる。なお，"VP試試"における"試試"の実義性を検証するために，"試試"の目的語になりうる名詞成分をXで記号化する。

A構造："VP＋試試（＋X）"
　意味関係：VPは身体部位による動作で，その動きによって具体的なモノや状態，もしくは抽象的なモノを試す。
　用例："伸出手試試（他的額头）"（手を出して［彼の額を］確かめる）
　　　　"上場試試[4]（身手）"（試合や舞台に出て［技量を］試す）

B構造："VP（Xが内包される）＋試試"
　意味関係：VPはおおむね身体部位による動作で，VPに"試試"の対象が含まれている。例えば，以下の用例ではそれぞれ"这件衣服""戒指"が試す対象である。
　用例："穿上这件衣服試試"（この服を着てみる）
　　　　"把戒指套在左手无名指上試試"（指輪を左手の薬指にはめてみる）

C構造："VP＋試試"
　意味関係：VPは"試試"の方法，手段などを表す。VPのVは動詞性が弱化しているため，介詞と見なされている[5]。VPに含まれている名詞は"方法""办法"など，何かをや

---

3) 具体的に何を試すかを明示する場合，"唱一首歌試試効果／声"や"拉拉試試韧劲"のように"試試"に目的語をつけることも可能ではあるが，実際のデータでは"唱一首歌試試"や"拉拉試試"のように目的語を伴わない用例がほとんどである。

り遂げるための方法を表す抽象名詞である。
用例："用別的方法试试"（他の方法でやってみる）
　　　"照这些办法试试"（これらの方法どおりにやってみる）
D構造："V＋数量詞＋名詞＋试试"
意味関係：「V＋数量詞＋名詞」を手段として何かを試す，という
　　　　　意味と「V＋数量詞＋名詞」自体を試す，という意味が
　　　　　読み取れる。
用例："装一个防毒软件试试"
　　　　　　　（ウイルス対策ソフトを一つインストールしてみる）
　　　"学三个月试试"（3ヶ月間学んでみる）

---

4）"上场试试"だけでは，「試合や舞台に出て，[技量を]試す」以外に，「試合に出ること自体を試す」という分析もできるが，データでは前者の解釈に傾いている。例：（スポーツ新聞記事のタイトル）张云松：应该会上场试试（張雲松：試合に出て実力を試すはず）
（記事内容）张云松说："晚上的比赛他应该会去，但上不上场还要看他的状态，不出意外的话，应该会上去试试。"
　　　　　　（出典 http://sports.sohu.com/20081018/n260106548.shtml 搜狐体育）
（「今晩の試合会場に彼は行くはずですが，試合に出るかどうかは彼の状態にかかっています。予想外のことが起きなければ，彼は試合に出てみるでしょう。」）
"上场"を"上去"で言い換えているところに留意されたい。池田2005：149では，$VP_1$が方向補語を伴う動詞句である場合，連動構造$VP_1VP_2$は単に二つの動作が時間的に連続しているのではなく，$VP_1$は$VP_2$のために舞台を設置するという働きをし，$VP_1$に含まれている"来""去"は$VP_1VP_2$を「繋ぐ」機能を有していると分析する。つまり，"上去试试"とほぼ同義の"上场试试"は出場を試みるということではなく，出場をして技量などを試すという解釈の方がふさわしいのである。

5）"用别的方法试试"の"用"が介詞であるならば，厳密に言えば，"用别的方法试试"は連動構造ではない。しかし，中国語において介詞の多くは動詞に由来し，まだ動詞性を保持している介詞もあるがゆえに（"在""跟"など），介詞と動詞の境界はそうはっきりと線を引くことができない。"用"にも動詞性が少なからず残っている。そのため，$VP_1$の動詞が"用"である$VP_1VP_2$を「周辺的な連動構造」と位置付ける先行研究も存在する（高増霞2005：30）。"用别的方法"と"试试"の間の時間継起性における特徴は，"VP试试"の"试试"に見られる動詞性の弱化を理解するのに有効だということで，あえて"用别的方法试试"などを"VP试试"の一類として取り上げる。

E構造："VP（動量表現を含む）+試試"
意味関係：試しに VP をしてみる。
用例："走几步试试"（何歩か歩いてみる）
　　　"修一下试试"（直してみる）
　　　"投个篮试试"（シュートしてみる）
　　　"读一读试试"（読んでみる）
　　　"踩踩试试"（踏んでみる）

以下，連動構造の典型性を切り口にして A 類〜 E 類を考察する。

## 2.3　連動構造の典型性その 1 ――継起的時間関係――

2.2 に挙げた A 類〜 E 類は，連動構造の典型性において違いが見られる。中国語において，典型的な連動構造 $VP_1VP_2$ は，実世界の時間軸に沿って生起した動作行為がそのままの順番で並ぶ「時間順序原則」（PTS）に従っている（Tai 1985：51）。つまり $VP_1VP_2$ に継起的時間関係が見られ，この点において並列関係と異なる。以下に挙げる例で説明すると，(9)の"走过去"と"打开门"には継起的時間関係があるため，(10)のように順番を入れ替えると，一連の動作の時間順が変わってしまう。一方，(11)の並列関係にある"看看书"と"听听音乐"は順番が変わっても，(12)から分かるように，文の伝達する意味はさほど変わらない。

　(9)　他走过去打开门。（彼は歩いて向こうに行って，ドアを開けた。）
　(10)　他打开门走过去。（彼はドアを開けて，歩いて向こうに行った。）
　(11)　我一有时间就看看书，听听音乐。
　　　（私は時間ができると本を読んだり，音楽を聴いたりします。）
　(12)　我一有时间就听听音乐，看看书。
　　　（私は時間ができると音楽を聴いたり，本を読んだりします。）

$VP_1VP_2$ における継起的時間関係の有無を基準にして前述の A 類〜 E 類を分類すると，A 類がもっとも典型的な連動構造であることが分かる。"伸出手试试（他的额头）"の用例で説明すると，手を出して，伸ばして，彼の額まで届いた時点で次の動作，つまり彼の額を触って確かめる行為

が発生する。VP₁が完了した時点，もしくはある目標に達した時点でVP₂が続く，という明確な継起的時間関係が見られる。VP₁VP₂の継起的時間関係は，VP₁がtelicであることからもうかがえる。"伸出手""上場"はいずれも限界性が含意されるVPである[6]。

次に，B類にもある程度の典型性が保証されている。"穿上这件衣服试试"を例に取ると，「服を身につけた時点で，服の大きさなどを確かめる」という継起的時間関係が確認できる。また，"穿上"の"上"をもって動作の限界性を表している。しかしながら，「服を着る」ことは同時に「服を試す」という意味にも取れる，という点ではA類と異なる[7]。

C類では，"VP试试"におけるVPと"试试"の継起的時間関係が薄れている。"用别的方法试试"の用例から分かるように，両者はほぼ同時に生起する動作行為である。このような非典型的な連動構造では，VP₁VP₂に概念レベルの継起的時間関係は見られないが，認知レベルでは〈背景＋目標〉という前後関係が認められる（高増霞2005：30）。C類"VP试试"のVPが背景化することと，VPが介詞へと弱化することの間に関連性がうかがえる。

D類とE類に関しても，C類と同様にVPと"试试"の継起的時間関係ははっきりしない。D類ではVPの名詞に具象性がある場合，VPと"试试"にまだ継起的時間関係が確認できる。例えば，"装一个防毒软件试试"は「ソフトをインストールする」ことが先で，インストールしたあとでその効果を確かめる，という継起的時間関係が考えられる。しかしなが

---

6) CCLコーパスの用例では，"伸手试了试门"など，VP₁の"伸手"に空間位置の移動結果を表す方向補語がない用例もあるが，それでもVP₁の動作が先に行われて，手がドアに届く時点でドアを触ることになるので，VP₁の動作の終了（ドアまで手を伸ばす）に続いてVP₂の動作が行われる，というはっきりした継起的時間関係が見られる。
7) B類"VP试试"のVPには"穿上""戴上"など，実際に何かを身につける用例が多いが，他に"(张三的眼镜)我借来试试"（［張三のメガネを］借りてきて［そのメガネを］試す）という，試す対象を手に入れることに関わる動詞が使われることもある。VPが"借来""买来""拿去"などの場合は，B類"VP试试"におけるVPと"试试"の継起的時間関係が明らかである。

ら，それと同時に「ソフトを試しにインストールする」という意味も読み取れる。一方，"学三个月试试"のようにVPが時間量を伴う動詞句の場合では，「3ヶ月間学んだ時点で何かを試す」という意味が取りにくく，「3ヶ月間試しに学ぶ」としか理解されない。

　さらにE類になると，VPは名詞性の目的語を伴わずに，単に「動作を少し行う」ことを表すので，"VP试试"はその動作を試しにやると理解されやすい。

　以上の論点をまとめて図式にすると，継起的時間関係から見たA類～E類の連動構造としての典型性の強弱は以下のようになる。

　　　　（強）　A類・B類 ＞ C類・D類 ＞ E類　（弱）

　5種類のうち，とくにE類が典型的な連動構造から大きく逸脱していることがうかがえる。

## 2.4　連動構造の典型性その2——"来/去"や"了$_1$"との共起関係——

　連動構造の典型性は，2.3で論じたVP$_1$VP$_2$間の継起的時間関係だけにとどまらず，文法形式においても検証できる。以下，VPと"试试"の間に"来"や"去"が挿入できるか否か，そしてアスペクト助詞"了"（以下，"了$_1$"とする）との共起状況をテストとして使い，"VP试试"のA類～E類，とりわけE類と他の類との違いについて考察する。

　まず，典型的な連動構造，つまり明らかな継起的時間関係で結ばれているVP$_1$VP$_2$は大きく二つに分けられる。一つは単なる時間順に生起した一連の出来事であり，もう一つはVP$_1$が〈前提〉で，VP$_2$が〈目的〉という意味が読み取れる出来事である（高増霞2005：27）。前者の例は"吃完饭看书"（食事を終えて本を読む），そして後者の例は"找个袋子装上"（袋を探して［その中に］入れる）が挙げられる。両者のうち，"VP试试"は後者に入る。なぜなら，何かを試すということには意図性が存在するため，VPと"试试"が偶然に時間順に生起する動作行為とは考えられないからである。

　"VP试试"のVPと"试试"に〈前提〉と〈目的〉の意味関係があれ

ば，その間に"来"もしくは"去"を挿入できる。以下，前掲の用例で検証する。

　⒀　A類：伸出手<u>去</u>试试（他的额头）
　⒁　B類：穿上这件衣服<u>来</u>试试
　⒂　C類：用别的方法<u>来</u>试试
　⒃　D類：装一个防毒软件<u>来</u>试试、*学三个月<u>来</u>试试
　⒄　E類：*走几步<u>来</u>试试、*修一下<u>来</u>试试、*投个篮<u>来</u>试试
　　　*读一读<u>来</u>试试、*踩踩<u>来</u>试试

A類～C類の用例では問題なくVPと"试试"の間に"来/去"を挿入できるが，D類の一部とE類のすべての用例では挿入できない。この検証結果から，連動構造の典型性におけるA類～E類の違いを別の角度で観察することができる。まず一つ目は，C類とD類についてである。2.3においてC類とD類は継起的時間関係から見ればA類ほど明らかではない，ということから，典型的な連動構造からやや逸脱していると説明した。しかし，C類とD類（目的語が具象性を有する名詞の場合）はVPと"试试"の間に"来/去"が挿入できるということから，意味関係から見れば連動構造の典型的な〈前提〉と〈目的〉という関係が存在していることが分かる。高増霞2005：30が指摘する「認知レベルでの〈背景＋目標〉という前後関係」がこの検証結果を説明するのに有効である。二つ目は，A類～E類のうち，とくにE類において"VP试试"は「〈前提〉＋〈目的〉」のように2段階に分けられる動作行為ではないことが分かる。E類の"VP试试"が一体化し，「試しにVPをやってみる」という読みが強くなっている。そこに"VV看"に相通じる特徴が見られる。

　次に"了$_1$"との共起状況について考察する。一般に「〈前提〉＋〈目的〉」の意味関係を有する連動構造において，VP$_1$VP$_2$が共に完了した動作行為である場合，"了$_1$"は後ろの動詞フレーズ，すなわちVP$_2$に使われる[8]。以下，前掲の⑼に"了$_1$"を入れて検証する。

　⒅　他走过去打开了门。

(19)　＊他走了过去打开门。
　　(20)　他走了过去，打开了门。

(18)(19)から分かるように，$VP_1$と$VP_2$をひとまとまりとして言語化する連動構造では，"$了_1$"は$VP_2$と共起する。なお，(20)のように$VP_1$と$VP_2$両方に"$了_1$"をつけることもできるが，そうすると連動構造ではなくなり，それぞれが独立性の高い節になる。

　以下，前掲のA類～E類の用例に"$了_1$"を入れて検証する。
　　(21)　A類：伸出手试了试（他的额头）
　　(22)　B類：穿上这件衣服试了试
　　(23)　C類：用别的方法试了试
　　(24)　D類：装了一个（防毒软件）试试、?学了三个月试试
　　(25)　E類：走了几步试试、?修了一下试试、?投了个篮试试
　　　　　　　?读了一读试试、?踩了踩试试

A類～C類では$VP_2$"试试"が"$了_1$"と共起するが，D類とE類では状況が異なる。複数のネイティヴスピーカーを対象に，例文の適切度の調査を行った結果，D類とE類の"VP试试"では，$VP_1$に"$了_1$"が入る用例が自然だと感じるインフォーマントがいる一方，$VP_1$と$VP_2$両方に"$了_1$"が入る方が自然であると判定したインフォーマントもいた[9]。また，どちらでもなく，"试着VP"に書き直して，VPに"$了_1$"をつけるか，そもそも"试试"を明言する必要がない，という意見も出た。なお，自然度についてインフォーマントの半数以上が「やや不自然」「不自然」と判断した用例には「？」をつけた。インフォーマント調査

---

8)　中国語の連動構造において，$VP_1$と$VP_2$のどちらが意味の中心か，すなわちどちらが主な動詞であるかは，明確な標識がないだけに決めがたいことである。しかし，"了"が$VP_2$と共起しやすいということは，$VP_2$が主な動詞の場合が多い，ということの証拠になると考えられる。邹韶华・张俊萍 2000：125 によると，小説からコンテクストの要素を考慮して，連動構造の意味の中心を考察した結果，用例の85％弱は$VP_2$に意味の中心があるという。

9)　例文の適切度の判定に協力して頂いたネイティヴスピーカーは，20代から50代までの男女あわせて計14名である（北方出身者12名，南方出身者2名）。

の詳細は後述するが，D類とE類の例文の許容度に関してネイティヴスピーカーの意見が分かれるところが興味深い。

　A類〜C類では"VP試了試"が自然であることから，A類〜C類に連動構造としての典型性があることが分かる。また，既然の場合にA類〜C類の"試試"が"試了試"になることは，"試試"に歴然とした動詞性がある証拠にもなる。一方，D類とE類の"VP試試"では，"了$_1$"がVPに，もしくはVPと"試試"の両方につくということは，D類とE類が典型的な連動構造から逸脱していることを物語っている[10]。

　"了$_1$"がVPだけにつく場合は，"VP試試"のVPがアスペクトマーカーを有する動詞フレーズになるため，"試試"の動詞性の弱化が確認できる。一方，"了$_1$"がVPと"試試"の両方につく場合，"試試"はまだ動詞性を強く残していることになるが，VP$_1$とVP$_2$の両方が"了$_1$"と共起すれば，もはや連動構造ではない。いずれにせよ，"了$_1$"との共起状況において，D類とE類の"VP試試"は連動構造から逸脱しているということが言える。

　以上の論点をまとめると，典型的な連動構造にみられる「継起的時間関係」，さらに〈前提〉と〈目的〉の関係であるVP$_1$VP$_2$間における「"来／去"の挿入」や「"了$_1$"のVP$_2$との共起」という特徴がいずれも見られないという点で，D類とE類，とりわけE類は連動構造とかなり異なる性質を見せている。

---

10）"VP試試"における"了$_1$"との共起は，VPの形式および意味とも深く関係する。A類とB類はVPに空間位置の移動結果を表す方向補語があるため，それ自身が完了表現として成立する。C類に関してはVPの動詞性が弱化しているため，"了$_1$"は主要動詞である"試試"につく。一方，D類とE類ではVPに目的語の数量や動作量が関わっているため，既然の場合"了$_1$"はVPにつきやすい。"了$_1$"と数量表現が共起しやすいことは，よく知られている中国語の特徴である。登場人物の動きを描写する「過程描写文」での"了$_1$"の用法について，木村2012：179では次のような指摘がある：「一区切りの動きや変化の既実現を明示するタイプは一般に，数量表現を伴うか，あるいは動詞の重ね型を用いる。」言い換えれば，既実現を明示する場合，一般に数量表現や動詞の重ね型に"了$_1$"がつくのである。

## 2.5　命令文や意志表明文にみるD類とE類"VP試試"の特殊性

《王朔文集1》から《王朔文集4》の"VP試試"の用例を集めた結果，合計13例のうち，すべてが命令文もしくは意志表明文であった[11]。2.2で取り上げた"VP試試"の下位分類で言うと，D類とE類がほとんどである。すなわちVPが何らかの数量表現を伴っているものであった。以下の用例の二重下線部は"VP試試"の例である。

(26)　"……"片刻，马林生说，"你还别瞧不起你爸，你摊上我这么个爸还真算你有福气。<u>换个人家试试</u>，不说别的，就冲你和我说话这口气，早大耳刮子抢你了。"

（〈我是你爸爸〉《王朔文集3　矫情卷》p.256）

（<u>よその家に置き換えてみろ</u>。何よりまず，俺に対するその口のきき方だけで，とっくに顔をひっぱたかれてるさ。）

(27)　阿眉大失面子，含着泪发狠地洗牌，说：″你还要打我，我妈妈都没打过我，你倒打我打上了瘾。<u>你再动我一下试试</u>，非跟你拼了。"

（〈空中小姐〉《王朔文集1　纯情卷》p.31）

（<u>あたしにちょっとでも触れてみてごらんなさい</u>。とことん戦ってやる。）

---

11)《王朔文集4》の〈千万别把我当人〉から以下の用例が発見されたが，特殊であるため，今回の考察対象から外した。
"把我们那金兀术找来。"（「われわれのあの金兀术を見つけてきて。」）
"<u>找试试</u>吧。"老太太扔掉烟，用脚碾灭，瞧瞧元豹。
（「<u>探してみよう</u>。」老婆はたばこを捨て，足で火を踏み消したあと，元豹をちらっと見た。）
CCLコーパスのデータもあわせても，「単音節V+"試試"」の用例はこの一例しかない。今回の調査によると数量表現を伴わない「二音節V+"試試"」でも容認度が高くはなかった。そのため単音節の裸の動詞はなおさら不自然さを感じるということであろう。
仮に「単音節V+"試試"」の生産性が高ければ，それは"試試"がより一層文法化し，〈試み〉のマーカーとなった証拠にはなるが，現時点ではまだごく稀な用例であると言わざるをえない。

《王朔文集》から抽出した"VP 试试"は命令文や意志表明文に限定されているが，命令文や意志表明文ではD類やE類の"VP 试试"だけではなく，連動構造のVP$_1$に数量表現が伴い，そしてVP$_2$がVVである用例が他にも存在する。

(28) "我教你个重温旧梦的法儿，<u>随便拣个海军码头遛遛</u>，你会碰见成千上万歪戴着帽子，晒得黢黑的小伙子，可心挑吧。"

(〈空中小姐〉《王朔文集1 纯情卷》p.18)

(「適当に<u>海軍埠頭を一つ選んでそこで散歩</u>でもすれば…」)

(29) "出了什么事了？"他看我脸色。

"没事，<u>想找个人聊聊</u>。"

(〈一半是火焰，一半是海水〉《王朔文集1 纯情卷》p.156)

(「何でもない。<u>誰かとちょっとおしゃべり</u>でもしたいだけ。」)

しかし，構造上の類似性が高いにもかかわらず，(26)(27)と(28)(29)には決定的な違いがある。まず，VP$_1$に含まれる目的語がVP$_2$のVVにとってどういう意味役割であるかを見ると，(28)(29)ではそれぞれ「場所」と「関与者」であることが分かる。(28)の"拣个海军码头遛遛"では，"海军码头"は"拣"の対象であると同時に"遛遛"の場所でもある。そして(29)の"找个人聊聊"では，"(一)个人"は"找"の対象であると同時に"聊聊"の関与者でもある。このように，VP$_1$に含まれる目的語はそれに続くVVとなんらかの意味関係を持つ。次に，(28)(29)は"拣个海军码头"と"遛遛海军码头"，そして"找个人"と"(跟他)聊聊"のように二つの動作行為に分けることができる。一方，(26)と(27)に関しては，VP$_1$の目的語はVP$_2$の動詞"试试"と直接関連しない。VP$_1$の目的語が"试试"の対象（"试个人家""试我"）や関与者（"[跟人家]试""[跟我]试"）という意味役割を担うのではなく，"换个人家"や"再动我一下"といったVP$_1$全体が"试试"と関連するのである。"试试"がVP$_1$全体，とりわけ動作を指向しているため，"跳跳试试"や"唱唱试试"のようにVP$_1$がVVの形で現れる用例へと発展している。

また，2.3で論じた典型的な連動構造の特徴にも関連するが，(28)と(29)

のVP₁VP₂では継起的時間関係が明らかなため，VP₁とVP₂の順序を入れ替えることができない。"拣个海军码头遛遛"を"*遛遛拣个海军码头"，もしくは"找个人聊聊"を"*聊聊找个人"に変えると非文になってしまう。一方，(26)と(27)の場合，"换个人家试试"や"再动我一下试试"をそれぞれ"试试换个人家"や"再试试动我一下"に変えても非文にはならない。ただし，構造が変わってしまううえ，意味も完全に同等なものではないということを指摘しておきたい。"试试VP"は連動構造ではなく，「動詞＋目的語」の動目構造である。また，"VP试试"と"试试VP"にはニュアンスの違いがあり，前者には脅迫の語気が含まれる場合があるが，後者にはそれほどの強い語気は含まれない。以下，コンテクストに現れる"VP试试"と"试试VP"の違いについて考える。

### 2.6　"VP试试"と"试试VP"の違い

　《王朔文集1》から《王朔文集4》，そしてCCLコーパスに収録されている老舎の作品でD類とE類の"VP试试"と"试试VP"の用例を集めた結果，実際にほとんどが"VP试试"の用例であった[12]。"试试VP"の用例は1例しか見つかっていない。以下の(30)である。

　　(30) 韵梅从屋里出来，他赶紧说了话："我，祁太太，我没教他们用鞭子抽人，可是我也拦不住他们！他们不是我手下的人，是区署里另派来的。他们拿着皮鞭，也就愿意试试抡它一抡！你不要紧了吧？祁太太！告诉你，我甭提多难过啦！……"（CCL语料库）
　　（「彼らは革の鞭を持っていると，それを振り回してみたくなるのです。」）

　　(31) 他开始喊嗓子：立——正，齐步——走……。他不知道今天是否由他喊口令，可是有备无患，他须喊一喊试试。他的嗓音很尖很干，

---

[12] 张伯江・方梅 1996：150 では"VP试试"の"试试"が北京方言で〈試み〉のマーカーになったと指摘している。また，老舎と王朔の作品に現代北京方言が反映されていると広く認められているため，"VP试试"と"试试VP"の使用状況については，老舎と王朔の作品をデータとして使用している。

连他自己都觉得不甚好听。可是他并不灰心，还用力的喊叫；只要努力，没有不成的事，他对自己说。　　　　　　（CCL语料库）
（今日は自分が号令をかける番かどうか彼は分からないが，「備えあれば憂いなし」なので，声に出してみておくべきだと思っていた。彼の声は甲高いうえ，枯れているので，彼自身もあまり良い声だと思わなかった。）

(30)と同じく3人称主語の"VP 試試"の用例(31)を比較してみると，両者の違いが浮き彫りになる。(30)の"試試"は文字通り VP を試すことである。革の鞭を持つと，「振り回す」動作をしてみたくなるのが(30)で伝達したい情報であり，一方(31)では「号令をかける」動作を試すだけではなく，さらに他のことを確かめることになる。しかし，目的語がないため，(31)の"試試"で確認したい事柄は明確ではなく，含意されているとしか言えない。"VP 試試"全体は，VP をやりながら，ある未知の事柄を確かめることになる。(31)の場合，後続文脈で「声の質」の話が出るので，そこではじめて具体的に確かめたかったのは声の質だということが推測できる。

　今回調査した範囲では D 類と E 類の"VP 試試"の用例はほぼ主語が1人称（意志表明文）や2人称（命令文）である[13]。命令文や意志表明文に限定されているとも言える D 類と E 類の"VP 試試"は，当然ながら命令や意志を表すモーダルな意味を実現するようになる。

---

13) 前述したように，《王朔文集1》〜《王朔文集4》から採った"VP 試試"の用例はすべて1人称主語や2人称主語である。CCL コーパスに収録されている老舎の作品に関しては，索出した D 類と E 類の"VP 試試"は合計13例で，そのうち1人称や2人称主語が10例で，3人称が3例になるが，主語が3人称の場合でも，実際は兼語文で使われたり，人物の頭の中で考えていることを描写したりする用例であるため，命令文や意志表明文の性質にかなり近い。例(31)の"他须喊一喊試試"のほかに，"马先生看着没希望，爽得饿一回試試！"（馬さんは見たところ，望みがなさそうなので，一回お腹をすかせてみることを自分から望んだ），"杨老太劝他吃口烟試試"（楊おばあさんは彼にたばこを吸ってみることを勧めた）が実際の用例である。

## 3　D類とE類の"VP试试"にみる"试试"文法化の度合い

　命令文や意志表明文に使われるということは，D類とE類の"VP试试"が一般に未然の動作行為であることを示している。しかしながら，僅かではあるが，D類とE類の"VP试试"が既然の動作行為として現れる用例がある。以下の(32)(33)である。

　　(32)　……司机眉飞色舞地说："我看见一位同行贴了喜字，<u>也贴了一个试试，哪晓得生意竟然俏起来了</u>，碰上这些日子，每天可以赚七八百元。"　　　　　　　　　　　　　　　（CCL语料库）
　　　（私も<u>一枚貼ってみたら，なんと商売がどんどん良くなってきて</u>）
　　(33)　有一天忽然地呢，我那儿备课，哎，备着备着课觉得挺不好的心里头。／我说算了，不备了，躺到炕上看看报吧，躺到床上。／哎，躺到床上，这，这个头一挨着这枕头，哟这房子就转起来了。／我看不好了，我就轻轻坐起来了。／<u>走了两步儿试试，试试还能走</u>。
　　　　　　　　　　（《当代北京口语语料》卢沟桥/53岁/女/回族）
　　　（<u>数歩歩いてみたけれど，試したところまだ歩けることが分かった。</u>）

この用法について，実際の容認度を調べるために，2.4で言及した調査を行った。以下，ネイティヴスピーカーを対象に行った調査結果を整理し，そこから見出せる"试试"の機能語的性質を考察する。

　まず，D類とE類の既然の用例に関する調査結果を以下の【表Ⅰ】にまとめる。

　D類1の"装了一个试试"とE類1の"走了几步试试"は許容度が高く，(32)(33)に見る"VP试试"の用法の適切性を支持する結果となった。しかし，その他の"VP试试"の用法については，未然の場合においては半数以上のネイティヴが自然だと判断した一方で，既然の場合は許容度が低い。

　D類1とE類1に関しては，"VP试试"のVPに内包されている数量表現に，ある程度の具象性が備わっている。前者は名詞に関わる数量表現であるため，具象性が高い。後者は動作の量を表す動量詞ではあ

【表Ⅰ　既然の"VP 試試"の自然度判断[14]】

| | 自然 | やや不自然 | 不自然 |
|---|---|---|---|
| (D類1) 装了一个试试 | 10/14（人） | 2/14（人） | 2/14（人） |
| (D類2) 学了三个月试试 | 2/14（人） | 4/14（人） | 8/14（人） |
| (E類1) 走了几步试试 | 9/14（人） | 3/14（人） | 2/14（人） |
| (E類2) 修了一下试试 | 1/14（人） | 7/14（人） | 6/14（人） |
| (E類3) 投了个篮试试 | 2/14（人） | 4/14（人） | 8/14（人） |
| (E類4) 读了一读试试 | 0/14（人） | 4/14（人） | 10/14（人） |
| (E類5) 踩了踩试试 | 4/14（人） | 4/14（人） | 6/14（人） |

が，具体的な数字を入れることができるという点では，E類のほかの数量表現と一線を画す。"走五步"が言えるのに対し，"*修五下""*读五读""*踩五踩"はいずれも言えない[15]。なお，D類1とE類1のVPに具体的な数字が入るとはいえ，〈試み〉としてふさわしいのはやはり「一つ」か「不特定少数」の数字である。調査で"走了几步试试"を"走了五步试试"に変えただけで，自然だと判断した人数が9人から4人に減少した。

---

14) 実際に調査で使用した例文は以下の通りである。
　(D類1) 我的电脑以前常常中毒，后来朋友给我推荐一个防毒软件，我就装了一个试试，效果非常好。
　(D類2) 别人都说学瑜伽能减重，我也跟着学了三个月试试，可是一点效果都没有。
　(E類1) 我不小心摔了一跤，心里想这下可惨了，要是伤了腿该怎么办。勉强站起来走了几步试试，还好，还能走。
　(E類2) 小陈的自行车坏了，我给他修了一下试试，可是修不好。
　(E類3) 听说小洪投篮百发百中，我们这个球场的篮筐特别高，很难投进。刚刚小洪投了个篮试试，居然还是投进了，真了不起。
　(E類4) 这篇古文我刚刚读了一读试试，一点都读不懂。
　(E類5) 销售员说这种气垫很结实，怎么踩都破不了。小陈就用力踩了踩试试，还真的没事。
15) "投五个篮"は"投五次篮（シュートを五回する）"の意味で使えるが，それは「シュートする」という動作の時間の短さと関係すると思われる。構造が類似したもの，例えば"打个球（球技の試合をする）"の場合，"*打五个球"は言えない。

多くのインフォーマントがD類1とE類1の"试试"に"了₁"がなくても自然に感じるということは，"试试"において"试"の動詞性が失われている証拠となる。しかしながら，2.4で言及した通り，一部のインフォーマントは，"装了一个试了试""走了几步试了试"のように"试试"に"了₁"を挿入しないと不自然に感じるようである。このことから"试"の動詞性が完全に失われているとは言いがたい。

【表Ⅰ】から明らかなように，D類1とE類1以外の"VP试试"の既然の用法として，「"了₁"が入ったVP＋"试试"」はあまり適切な表現とは言えない。VPと"试试"両方に"了₁"を入れれば自然になる，という意見があった一方で，より多くのインフォーマントから「"试着"＋"了₁"が入ったVP」にすればよくなる，という修正意見をもらった。〈試み〉を状態の一種として捉える"试着"なら自然であるということを考えると，"VP试试"においても"试试"は完全たる動詞とは言えず，動詞性がやや弱化していることがうかがえる。

命令文や意志表明文に多用されるD類とE類の"VP试试"は，既然の場合，"试试"がない方が実は自然である。㉞の二重下線部を比較されたい。

　㉞ 大黑焉有不同意之理，可是，门，门还关着呢！ <u>叫几声试试，也许老头就来开门。</u>叫了几声，没用。再试试两爪，在门上抓了一回，门纹丝没动！　　　　　　　　　（CCL语料库）
　　（何回か呼んでみれば，あの老人がドアを開けに来てくれるかもしれない。<u>何回か呼んだが</u>，無駄だった。）

今回の調査でもD類1とE類1以外の"VP试试"の用法について，既然の場合，"试试"を削除すれば自然になる，という意見があった。未然の場合なら使えるのに対し，既然の場合はその姿を消す，という点において"VV看"の用法に見る未然性に関わる制限に類似している（張佩茹2008：205-207）。この点においても，D類とE類，とりわけE類の"试试"が〈試み〉マーカーとしての性質を多少獲得していることが分かる。

## 4　まとめ

　本稿は「連動構造からの逸脱」という切り口で"VP試試"における"試試"の文法化について考察した。本来，$VP_1VP_2$ に「継起的時間関係」が見られる"VP試試"は，用法の拡張により，本稿の分類でD類とE類に属する"VP試試"では「継起的時間関係」が薄れ，$VP_1VP_2$ における〈前提〉と〈目的〉の意味関係も弱くなる。また，既然の場合においては，D類とE類の"試試"の文法的な振る舞いも典型的な連動構造の $VP_2$ と異なる。まだ一定の動詞性を保ちながらも，D類とE類にあたる"VP試試"の"試試"は"VV看"の"看"に近い性質を獲得している。

　言語類型論の観点では，連動構造は大きく二種類に分けられる。一つは対称（symmetrical）の連動構造，もう一つは非対称（asymmetrical）の連動構造である。Dixon 2006：342-343 によると，対称の連動構造では $VP_1VP_2$ のいずれが主要部であるかは決めがたく，かつ $VP_1VP_2$ の語順はおおむね実世界の出来事の順序に一致し，類像性が高い。一方，非対称の連動構造では主要部と従属部に分けることが可能であり，語順は必ずしも実世界の出来事の順序と類像性があるとは限らない。"VP試試"の用法にもこのような傾向が見られる。典型的な連動構造であるA類では，$VP_1$ と $VP_2$ のそれぞれに独立性があり，かつ類像性が高い。それとは対照的に，E類の"VP試試"では $VP_1VP_2$ に継起的時間関係があるというより，「同時性」を有するため，類像性が低い。さらに既然の場合は，"試試"に"了$_1$"が必須ではないことや，"試着"に言い換えたり"試試"を落としたりする方が文の許容度が上がる，という点から見て，E類の"VP試試"における"試試"は独立性の高い動詞ではなく，動詞性が弱化した機能語的な成分に変わりつつあると言える。

　本稿の考察結果は張伯江・方梅 1996：150 の分析におおむね一致している。すなわち"VP試試"の"試試"に機能語的な性質を確認することができる。しかしながら，なお動詞性が残っているため，現段階では

機能語的性質を獲得しつつあるとしか言えず、"試試"は完全なマーカーには成り得ていないと分析するのが妥当であろう。

**参考文献**
池田晋 2005 "来"の代動詞的用法とダイクシス,『中国語学』252 号, pp.144-163
木村英樹 2012 『中国語文法の意味とかたち――「虚」的意味の形態化と構造化に関する研究――』, 白帝社
張佩茹 2008 《見究めの"看"》と《試みの"看"》,『中国語学』255 号, pp.197-216
高增霞 2005 连动结构的隐喻层面,《世界汉语教学》第 1 期, pp.22-31
李宇明 2000 动词重叠与动词带数量补语,『语法研究和探索（九）』, pp.18-37, 商务印书馆
张伯江・方梅 1996 《汉语功能语法研究》, 江西教育出版社
邹韶华・张俊萍 2000 试论动词连用的中心,『语法研究和探索（九）』, pp.122-128, 商务印书馆
Dixon, Robert M. W. 2006 Serial Verb Constructions: Conspectus and Coda, *Serial Verb Constructions: A Cross-Linguistic Typology*, pp.338-350, edited by Alexandra Y. Aikhenvald and Robert M. W. Dixon, Oxford University Press
Tai, James H-Y. 1985 Temporal Sequence and Chinese Word Order, *Iconicity in Syntax*, pp.49-72, edited by John Haiman, John Benjamins Publishing Company

**例文出典**
北京大学中国语言学研究中心语料库（CCL 语料库）
　　http://ccl.pku.edu.cn:8080/ccl_corpus/
《当代北京口语语料（录音文本）》, 北京语言学院语言教学研究所, 1993 年
《杜拉拉升职记》, 李可著, 陕西师范大学出版社, 2008 年
《王朔文集 1 纯情卷》《王朔文集 3 矫情卷》《王朔文集 4 谐谑卷》, 王朔著, 华艺出版社, 1992 年

（Zhāng・Pèirú　東京大学非常勤講師）

# 上古中国語の「NP而VP」/「NP₁而NP₂VP」構造における「而」の意味と機能

戸内　俊介

## 1　はじめに

　本研究は文頭の名詞（句）に「而」が後続した一群の文を対象とする。
　(1) 又誦之曰："我有子弟，子産誨之。我有田疇，子産殖之。子産而死，誰其嗣之。"　　　　　　　　　　　　　　（『左伝』襄公三十年）[1]
　　〔さらに民は「我らに子弟がいれば，子産は教え導く。我らに田畑が有れば，子産は増やす。子産が死ねば，誰が子産を嗣ぐだろう」と歌った〕
　(2) 子曰："富而可求也，雖執鞭之士，吾亦爲之。"　　　　　（論・述而）
　　〔先生はおっしゃった，「富が追求すべきものであるなら，執鞭の士のような卑しい役割でも，私は務めよう」と〕
　(3) 南人有言曰："人而無恆，不可以爲卜筮也。"　　　　　　（礼・緇衣）
　　〔南人の言葉に「人であるのに一定の心がなければ，占いをすることはできない」とある〕

以下，この種の文を「NP而VP」構造と称する（NPは名詞成分を，VPは動詞述語，形容詞述語，及び名詞述語等の述語成分を表すものとする）。文頭の名詞（句）に「而」が後続しているという点から見れば，次の如き「名詞＋而＋主述文」の構造もまたこのタイプの内に入れられ

---

[1] 以下，引用は略称で表記する。例えば「昭公元年」は「左・昭1」の如く称する。「論」は『論語』の，「礼」は『礼記』の，「詩」は『毛詩』の，「孟」は『孟子』の略称とする。また出土資料では「郭店楚簡」を《郭店楚墓竹簡》の，「上博楚簡」を《上海博物館藏戰國楚竹書》の略称として用いる。

よう。
　(4) 若上之所爲而民亦爲之，乃其所也。　　　　　　　(左・襄21)
　　〔もし上のすること，民もこれをなせば，そのようになります〕

本文ではこの種の文を「NP₁ 而 NP₂VP」構造と称し（NP₂VP は主述文を表すものとする），さらにこの二種を「NP 而」文という名で概括する。「NP 而 VP」構造を扱った各種研究において，「NP₁ 而 NP₂VP」構造をも研究射程に入れたものはほとんどないが，「NP 而 VP」構造を検討する上で「NP₁ 而 NP₂VP」構造は決して軽視してはならないと筆者は考える。

## 2　問題の所在

「NP 而」文の「而」は伝統的訓詁学では仮定を表す接続詞「若」や「如」と解釈されてきた。例えば，
　(5) 而猶若也。若與如古同聲，故而訓爲如，又訓爲若。
　　　　　　　　　　　　　　　　　　　　　　　（『経伝釈詞』巻七・二葉）
　　〔「而」は「若」と同じである。「若」と「如」は古くは同声であり，
　　　そのため「而」は「如」に読み，また「若」に読むのである〕
また，例(2)をパラフレーズした『史記』の一文は「而」を「如」に作る。
　(6) 故曰：" 富貴如可求，雖執鞭之士，吾亦爲之。"　　(史・伯夷列伝)
しかし一方で，必ずしも仮定文と解釈できない「NP 而」文も存在する。例えば，
　(7) 天地之經而民實則之。　　　　　　　　　　　　　(左・昭25)
　　〔天地の経，民はまことにこれに則る〕
　(8) 人役而恥爲役，由弓人而恥爲弓，矢人而恥爲矢也。
　　　　　　　　　　　　　　　　　　　　　　　　　(孟・公孫丑上)
　　〔人に仕える者が役夫となるのを恥じるのは，弓職人が弓を作るのを恥
　　　じ，矢職人が矢を作るのを恥じるようなものだ〕
このような例文の存在から，「而」が仮定の接続詞であるという解釈に

疑問を抱く研究者も多い。例えば，《马氏文通》は「而」を述語成分を繋ぐ接続詞と認めた上で，上例(8)を引きつつ,

(9) "人役""弓役""矢人"，三名也，而自爲上載者，蓋上載者當重讀，猶云"既爲人役而恥爲役"云云，故"人役""弓役""矢役"雖自爲上載，而其意含有動字者也。　　　　(马建忠 1898/1983：289)

として，「而」前の名詞が主語であると共に，動詞的でもあると推定する。これ以降も「而＝若／如」を否定する論考は少なくない。例えば，吕叔湘 1941/1982 は上例(1)(2)を引きつつ,

(10) 前人往往说这个「而」字等于「若」。其实这只是一种方便说法。这个「而」字虽然有表示条件的作用，可不必当作与常见的「而」字不相干涉的另一关系词。「而」字仍是转折的用法，（中略）「富而可求」隐有「富不可求」之意,「子产而死」隐有「子产不可死」之意…都可以见出「而」字的转折作用。但用久了也有不含转折之意的。　　　　(吕叔湘 1941/1982：414-415)

と述べ，「NP 而 VP」構造の「而」が仮定用法の語ではなく，本来は逆接の接続詞であり，且つ「而」前の NP は文字通りの名詞ではなく，何らかの意味が隠されたものと見なしている。

この他，本邦でも太田 1984 が,

(11) 名詞のあとに「而」を用いて，これを述詞化することがある。
　　　　(太田 1984：24)

と述べ，前項の NP 自体を述語成分と見なす。

この後，董连池 1990，薛凤生 1991，何乐士 1999/2004，方有国 2002，裘燮君 2005，杨荣祥 2008，陈祝琴 2009，宋洪民 2009，常翠霞 2010，傅书灵 2010 等，数多くの論考が発表されてきたが，このうちとりわけ影響力が強いのは杨荣祥 2008 である。杨荣祥 2008 は,

(12) 我们认为，"名而动"[2) 结构来源于"话题性主语＋名而动"的"话题性主语"不出现的情况。所谓"名"、"动"，是就词类属性说的；

---

2)　"名而动"は本稿の「NP 而 VP」構造に同じ。

> 从句法属性说，在该结构中，"名"和"动"都充当小句的谓语，都是陈述性成分。所以，在"名而动"中，"而"同样是一个"两度陈述"标记。（中略）"名而动"结构中的"名"本是来自判断句的谓语，所以具有较强的性质意义（或类意义），即便是一些专有名词，也会在具体的语言环境中获得较强的性质意义（或类意义）。
>
> （杨荣祥 2008：242-243）

と述べ，判断文「主題＋NP」を含む「主題＋NP 而 VP」構造から主題を省略したのが「NP 而 VP」構造で，「而」は前後の述語成分を繋ぐ"両度陈述"[3]マーカーと見なす。同時に「而」前の名詞を属性や類を表すものと解釈する。

　この他，注目すべきものとして傅书灵 2010 がある。傅氏は，

> ⒀ "名而动"是"话题性主语＋名＋而＋动"主语不出现的形式，话题性主语隐去后，作为判断句谓语的"名"便失去主语的呼应，如果"名"在深层语义上可能成为后边"动"的施事或受事，"名"就会受到"动"的吸引，由"前呼"变成"后应"，这样原来的"话题性主语＋名词＋而＋动"就演化为主谓式的"名而动"结构。（中略）"名而动"主要用於评述性语言中，具有很强的主观性，它表达一种在说话人看来违背社会常理、常情、个人情感或价值取向等的语义，是一种有特定蕴含的陈述，本文称作逆情陈述。
>
> （傅书灵 2010：467-468）

として「NP 而 VP」構造は本来，「主題主語＋名詞＋而＋動詞」の主語が省略された形式であったが，後に主述文に変化したと考える。またこの構造の構文的意味を，話し手から見て社会通念・情理・個人感情或いは価値傾向に反した意味を表す"逆情陈述"と称している。

　以上，先達の研究のあらましを簡単に紹介したが，なお未決着の問題として以下の二点が残る。

---

[3] 杨荣祥 2008，2010 の述語。曰く "'而'连接的一定是两个具有术谓功能的成分，包括动词性成分、形容词性成分、充当判断语的名词性成分、主谓结构、分句等。"（杨荣祥 2008：239）

(a) 文法機能

「NP 而」文の NP/NP₁ は果たして，単純な名詞（句）なのか，それとも述語的性質を帯びたものや何らかの成分が省略された主述文なのか。NP の性質が如何かによって，「而」の文法機能が決まる。

(b)「而」の文法的意味，「NP 而」文の構文的・語用論的意味

前記諸説において，「而＝若/如」を否定するものは多いが，一方で伝統的訓詁学の中で「而＝若/如」という解釈が通行しているように，「NP 而」文が仮定文として解釈されることが多いのも事実である。なぜ「NP 而」文の多くが仮定の条件節として読み取れるのか，またなぜ「而＝若/如」という解釈で多くの例文が矛盾なく読み解けるのか，この点を明らかにしたものは皆無である[4]。

以下，この二点を中心に「NP 而」文について再検討していきたい。

## 3 「NP 而」文の構文的語用論的意味及び「而」の文法的意味

### 3.1 「而」前後項の意味的関係

#### 3.1.1 「NP 而 VP」構造

「NP 而」文の最も重要な特徴の一つは，それが「曰」で始まる会話文や詩文中にのみ出現すること，言い換えれば口語的文脈でのみ用いられていることであり，この点，二つの述語を繋ぐ等位接続詞「而」や「時間詞＋而」構造[5]とは異なる。加えて，談話分析（discourse analysis）

---

4) 例えば，傅书灵 2010：467 は"传统训诂上把此句（筆者案：例(1)−(3)のような「NP 而 VP」構造を含む複文）的'而'解释作'假如'，但这是复句结构赋予的意义，即便没有'而'照样可以译出'假如'。"このように「而＝如/若」となる原因は従来，単に複文によりもたらされるという，謂わば意合法的解釈がなされてきた。

5)「時間詞＋而」構造の用例は，
公父定叔出奔衛，三年而復之，曰："不可使共叔無後於鄭。" （左・莊 16）
〔公父定叔は衛に出奔したが，(鄭伯は)三年で彼を戻し，言った，「共叔家の子孫を鄭で無くしてはいけない」と〕
杨荣祥 2008 は「時間詞＋而」構造も「NP 而」文の中に含めているが，筆者は両構造の使用環境が異なることから，これらを分けて論じるべきと考える。

によって「NP而」文を検証すると,「而」の前項と後項の意味的関係に一定の共通性を看取できる。まずは,「NP而VP」構造から見られたい。

⒁ 子蕩怒，以弓梏華弱于朝。平公見之，曰："司武而梏於朝，難以勝矣。"　　　　　　　　　　　　　　　　　　　　　　（左・襄6）
〔子蕩は怒り，朝廷で弓を用いて華弱を首枷にした。平公はこれを見て言った，「武官であるのに朝廷で首枷にされるようでは，敵に勝つことなどできない」と〕

⒂ 匹夫而有天下者，德必若舜禹，而又有天子薦之者。（孟・万章上）
〔匹夫であるのに天下を保有したらならば，その德は必ず舜禹のように高く，またその者を推す天子もいることだろう〕

⒃ 彼童而角，實虹小子。　　　　　　　　　　　　（詩・大雅・抑）
〔あの子羊が自らに角があると思ってしまうと，小臣は乱れる〕

例⒁の「司武」は，楊伯峻1981：946が"司武即司馬，武馬古同音，且宋國司馬之職掌武事"と述べるように，武官を表す。当時の人々の社会的・文化的知識から見れば，武官を担う人物は「武」の方面に於いて長けていること，すなわち，「勇ましくある」ことが期待されるが，⒁はそれに反し，武官がいとも簡単に首枷にされたという命題内容を表している。注目すべきは「而」後項の事態（event）「梏於朝」が当時の人々の「司武」に関する期待や認識を裏切っている，言い換えれば，前項「司武」と後項「梏於朝」は本来，結びつき難く，遠い関係にあることで，従って後項が表す事態は前項に関わる一般的イメージから見れば，非プロトタイプ的，周辺的事態とも言える。してみれば，「司武而梏於朝」という事態は，話し手（speaker）から見れば非正常，或いはあり得べきではないこと，望ましくないことで，聞き手（hearer）から見れば予測し難く，意外なことであったと推測され，同時に斯様に遠い関係にある二つの成分を「而」が無理矢理繋げていると言えるのである。

例⒂の「匹夫」は庶民を表す語で，当時の人々が共有する文化的・社会的知識から見れば，その身分は低く卑しい。しかし，⒂は「匹夫が天下を保有する」という当時の人々の認識を裏切るような事態を表してい

る．言い換えれば，前項「匹夫」が喚起するイメージと後項「有天下」が表す事態は結びつき難い二項であり，同時に後項は前項から見て予測し難い，意外性のある事態である．

例(16)の「童」は「角がない子羊」を表す．よって当時の人々の共有する「童」に関する知識は「子羊は角を持たない」というものであると想定できるが，しかし(16)で話し手は「童」が「角を生やしている」という反対の事態を表しており，これは聞き手の有する知識から見れば，極めて遠い関係にある二項が結びついたもので，前者を聞いて，後者を予測することは相当に難しいものだったと予想される．

このように，「NP而VP」構造の前項と後項は，話し手・聞き手の知識から見れば，容易に結びつかない二項であり，各々が含むイメージは相反した関係にある．この点，"在'子产而死'这一动态句中，'子产'是个省略句，它含有'子产不应死、不可死'这样一种否定性谓词短语的意思"とする裴燮君2005：99の考えは充分首肯し得る意見と言える．さらにこのことは話し手が前項を提示した時点で，聞き手は引き続き展開される内容（すなわち後項）を予測し難いということをも意味する．前後項のこのような関係は例(1)-(3)からも看取できる．

例(1)の「子産而死」を含めた一連の文は子産と同時代の民が歌った子産を褒める詩である．この当時，子産は税制改革を推し進めており，当初は以下の歌にあるように民から嫌悪されていた．

(17) 取我衣冠而褚之，取我田疇而伍之。孰殺子産，吾其與之。

(左・襄30)

〔子産は我々の衣冠と田地から税を徴収する．子産を殺した者に私は身方しよう〕

しかし，改革が成功していくと共に，民から評価され，結果として(1)のような歌が歌われるようになったのである．ここに至って「子産」は民を富ます有能な政治家という談話的前提（presupposition）が付与されており，同時にそのような政治家は民から見れば，最も死んで欲しくない対象であったことは想像に難くない．すなわち，(1)の前項「子産」

は「死を望まない人物」であるという属性を帯びており，後項「死」という事態はこのような前項の下では，話し手から見てあり得べきことではなく，聞き手から見て意外性のあるものであったと推測できる。

　例(2)の「富而可求」の前項「富」と後項「可求」の両項は上の仮説に基づけば，容易に結びつかない関係にあると予測される。つまり「富」は本来，「不可求」というイメージを有していたはずである。果たせるかな，同じ『論語』中に以下のような子夏の言葉が伝えられている。

　　(18)　死生有命，富貴在天。　　　　　　　　　　　　（論・顔淵）
　　　〔死生に定めがあり，富貴は天にある〕

吉川 1959-1963/1978（中冊）:82 はこの一句を「富貴を得るか得ないか，それらは，天のあたえる運命であって，人間の努力を超えた問題である」と解釈しており，ここからも「富」が人によって「可求」されるべきものではないということが窺い知れ，例(2)の「而」に対する本稿の分析はなお有効である。

　例(3)「人而無恆」も本稿の分析によれば，前項「人」と後項「無恆」の両項は容易に結びつかない関係にある，言い換えれば，「人」は本来，「恆」と密接な関係があったと解釈できる。まず，例(3)と構造が並行する「人而 VP」の例文を見られたい。

　　(19)　人而不仁，如禮何。　　　　　　　　　　　　　（論・八佾）
　　　〔人であるのに不仁ならば，礼をどうしようか〕

さらに，(19)中に見える「仁」という概念は，上古文献において「人」と深い関係にあるものである。例えば，

　　(20)　仁，人心也。　　　　　　　　　　　　　　　　（孟・告子上）
　　　〔仁とは人の心である〕

　　(21)　仁者人也，親親爲大。　　　　　　　　　　　　（礼・中庸）
　　　〔仁とは人であり，親を親として扱うことが大事である〕

翻って，(19)と類似の構造を持つ(3)「人而無恆」の「恆」にもまた，「仁」と同様，本来は人と密接に関わるものだというイメージがあったと推測できる。従って，聞き手にとって「人」という名詞から「無恆」という

事態は予測し難い，意外なものであり，「而」前後の項は容易に結びつかない，遠い関係にあると言える。

例(8)「人役而恥爲役」，「弓人而恥爲弓」，「矢人而恥爲矢也」も条理的に考えれば，「人役/弓人/矢人」という職業にある者は自らの役目を恥じるはずがない。恐らく，聞き手の有する知識も大差ないであろう。しかし，(8)で述べられているのは，その知識を覆す，「人役/弓人/矢人が自らの役目を恥じる」という命題であり，話し手にとっては非正常で，聞き手にとっては結びつき難いと思われる二つの項が，「而」で繋がれている。

以上は伝世文献の例であるが，出土資料にも類例が見える。

(22) 宋人有言曰："<u>人而亡恆</u>，不可爲卜筮也。"

(郭店楚簡『緇衣』45-46号簡)[6]

〔宋人の言葉に「<u>人であるのに一定の心がなければ</u>，その人のために占いをすることはできない」とある〕

これは，例(3)の『礼記』緇衣篇に対応する部分の郭店楚簡『緇衣』である。文字にやや異動はあるが，「而」の振る舞いは今本と変わらない。

### 3.1.2 「NP₁ 而 NP₂VP」構造

次に，「NP₁ 而 NP₂VP」構造の場合について検証するが，この構造においても，前項と後項に「NP 而 VP」構造と同様の意味関係が確認できる。例えば，例(4)「上之所爲而民亦爲之」において，前項「上」と後項「民」は正反対の概念であり，「上之所爲」から「下層の民も同じ事をする」という事態は非正常且つ予測困難である。

例(7)「天地之經而民實則之」はやや解釈が難しい。というのも，「天地之經」は「民」から見れば上位の法則であり，「民」が「天地之經」に則るという事態は，決して想定し難いものではなく，従って「民實則

---

6) 古文字は，解釈の定まっている文字については，忠実に隷定するのではなく，通行の文字で直接表記した。

之」という事態と「天地之經」は，一見したところ結びつき難いものとは見做し得ないからである。この例文を解釈するにあたり，まずは例(7)の箇所に対する孔穎達疏を見られたい。

  (23) 天地之有常道，人民實法則之。　　　　　（左・昭25・孔穎達疏）
   〔天地に不変の道があると，民は実にこれを手本にする〕

ここで「天地」には「常道（不変の道）」があると考えられていた様子が看取される。これは前項「天地之經」に関わる知識・イメージである。一方で「民」については，例(7)の直後に，

  (24) 淫則昏亂，民失其性。　　　　　　　　　　　　　　（左・昭25）
   〔節度を越すと混乱し，民はその本性を失う〕

とあるように，変わりやすいものとして描かれている。これは後項の「民」に関わる知識・イメージである。

 前項の「不変」という性質を持った「天地」と，後項の「変わりやすい」という性質を持った「民」は，有る面では正反対の概念と言うことができる。従って，聞き手の有する知識から見れば，前項「天地之經」から後項「民實則之」は予測しにくいもので，両項は容易に結びつかないものであったと推測される。また，

  (25) 子囊曰："君命以共，若之何毀之。<u>赫赫楚國而君臨之</u>，撫有蠻夷，奄征南海，以屬諸夏，而知其過。可不謂共乎？ 請謚之共。大夫從之。"　　　　　　　　　　　　　　　　　　　　（左・襄13）
   〔子囊は言った，「君は『共』を謚に使うことを命じておられた。どうしてこれを廃棄できようか。<u>威勢赫赫たる楚国を君が治め</u>，蠻夷を安撫し，南海に遠征して，これを中原に服属させていたが，自らの過ちを知っていた。これは『共』と言うべきである。王に『共』を謚したい。大夫達よ，これに従いなさい」と〕

この直前において，死に際した楚の共王は，戦で敗れた事などの自らの不徳を挙げ，謚を悪謚である「靈」か「厲」にしてほしいと述べており，当該文はそれを翻そうと子囊が画策している場面である。ここで子囊はまず，「赫赫楚國」を提示することで，楚の強大さを述べつつ，直後に，

「君臨之」と述べ，強大な楚を君臨し，尚且つ自らの過ちに気が付く王が，「靈/厲」という諡で良いのか，というロジックで大夫たちを説得している。後項「君臨之」の「君」には文脈内で，不徳であり，「靈/厲」という悪諡が相応しいという談話的前提が付与されている。このような王が国に君臨することを表す後項「君臨之」は，前項「赫赫楚國」とは矛盾しており，矛盾する二項を「而」が繋げている。

以上は伝世文献の例であるが，出土資料にも類例が見える。

(26) 州徒（社）之樂而天下莫不語（娛），之〈先〉王之所以爲自觀（勸）也。[7]　　　　　　　　　　（上博楚簡『君人者何必安哉・甲本』4-5号簡）
〔州社の楽は，天下の人々は皆これを楽しんでおり，先王も自らその祭祀に参加し民を激励する手段としていた〕

「州社之樂」は大西 2011：86-87 によると，祭祀規模が国家社稷ほど盛大ではない民間の祭祀であるという。このような小規模な祭祀に先王が参加して民を激励していたという事態は条理的に想定し難いものであるが，(26)はそのような想定し難い事態を表しており，「而」は本来結びつき難いと思われる二つの項を繋げている。言い換えれば，前後項にギャップがあることを表している。

### 3.1.3 「NP₁ 而 NP₂ VP」構造と主述述語文の比較

「NP₁ 而 NP₂ VP」構造は「而」を取り除くと，主述述語文の構造と一致する。「NP₁ 而 NP₂ VP」構造と主述述語文とを比較することで，「NP 而」文の前後項の意味関係はより鮮明となる（波線が大主語，実線が小主語を表す）。

(27) 山林之木，衡鹿守之。　　　　　　　　　　　　　　（左・昭20）
〔山林の木は衡鹿（山林を守る官職）が守る〕

(28) 使者目動而言肆。　　　　　　　　　　　　　　　　（左・文12）
〔使者は目が動き言葉が常軌を逸する〕

---

7）当該文の解釈は大西 2011 による。

例⑵は「衡鹿」が山林を守る官職であるが，話し手・聞き手の共有する知識も正にこれと大差ない。よって前項「山林之木」と後項「衡鹿守之」は極めて正常な関係の二項と言え，同時に聞き手は前者から後者を容易に予測できる。例⑵は，話し手・聞き手の知識や前提から見た場合，前項「使者」と後項「目動而言肆」は全く関係がなく，予測可能不可能のスケールの外にある。言い換えれば，予測可能性については中立的と考えられる。

ここから敷衍して，「NP 而 VP」構造と単純な主述文を比較しても，同様の関係が見える。

　　⑵ 孔子對曰："<u>君君，臣臣，父父，子子</u>"。　　　　　（論・顏淵）

　　　〔孔子は答えて言った，「<u>君は君らしく，臣下は臣下らしく，父は父らしく，子は子らしくあることです</u>」と。〕

　　㉚ 陷君於敗，敗而不死，又使失刑，非人臣也。<u>臣而不臣</u>，行將焉入。
　　　　　　　　　　　　　　　　　　　　　　　　　　（左・僖 15）

　　　〔君を敗北に陥れ，敗れても死なず，さらに君に刑罰を行わせないのは，臣下とは言えない。<u>臣下が臣下らしくなければ</u>，逃げてもどの国にも入れない〕

例⑵の主述文「君君，臣臣」は，話し手・聞き手の共通理解から言えば至極正常なことである。一方，例㉚の「臣而不臣」の後項「不臣」という事態は，前項「臣」に対する話し手・聞き手のイメージや期待を裏切るもので，話し手は「NP 而」文という形をとりつつ，自らにとって所与の事態が正常ではないこと，あり得べきものではないこと，望ましくないことを言うとともに，聞き手に対しそれが一般に予期し難いもの，意外性のあるものであることを示している。そして——これは次節で再度言及することであるが——「NP 而」文は後項との鮮明な対比によって，前項名詞（句）に対する話し手のイメージや期待を前景化（fore-grounding）する構文で，「臣而不臣」もまた「不臣」との対比によって，前項「臣」に対する話し手の期待やイメージが，言い換えればその属性が前景化されていると見なすことができる。

## 3.2 「而」＝談話マーカー（discourse marker）

　以上見たように，「而」の前後二項は，話し手から見れば非正常な関係で，時にその共存は話し手にとってあり得べきことではない，或いは望ましくないという意味傾向をも生じる。一方，聞き手の知識や前提においては，遠い関係にある傾向が強い。従って「而」は会話の参与者が有する知識や期待，談話的前提の中で，本来結びつき難い二つの成分を，無理矢理共起させていると見なすことができよう。これは言い換えれば，聞き手が自らの知識や前項名詞（句）に対する談話的前提から，後項を容易に予測し得ない，或いは前項と後項の関係が聞き手の前提を裏切るものであるということを，話し手が推論（inference）した時に「而」が用いられていると言える。ここから導き得る結論は，話し手は前項NPの直後に「而」を挿入することで，そのNPを有標化（marking）し，聞き手にとって後項が予測し難いものであること，言い換えれば，前項と後項の関係が非正常で，その共存に「意外性」があることを，聞き手に対し注意喚起しているということである。謂わば，「而」は注意喚起の談話マーカー（discourse marker）として働いていると推察できる。よって「NP而」文は，前項と後項の間にある意味的ギャップを際立たせつつ，その共存が予測困難なものであること，そこに意外性があること（さらには，時に話し手がその事態の生起を望まないこと）を意味するものと考えることができる。

　なおこの結論は(13)で引用した傅书灵2010の"逆情陈述"説と一部通ずるところもあるが，傅氏は話し手からのみ論じ，聞き手を考慮に入れていない点，本稿とはやや相容れない。

　さらに言えば，「予測困難な事態」というのは，現実世界の中で容易に実現されないものであり，容易に実現されない事態というのは仮想された事態とも言い換えることができ，想像の世界と近接している。

　そして，想像世界の事態は仮定文と高い親和性を持つ。筆者は曾て上古中国語の副詞「其」が，述べる事態を非現実世界のものとして語るた

めのモダリティ成分であることを論じたが,この「其」は時に仮定の意味を表す(戸内2011:147)。

(31) 君其修德而固宗子,何城如之。　　　　　　　　　　(左・僖5)
〔君が徳を修め宗子を固めて城を守れば,どの城も適いません〕

　非現実世界は想像の世界を含むものであり,「仮定」は最も典型的な想像世界の事態である。故に,「其」は仮定文を構成し得るのである。

　「NP而」文について言えば,「而」の前後項は現実世界で共存し難い関係にある,言い換えれば「NP而」文が表す事態は想像世界に属する。「NP而」文が想像世界の事態を表すものであることは,この構文が仮定の事態を構成しやすいことを意味している。「NP而」文の「而」が伝統的訓詁学で仮定の接続詞「若/如」と解釈されてきたのは,まさにこのような語用論的動機に基づくものだと考えられる[8]。

## 4　「而」の文法機能

### 4.1　「而」前のNP/$NP_1$の文法的性質

　次に検証すべきは第2節末尾(a)で提起した問題,すなわち「NP而」文前項のNP/$NP_1$が単純な名詞(句)なのか,それとも述語的性質を帯びたものや何らかの成分が省略された主述文なのか,である。

　第一に,「NP而」文のNP/$NP_1$の指示特性を確認したい。結論を先にすれば,NP/$NP_1$は性質や属性が前景化された名詞(句)と考えられる。まずNP/$NP_1$が非固有名詞の例文を見られたい。

　例(2)「富而可求」と(3)「人而無恆」中の「富」と「人」は,その文脈から具体的実体的なモノを指す物質名詞ではないことが分かる。そこでは会話参与者の知識や前提によって,それらに付随する「富は天によって与えられる運命である」及び「人は皆,恒という一定の心を持ってい

---

8)　「而」と「若/如」の上古音の近さも,「而=若/如」説に影響していると考えられる。「而」は日母之部,「若/如」は日母鐸部/魚部であり,声母が等しい。但し,韻母は通仮し得るほど近くはない。

る」という属性が前景化され，後項「可求」及び「無恆」と鮮明な対比を形成している。謂わば，「富」「人」はより概念的抽象的なレベルでの「富」「人」で，総称的（generic）名詞である。さらに言えば，属性・性質とは話し手自身のその名詞に対する理解・解釈でもあり，してみれば，話し手は「而」によって自らの理解・解釈を話し手に対し際立たせていると考えられ，「NP而」文は，相当に主観的表現であるとも言える。

　例(4)「上之所爲」もリアルな事物ではなく，意味するところは抽象的であり，その属性・性質が想起されやすい。

　例(7)の「天地之經」もリアルな事物ではなく，抽象的名詞であり，属性・性質が想起されやすい。(4)「上之所爲」と(7)「天地之經」は共に総称的名詞である。

　例(8)の「人役」「弓人」「矢人」は談話中，ユニークな指示対象が存在せず，従って，不特定的（non-specific）名詞と言える。リアルな実態を前提としてないため，属性・性質が前景化し，個体性が後退し易い。

　例(14)は「司武」を担う「華弱」が実際に首枷にされた事件を見て，宋の平公が発した言葉であることから，「司武」は定指示（definite）の名詞と見なすことができる。しかし，そこで前景化されているのはその官職を担う具体的人物（華弱）ではなく，会話参与者の知識より導かれた「司武」に附随する「勇ましい」という性質であり，これが後項「桎於朝」と鮮明な対比を形成している。

　例(15)の「匹夫」は談話中，ユニークな指示対象が存在せず，不特定的名詞である。会話参与者は自身の知識によって，「匹夫」に付随する「身分が低く卑しい」という属性を前景化し，後項「有天下」と鮮明な対比を形成している。

　例(16)の「彼童」は「彼」という指示詞があることから，定指示の名詞であるが，しかしそこで問題となっているのは「角があるかないか」という羊の属性であり，前項の角がない「彼童」は後項の角があることを表す「角」と鮮明な対比を形成している。

　例(26)の「州社之樂」も，リアルな具体的祭祀を指すのではなく，総称

的名詞であり，「小規模（な祭祀）」であるという属性が前景化され，後項の「先王之所以爲自勸也」と対比をなしている。

　次に検証するのは，前項が固有名詞の例であるが，上で列挙した非固有名詞の場合と同様に解釈できる。例えば，

　　⑶㉜ 子曰："管仲之器小哉。（中略）<u>管氏而知禮</u>，孰不知禮。"

(論・八佾)

〔先生はおっしゃった，「管仲の器は小さいことだ。（中略）<u>管氏ですら礼というものを知っているのであれば</u>，この世に礼を知らぬ者などいなくなる」と〕

ここで孔子は談話中「管仲之器小哉」の一句によって，「管氏（管仲）」に「小器」という属性を付与し，その上で「管氏而知禮」と言うことによって，「管氏」に対する話し手（孔子）の理解を聞き手に対し際立たせ，相反する事態を表す後項「知禮」と鮮明な対比を形成している。

　この他，例(1)の「子産」も固有名詞であるが，前景化されているのは子産という個体ではなく，談話から付与された前提「民が死を望まない人物」であり，これが後項の「死」という事態と対比をなしている。従って，「子産」自体が属性表現化されており，それに対する話し手の理解を聞き手に際立たせている。また例㉕の「楚國」も前景化されているのは具体的な国家としての楚ではなく，「赫赫」という楚の属性であり，それが後項「君臨之」と対比をなしている。従って，「赫赫楚國」自体が典型的属性表現と言え，同時にこの名詞句によって，話し手の「楚國」に対する理解を聞き手に対して際立たせている。これらの例より，固有名詞であっても具体的な個体を指すとは限らないと言うことができよう。

　要するに，「NP而」文の前項NP/$NP_1$はリアルな事物を表してはおらず，会話参与者自身の知識や談話の前提より導かれた属性が前景化されているのである。この問題については，楊榮祥 2008：243 によってNP/$NP_1$は性質義が強調された"'通指'（generic）类名词性成分"である，との意見がすでに出されているが，性質義が強調されているとい

う考えは妥当と言えるも，すでに見たようにNP/NP₁が不特定名詞，定名詞や固有名詞の場合もあり，杨氏の説は全面的には首肯し得ない。固有名詞については谭景春1998：370が"能够转形的专有名词必须是非常著名的，很有特点的，只有这样才能获得一定的附加性质义"と述べており，固有名詞も有名であり且つ明かな特色を有していれば属性や性質を表現できると考えられ，してみれば「子産」や「楚國」のような固有名詞を総称的と言う必要はなく，これらは飽くまでも属性や性質が前景化された固有名詞と分類した方がよい。

さらに，NP/NP₁が属性を表しているということから想起されるのは，これが名詞述語文であるという可能性である。上古中国語には，名詞述語文が少なくない。特に判断文が習見される。例えば，

(33) 祀，國之大事也。　　　　　　　　　　　　　　　（左・文2）
　　〔祭祀は国家の大事である〕
(34) 君子之德，風。　　　　　　　　　　　　　　　　（論・顔淵）[9]
　　〔君子の徳は風のようなものだ〕

判断文の述語は主語の属性や性質を説明するものであり，名詞述語文の述語名詞もまた属性表現である。さらに张伯江1994：341-342は，名詞述語化しやすい名詞の特徴を，その性質義の強さに求めているが，事実，上で列挙したNP/NP₁はいずれもその性質が前景化されたものである。

このように，「NP而」文のNP/NP₁は名詞述語の条件を十分に備えており，従ってこれが名詞述語であることは十分に可能性が高い。その意味では，本稿は(9)の马建忠1898/1983や(10)の吕叔湘1941/1982，(11)の太田1984，(12)の杨荣祥2008の考えに近い[10]。また，以下の例では，前項の名詞「斯人」の直後に「也」が挿入されており，NP/NP₁が述語成

---

[9] 阮元の校勘記では，「風」の後に「也」を加え「君子之德，風也」に作るテキストも存在するということが言及されている。
[10] 但し，杨荣祥2008のようにNP/NP₁が判断文「主題＋NP」の「省略」であるという考えには同意しかねる。というのも，いずれの「NP而」文もその前後文から何らかの成分を補うことができないからである。

分であることが示唆されている。

(35) 伯牛有疾，子問之，自牖執其手，曰："亡之，命矣夫。<u>斯人也而有斯疾也。</u>"　　　　　　　　　　　　　　　　　　（論・雍也）

〔伯牛が病気になり，先生が見舞い，窓から伯牛の手をとって言った，「彼を失うのは天命だ。<u>このような人でもこのような病にかかるとは</u>」と〕

## 4.2 「而」は接続詞か否か

　NP/NP₁ が述語的であるということは，それに後続する「而」が前後同格の成分を繋げる等位接続詞であるということに結びつく。加えて，「NP 而」文はその前後項がいずれの場合も，意味的に対比的関係を構成していることから，「而」は逆接の接続詞であると分かる。

　無論，NP/NP₁ が主語或いは主題とも解釈できる場合があることも否定できない。例えば，例(26)「州社之樂而天下莫不娛，先王之所以爲自勸也」では「州社之樂」が，後文「先王之所以爲自勸也」の主語ともなっており，よってこれを名詞句と解すこともできる。その他の例文においても NP/NP₁ の意味役割（semantic role）は後項の主語或いは主題と一致することが多い。とは言え，NP/NP₁ のモノとしての側面は相当に背景化（backgrounding）されており，これらを純粋な名詞（句）と断ずることはできない。その意味では，「NP 而」文が主述文に変化したものであるという傅书灵 2010 は全面的には首肯できない。梅廣 2003：29-30 に「而」の文法機能に対する"連接兩個並列的子句或謂語"或いは"一些不是並列關係的結構也當作並列結構來處理"という分析があるが，「NP 而」文の「而」はこの機能からさほど大きく変化したものではない。この点，「NP 而」文の「而」を"兩度陳述"と見なした杨荣祥 2008 は妥当であった。

　いずれにせよ，「而」は前の名詞 NP/NP₁ を述語化し，その属性を前景化しつつ，話し手のその名詞に対する理解や知識を聞き手に対し際立たせ，引き続いて後項でそれを翻す事態を述べることで，前項と後項の間に鮮明な対比を呼び起こし，後項が聞き手の理解を裏切るものである

こと，すなわち前項と後項の関係に「意外性」があることを，聞き手に対し注意喚起しているのである[11]。従って，「NP而」文は相当に主観的表現と言え，してみれば，「而」は単純な接続詞から，相当程度モーダルな成分へと拡張しているとも考えられる。

## 参考文献

太田辰夫 1984 『古典中国語文法（改訂版）』，汲古書院

戸内俊介 2011 上古中国語における非現実モダリティマーカーの"其"，『中国語学』258号，pp.134-153

吉川幸次郎 1959-1963/1978 『中国古典選5 論語』（上・中・下），朝日新聞社

常翠霞 2010 也談"子产而死"、"富而可求"之类句子的结构，《河池学院学报》第30卷第6期，pp.46-49

陈祝琴 2009 "子产而死""富而可求"类句子的语义问题，《南京师范大学文学院学报》第2期，pp.159-165

董连池 1990 假设分句主谓之间"而"字新探，《古汉语研究》第2期（总第7期），pp.25-29

方有国 2002 古汉语主谓间"而"字研究，《西南师范大学学报（人文社会科学版）》第28卷第4期，pp.145-149

傅书灵 2010 关于古汉语"名而动"的一点思考，《中国语文》第5期（总第338期），pp.461-468

何乐士 1999/2004 《左传》的连词"而"，《左传虚词研究（修订本）》，pp.447-479，商务印书馆

---

11) 但し，前後項が相反する関係にあるからといって，「而」は義務的に挿入されるわけではない。例えば，例㉙「君君，臣臣，父父，子子」の直後に以下のような文が続く。
公曰："善哉。信如君不君，臣不臣，父不父，子不子，雖有粟，吾得而食諸？"
(論・顔淵)
〔景公は言った，「良いことだ。本当にもし君が君らしくなく，臣下が臣下らしくなく，父が父らしくなく，子が子らしくなければ，粟があっても，私はそれを手にして食べることができない」と〕
ここで「而」がない理由は，話し手が「君/臣/父/子」の属性を前景化させて，それらに対する自らの理解や知識或いは主観を殊更際立たせ，同時にその後述べる内容との意味的ギャップを際立たせる必要がなかったためであろう。

呂叔湘 1942/1982 《中国文法要略》，商务印书馆

马建忠 1898/1983 《马氏文通》，商务印书馆

梅廣 2003　迎接一個考證學和語言學結合的漢語語法史研究新局面，何大安主編《第三屆國際漢學會議論文集 古今通塞：漢語的歷史與發展》，pp.23-47，中央研究院語言研究所（籌備處）

大西克也 2011　《上博七・君人者何必安哉》「有白玉三回而不戔」及其他，《第十屆中國訓詁學國際學術研討會論文集》，pp.81-87

裘燮君 2005　连词"而"语法功能试析，《广西师范学院学报（哲学社会科学版）》第 26 卷第 3 期，pp.96-103

宋洪民 2009　也谈"名而动"结构，《中国语文》第 2 期（总第 329 期），pp.184-187

谭景春 1998　名形词类转变的语义基础及相关问题，《中国语文》第 5 期（总 266 期），pp.368-377

薛凤生 1991　试论连词"而"字的语意与语法功能，《语言研究》第 1 期（总第 20 期），pp.55-62

楊伯峻 1981　《春秋左傳注（修訂本）》，中華書局

杨荣祥 2008　论"名而动"结构的来源及其语法性质，《中国语文》第 3 期（总 324 期），pp.239-288

楊榮祥 2010　"兩度陳述"標記：論上古漢語"而"的基本功能，《歷史語言學研究》第三輯，pp.95-113，商務印書館

张伯江 1994　词类活用的功能解释，《中国语文》第 5 期（总第 242 期），pp.339-346

**引用版本**

『毛詩』『礼記』『論語』『孟子』：《十三經注疏整理本》，北京大學出版社，2000 年

『左伝』：楊伯峻編《春秋左傳注（修訂本）》，中華書局，1981 年

『史記』：《史記》標點本，中華書局，1997 年

『経伝釈詞』：王引之《經傳釋詞》，高郵王氏四種之四，王氏家刻本影印，江蘇古籍出版社，1985 年

郭店楚簡：荊門市博物館編《郭店楚墓竹簡》，文物出版社，1998 年

上博楚簡：馬承源主編《上海博物館藏戰國楚竹書》（一）―（八），上海古籍出版社，2001-2011 年

＊本稿は平成 24 年度科学研究費補助金特別研究員奨励費（研究課題「出土資料からみた上古中国語の通時的研究―非現実的事態に関わる表現について―」）による研究成果の一部である。

（とのうち・しゅんすけ　二松學舍大学）

# "$V_1+个+不/没+V_2$" と "个"

橋本　永貢子

## 1　はじめに

本稿は，"$V_1+个+不/没+V_2$" の形成過程および現在の用法を明らかにし，この形式における "个" の機能について考察する。

本稿で言う "$V_1+个+不/没+V_2$" とは，以下の例文に現れる "晃个不停" "哭个不休" "响个没完" のような形式を指す。

(1) 北风吹得糊窗子的破塑料布叭叭响，吹得油灯也<u>晃个不停</u>。

(韩少功《末日》)

（北風で窓の破れたビニールがパタパタと鳴りランプも揺れ続けた。）

(2) 于是她死死抓住它们，惊恐未定地乞求般地<u>哭个不休</u>，从来没哭这么久。　　　　　　　　　　　　　　　　(朱苏进《轻轻地说》)

（彼女はぎゅっとそれらを握りしめ，恐れおののき助けを求めるかのように泣き続けた。これまでにこんなに泣いたことは無かった。）

(3) 为什么那诱人的哒哒声老是在耳边<u>响个没完</u>？　(铁凝《哦，香雪》)

（どうしてあの心地よいカチカチという音がずっと耳元で鳴り続けるのだろう。）

この形式は，"$V_1$" で示される動作や現象が「繰り返し，続けて行われる」ことを表す，つまり動作や現象の継続という状態を表す[1]。そのため機能にのみ着目すれば，"不/没+$V_2$" は "$V_1$" にとっての補語に相当するといってよい。しかしもし "$V_1+个+不/没+V_2$" を述補構造

---

1) 朱德熙 1982:49，张谊生 2003:194，祝克懿 2000:19 など参照。

とみなすなら，補語の前方に位置する"个"の文法成分が問題となってくる。一方で"个"をその典型的な用法である量詞とみなすなら，動作や現象の継続を表す"个"以下の文法成分が問題となってくる。

　こうした問題に対する先行研究の主張は，大きく三つの立場に分かれる。

　第一に，"个"の後接成分が実質的には動作行為に対する補語に相当することを重要視し，"个"については，補語成分を導く助詞だとする立場である。例えば，呂叔湘1980：222は"'个'的作用跟引进补语的'得'相近"（"个"の機能は補語を導く"得"に近い）と述べているし，游汝杰1983は量詞の痕跡は残るものの，実際上は補語を導く"补语的标志"（補語のマーク）だと述べている。

　第二は形式に重きを置き，"个"はあくまでも量詞であり，"个"の後接成分は目的語だとする立場である。例えば朱德熙1982：49は，この形式における"个"を量詞"个"の特別な用法の一つとして挙げ，"放在动词否定词形式前边组成宾语"（動詞の否定形式の前において目的語を形成する）と述べているし，邵敬敏1984：51は，"个"が量を表すという本来の機能こそ希薄になっているが，"个"以下を体言化させる機能を果たしていると述べている。

　第三は，第一，第二の見方を折衷した立場で，"个"は量詞であるが，"个"の後接成分は補語であるという見方である。例えば宮島2002：31は，"个"の後接成分を補語としつつ，「量の概念」を含む「認知可能事態」であるがために量詞"个"と共起すると主張する。石毓智・雪玉梅2004：16もまた，動作行為の継続を示すことで動作行為が具体的なものである，つまり"有界（bounded）"であることを示し，そのため"个"と共起すると主張している。つまり，両者とも"个"の後接成分が補語，少なくとも補語的な成分であることを認めながらも，"个"自身の文法成分は量詞だと言うのである。こうした主張は，おそらく多くのネイティブスピーカーの直観に合うところであり，形式と意味を一致させようとした第一，第二の先行研究の主張では記述しきれない面を記述せんがた

めのことと推察できる。しかし形式と意味の不整合についての説明は必ずしも十分ではなく，中国語の文法体系を考慮した更なる記述が求められるところである。

　一方で，第一，第二の立場はもちろん，第三の立場もまた類似する形式との関連性を強く意識しており，このことは，次のような一連の"$V_1$＋个＋XP"の枠組みの中で矛盾のない説明を試みようとしていることにうかがえる。

　　(4) 吃个新鲜／看个热闹
　　　　（新鮮なものを食べる／面白いものを見る）
　　(5) 问个清楚／吐个干净／喝个痛快
　　　　（聞いてはっきりする／吐いてさっぱりする／思い切り飲む）
　　(6) 围了个严严实实／看个一清二楚
　　　　（厳重に取り囲んだ／見てはっきりする）
　　(7) 闹他个人仰马翻／杀它个落花流水
　　　　（上を下へと大騒ぎする／こてんぱんにやっつける）
　　(8) 说个不停／吵个没完
　　　　（話が止まらない／口喧嘩が止まない）

(4)を「動詞＋目的語」ととらえることは，大方一致しているが，それを(5)～(8)とどのように関連付けていくかが，上述したような立場の相違となって現れている。そうした中で张谊生2003は，目的語か補語かという極端な立場をとらず，これらの相違が文法化の度合いによるものとして，連続しながら少しずつ異なっているとの見方を示している[2]。すなわち"个"の後接成分が体言的性格を希薄化させるに従い，"个"自身も量詞的性格を失ってより助詞に近付き，しかし量詞的性格は完全に失われるわけではなく，そのため"个"の後接成分は，"得"補語の場合に比べ，結果や"结束性状态"（終結的状態）を表すとしている。

　確かに(5)～(7)については，"个"の後節成分が結果や"结束性状态"

---

2) 祝克懿2000も，用法が連続的に拡張しているとの見方を示している。

を表すという説明を否定することはできないが，(8)のタイプ，つまり"$V_1$＋个＋不/没＋$V_2$"は，事態の継続や繰り返しを表しており，少なくとも(5)～(7)と同様な意味で結果や"結束性状態"を表すという表現は適切ではない。動作の継続や繰り返しも一つの「結果」であると主張するならば，その「結果」とはどのように定義されるのかをも示す必要があろう。また一方で，そもそも(5)～(7)のような用法と"$V_1$＋个＋不/没＋$V_2$"は同じ枠組みでとらえ得るのかということについても，検証するべきである。

そこで本稿では，まず"$V_1$＋个＋不/没＋$V_2$"がどのような過程を経て現在の形式に至ったのかについて見ていく。次に"$V_1$＋个＋不/没＋$V_2$"が表す意味について，同じく「継続」や「繰り返し」を表す他の形式との比較を通してより詳細に検討し，"个"の後接成分がどのような意味で「結果」を表しているのかを示す。最後に，「継続」や「繰り返し」を表すこの形式において"个"が果たしている意味機能を考察する。

## 2　"$V_1$＋个＋不/没＋$V_2$"の成立

周知のように，"个"は汎用量詞として様々な事物を数える際に用いられるが，体言のみならず用言もまた"个"と共起する。これは現代になって起こった用法ではなく，唐末や宋代の文献に早くも見られる。

(9) 长庆云："我有一个问，哑却天下人口。"又云："汝且作摩生问"

(祖堂集・第11)

(長慶が問答をしかけた。「一つ尋ねたきことがございます。天下の人の口を全てきけなくしてしまったら…」続けて言った。「あなたはどうやって尋ねるでしょうか」)

(10) 问：「气质弱者，如何涵养到刚勇？」曰：「只是一个勉强。」

(朱子语类・卷113)

(徳明が尋ねた「気性の弱いものは，どうしたら強くなれるでしょうか」

先生は答えられた「ただつとめ励むだけだよ」）

(9)"问"は「質問」，(10)"勉强"は「つとめ励むこと」というように用言を体言として扱っており，(4)での用法と同じと見てよい。しかし次の例文における"忙""跑"は，"一个"によって限定されているものの，実際には本来の用言としての意味を保持している。

(11) 方往时，又便要来；方来时，又便要往，只是<u>一个忙</u>。

（朱子语类・卷72）

（行ったかと思えばまた来て，来たかと思うとまた行き，ただ忙しくしているだけだ）

(12) 姜老星得了命，出了重围，放开马，望坡下只是<u>一个跑</u>。

（三宝太监西洋记・第23）

（姜老星は命を受け，重囲を出で，馬を放ち坂の下へとひたすら駆けた）

"一个忙"「忙しさ一つ」は，「ずっと忙しくする」という意味であり，"一个跑"「走り一つ」は，「ひたすら走る」という意味である。これらの例文において"忙""跑"は【＋時間】という意味特性を保持しているという点で，用言としての性格を失っていないと考えられる。

(13) 你争我争，国师只是<u>一个不开口</u>。　（三宝太监西洋记・第44）

（周りのものが言い争う中，国师はずっと口を開かなかった）

(14) 木清泰（中略）独自一人过夜，群魔历试他，凭他怎的，只是<u>一个不理</u>，这才成了佛祖。　　　　　　　　　　（醒世姻缘传・第32）

（木清泰は一人で夜を過ごし，たくさんの妖怪が何度も彼を試そうとしたが，どうやっても彼は取り合わず，そして祖師となったのである）

また否定詞"不"を含む動詞句が"一个"に後接することもあり，その場合も，"一个"は「ずっと，ひたすら」という意味に解釈され，動詞は【＋時間】を保持し，(13)(14)は「ずっと口を開かない」「ひたすら相手にしなかった」となる。そして，動詞に【＋休止・終了】の意味を持つ語が当てられると「ずっと止まない」の意味を表す。

(15) 老夫人关了房门，痛哭了<u>一个不歇</u>，住了声，却又不见动静。

（醒世姻缘传・第15）

(老婦人は部屋にこもり，ずっと泣いていた。泣き声が止んだものの物音はしなかった)

⒃ 国王又听知这一场报，越发哭哭啼啼，哭<u>一个不了</u>，啼<u>一个不休</u>。
(三宝太监西洋记・第63)

(国王はその知らせを聞いて，ますますわあわあと，ただただ泣くばかりであった)

⒄ 老婆婆屈指暗数了一回，扑簌簌泪珠滚<u>一个不住</u>。
(警世通言・第11)

(老婆は指を折って数え，ぽろぽろと涙がこぼれ続けた)

さて，こうした"一个不V"は，実のところ"一"を付加しない形式もまた同一の文献中に現れている。

⒅ 妇人那里肯说，悲悲咽咽，哭<u>一个不住</u>。 (今古奇观・第23)
(奥様は話そうとせず，悲しみ咽び泣くばかりだった)

⒆ 那小孩子见亲娘如此，也哀哀哭<u>个不住</u>。 (今古奇观・第3)
(その子は実の母がこんなことになり，悲しみ泣くばかりだった)

⒇ 这些媒婆走将来，闻知老道自来求亲之事，笑<u>一个不住</u>道："天下有此老无知！ (初刻拍案惊奇・第24)
(取り持ち女たちがやってきて，道さん自ら縁談を申し込んだことを聞き，ただただ笑って「世の中にはこんなもの知らずがいるんだね」と言った)

(21) 过了两日，走去约了李生，说与他这些缘故，连李生也笑<u>个不住</u>。
(初刻拍案惊奇・第15)

(二三日過ぎて，李生に会いに出かけことの由を話すと，李生も笑うばかりであった)

"一"の有無にかかわらず，⒅⒆の下線部はいずれも「泣き続けた」という意味であるし，⒇(21)の下線部も「笑い続けた」という意味になる。"一个跑，一个不理"などでは，"一个"が「～し続ける，ひたすら～」という意味を担っていた。ところが"一个不休，一个不住"では，"不休，不住"が「休まず，止まず」という意味を持ち，"一个"の「～し続ける，

ひたすら~」の意味と重なるため，"一"の脱落は文意に影響が無い[3]。そして，一つの意味に対して二つの形式が並存するという状態から清代以降"一"を含まない形式が多用されるようになり，現在では専ら"$V_1$＋个＋不＋$V_2$"という形式で示されるようになったと考えられる。

　否定詞が"没"である用例は，近代にはそれほど多くなく，北京大学のコーパス[4]では，"一"のあるものが一例，無いものが四例見つかっただけである。しかも，"没"に後接する部分は，二音節の動詞または四音節の成句"没完没了"（一例のみ）であり，"不"に後接するのが一音節動詞であるのと異なっている。

　⑵ 这些时吃<u>一个没了</u>休。　　　　　　　　（元曲《李逵负荆》・第一折）
　　（今は思い切り食べましょう）
　⑵ 今日一状，明日一状告将来，<u>告个没休歇</u>。（二刻拍案惊奇・第10）
　　（今日も訴え，明日も訴えと休むことがなかった）
　⑵ 一回到家中就絮絮叨叨，睡梦中更是说<u>个没完没了</u>。
　　　　　　　　　　　　　　　　　　　　　　（民国・曹绣君《古今情海》卷18）
　　（帰宅するとくどくど喋り，夢の中では更に際限なく喋り続けた）

用例が少ないため，近代での用法について言及するのは差し控えるが，"没"を用いるタイプは"个"を用いるタイプより遅れて，現代以降広く用いられるようになったことのみ指摘しておく。

　さて以上見てきたように，"$V_1$＋个＋不／没＋$V_2$"における"个"が量詞から来ていることは疑いが無い。しかしこの形式全体の中で見た場合，"个"の量詞としての意味は曖昧であり，先行研究でも議論になっているように，その文法カテゴリーすら判然としない。そうであるにもかかわらず，現在に至るまで"个"が淘汰されずに残っているというこ

---

3) "不V"が"一个不V"という形式全体の意味を担うならば，"一个"が脱落するという変化も理論的には考えられる。この点については，第5節で取り上げる。
4) 　北京大学汉语语言学研究中心コーパス
　URL:http://ccl.pku.edu.cn:8080/ccl_corpus/index.jsp?dir=xiandai
　本稿での例文も，当コーパスに負うところが大きい。

とは，その理由として，"个"が新たな意味機能を担ったためではないかと推測される。では，その新たな意味機能とはどのようなものか，以下では"$V_1$＋个＋不／没＋$V_2$"に類似する構造との比較を通して検討していく。

## 3　"不停地 $V_1$"と"$V_1$＋个＋不停"

　まず，"$V_1$＋个＋不／没＋$V_2$"の一つのモデルケースとして，最も出現頻度の高い"停"が $V_2$ に入るケースを取り上げ，"$V_1$＋个＋不停"と"不停"が連用修飾語となる"不停地 $V_1$"とを比較する。そのことによって"$V_1$＋个＋不／没＋$V_2$"の持つ意味機能を明らかにしていく。

　動作や現象の状態や方式を表す語句は，補語として動詞の後方に置かれるほかに，状語，つまり連用修飾語として動詞の前方に置く場合がある。中国語で言う補語なるカテゴリーを持たない日本語を母語とするものにとって，持続を表す語句を動詞の前後いずれに置くべきかを直感的に判断することはそれほど容易ではない。実際のところ，"不停"の場合を例に見ても，動詞の前方後方のいずれに置いても文意がほとんど変わらないということがある。しかし，明らかにいずれかの形式が不適切な場合もある。

⑸　直到1609年伽利略发明了望远镜，才证明了太阳也｛在不停地自转着／*自转个不停｝。　　　　　　　　　　　　（中国儿童百科全书）
　　（1609年ガリレオが望遠鏡を発明してようやく，太陽も休まず自転していることが証明された）

⑹　这样长的路程，即使让时速为1兆米的飞机｛不停地飞／*飞个不停｝，也得飞100万年。　　　　　　　　　（中国儿童百科全书）
　　（このように長い距離はたとえ時速1兆メートルの飛行機で休まず飛んだとしても，100万年は飛ばなければならない）

⑺　每次讲话都有新东西，说明他｛在不停地思考／*思考个不停｝。
　　　　　　　　　　　　　　　　　　　　　　　　（1996年人民日报）

(いつも新しいことを話すということは，彼が休むことなく考えていることを物語っている)

(28) 为改变传统的分析方法，张家春教授{不停地探索着／*探索个不停}。　　　　　　　　　　　　　　　　　　(1994年人民日报)

(伝統的な分析方法を変えるために，張家春教授は模索し続けている)

(25)「太陽の自転」や(26)「飛行機の飛行時間と距離の関係」のような物理的な事実を言う場合が最も端的な例であるが，一般に恒常的で命題的な事態を言う場合は，"不停地 $V_1$" が用いられ "$V_1$ + 个 + 不停" は不適切である。また(27)"思考"や(28)"探索"のように，"想"(考える)，"找"(探す)などに比べ比較的抽象度の高い動詞を用い，動作者の恒常的な態度，習慣と言えるような動作行為について言う場合も，"$V_1$ + 个 + 不停"ではなく"不停地 $V_1$"が用いられる[5]。

またごく日常的な動作を表す場合であっても，(29)や(30)(31)のように規則的に繰り返される事態として言及する場合にはやはり "不停地 $V_1$" が用いられる。それに対し "$V_1$ + 个 + 不停" は，(32)や(33)(34)のようにある一つの事態が間断なく持続することを言う。

(29) 那时他没有什么星期天，节假日，每天不停地工作。

(1994年报刊精选)

(その頃彼は日曜日も祝祭日もなく，毎日休まず働いていた)

(30) 我只记得我们不停地跑，不停地练。连续6个月，我的头发都没有干过。　　　　　　　　　　　　　　　　(姚明《我的世界我的梦》)

(覚えているのは私たちがひたすら走り，ひたすら練習したことだけだ。6ヶ月の間，髪の毛は乾いたことがなかった)

(31) 只要轻轻唤它的名字，它就会跑过来，用鼻子不停地嗅我们。

(新华社2004年新闻稿)

---

[5] "$V_1$ + 个 + 不停" の "$V_1$" には，実際の使用例が少なくないにもかかわらず，二音節動詞が現れにくいとの印象があるようだ。これは，二音節動詞が単音節動詞に比べ抽象的な概念を表しやすいこと，また "$V_1$ + 个 + 不停" が "不停地 $V_1$" に比べ客観性を欠くことなどが影響していると考えられる。

(そっと名前を呼びさえすれば，走ってきて，ただただにおいを嗅いだ)

(32) 三名女童（中略）在楼道里跑个不停。

（http://www.chinanews.com/sh/2012/08-03/4079484.shtml）

(三人の幼女は通路でずっと走り回っていた)

(33) 他常常一个人躲在角落里，"rrr"地练个不停。

（http://www.tom61.com/ertongwenxue/mingrenqushi/2008-09-05/7993.html）

(彼はしょっちゅう一人隅の方に隠れて，「るるる」とひたすら練習していた)

(34) 一个小个子兵冒着被蒸气烫伤的危险，抢先抓起一个窝窝头，放在鼻尖前闻个不停，深情地吮吸来自黑土地的气息……

（故事会 2005）

(ちびの兵士は蒸気で火傷する危険を顧みず，われ先に蒸しパンを掴み鼻先でただただにおいを嗅ぎ，愛おしそうに黒土からの息吹を吸い取った)

(29)〜(31)の"不停地 $V_1$"は，事態に対して距離を置き，客観的な事実として描写する場合に用いられているが，それに対し(32)〜(34)の"$V_1$＋个＋不停"は，事態に視点を寄せて話し手が主観的にとらえた事態を描写する場合に用いられている。厳密に言えば，(32)〜(34)の"跑/练/闻"に「間断」はあるのだが，その「間断」を捨象して一つの事態ととらえられるほどに持続していることを示している。加えて，"$V_1$＋个＋不停"は，例えば"他哭个不停。"がそれだけで文が完結するのに対し，"不停地 $V_1$"の"他不停地哭……"の場合それだけでは言い切りにならない。以上のことから考えると，"不停地 $V_1$"は，時空間に限定されない"活動（activity）"を表すのに対し，"$V_1$＋个＋不停"は現実世界にリアルに存在する"事件（event）"を描く形式だと見ることができる。

もちろん，"活動"は，裸の動詞の場合と同様，"在"や"着"の付加や文脈の助けを借りれば，"事件"を描く形式として用いることができるのは言うまでもない。その際，特に動詞が持続的な動作や現象を表す

場合は，"不停地 $V_1$" も "$V_1$＋个＋不停" も実質的な意味の相違がほとんど無い。

(35) 他的手{不停地颤抖着／颤抖个不停}，数了一遍又一遍，楞是没能数得清。　　　　　　　　　　　　　　（张琦・鲁香武《钻石之争》）
（彼の手は震え続け，一回また一回と数えたがちゃんと数えることができなかった）

(36) 到宝兴当晚，雨仍然{在不停地下着／下个不停}。

　　　　　　　　　　　　　　　　　　　　　　　　　（1995 年人民日报）
（宝興についたその夜，雨はまだ降り続いていた）

(37) 陆小凤大笑，拍了拍他的肩头，在他旁边坐下来，还{不停地笑着／笑个不停}。　　　　　　　　　　　　　（古龙《陆小凤传奇》）
（陸小鳳は大笑いし，彼の肩を叩いて，彼のそばに座り，まだ笑い続けていた）

ただ文のニュアンスには，話し手の視点が異なることからくる若干の相違が見えることもある。すなわち "$V_1$＋个＋不停" の場合には "不停地 $V_1$" に比較して，事態への主観的な把握が反映し，例えば (38b) ではひどく泣いている，うるさく感じられるくらいだというニュアンスを伴うし，(39b) も同様に，(39a) に比べわずらわしさを強調しているという。また (40b) では，電話が次から次と鳴り忙しい様子が臨場感を持って描かれているという。

(38) a. 现场一片恐慌，有两个女孩在不停地哭。（新华社 2004 年新闻稿）
（現場はパニックに陥り，女の子二人が泣き続けていた）

　　 b. 现场一片恐慌，有两个女孩在哭个不停。

(39) a. 阿英不停地说话，儿子也烦她了。　　　　（曾明了《宽容生活》）
（阿英がひっきりなしに話をするので，息子もうるさく思っていた）

　　 b. 阿英说话说个不停，儿子也烦她了。

(40) a. 屋里是一片繁忙的景象，好几名参谋出出进进，电话铃声不停地响。

　　 b. 屋里是一片繁忙的景象，好几名参谋出出进进，电话铃声响个

不停。　(http://blog.sina.com.cn/s/blog_3e6e83160100gty2.html)
　　(部屋の中は忙しい様子で，何人もの参謀が出たり入ったりし，電話のベルが絶えず鳴り響いていた)

　例えば"说个不停"の場合，実際には一秒の間もなく話し続けるということは想定しにくいが，話し手の認識として「話し続けている」ということであり，そうした主観的な認識が許容されるからこそ，そこに何らかのニュアンスが入り込むのであろう。"$V_1$＋个＋不停"は，"不停地$V_1$"に比べ，オノマトペや"像〜一样"などと共起する例が明らかに多い。こうした事実もまた"$V_1$＋个＋不停"が個別の事態について話し手の主観的な事態把握を表出するものであるからこその相性のよさと言えよう。

　このように話し手の主観的な事態把握を表出する"$V_1$＋个＋不停"は，短期的な，もしくは一局面をとらえる場合に用いられるが，それが時間の経過を認めえない状況では"不停地$V_1$"を用いることができない。

　⑷1 虽然情绪仍是不高，但最初那种气咻咻｛骂个不停／＊不停地骂｝的模样没有了。　　　　　　　　　　(裘山山著《等待星期六》)
　　　(まだ機嫌は良くなかったが，最初のはあはあと怒鳴るばかりの勢いはなくなった)

　⑷2 她起初有些含含糊糊，后来就像打机关枪一样｛说个不停／＊不停地说｝了，且越说越气。　　　　　　　(裘山山著《等待星期六》)
　　　(彼女ははじめ歯切れが悪かったが，後になって機関銃のように話し続けるようになり，しかも話せば話すほど怒りが増してきた)

⑷1 "模样"が示すのは，ある時点での状態であり，何度も何度も罵るという，時間の経過を含む"不停地骂"がその内容修飾語になることはできないが，"骂个不停"ならば問題はない。⑷2も歯切れが悪かったのが，機関銃のように話す状態に変化した，つまりＸという局面からＹという局面への変化であり，この場合も時間の経過を含む"不停地说"は不適切であるが，ある局面を描写する"说个不停"は適切なのである。先に挙げた(39a)と(39b)についても"不停地说"は一言言い終わったらまた

一言というような時間の経過に沿った描写であるのに対し，"说个不停"は息継ぐ間もなくというある時点での話しぶりを描写するものであり，そのことがニュアンスの違いと感じ取られるのである[6]。

(43) (铁棍) 只要 {不停地磨下去／*磨个不停}，总有一天能磨成针。

(中国儿童百科全书)

((鉄の棒は) 休まずに磨き続ければ，いつか必ず針になる)

時間の経過という点で言うなら，(43)のように「いつになるかは分からないがいつかのある時に」というような長期的な時間の経過が想定される場合には，"磨个不停"は不適切で"不停地磨下去"が用いられる。"$V_1$＋个＋不停"の表す持続とは，映画や舞台などのワンシーンの中で認められるようなものなのである。

以上のことから，"不停地$V_1$"と"$V_1$＋个＋不停"の意味機能の相違について，次の二点を主張したい。

(a) "不停地$V_1$"は"活動"を表し，"$V_1$＋个＋不停"は"事件"を描く。両形式に含まれる"不停"は，前者の場合あくまでも動作や現象の方式を表し，後者の場合はある時点で動作や現象が持続していることを表す。

(b) "不停地$V_1$"は客観的に動作や現象の反復や持続を表し，"$V_1$＋个＋不停"は主観的に動作や現象の持続を表す。後者は実際には断続的に反復する動作や現象であっても，あくまでも話し手が持続していると認識する場合には用いることができる。

---

6) 杉村2010：267は，"$V_1$＋个＋不停"の浮かび上がらせようとするものが動作や現象の"极端状态"（極限に達した状態）であり，進行や持続といった動態的な相ではないと指摘している。"$V_1$＋个＋不停"には，確かに持続というよりはむしろ動作や現象の甚だしさを描写することに主眼がある例も見られ，このことは，例えば"说个不停"ならば話しぶりを描写するという，本稿の主張と符合する。しかし，動作や現象の甚だしさというものは，やはり終わらずに続いているという持続からくるものであり，本稿では"$V_1$＋个＋不停"という形式自身が持つ意味機能は持続を示すことであり，文脈における意味とは分けて考えたい。

## 4 "$V_1$+个+不停"と"$V_1$+着""$V_1$+方向補語"

前節では,"$V_1$+个+不停"について"不停地$V_1$"との比較を通してその意味機能を明らかにしたが,本稿ではそれを"$V_1$+个+不/没+$V_2$"という形式の持つ意味機能であると考える[7]。"不"か"没"か,そして【+休止・終了】の意味を持つどの動詞を選択するかという相違はあるものの,"不/没+$V_2$"という形式全体では「〜し続ける」という共通の意味を持つからである。つまり"$V_1$+个+不/没+$V_2$"は"事件"を描くものであり,"个+不/没+$V_2$"は話し手の視点からとらえた動作や現象の持続を表すものだと主張したい。そこで次に問題になるのは,"$V_1$+个+不/没+$V_2$"以外の持続を表す形式との相違である。

"事件",つまりデキゴトの持続を表すものとして最も代表的なものは,"着"であろう。"着"は,デキゴトが始まりそして終了するまでのどの時点であっても用いることができる。一方"个+不/没+$V_2$"は,常識的に考えて継続するだろうと思われる間において,少なくともデキゴトが始まったばかりの時点では用いない。"不停,不休,没完"「止まらない,終わらない」というのは,やはり「止まるはず,終わるはず」と想定された範囲を超えてなお持続している場合に用いられるのである。

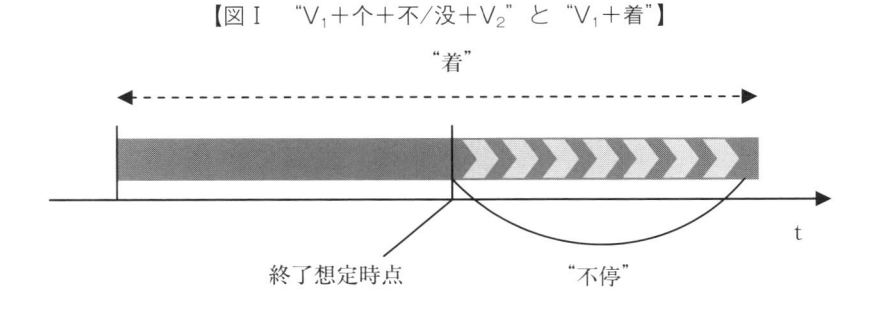

【図Ⅰ "$V_1$+个+不/没+$V_2$"と"$V_1$+着"】

---

7) 宮島2002:27-28は,"没"を用いる場合は"不"を用いる場合に比べ「不如意」や"无可奈何"(仕方がない)という意味を伴うと述べている。

【図Ⅱ　"$V_1$＋个＋不/没＋$V_2$" と "$V_1$＋方向補語"】

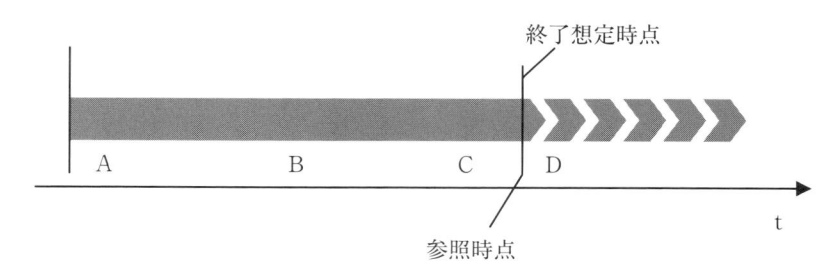

　　　　　　　　　　　　　　　　　終了想定時点

　　A　　　　　B　　　　　C　　D

　　　　　　　　　　　　　参照時点

　つまり話し手の視点は，【図Ⅰ】で示すように想定を超えたある時点（》の部分）に置かれ，デキゴトが「まだ続いている」というのである。

　デキゴトの持続を表すものには，他にも"起来""下去""下来"などの方向補語がある。"起来"はデキゴトの始まりの時点（【図Ⅱ】A）に着目しての持続を言うものであり，"下去"は，デキゴトの途中の段階（【図Ⅱ】B）に着目してのものである。木村1982:35は，それぞれを「始動」「継続」を表す補語型のアスペクトだと指摘している。一方，"下来"はデキゴトが開始してから発話時点または参照時点までに持続していることを表し，参照時点（【図Ⅱ】C）に着目したものである。ここでは仮に「維持」を表すアスペクトとしておく。

　このようにデキゴトのどの時点に着目するかという見方でいけば，"$V_1$＋个＋不/没＋$V_2$"については，【図Ⅱ】Dの時点，すなわちデキゴトが終了するはずと想定された時点またはその時点以降が設定できる。デキゴトが終了すると想定された時点を参照時点とし，その時点またはその時点を越えてなお持続していることを示すのである。

　【図Ⅱ】で示すように，"$V_1$＋个＋不/没＋$V_2$"が描写しようとする場面はデキゴトが持続しているある時点に結び付けられ，その点で"个＋不/没＋$V_2$"は"起来""下去""下来"という方向補語と同じく一つの相を表していると見ることができる。しかし，"个＋不/没＋$V_2$"は方向補語と異なる部分があることは言うまでもない。方向補語はデキゴト全体の中で相対的に決定できる相を表し，その意味では客観的であるが，

"个＋不／没＋$V_2$"はあくまでも話し手の想定，常識やその時の精神状態を反映するような主観的な基準に基づいて設定されるものである。こうしたものをどう見るかは，"个＋不／没＋$V_2$"にどれだけ文法性を認めるかということによると思われるが，方向補語と同じく一つの「相」と見ることは尚ためらわれる。本稿としては，むしろこうした他の持続を表す形式との比較を通して明らかになったもう一つの側面に着目したい。すなわち，"$V_1$＋个＋不／没＋$V_2$"は終了想定時点あるいはそれを超えた時点で，デキゴトが未だ終了していないという一つの〈結果〉を表す，という側面である。あるデキゴトが出現しある時点まで持続し終了するならば，それは例えば"说完""哭完"などのように表現され，"完"は結果を表すとされる。終了することは一つの結果であるが，終了したからといって必ずしも何か成果を得るわけではなく，あくまでも「終了」したということが第一義である。そう考えれば，終了していないこともまた一つの結果と見ることができ，そしてこうした見方こそが張誼生2003の言うところの〈結果〉だと思われる。すなわち，動作や現象が起こり，それがある時点でどのような状態に「なる」のか，なっているのか，という意味での〈結果〉である。

## 5  "$V_1$＋个＋不／没＋$V_2$"における"个"の意味機能

さて，"$V_1$＋个＋不／没＋$V_2$"における"不／没＋$V_2$"が「終了していない」という〈結果〉を表すと考えた上で，残る問題は"个"が存在する理由である。

第2節で述べたように，"个"は，「ずっと，ひたすら」という意味を表す"一个"から"一"が脱落したものであり，"不住""不歇"など「止まらない」の意味を持つ語句と組み合わさって意味の重複が起こり脱落が促されたと考えた。さて意味的な重複が"一"の脱落理由であるなら，"个"もまた脱落してもよいはずである。実際に台湾や香港の作家の作品には"个"の無い形式が用いられているし，会話でも，殊に改まった

場面では，"个"の無い形式が用いられるという。

　⑷ 他顿了顿，见两个女孩儿，依然<u>哭不停</u>，心里更慌了，（后略）

（琼瑶《青青河边草》）

　（彼はちょっと止まって，二人の女の子を見ると相変わらず泣いているので，更に慌てた）

　⑷ 她顾左右而言它，但阿美还是一直<u>笑不停</u>，不用说她也知道上头写<u>些</u>什么！　　　　　　　　　　　　　　（于晴《红苹果之恋》）

　（彼女は周りを気にかけてそのことを言ったが，阿美はやはりずっと笑うばかりで，上に何が書いてあるのか知っていたのだった）

　大陸の作品中にも"个"の無い形式が出てくるが，多くは"争论不休"（言い争い続ける）"抽泣不止"（泣き続ける）など比較的固定した表現に限定され，一般にはやはり"个"を省略しない形で用いる。

　"个"が用いられることに意味的な必要が無いならば，なにがしかの機能的な必要のために用いられているはずであるが，ではその機能とは何であろうか。本稿ではそれがデキゴトと現実世界とを結び付ける作用だと主張したい。木村2008は，動作の完成を表す際，それが"有界（bounded）"であることを示すのに，"了"だけではなく数量詞や補語の助けが必要だと指摘している。こうした動作行為の有界化については，一般の数量表現とは比べものにならないほどに，汎用量詞である"个"がその任を担っており，尚新2009や橋本2011では，"个"自身に事態を個別化する機能があると主張している。"个"が事物に対して用いられる時に個体化の機能を持つことは，大河内1985などでも指摘されているとおりだが，同様に"个"は事態全体にも作用し，事態を個別化する，言い換えれば現実世界に存在するデキゴトとして描く機能を持っているのである。第3節で見たように"$V_1$＋个＋不/没＋$V_2$"は現実世界での具体的なデキゴトの持続を表すものであり，そうであるなら"个"はまさに事態を個別のデキゴトとして描く，そういう機能を持つがゆえに，この形式での存在意義を保っているのである。

　また"$V_1$＋个＋不/没＋$V_2$"においても"个"が個別化機能を有する

と考えれば，第1節で取り上げた類似形式(4)〜(7)における"个"に一致する。両者は形成過程こそ異なるが，現在においてはどちらも"个"によって事態を個別化している。そしてこうした共通点のために(4)〜(8)の形式は，そこに意味的ネットワークを見出すことができ，関連するものとしてとらえられるというわけである。

## 6　おわりに

以上"$V_1$+个+不/没+$V_2$"という形式が持つ意味機能と，この形式における"个"の機能について考察してきた。本稿での主張は，次の三点にまとめられる。

(a) "$V_1$+个+不/没+$V_2$"において，"个"は「ずっと，ひたすら」という意味を表す"一个"から"一"が脱落したものである。

(b) "$V_1$+个+不/没+$V_2$"は，個別のデキゴトが，終了想定時点以降に「終了していない，持続している」という一つの〈結果〉にあることを表し，終了想定時点が話し手の設定するものであるという点で主観性を帯びた表現である。

(c) 一般的な動目構造において"个"は，"活動"を，"事件"つまりデキゴトへと個別化する働きを担うが，同様に"$V_1$+个+不/没+$V_2$"においても"个"は，個別のデキゴトであることを示す機能を担っている。

結局のところ，"不/没+$V_2$"が表すのは，"$V_1$"の一つの状態であり，〈結果〉である。そして"个"は，直接的な意味機能こそ相違するものの，"$V_1$+个+不/没+$V_2$"の形成過程においても，その結果としての現在の用法においても，量詞であると結論付けられる。

### 参考文献
木村英樹 1982　中国語，『講座日本語学11 外国語との対照Ⅱ』，pp.19-39，明治書院

宮島琴美 2002　量詞"个"の機能―特に〈V₁＋"个"＋不／没＋V₂〉における"个"について―，『中国語』2 月号，pp.26-31，内山書店

大河内康憲 1985　量詞の個体化機能,『中国語学』232 号，pp.1-13，日本中国語学会

橋本永貢子 2011　量词的接地功能,『岐阜大学地域科学部研究報告』第 29 号，pp.25-33

木村英樹 2008　认知语言学的接地理论与汉语口语体态研究，《当代语言学理论和汉语研究》，pp.270-279，商务印书馆

吕叔湘主编 1999　《现代汉语八百词（增订本）》，商务印书馆

尚新 2009　时体、事件与"V 个 VP"结构，《外国语》第 5 期，pp.28-37

邵敬敏 1984　"动＋个＋形／动"结构分析，《汉语学习》第 2 期，pp.50-53

石毓智・雷玉梅 2004　"个"标记宾语的功能，《语文研究》第 4 期，pp.15-20

杉村博文 2010　现代汉语量词"个"的语义、句法功能扩展，《语言学论丛》第 40 辑，pp.251-269，商务印书馆

游汝杰 1983　补语的标志"个"和"得"，《汉语学习》第 3 期，pp.18-19, 49

张谊生 2003　从量词到助词―量词"个"语法化过程的个案分析，《当代语言学》第 5 卷，pp.193-205

朱德熙 1982　《语法讲义》，商务印书馆

祝克懿 2000　析"动＋个＋形／动"结构中的"个"，《汉语学习》第 3 期，pp.16-19

　　　　　　　　　　　　　　　　　　　　（はしもと・えくこ　岐阜大学）

# 因果複文の典型的用法と拡張用法

長谷川　賢

## 1　はじめに

　本稿では，中国語の因果複文の中で，原因を導く接続詞"因为"を用いる文（以下，"因为"文と略称）について，典型的用法を示した上で，更にその拡張用法を分析する。
　"因为"文を分析対象とするのは，それがほかの因果複文と異なって，原因を表す従属節を前置する形（以下，「原因前置型」と略称）に加えて，更に後置する形（以下，「原因後置型」と略称）があって，拡張用法の例の中には，その「原因後置型」によってのみ表現できる文もあるからである。

## 2　因果複文の語順と"因为"文の典型的用法

### 2.1　"因为"文の語順の特徴

　中国語において，「原因―結果」の意味関係を表す因果複文には，様々な構文がある。例えば，刘月华等2001：889には，"因为"文をはじめとする"说明因果复句"（説明因果複文）の構文形式として，(ⅰ)"关联词语"（関連詞）を用いない文，(ⅱ)"(因为……,) 所以……。"，(ⅲ)"由于……,所以……。"，(ⅳ)"……, 因而……。"などの文が挙げられている。このほかにも，帰結節に因果関係の結果を導く接続詞"因此"や"于是"などを用いる因果複文もある。このような様々な因果複文の中で，"因为"文には，次のように，接続表現として"因为"のみを用いるだけで，原

因を表す節を前置することも，後置することもできるという独自の特徴がある。

(1) **因为**天气不好，飞机改在明天起飞。　　　（吕叔湘主编1999:623）

（天気が悪いので，飛行機は明日離陸することに変わった。）

(2) 昨天我没去找你，**因为**有别的事。　　　（吕叔湘主编1999:623）

（昨日私があなたを訪ねに行かなかったのは，別の用事があったからだ。）

(1)は原因を表す従属節を前置する「原因前置型」の例，(2)はそれを後置する「原因後置型」の例である。中国語の文法論では，次の邢福义2001:61の論述に代表されるように，因果複文は，前節が〈原因〉，後節が〈結果〉を表すのが一般的であるとされる。

(3) 结果总是产生于原因之后。因此，因果句一般是前分句表示原因，后分句表示结果，即由原因说到结果。　　　（邢福义2001:61）

（結果は常に原因の後に発生する。従って，因果文は一般に前節が原因を表して，後節が結果を表す。即ち，原因から結果へと述べる。）

実際にも，中国語の因果複文の多くが，「原因—結果」の順で表される。例えば，"因为"と同様に原因を導く接続詞"由于"を用いる文は，(4)のように一般に「原因—結果」の語順にしなければならず，〈原因〉を後置した(6)は非文となる。仮に"由于"を後置する場合は，邢福义2001:65-66によれば，(7)のように"（之）所以……是由于……"などの形式が用いられて，有標化される。

(4) **由于**教练指导正确，因此大家的游泳成绩提高得相当快。

（吕叔湘主编1999:629）

（コーチの指導が正しかったので，それにより皆の水泳の成績はかなり早く向上した。）

(5) 这里无法过江，**因为**水流太急。　　　（吕叔湘主编1999:623）

（ここは川を渡る方法がない。なぜなら水流が激しすぎるからである。）

(6) ＊这里无法过江，**由于**水流太急。　　　（吕叔湘主编1999:629）

(7) 党**所以**能取得上述许多方面的胜利，归根到底，**是由于**坚持了马克思主义的理论和实际相结合的原理。　　　（邢福义2001:65）

（党が上述の多くの方面の勝利を獲得することができたのは，結局，マルクス主義の理論と実際を結合する原理を堅持したからである。）

従って，"由于"を用いる文は，「原因―結果」の順が典型的な語順であると考えられる[1]。このほか，接続詞"因此""于是"などを用いる文も次の(8)(9)のように，「原因―結果」の順で表され，その順序を逆にすることはできない。

(8) 我跟他在一起工作许多年了，**因此**很了解他的性格和作风。

(吕叔湘主编 1999：622)

（私は彼と一緒に仕事をして何年にもなったので，従って彼の性格や仕事のやり方をとても理解している。）

(9) 她觉得自己好像有必要去跟他说明一下情况，**于是**亲自去了一趟。

(邢福义 2001：527)

（彼女は自分で彼に状況を少し説明しに行く必要があるように感じたので，そこで一度自分で行った。）

このように，中国語の因果複文は，"因为"文を除いて，一般には「原因―結果」の順で表される。この「原因―結果」の語順は，邢福义 2001：61 の(3)の論述にもあるように，事態が発生する時間的な順序と一致する。Tai 1985：63 によれば，中国語では，多くの語順規則に，「時間順序原則（The principle of temporal sequence）」が適用されるということである。時間順序原則とは，Tai 1985：50 によれば，2つの文法単位の相対的な順序は，それらが表す認識世界における状態の時間的順序によって決まることである[2]。中国語の因果複文も，以上に述べた言語事実に従えば，この原則が適用されており，「原因―結果」という事

---

1) 巻末に挙げた《人民日報》には，"由于"が用いられた複文が128例観察されたが，その全てが「原因前置型」であって，「原因後置型」の文はみられなかった。
2) 例えば，Tai 1985：51 によれば，次のように，2つの動詞句が連続した動作を表す場合は，時間順に並べられて，逆にすると非文になるということである。
张三上楼睡觉。　　　　　　（Tai 1985：51，簡体字表記は黄河 1988：11 を参照）
（張三は上の階に行って眠った。）
＊张三睡觉上楼。

態が発生する時間順に表される語順が典型的語順になると考えられる。

　それを踏まえると，"因为"文も因果複文の一つとして，(1)のような「原因前置型」が典型的語順であるとみなすことができる。しかしながら，"因为"文に限っては，時間順序原則に反する(2)のような「原因後置型」も多くみられるのである。

　以下で分析するように，拡張用法の例文の中には，「原因前置型」では表現できずに，「原因後置型」によって表現される例もみられる。従って，"因为"文を分析対象とすることは，中国語の因果複文の多様な用法を明らかにする上でより意義があることであると考えられる。本稿では，まず"因为"文の典型的用法を示した上で，続いてそれには当てはまらない拡張用法について分析していく。

## 2.2　"因为"文の「原因前置型」と「原因後置型」の数量データ

　2.1では，"因为"文の典型的な語順が，「原因―結果」であることを論じた。しかしながら，宋作艶・陶紅印2008には，"因为"文の原因を導く従属節は，前置されるよりも後置される方が数量的には優勢であるという調査結果が示されている。つまり，"因为"文は典型的語順ではない「原因後置型」が数量的には多いということである。宋作艶・陶紅印2008：63の調査によると，書面語コーパス（小説などの文体も含まれる）では「前置型」の割合が32％，「後置型」が68％であって，また電話会話のコーパスでは，「後置型」の割合が更に高く，「前置型」が17％，「後置型」が83％であったということである。

　しかし，本研究で調査したコーパスについては，必ずしもそのような傾向はみられなかった。本研究では，巻末に挙げた新聞記事から141例，現代中国小説から86例，北京人を対象としたインタビュー《当代北京口语语料》（东城）から230例の"因为"文を抽出して調査を行った[3]。

　それらの「前置型」と「後置型」それぞれの例文数は，新聞が前置型50例，後置型91例，小説が前置型25例，後置型61例であって，宋作艶・

陶紅印 2008 と同様に，「後置型」が優勢という結果が出た。しかし，インタビューコーパスについては，前置型が 137 例，後置型が 90 例で，宋作艶・陶紅印 2008 の調査とは逆に「前置型」の方が優勢という結果が出た[4]。このように，「前置型」「後置型」いずれが優勢かは，コーパスの種類によって相違があって，必ずしも「後置型」が優勢であるとは限らないと考えられる。

更に，例文によっては，次のように，形式的には「原因前置型」に分類できるが，談話レベルでは〈原因〉が後置されているとみなすことができる例もみられる。

---

3) 一部コーパスの閲覧に関して，東京外国語大学の三宅登之先生のご助力を得た。ここに特記してお礼申し上げます。
なお，本研究では，次のような，"因为"節（従属節）のみで帰結節の無い文や，"因为"が前置詞として用いられている文は調査対象から外した。また，《当代北京口语语料》（東城）については，文意が明確に取れない例を除いた，最初から 230 例の"因为"文を調査対象とした。
(a) "因为"節（従属節）のみの例。
"<u>因为他们没有完成作业</u>。"方枪枪慌慌忙忙从陈北燕身下闪出来，擦着满头大汗说。
（《看上去很美》p.200）
（<u>彼らが宿題を終わらせていないから</u>。）
(b) "因为"の前置詞用法の例。
因为他的引见，后来使我更多地结识了左近一带的居民们。 （《前科》p.291）
（彼の紹介によって，のちに私は近隣一帯の住民たちとより多く知り合いになった。）
4) 後述するが，先に〈結果〉が示されて，続いて"因为"が導入されて〈原因〉が示されて，その後更に〈結果〉が示される例の中で，次のような"因为"の前がカンマ（,）で区切られている例は，「前置型」か「後置型」の区別が難しいと判断して，分類の対象からは外した。この分類方法は今井 1998：115 を参照。
上海这地方儿呢也去过，也去过这地方儿呢，<u>就是时间太短</u>，**因为**有些个别的事情呢，<u>比较这个时间紧，紧迫一些</u>。 （《当代北京口语语料》東城）
（<u>ただ時間が短すぎたんです</u>。別の用事があったんでね。<u>わりとその時間がきつくて，ちょっと切迫していました</u>）
この例は，まず「時間が短すぎた」（波線部）という〈結果〉が述べられて，それに対して，"因为"以降の実線部でその〈原因〉が述べられて，更に続く点線部で改めて同様の〈結果〉が述べられる文である。

(10) 我知道，晚会前设想的事故出现了：掉闸。**因为**我们饭店的设备比较陈旧，而今晚用电的负荷又过大，终于出了这事。

（《旋转餐厅》p.100）

（私は分かった。夜のパーティーの前に想定していた事故が起きたことを。ブレーカーが落ちたのだ。私たちのホテルの設備は比較的古くて，更に今夜使う電気の負荷が大きすぎたので，ついにそれが起こったのだ。）

(11) 这个文化大革命当中呢，也没遇到这个，也没受到这个迫害。**因为**从自己家庭环境来说，也，也不属于那种什么，嗯五类啦，什么那个……这方面儿，所以也没到，也没受到什么这个冲击。

（《当代北京口语语料》东城）

（その文化大革命の最中もね，それを受けず，その迫害を受けませんでした。なぜなら自分の家庭環境から言うと，そのなに，んー五類にも属さなかったから，なにその…その面でね，だから別にその批判闘争も受けて，受けていないんです。）

(10)(11)の"因为"文の帰結節の〈結果〉は，先行文脈ですでに言及されている。(10)の"因为"文の帰結節「ついにそれが起こった」（点線部）は，先行文脈の「ブレーカーが落ちた」（波線部）ことを指示しており，先行文脈ですでに言及されている。(11)の"因为"文の帰結節「別に批判闘争も受けていない」（点線部）ことは，先行文脈で「文化大革命の最中も迫害を受けなかった」（波線部）と，やはりすでに言及されている。

　これらの文は，先行文脈ですでに言及された〈結果〉に対して，"因为"文前節でその〈原因〉が述べられた上で，後節で再度前に言及した〈結果〉が述べられる文である。文の形式自体は「原因前置型」といえるが，談話レベルにおける〈原因〉と〈結果〉の関係をみると，先行文脈ですでに〈結果〉が示されているので，〈原因〉が後置されているといえる[5]。

　従って，"因为"文自体の従属節と帰結節の形式的な順序をみるだけ

---

5) このような例があることは今井 1998：115-119 ですでに指摘されている。

では、「原因―結果」の本質的な関係を分析するのには限界があると考えられる。本稿では、まずは形式的な順序によって、"因为"に導かれる節が前に置かれている文は「原因前置型」、後に置かれている文は「原因後置型」に分類しているが、各用例について談話レベルでの〈原因〉と〈結果〉の関係も考慮して分析を行う。

いずれにしても、本研究で重要なのは、数量的に優勢かどうかにかかわらず、"因为"文を含む因果複文の典型的な語順は「原因―結果」であって、「原因後置型」はいわば非典型的な語順の文であるということである。ただし、"因为"文は、その非典型的な「原因後置型」も高い頻度で用いられており、それがほかの因果複文とは異なる特徴となっている。

## 2.3 "因为"文の典型的用法

ここまで、"因为"文は、「原因―結果」の順で述べられるのが典型的語順であることを示した。そのような原因前置型"因为"文の中でも、刘月华等2001：870が示した次のような因果関係を表す"因为"文が最も典型的な用法であると考えられる。

⑿ 偏句说明原因，正句说明这个原因所产生的结果。

（刘月华等2001：870）

（従属節では原因を説明して、帰結節ではその原因が生み出す結果を説明する。）

これは刘月华等2001：870が"因为"文などの"说明因果复句"（説明因果複文）の用法を記述したものである。次のような例が、この用法に当てはまる。

⒀ 在一个单人间内，记者见到了46岁的简阳市清风乡五马桥村村民郑桂云，她因为突发脑溢血，于5月25日住进了这间病房。

（《人民日报》2012年5月28日）

（彼女は突然脳溢血を発症したために、5月25日にこの病室に入った。）

⒁ 我还真的对那项预报挺上心，上午写作的时候，往兴华里瞄了两眼，我想应该在下楼散步的时候到秦友亮家说一声，好让他有个准备。

　　　　后来**因为**写得顺，就一直没动窝。　　　　　　（《前科》p.338）
　　　　（その後，順調に書けたので，ずっとその場を動かなかった。）

　"因为"文は，「原因―結果」が典型的語順であることと，劉月華等2001：870による⑿の記述を踏まえると，「前に置かれる従属節が〈原因〉を表して，後に置かれる帰結節がそれによって生み出される〈結果〉を表す」というのが，構文としての典型的用法であるとみてよいと考えられる。⒀の"因为"文は前節「彼女は突然脳溢血を発症した」ことが〈原因〉となって，それが後節「5月25日にこの病室に入った」という〈結果〉を生み出したという解釈ができる典型的用法の文である。⒁の"因为"文も，前節「その後順調に書けた」ことが〈原因〉となって，それが後節「ずっとその場を動かなかった」という〈結果〉を生み出したという解釈ができる典型的用法の文である。

　以下の第3節では，このような典型的用法には当てはまらない拡張用法を分析する。その分析にも関連するが，典型的用法において重要なのは，典型的な"因为"文の「原因―結果」の関係においては，従属節の〈原因〉の事態が，帰結節の〈結果〉を生み出す事態となっていることである。

## 3　"因为"文の拡張用法

### 3.1　"因为"文の認識用法と言語行為用法

　本節では，"因为"文の典型的用法には当てはまらない用例について分析する。そのような例としてまず挙げられるのは，沈家煊2003が挙げた次のような例である。

　　⒂　张刚还爱小丽，**因为**他回来了。　　　　　（沈家煊2003：196）
　　　　（張剛はまだ小麗を愛しているのだ。なぜなら彼は帰って来たから。）

　沈家煊2003：196はSweetser 1990に基づいて，⒂を「認識領域」（epistemic domain）の文に分類している[6]。⒂は上述した「従属節が〈原因〉を表して，帰結節がそれによって生み出される〈結果〉を表す」と

いう"因为"文の典型的用法としての解釈はできない。つまり、従属節「張剛は帰って来た」ことが、帰結節「張剛はまだ小麗を愛している」ことを生み出したという解釈はできない。沈家煊2003：196によると、⒂は、語り手が従属節「張剛は帰って来た」ことを知って、そのことが語り手が帰結節「張剛はまだ小麗を愛している」という結論を導き出す〈原因〉となると解釈される文であるということである。本稿では、この種の用法を"因为"文の拡張用法の一つとみなし、〈認識用法〉と称する。

今回調査したコーパスには、次のように、原因後置型の"因为"文にこの用例を1例見出すことができた。

⒃ 我们这一排同学都睡着了，整齐地低着头，像是集体默哀。我也是一个哈欠接一个哈欠，东张西望，……。
<u>我大概是睡着了，**因为**我出了礼堂门，站在太阳地手搭凉棚四下张望。我来到八一湖边，下水游泳，……。</u>　（《看上去很美》p.223）
（<u>僕はたぶん眠ったんだろう。なぜなら僕は講堂の門を出て、太陽のよくあたるところに立って、手をかざして四方を見渡しているから。</u>）

⒃は、語り手が"因为"で導かれる従属節に表されている一連の事態が夢であることを知って、帰結節「僕はたぶん眠ったんだろう」という〈結果〉の事態を導き出している文である。

これらの〈認識用法〉の"因为"文の特徴は、語り手が自身にとって既知の事実と事実の因果関係を表しているのではなく、"因为"で導かれる従属節の事態を知ったことにより、帰結節の事態を未確定の事態として推論していることである。

ところで、⒂⒃の"因为"文は、「原因後置型」であるが、前後の節を逆にした⒂'⒃'は非文となる[7]。

⒂' ＊**因为**张刚回来了，他还爱小丽。

---

6) Sweetser 1990の用語の日本語訳は、澤田2000を参照。
7) 例文の正否の判定、及び作例は、中国語母語話者3名（北京出身1名、青島出身1名、西安出身1名）のインフォーマント・チェックを受けている。

(16)′ ＊**因为**我出了礼堂门，站在太阳地手搭凉棚四下张望，我大概是睡着了。

しかしながら，作例では，次のように「原因前置型」の〈認識用法〉の例を作ることもできる。

(17) **因为**他高高兴兴地说话，他大概考试考得很好吧。
（彼は嬉しそうに話しているから，彼はおそらく試験のできがよかったのであろう。）

(17)は，語り手が従属節の「彼が嬉しそうに話している」という事態を知ったことによって，帰結節の「彼は試験のできがよかった」という〈結果〉の事態を導き出している〈認識用法〉の文である。

一方，(15)′などは，例えば次のように，後節に"我觉得"（私は…と思う）を加えて，語り手が推論をしていることを明示すれば，「前置型」として文を成立させることができる。

(15)″ **因为**张刚回来了，**我觉得**他还爱小丽。
（張剛は帰って来たので，私は彼がまだ小麗を愛していると思う。）

ただし，(15)″は〈認識用法〉ではなく，従属節「張剛は帰って来た」ことが〈原因〉となって，帰結節「私は彼がまだ小麗を愛していると思う」という〈結果〉を生み出すという解釈ができるため，典型的用法の文であると考えられる。

以上を踏まえると，〈認識用法〉の"因为"文には，「前置型」と「後置型」の両者の形式の例が存在するが，「前置型」としては表現できない例があることが分かる。なぜ(15)(16)が，前後の節の順番を逆にして「前置型」にすることができないのかは，今後の課題である。いずれにしても，〈認識用法〉の"因为"文には，「原因前置型」としては表現できない例があって，そのような例は，主に因果複文の中で「原因後置型」が許される"因为"文によって「後置型」として表現されると考えられる。

続いて挙げる用法も，沈家煊2003で例が挙げられている。

(18) 晚上还开会吗？**因为**礼堂里有电影。　　　　（沈家煊2003：196）
（夕方また会議ですか？ホールで映画があるから。）

沈家煊 2003：196 は Sweetser 1990 に基づいて，⒅を「言語行為領域」(speech-act domain) の文に分類している。即ち，⒅の"因为"で導かれる事態は，語り手が「質問」という言語行為を行う〈原因〉を表しているということである。これも従属節が〈原因〉となって，帰結節の〈結果〉が生み出されるという"因为"文の典型的用法には当てはまらない。この種の用法も"因为"文の拡張用法の一つとみなし，〈言語行為用法〉と称する。今回調査したコーパスには，〈言語行為用法〉の用例はみられなかった。なお，⒅は，"因为"文を先に述べると非文となる。

⒅'＊**因为**礼堂里有电影，晚上还开会吗？

〈言語行為用法〉に，「原因前置型」があるか否かは今後より多くの用例を調査して明らかにしていきたい。

以上，主に沈家煊 2003 の例文を基に，まず"因为"文の二つの拡張用法を挙げた。〈認識用法〉は一つの文単位において，また〈言語行為用法〉は，言語行為の文と〈原因〉となる一つの文で構成された，二つの文単位において観察される用法であった。しかしながら，次の 3.2 で分析する拡張用法は，文単位ではなく，〈原因〉や〈結果〉がいくつかの文で構成される談話単位で因果関係が表されている用法である。

### 3.2　"因为"文の説明用法

次に挙げる例も，"因为"文の典型的用法には当てはまらない。

⒆ 甘肃呢，它整个儿的地区还不太一样，地区不太一样。**因为**我们去的地方儿是属于天水专区。天水地区呢，在甘肃来说，是有"小江南"的那么个称号。那也就是说，它那个从这个温度，湿度，风雨这方面的话，嗯，都是比较比较温和的，也可以说是，嗯，风调雨顺。啊，当然要是，对了，啊，但是一般的话，要是到这个，从兰州，或者说从定西从陇西，从陇西再往西再往北，一般气候就比较差了，风沙就比较大了，干燥是哇，而且的话，缺水。

（《当代北京口语语料》东城）

（甘肃はね，その地区全体はあまり同じではありません。地区はあまり

444

　　同じではありません。我々が行った場所は天水専区でした。天水地区
　　はね，甘粛でいうと，「小江南」と呼ばれています。それはつまり，そ
　　れは温度，湿度，風雨の面からいうと，んー，わりとわりと温暖で，んー，
　　いい時期に風や雨があるともいえます。ええ，もちろんもし，そう，
　　ええ，でも一般的には，もしそこに至れば，蘭州から，或いは定西か
　　ら隴西から，隴西から更に西へ，更に北へ向かえば，一般に気候は比
　　較的悪くなります。風と砂嵐がやや強くなって，乾燥していますね。
　　更には，水不足です。)

⒇　那会儿直就是通货膨胀的时候儿啊，拿到这点儿钱，假如不买成
　　东西呀，很快地就变成废纸。……
　　所以那时候儿啊，就有一个通货膨胀得厉害，简直没办法儿让人活，
　　是哇。那时候儿我也，我，我**因为**四八年的时候儿我已经工作了。
　　哦，工作了，就说那会儿，哎当然那会儿开始工作工资很少。那
　　时候儿我不能一，嗯一个月工资我买不了一双皮鞋，除了吃饭以外。
　　……我自己亲身，这个我自己亲身体会的。
　　　　　　　　　　　　　　　　　　　　　(《当代北京口语语料》东城)[8]
　　(それでその時はね，インフレがひどくて，生きようがないくらいでし
　　たよ。その時私も，私，私は48年の時に私はすでに仕事をしていました。
　　ああ，仕事をしていて，その時は，ええもちろんその時は仕事を始め
　　たばかりで給料が少なかったです。その時私は１，んー１ヵ月の給料で
　　靴１足も買えませんでした。食事を除いて。…私は自分の身をもって，
　　これは私が自分の身をもって分かったことです。)

⒆では，まず甘粛が地域によって相違があることが述べられており(波
線部)，それが〈結果〉となる。その後の"因为"で導かれる一連の談
話では，語り手が甘粛の天水地区に行って，そこが温暖湿潤の気候であっ
た一方で，甘粛が一般には風と砂ぼこりが大きく，乾燥して水不足であ
ることが述べられている(実線部)。この"因为"で導かれる事態は，波

---

8)　《当代北京口语语料》の用例の段落分けは，筆者が内容を考慮して適宜行っている。

線部の〈結果〉を生み出す〈原因〉であるという，"因为"文の典型的用法としての解釈をすることはできない。ここでは，語り手は，「甘粛が地域によって相違がある」という〈結果〉を語り手自身が導き出すことができる〈原因〉を"因为"以降で，具体的に説明していると解釈できる。本稿では，この用法を"因为"文の**〈説明用法〉**と称する。

⒇の談話でも，語り手は「インフレがひどくて，生きようがないくらいだった」(波線部) という〈結果〉に対して，語り手は"因为"以降で，それを生み出した〈原因〉ではなく，インフレがひどくて，生きづらかったと結論付けられる〈原因〉を自らの経験を基に具体的に説明している(実線部)。このような〈説明用法〉の用例は，今回の調査では，インタビューコーパスにしか観察されなかった。

この用法は，語り手がまずある〈結果〉を提示して，続く"因为"以降ではその〈結果〉を導き出すことができる〈原因〉を説明するものであって，必ず〈結果〉が前置されて，〈原因〉が後置される用法であるといえる。一般に，〈原因〉が後置される"因为"文は，後に述べられる〈原因〉が，「〈結果〉の事態が起こるのはなぜか？」といった問いに対する答えとなる。例えば，次の例では，語り手が波線部の〈結果〉を述べた後，"为什么呢"(なぜか)(囲み部分)という問いを自ら立てて，その答えを自ら"因为"以降の実線部で述べている。

⑵ 但是在这个东城区，这个语文教研组里边儿，他说话不怎么占地方儿。为什么呢？ 因为后边儿这个，那些说话占地方儿的老师，都是，文化大革命前不久吧，就六四年那时候儿，提升成一级的。

(《当代北京口语语料》东城)

(でもこの東城区，この語文教学研究小組の中では，彼の話は大して影響力がありません。なぜか？ なぜなら後のその，それらの話が影響力のある先生は，皆，文化大革命の少し前でしょう，64年の時，一級に昇格したからです。)

ところが，⒆⒇の〈説明用法〉には，いずれも波線部の〈結果〉と"因为"以後の〈原因〉の間に"为什么"(なぜか)を挿入することはできな

い。興味深いことに，次の〈説明用法〉の例では，語り手がまず「夏が暑い状況が激しくなっている」(波線部)という〈結果〉を述べた後に，"我怎么体会呢"(私はどのように感じたのか)という問いを立てて(囲み部分)，その後の"因为"以降の実線部では，その問いに対する答えを自らの経験を基に説明している[9]。

(22) 还是夏天热的情况在，在加剧。
　　　这个呢，我怎么体会呢？
　　　**因为**夏天哪这个，我呢是比较讲礼貌的。比如说，我在我们那楼房，从来不穿背心儿裤衩儿。虽然我们就一家儿住，我从来不穿它。可是最近几年，是跟我年龄有关还是怎么的，那热得简直让人不能忍受。所以在不得已的时候儿我也就得穿着背心儿裤衩儿。
　　　　　　　　　　　　　　　　　　(《当代北京口语语料》东城)
　　(やはり夏が暑い状況は激しくなっています。
　　これはね，私はどのように感じたのかというとね。
　　夏はねその，私はね，わりと礼儀をわきまえます。例えば，私は私たちのあの建物では，今までタンクトップやショートパンツを身に付けたことがありません。私たちは一家で住んでいますが，私は今までそれを身に付けたことがありません。でもここ数年は私の年齢と関係があるのかどうか，暑くて我慢できないほどです。それでどうしようもない時は私はタンクトップやショートパンツも身に付けます。)

このように，"因为"の前に"为什么"(なぜか)ではなくて，"怎么"(どのように)という問いが立てられて，それに対する答えが"因为"以降で述べられることも，それが拡張用法であることの一つの現れであると考えられる。

ところで，3.1で論じた〈認識用法〉も同様に，従属節が帰結節の〈結

---

9) (22)は，"因为"以降の実線部が"因为……所以……"という形式の「原因―結果」の関係を表しているが，談話レベルでみると，"因为"以降の実線部の事態全体が，更に先行文脈の波線部の〈結果〉を導き出せる〈原因〉の説明となっているとみなすことができる例である。

果〉を導き出すことができる〈原因〉を表している。〈認識用法〉と〈説明用法〉の違いは，〈認識用法〉の帰結節が，語り手が従属節の事態を知ったことで推論した未確認の事態である一方，〈説明用法〉の帰結節は語り手にとって既知の事態であることである。〈認識用法〉は，語り手が従属節の事態を知ることによって，帰結節を未確認の事態として推論するという表現意図があるが，〈説明用法〉にはそのような表現意図はない。従って，〈認識用法〉と〈説明用法〉は異なる用法であると考えられる。

以上のように，"因为"文には，語り手がまずある〈結果〉を述べて，その後の"因为"以降で，その〈結果〉の事態を語り手が導き出せる〈原因〉を具体的に説明する拡張用法がある。

### 3.3　典型的用法から〈説明用法〉への拡張過程

それではなぜ，"因为"で導かれる事態が〈結果〉の事態を導き出せる〈原因〉の説明となり得るのであろうか。それは，2.2で示した，先行文脈で先に〈結果〉に言及された上で，"因为"文が導入される例からの拡張が考えられる。以下に改めてその例を示す。

(23) 我知道，晩会前设想的事故出现了：掉闸。**因为我们饭店的设备比较陈旧，而今晚用电的负荷又过大**，终于出了这事。　　(＝(10))

(23)の"因为"文自体は，「原因（実線部）―結果（点線部）」という構造の典型的用法の例である。しかし，談話レベルでの〈原因〉と〈結果〉の関係をみると，先行文脈においてすでに「ブレーカーが落ちた」という〈結果〉が述べられており（波線部），その後の"因为"文は，文全体でその事態を生み出した〈原因〉を表しているという解釈ができる[10]。ここでの"因为"文の帰結節「ついにそれが起こった」(点線部)は，先行文脈ですでに述べられており，情報的な価値が低い。この例ではこの帰結節を省略しても文が成立する。

更に次の例の"因为"文は，文自体は「原因（実線部）―結果（点線部）」

---

10) このような解釈は今井1998：116を参照。

の構造の典型的用法の例であるが，談話レベルでは"因为"文全体が，先行文脈の〈結果〉の事態を語り手が導き出せる〈原因〉の説明となっている例である。

 (24) 但是，现在据我听说呢现在土葬还是要抬头儿啦。啊,特别在农村，嗯，啊，做个棺材，也不算什么。啊，嗯，又，又又有这种，特别在南方。**因为**我前，去年前年出差呀，到南方啊，我发现南方实行这个嗯土葬的，还是相当地普遍了。

               （《当代北京口语语料》东城）

 （でも，今私が聞くところによるとね，今土葬も台頭しています。ええ，特に農村で，んー，ええ，棺桶を作るのは，大したことではないです。ええ，んー，更に，更に更にそれがあるのは，特に南方です。なぜなら私は前，去年一昨年出張しましてね，南方に行きましたからね，私は南方ではそのんー土葬が行われていて，まだ相当広く行われていることが分かったのです。）

 (24)は，語り手がまず「土葬が特に南方で台頭している」（波線部）という〈結果〉を述べた後，"因为"以降において，語り手が自ら「南方に出張に行った」（実線部）ことが〈原因〉となって，「南方で土葬が広く行われていることが分かった」（点線部）という先行文脈で述べた〈結果〉の事態を改めて述べている談話である。"因为"文自体は「原因—結果」という形式であるが，その中の〈結果〉は先行文脈ですでに述べられており，情報的な価値が低い。談話レベルでみれば，この"因为"文は，文全体で，先行文脈の〈結果〉を導き出せる〈原因〉の説明となっていると解釈することができる。

 このように，"因为"文の〈説明用法〉は，(24)のように，先行文脈に〈結果〉が示されて，続く"因为"文でその〈原因〉が述べられて，更に改めて先行文脈と同様の〈結果〉が述べられるという例において，"因为"文の中の〈結果〉が情報的に余分であるために，結果として，談話レベルにおいて，"因为"文全体が先行文脈の〈結果〉を導き出せる〈原因〉の説明と解釈されるようになって生まれた用法であると考えられる。

3.2で〈説明用法〉として挙げた⒆⒇の例では，㉓㉔とは異なって，"因为"文自体には〈結果〉が含まれていない。これは先行文脈ですでに〈結果〉が述べられているので，"因为"以降に〈結果〉が改めて述べられる必要がなく，"因为"で導かれる事態が専ら先行文脈の〈結果〉を導き出せる〈原因〉の説明を表すようになったためであると考えられる。

## 4　まとめ

本稿では，中国語の因果複文の一つである"因为"文を対象として，その典型的用法を示した上で，更にいくつかの拡張用法について分析した。

"因为"文は，典型的には，前節の事態が〈原因〉を表して，後節の事態がそれによって生み出される〈結果〉を表す。本稿では，この用法に当てはまらない拡張用法として，まず沈家煊2003に基づいて，〈認識用法〉と〈言語行為用法〉があることを示して，更にインタビューコーパスにおいては，〈説明用法〉があることも見出した。

〈説明用法〉は，まず〈結果〉が示されて，続く"因为"以降で語り手がその〈結果〉を導き出せる〈原因〉を説明する用法である。この用法は，今回の調査ではインタビューコーパスのみに観察されたが，今後はこの用法が，"由于"を用いる文などほかの因果複文にもみられるのかどうかについて，更に考察を深めたい[11]。いずれにしても，〈説明用法〉は，ほかの２つの用法とは異なって，文レベルではなく，先行文脈で〈結果〉が示されて，続く"因为"以後の一連の談話でその〈原因〉を説明するという，談話レベルにおいて拡張した用法であることが興味深い。

---

11)《当代北京口语语料》(东城)には，"由于"を用いた複文が29例観察されたが，その中には，〈説明用法〉の例はみられなかった。

**参考文献**

今井敬子 1998 中国語の因果表現―談話における選択要因について―,『人文論集』49-1，pp.109-125，静岡大学人文学部

刘月华・潘文娱・故韡 2001 《实用现代汉语语法（增订本）》，商务印书馆

吕叔湘主编 1999 《现代汉语八百词（增订本）》，商务印书馆

沈家煊 2003 复句三域"行、知、言",《中国语文》第 3 期，pp.195-204

宋作艳・陶红印 2008 汉英因果复句顺序的话语分析与比较,《汉语学报》第 4 期，pp.61-71

邢福义 2001 《汉语复句研究》，商务印书馆

Sweetser, Eve 1990 *From etymology to pragmatics*, Cambridge University Press（日本語訳：澤田治美 2000 『認知意味論の展開』, 研究社出版）

Tai, James 1985 Temporal sequence and Chinese word order, *Iconicity in Syntax*（*Typological studies in language v.6*）, pp.49-72, John Benjamins（中国語訳：黄河 1988 时间顺序和汉语的语序,《国外语言学》，1988 年第 1 期，pp.10-20）

**用例出典・調査コーパス**

《人民日报》（人民网 http://www.people.com.cn/），2012 年 4 月 1 日～5 月 31 日（第 1 面～第 4 面）

陈建功　前科，耍叉,《前科》，华艺出版社，1993 年

苏叔阳　旋转餐厅,《我是一个零》，北京燕山出版社，1997 年

王朔　《看上去很美》，天津人民出版社，2007 年

《当代北京口语语料》，东城，北京语言学院语言教学研究所，1993 年

（はせがわ・けん　東京大学大学院博士課程）

# 程度副詞"比較"の〈相対性〉

前田　真砂美

## 1　問題提起

　現代中国語の程度副詞は絶対的程度副詞（"绝对程度副词"）と相対的程度副詞（"相对程度副词"）に分けられ（王力1939［1985：189］），周小兵1995：100はこの基礎のもと，それぞれの副詞の主な成員として以下の語を挙げている。C1は絶対的程度副詞，C2は相対的程度副詞を表す。

(1) C1：很　非常　十分　挺　怪　相当　有些　有点　不大　不太　太
　　C2：最　顶　更　更加　越发　愈加　比较　还₁　还₂　稍　稍微　略　多少

また，马真1988は程度副詞と比較を表す構文との共起関係について考察した記述的研究として有用である。马真1988

【表Ⅰ（马真1988：85から引用。括弧内は本稿筆者による）】

| 程度<br>(程度) | 例词<br>(例語) | 用于比较<br>(比較に用いる) | 用于"比"字句<br>("比字句"に用いる) |
|---|---|---|---|
| 深<br>(深い) | 很 | − | − |
| | 最 | + | − |
| | 更 | + | + |
| 浅<br>(浅い) | 稍微 | + | + |
| | 比较 | + | − |
| | 有点儿 | − | − |

によれば，絶対的程度副詞は如何なる比較を表す文とも共起せず，相対的程度副詞とは共起可能である。さらに，相対的程度副詞には，比較を表す構文とは共起するが"比"を用いる明示的比較構文（"比字句"）とは共起不可のものがある。

马真1988と周小兵1995を総合すると，相対的程度副詞（C2）のなかで，"比字句"と共起できないものは"最，顶，比较，还$_2$"の4つということになる[1]。このうち，"最，顶，还$_2$"についてはその理由が明白である。"最，顶"はともにカテゴリ内でレベルが最上であることを表す語であり，比較基準を提示する明示的比較文（overt comparative）と共起しない理由が理解しやすい。また，"还$_2$"が"比字句"と共起しないというのは，実のところ，"比字句"に用いられる"还"は所謂「程度が高いことを表す"还$_1$"」であると判断されるためであり，副詞"还"そのものについて言えば"比字句"との共起は不可能ではない。では，"比较"が"比字句"と共起しない理由とはどのようなものだろうか。「"比较"自体に相対性があるため，比較の意味合いがあるため」といった説明が説得力を欠くのは，同じく相対的程度副詞に分類される"更"や"还"（所謂"还$_1$"）が"比字句"と問題なく共起することからも明白である。

　(2)　今天比昨天更冷。（今日は昨日よりもっと寒い。）

　(3)　今天比昨天还冷。（今日は昨日よりなお寒い。）

　(4)　*今天比昨天比较冷。（今日は昨日より比較的寒い。）

一方で，【表Ⅰ】にも見られるように，副詞"比较"は"比字句"以外の比較を表す構文とは共起するのである。

　(5)　相比之下，你的孩子比较懂事（一些）。　　　（马真1988：84）
　　　（相対的に，あなたの子供は比較的ものわかりがいい。）

　(6)　比较起来，这个地方较为安静（一些）。　　　（马真1988：84）
　　　（比べてみると，この場所は比較的静かだ。）

　(7)　跟别的工厂相比，这个工厂的设备较好（一点儿）。（马真1988：84）
　　　（他の工場に比べると，この工場の設備は比較的良い。）

　本稿は副詞"比较"[2]について，先行研究の分析を参考に考察しつつ，また，"比字句"と"跟／与／和Y相比"，"比起Y（来）"といったその

---

1)　马真1988で"最"タイプに挙げられている語は"最，最为，顶"，"比较"タイプに挙げられている語は"比较，较，较为，还$_2$"である。

他の比較を表す文（以下，単に「比較構文」と記す）との意味的・機能的差異の検討を通して，〈相対性〉の観点からその特性の定義づけを試みるものである。

## 2　〈相対性〉

### 2.1　〈内的相対性〉と〈外的相対性〉

　まず，相対的程度副詞が総じて具えると思われる「相対性」について考える。

　「相対的である」とはどういうことか。「相対的」とは，「物事が他との比較において，そうであるさま」である（『広辞苑』第六版）。つまり「相対性」をもつということは「それを取っ払えば判定に影響が出るような『何か』との比較においては」という但し書きをもつことといえる。この「相対性」には二つの側面が存在する。例えば，試験の平均点が20点だったAクラスにおいて，クラス最高点の40点を取った学生が「優」を貰った場合，その評価は相対的であるといえる。なぜなら，彼に対する評価はあくまでAクラスのその他の学生との比較において成立するのであって，一般的には40点は決して良い点とはいえず，ましてや平均

---

2)　"比較"と"較""较为"については，以下のように，用法・意味の面において両者にはほとんど差異が認められないとする見方が一般的である。
《现代汉语虚词例释》（p.33）
　　"较"：意义和用法和"比较"相同。（意味と用法は"比較"と同じ）
　　"较为"：意义和用法和"比较"相近，带有文言色彩。（意味と用法は"比較"に近く，文言色を帯びる。）
本稿でも"比較"と"較"を区別することはせず，"比較"をもって両者を代表させ，その文法的・意味的差異について積極的に論じない。また，"較"の「書面にしか使わない」という点については，ほぼ同量の書面語コーパス・口語コーパスを用いた統計によって程度副詞の使用頻度・使用状況を分析した李薇2011のデータにより，"較"が口語ではほとんど使用されないことが確認できる。李薇2011にもとづき，書面語・口語における"比較"と"較"の使用頻度をまとめると以下のようになる。
　　比較：書面語（217回），口語（91回）／ 較：書面語（401回），口語（1回）

点80点のBクラスにその学生を入れて評価をすれば，成績は「不可」となる可能性が高いからである。この学生のAクラスにおける「優」という評価は，Aクラスのその他の（点数の低かった）学生たちの存在に支えられているのであり，これを取り除けば「優」は付与され得ない。これは確かに相対性のひとつの側面である。しかし「『何か』との比較において」という意味では，一見比較とは無縁に見える「このリンゴは大きい」という文にも相対性は存在する。直径8cmほどのリンゴに対して「大きい」「普通」「小さい」のいずれの評価を下すかは人によって異なるのであり，その評価は，話者の心理内に設定されているリンゴのサイズの標準値との比較においてなされるからである。この点について，水野1984を参考にしたい。水野1984：84では，Chao 1968 と鈴木1973の分類をまとめ，比較文を以下のように区分している（例文は本稿筆者が当てはめた）。

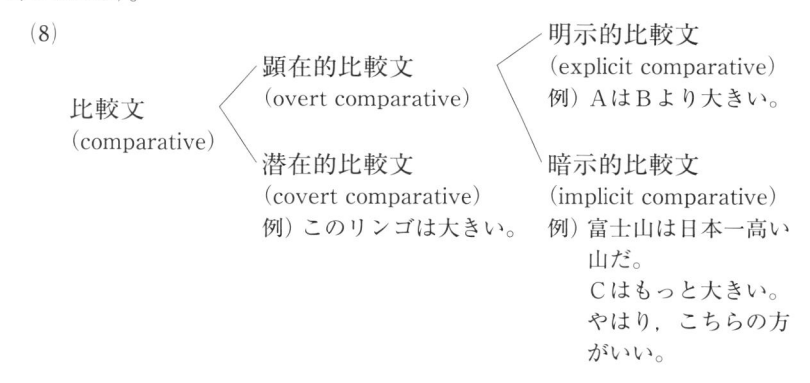

(8)

```
                          ┌ 明示的比較文
            ┌ 顕在的比較文 │ (explicit comparative)
            │ (overt comparative) └ 例）AはBより大きい。
比較文      │
(comparative)│                    ┌ 暗示的比較文
            │                    │ (implicit comparative)
            └ 潜在的比較文        │ 例）富士山は日本一高い
              (covert comparative)│      山だ。
              例）このリンゴは大きい。│    Cはもっと大きい。
                                  └    やはり，こちらの方
                                       がいい。
```

鈴木1973：67では，「富士山は日本一高い山だ」という文では比較の基準（物差し）は「誰の目にも明らかな省略のために，表面に現れていない」とし，この点で潜在的比較文と区別している。(8)では比較の基準が明示的であるか，あるいは明示的でなくても明白であるか，によって比較文が定義されているわけであるが，本稿では「何との比較か」のみに着目し，比較文を二分したい。それが明示されているか否か，明白であるか否かにかかわらず，「何との比較か」のみを考慮すると，比較に

は①他のものとの比較，②話者の心理内にある標準値との比較，の二つの側面があるといえる。①は(8)の「顕在的比較文」，②は「潜在的比較文」に対応するものであるが，本稿では便宜上，前者の比較がもつ相対性を〈外的相対性〉，後者を〈内的相対性〉と呼び，〈相対性〉という場合は両者を含めることとする。また，①の比較を〈外的比較〉，②の比較を〈内的比較〉と呼ぶ。〈外的相対性〉は「他のものと比べるなら」と但し書きを付すことであり，〈内的相対性〉は「話者の標準値との比較においては」と断ることであるといえる。

## 2.2 "比較"の〈外的相対性〉

〈相対性〉を〈外的相対性〉と〈内的相対性〉に分けるとすれば，"很"や"非常"などの絶対的程度副詞も〈相対性〉を有している。これらが具えるのは〈内的相対性〉である。〈内的相対性〉では，話者の標準値との〈内的比較〉により評価が下される。対して"比較"の〈相対性〉はどうであろうか。結論を先に述べると，本稿は，"比較"は〈外的相対性〉と〈内的相対性〉を併せ持ち，"比較＋A"における評価Aは，〈外的比較〉と〈内的比較〉の両方を経て得られたものであると考える。本節ではまず，"比較"の〈外的相対性〉について確認する。

### 2.2.1 比較の基準が読み取れない場合

注目すべきは，"比較"の分析にあたり，先行研究の多くが，比較の基準が読み取れる場合と読み取れない場合とに分けて考察している点である。大島1997および謝2010で比較の基準が読み取れない例として挙げられているのは以下のような例である（以下は日本語訳も各論文から引用）。

(9) A：来，来！（さあ，さあ，やりましょう。）
　　B：哟，这个酒比较厉害。（おや，この酒はかなりきついですね。）
　　A：不厉害。十五度左右。（きつくないですよ。15度前後ですよ。）
　　B：不会吧。起码有二十度左右。（そんなはずは。最低でも20度以
　　　　上ありますよ。）
　　　　　　　　　　　　　　　　　　　　　　　　（大島1997：77）

⑽ 花茶需要用温度较高的开水冲泡，绿茶却不能用温度太高的水冲泡。(花茶は温度のかなり高い湯で入れなければなりませんが，緑茶はあまり温度の高い湯で入れてはいけません。) （大島 1997：77）

⑾ 但由于健康状况欠佳，一直比较消沉。(健康状態があまりよくないから，ずっと落ち込んでいた。) （謝 2010：74）

⑿ 温室中植物生长需要比较高的湿度。(温室の中の植物が成長するには比較的高い湿度が必要である。) （謝 2010：74）

また，刘月华等 1983：141[3]も"比较"を次の二つに分けている。

⒀ ①"比较"作为副词表示两个或两个以上的事物相比而显出程度差别，而且着重表示差别不是很大。(副詞としての"比较"は，二つあるいはそれ以上の事物を比較した時に，程度の上での違いがあることを表し，且つその違いは余り大きなものではないことに重点がある。)

②"比较"有时也可不包含就相反方面进行比较的意思，而只表示具有一定程度（不是最低，也不是最高）。("比较"は，相反する方向での比較という含意がなく，単に一定の程度〔最低の程度でもなく最高の程度でもない〕を具えていることを表す場合がある。)

例）这部电影内容比较好，你可以去看。

（この映画は内容もまあまあだから，見に行ってみれば。）

刘月华等 1983：141 にはさらに，"往往就相对的两方面进行评述"（"比较"は普通相反する二つの面を述べる）という記述がある。"今天比较冷。"（今日は比較的寒い。）には「昨日は寒くなかった，または暖かった」という意味が含まれるということであるが，しかし，⒀②の場合になぜそのような含意が消失するのか，すなわち「あの映画（またはその他の映画）は内容が良くない」といった含意が生じない理由が詳らかにされず，再考の余地を残している。

---

3) 日本語訳は相原茂監訳『現代中国語文法総覧』より引用。

実のところ，"比較"の〈外的相対性〉にとって，比較基準がコンテクストに明示されているか否かは問題ではない。"比較"は比較基準の存在を内包しており，上述の(9)～(12)の例でも，「自分の今まで飲んできた酒に比べて」「緑茶（または花茶以外のお茶）に比べて」「いつもと比べて」「温室の外の植物との比較において」のように理解されるのが普通である。

　"比較"が比較基準の存在を内包することは，次のことからもその一端をうかがうことができる。"比較"について考察した先行研究では，大略その意味を「～のほうである」（すなわち「XはAのほうである」）と定義している。一方で，「～のほうが～である」（すなわち「XのほうがAである」）という意味合いを"比較"が反映していると思われる例も少なくない。日本語小説からの翻訳本をコーパスとして"比較"の用例を調査してみると，翻訳本5編から抽出した"比較"の例は計108例で，そのうち41例（全体の約38％）は，「X（の）ほうが～」または「X（の）ほうを～」に対応するものとして"比較"が用いられていた（以下，下線は本稿筆者による）。

　⒁ "要是一块跑的话，在开始的时候放开来跑上一阵子，争得一点儿距离的话<u>比较</u>好。"　　　　　　　　　　（《夜晚的远足》p.190）
　　　[「同じ走るんなら，最初に思い切り走って距離を稼いでおいた<u>方</u>がいい」][4)]

　⒂ "好像是有好几件事表明，这样<u>比较</u>讲得通。不过我是从一个一直跑来找我的警察那里听来的。"　　　　　　（《白夜行》p.129）
　　　[「そう考えた<u>ほう</u>が筋が通るということが，いくつかあったらしいわ。俺のところへ何遍もやって来た刑事から聞いた話やけどね」]

　⒃ "揍你？""这样<u>比较</u>逼真。"　　　　　　　　　　　（《金色梦乡》p.277）
　　　[「殴るんですか」「その<u>ほう</u>がリアリティがあるだろ」]

---

4) 例文の日本語訳における［　］は，その日本語が原文である日本語小説からの引用であることを示す。本稿筆者による日本語訳，他論文等から引用した日本語訳には（　）を使用する。

⒄ 喜多把两个人介绍给了犀川。个子很矮、比较女性化的那个学生是若林。体格健壮、胡须浓密的那个学生是北大路。

《冰冷密室与博士们》p.88

［喜多が二人を犀川に紹介する。女性的な小さい方の学生が若林，がっしりした髭の濃い学生が北大路である。］

⒅ 我希望你跟下村同学都在痛苦中死亡，但要选比较恨哪个人的话，我会选你。　　　　　　　　　　　　　　　　　《告白》p.179

［あなたも下村くんも，最終的には苦しみながら死ねばいいと思っていますが，どちらか一人憎い方を選べと言われれば，あなたを選ぶと思います。］

「～ほう」は対照的な類（contrastive set）を設定し，対象をそのいずれかに分類する語であるが，「XはAのほうである」と「XのほうがAである」とでは，その類の設定が異なっている。例えば⒃は，殴る（X）と殴らない（Y）では殴る（X）のほうがリアリティがある（A）というように，上記のような例における設定の仕方は⒆a）ではなく⒆b）が適切である。

⒆ a．Xは［A／～A ⇒ Aのほう］
　　b．［X／Y ⇒ Xのほう］がA

⒆b）のような設定が可能なのは，"比較"に比較基準Yを想起させる機能があり，その上でXとYを比べると「XのほうがA」との結果が得られるためである。

### 2.2.2　比較の基準が読み取れる場合

先行研究において「比較の基準が読み取れる場合」として挙げられているのは以下のような例である（日本語訳も各論文より引用）。

⒇ 在鸟类中，乌鸦比较聪明。（鳥類の中で，カラスは比較的賢いほうだ。）

（謝2010：71）

㉑ 《西游记》出现后，神魔小说曾风靡一时，其中比较成功的是《封神演义》。（『西遊記』が出てきてから，神魔小説はかつて一時的なブー

ムになった。その中でも比較的成功しているのは『封神演義』である。）

(謝 2010：73)

⑵ ……他说的小众据我的理解是指社会群体中文化素养和审美品位比较高雅的分子……（…彼の言う"小众"とは私の理解では社会集団の中でも文化的素養と美意識の高い方の人々のことを指していて…）

(大島 1997：75)

⑵ 我吃惊地仔细一看，是两个孩子。"朱库员，朱库员！"身材较高的一个低声唤着。（びっくりしてよく見ると，それは二人の子供だった。「朱さん，朱さん！」と背の高い方が低い声で呼んでいた。）

(大島 1997：75)

⑵ 我的孩子现在比较听话了。（うちの子は今ではだいぶ聞き分けが良くなった。）　　　　　　　　　　　　　　　　　(大島 1997：75)

いずれも取り立てて比較基準Ｙの存在は言及されていないが，⑳の"在鸟类中"，㉑の"其中"，㉒の"社会群体中"はすべて，"比較＋Ａ"という判定が有効となる範囲を指定するものである。ある範囲を指定し，その中でＸを取り立てることで，ＸとＸ以外の成員とが区別され，Ｘ以外が比較基準Ｙとして認識される。また，㉓の"两个孩子"も一種の範囲指定であり，二人のうち一人をＸとすることで残った一人がＹとなる。㉔は"现在～了"があることから過去との比較であり，同一人物の過去から現在までをひとつの範囲としている。「比較の基準が読み取れる」とは，比較基準そのものを述べることではなく，"比較＋Ａ"が有効となる範囲を指定することといえる。

　"比較"の〈外的相対性〉は，指定された範囲の中でひとつを取り立て，残りの成員と区別することにより，比較基準の存在を想起させることに繋がる。そして，「ＸはＡである」という判定が有効となる範囲を指定するということは，その判定の成立に条件を付けるということである。では，条件を付けてから判定を下すということはどういうことか。2.3で詳しく検討する。

## 2.3 "比較" の〈内的相対性〉

　ここでは，"比較" が〈外的相対性〉のみを内包するのではなく，〈内的相対性〉をも併せ持つことを確認したい。以下に日本の小説の翻訳からの例を挙げる。いずれも文中には特に比較基準は明示されてはいないが，通常，「他の曜日に比べて」「普段と比べて」「他の組み合わせと比べて」というように理解される。

　⑳ "没关系，星期一比较闲。"　　　　　　　　　　　　(《白夜行》p.203)
　　［「かまわないさ。月曜日は比較的暇なんだ。」］
　㉖ 从萌绘这封邮件的字面上看感觉比较慎重。
　　　　　　　　　　　　　　　　　　　　(《冰冷密室与博士们》p.172)
　　［萌絵のメールの文面は，普段よりも真剣な印象である。］
　㉗ 一年级有四个班，男女导师各两位，这样安排就比较容易处理了。
　　　　　　　　　　　　　　　　　　　　　　　　　(《告白》p.7)
　　［全学年四クラスですが，どの学年の担任も男女二名ずつになっているのは，そういったケースに対処しやすいようにするためです。］

㉕は急に呼び出して申し訳ないと謝る相手に対しての発話であり，㉖は，普段かなりくだけたメールの書き方をする「萌絵」が珍しく真剣なメールを寄越したという場面である。㉗の「そういったケース」とは，担任が異性の学生に呼び出された場合を指す。その場合にその学生と同性の担任に連絡して呼び出しに応じてもらえるよう，担任を男女二名にしているのであるが，この組み合わせと他の組み合わせとを比べてどちらが良いかを問題にしているわけではない。談話の観点から見るなら，このような例における発話の重点は，XとYのどちらが上か述べることではなく，XがAであると表明することにあると思われる。仮に前者を述べるにしても「XはYよりA」とするだけでは不十分である。"小王比小张高（王さんは張さんより背が高い）" が必ずしも "小王个子很高（王さんは背が高い）" を含意せず，背の低い者同士の比較である可能性を排除しないのと同様に，例えば㉕を "星期一比其他日子闲（月曜は他の日

より暇)"と言った場合，必ずしも「月曜日は暇（だから急に呼び出されてもかまわない）」を意味しないためである。であれば，〈内的比較〉によって話者の標準値より上であることを述べればよいのだが，話者はそれなりに忙しい人物であり，手放しで「月曜は暇」とは言い切れない。同じく，㉖では原文の「普段よりも」に対して"比較"のみが用いられているが，元々くだけたメールの書き方をする人物であるので，多少慎重な書き方をした程度では「普段より慎重」とは言えても，話者の標準値より上であることを示す"很慎重"は言いづらい。㉗も，男女二名の組み合わせにも色々と問題点があり，手放しで「そういったケースに対処しやすい」とは言い切れない。このように，無条件に「XはA」と評価しきれないところに"比較"の用いられる余地があり，〈外的比較〉を取り入れて「他のものと比べるなら」と条件を付けることで，「XはA」の成立が可能となるのである。

「XはAである」と言い切れない場合には様々なケースが考えられる。例えば下記の例である。

㉘ "哈哈，搞游泳和我们陆上竞技的，跑步训练的量就是不一样呀。""因为地面运动重力比较大哦。可是咱啊离起水泡还差一截呢，只是有了起水泡的前兆。"　　　　　　　《夜晚的远足》p.59

［「ふふん，水泳部とは走り込みの量が違うよ」「地上は重力があるからな。俺だって，まだマメできたわけじゃないぞ。できそうなところがあるだけで」］

㉙ "与其说懒洋洋，不如说是反应慢吧，大概我的神经系统传导比较迟钝，等内心的感情反映到脸上需要花费点儿时间。"

《夜晚的远足》p.52

［「気だるいというよりも，反応遅いのよね。神経伝達が鈍いから，顔に感情が出るまで時間がかかるだけだよ」］

通常我々は地球の重力に対して特段の関心を払っているとは言えず，話者の心理内に予め重力の大きさについて標準値が設定されているとは想定し難い。ゆえに〈内的比較〉のみで"重力很大（重力が大きい）"とは

言いづらい。神経伝達の速度も同様である。このことは，〈内的比較〉の標準値を，〈外的比較〉の基準値によって一時的に設定している，というように考えられないだろうか。〈外的相対性〉の存在が，〈内的相対性〉による分類に影響を与えるということであり，"比較"の〈外的比較〉を用いて比較基準を想起させることが，〈内的比較〉に必要な標準値を一時的に充足させていると考えられるのである。

## 2.4 "比較"と"比字句"

本章では"比較"の〈相対性〉について分析を試みたが，"比較"に〈内的相対性〉と〈外的相対性〉の両方が具わっているとすれば，"比字句"と共起しない理由は明白である。"X比YA"で表されるこの構文がもつのは〈外的相対性〉のみであり，話者の標準値との比較による評価を差し挟む余地はない。ゆえに，"比較"の〈外的相対性〉とは馴染んでも，〈内的相対性〉とは相容れないのである。"比較"と比較構文との共起については後述する。

## 3 "比較"の程度性

### 3.1 「一定の程度」とは

《现代汉语虚词例释》(p.32) が"表示相比而言具有一定程度（相対的に一定の程度をそなえていることを表す）"と示すように，程度副詞"比較"が表す程度性は「一定の程度」と解釈されることが多い。同様に，程度副詞について論じた時衛国 2011：12-13 も「中国語の程度副詞はその意味によって，程度の大きいことを表わす程度副詞と程度の小さいことを表わす程度副詞と一定の程度を表わす程度の三つに分類することができる」とし，このうちの「一定の程度を表わす程度副詞」を，「程度の大きいことを表わす程度副詞」と「程度の小さいことを表わす程度副詞」の中間に位置づけている。「一定の程度を表わす程度副詞」に挙げられているのは "较" "比较" "较比" "还$_2$"[5] の 4 つである。ここで問題となる

のが下記のような例である。

(30) 身为首相，因政治斗争或国家机密而死，或许还比较名誉一点。
　　　　　　　　　　　　　　　　　　　　　　　(《金色梦乡》p.39)
　　［まだ，政治闘争や国家の機密事項のために殺害されたほうが，首相としては名誉だろう。］

(31) 没爸爸的小孩的确也可能被歧视，但是相比之下社会还比较能接受。　　　　　　　　　　　　　　　　　　　(《告白》p.10)
　　［確かに，父親のいない子供も偏見を受けるかもしれない。それでもまだ，社会的にはこちらの方が受け入れられるのではないか。］

"还"と"比较"は"还比较"の形でしばしば共起するが，ともに「一定の程度を表わす」とすれば，直感的にも，また，同程度を表す副詞同士（「程度の大きいことを表わす副詞」同士，「程度の小さいことを表わす副詞」同士）は通常連用されない（(32)(33)）ことからも，一つの文に二つも程度副詞を使う必然性が見出せない。であれば，"还"と"比较"のいずれか，あるいは両方が，程度性の表出とは異なる表現意図のために使用される可能性を検討すべきである。

(32) *身为首相，因政治斗争或国家机密而死，或许非常相当名誉。

(33) *相比之下社会稍微略能接受。

"还$_2$"については前田 2007:254-255 において，その「低程度」という解釈が，"还"の描く原状回帰の軌跡と『なんとか許容できる範囲内』を認識するプロセスが同じであることに起因し，また，"还$_2$"としばしば共起し，文の自然さに寄与する"算"や"比较"の役割について，「典型的なPではない位置，すなわち〜P寄りの位置を示し，それを原状回帰の終着点として指定することで，『どうにか，まあまあPの位置に留まっている』という意味を明確にしようとしている」との見方を提起した。つまり"还比较"においては"比较"が原状回帰の終着点を指定す

---

5) 時衛国 2011 において，"还$_1$"は「程度の大きいことを表わす用法」，"还$_2$"は「一定の程度を表わす用法」と分類，表記されている。

る役割を担っており，本稿は"比較"の表現機能はより程度性に関わるものであると見ている。"比較"の程度性とその表現のメカニズムはどのようなものだろうか。

### 3.2　断定性の緩和

インフォーマントの語感によると，"比較"を用いる際，程度性云々とは別に，断定を避ける意図がある場合があるという。使用される程度副詞が程度性とは関係のないところで選択されるという点は大変興味深い。

　　⒞　实际见了面之后才知道，原来青柳的父亲个头并不高，但是体格及肌肉非常结实，看起来像个柔道家，行为举止其实还不到特立独行的地步，只是比较正直、顽固。　　　　(《金色梦乡》p.186)
　　　　〔会ってみるとこれが，背は高くなく，けれど骨格と肉付きのしっかりとした柔道家のような外見で，破天荒というよりは実直で，堅実な人に見えた。〕

　　⒟　这本小说比较有意思，你也看吧。(この小説はなかなか面白いから，あなたも読むといい。)　　　　　　　　　　　　(大島1997：77)

人が下す評価とは往々にして主観的なものであるが，〈内的比較〉のみに頼って"很"などの絶対的程度副詞を用いると，話者の標準値より上であることを断定的に表明することになる。そこで"比較"を用いて〈外的相対性〉を取り入れることで，「他との比較においては」という但し書きを付けることができる。これにより断定的な判定を避け，対象への評価を和らげようとするのだと考えられる。⒞⒟は"比較"を用いることにより「他の人に比べて」「他の小説に比べて」という〈外的比較〉の形式を取っているが，これはあくまでポーズであり，そうすることで自分の下した評価が条件付きであり，条件を外した場合にはその評価を保証しないことを暗に示しているのである。本稿では，〈内的比較〉のみで無条件に「Aである」とは言い切れず，〈外的比較〉を取り入れて「他と比べるなら」と条件を付けなければならないというところが，とりわ

け高いわけでも低いわけでもない「一定の程度」という曖昧な程度性の原因であると考える。

なお，"比較"の所謂「一定の程度」というものに相当程度の幅があることは先行研究でも指摘されているところであり，なかでも，"比較"が高い程度を表していると解釈される例に着目する先行研究もある。例えば2.2.1の⑼⑽などがそうであるが，「高い程度」という解釈には〈内的比較〉の標準値が設定されやすいかどうかが関わっているのではないかと考えられる。すなわち，予め〈内的比較〉で「XはA」と判定しやすいものに〈外的比較〉を持ち込むことで，結果的に「Yと比べてもXはAである」という読みが生じ，程度の高さの表現に繋がるのではないかという見込みである。どのようなものが標準値の設定がされやすいか規定するには詳細な考察が必要であるが，⑼では「お酒のきつさ」，⑽では「お湯の温度」が問題になっており，㉘㉙の「重力」「神経伝達の速度」に比べれば，いずれも標準値は設定されやすいものであると思われる。

## 4　"比字句"と比較構文

### 4.1　比較構文

"比較"の〈内的相対性〉と"比字句"が相容れないことは2.4で述べた。次に，"比字句"と比較構文の語用論的差異の観点から，"比較"と比較構文との共起について考察する。まず，中国語の比較構文の様相について確認したい。程度副詞と比較を表す構文との共起関係について考察した马真1988は，本稿冒頭の【表Ⅰ】に見られるように，"很"タイプおよび"有点儿"タイプの程度副詞は比較構文と共起できないとしている。さらに，比較構文と共起可能な"比較"タイプについても，Yは"别的/其他的＋名詞性成分"に限られるという制約があり，下記のような例文は成立しないと報告している（马真1988：84-85）。

㊱　＊跟小王相比，小张比较高一点儿。　　　　　　（马真1988：85）

(王くんに比べると張くんは比較的背が高い。)

(37) *比起 303 房间来，302 房间较为干净一些。　　　（马真 1988：85）
(303 号室に比べると 302 号室は比較的きれいだ。)

しかし現在では，"別的／其他的＋名詞性成分"以外を用いる例も多く見られる。

(38) 你看这个脚印的大小，跟现代人的脚比较还是比较小的，所以在那个时候的人，比现在的人矮小，（略）　　（CCL/《人类的起源》）[6]
(この足跡の大きさを見てください。現代人の足と比べるとやはり比較的小さい。したがってこの時代の人は今の人より背が低く，（略））

(39) 与公立学校相比，私立学校比较灵活，在教学和教材方面，可根据市场经济发展的情况"随行就市"。（CCL/〈波兰兴起私立商校〉）[7]
(公立校に比べて，私立校は比較的融通性があり，教学や教材の面において，市場経済の発展状況に基づき対応することができる。)

(40) 平心而论，文学院的功课比起理工科来是比较松的，或者说弹性很大，考试不难应付。　　　　（CCL/资中筠〈清华园里曾读书〉）[8]
(公平に論じて，文学部の授業は理工科に比べて比較的気楽，あるいは柔軟性に富んでいて，テストは対応しやすい。)

(41) "我也这么觉得。比起森林的声音，我还比较希望听到汽车卫星导航的声音，告诉我森田的新公寓到底怎么走。"（《金色梦乡》p.112）
[「ですよねえ。俺はとりあえず，森の声なんかより，森田さんの新しいアパートに到着する道を教えてくれる，ナビの声が欲しいです。」]

(42) 跟误入歧途后回归正道的人相比，一直都循规蹈矩的人绝对比较伟大。　　　　　　　　　　　　　　　　（《告白》p.6）
[道を踏み外して，その後更生した人よりも，もともと道を踏み外すよ

---

[6] 中央电视台科学・教育频道《百家讲坛》2003 年 9 月 22 日。全文は
http://www.cctv.com/lm/131/61/85950.html に掲載（2012 年 10 月 31 日現在）。
[7] 《人民日报》1993 年 11 月 13 日。全文は
http://rmrbw.net/simple/index.php?t973591.html に掲載（2012 年 10 月 31 日現在）。
[8] 《读书》1995 年第 1 期に掲載。

うなことをしなかった人の方がえらいに決まっています。］
　このような例は"比較"タイプに限らず，"很""非常""太"などの"很"タイプの絶対的程度副詞も比較構文と共起可能であることが，张亚军 2003：61 により報告されている。注目すべきは，比較構文にはむしろ程度副詞の共起が必要とされるという点である。インフォーマントのチェックでは，程度副詞を用いない下記の例は，非文とは言わないまでも不自然であると判定された。その不自然さとは，"这个大。"（これは大きい。）には対比の意味合いが生じるため，これだけで文を言い切った際に生じる不自然さと同種のものである。

　(43) ??与公立学校相比，私立学校φ灵活。
　(44) ??文学院的功课比起理工科来是φ松的。
　(45) ??比起森林的声音，我φ希望听到汽车卫星导航的声音。

　なお，马真 1988 では，"相比之下""比较起来""跟Y相比""比起Y来""在……中/上"の後にそれぞれ「X＋程度副詞＋形容詞性成分」が続く形式が比較構文として取り上げられているが，本稿では議論の便宜上，"比字句"（"X比YW"）と同じく比較の基準となるYを含む"跟/与/和Y相比"と"比起Y（来）"の二つを考察の対象とする。

## 4.2　比較文のモード

　澤田 2012 は Kennedy 2007 の提唱する「明示的比較」と「非明示的比較」という二つの比較のモードについてその語用論的特性を考察し，「非明示的比較」の本質を「比較の基準をシフトすることにより真とは言えない命題を真に変えることである」（澤田 2012：152）と結論付けている。「明示的比較」と「非明示的比較」とは(46)のようなものであり，コンテクスト領域の中にxとyだけが含まれている時にのみ主節の命題 'x is A' が真となるのが，「非明示的比較」の特性である。

　(46) a. Tom(x) is taller than Bill(y). （明示的比較文）
　　　b. Compared to Bill(y), Tom(x) is tall(A). （非明示的比較文）

　このことは本稿で問題とする中国語の"比字句"および比較構文にも

適応可能であると思われる。ただし，4.1で見たように中国語の形容詞述語文は程度副詞が共起するのが普通であるため，検証結果は英語の例と完全には一致しないことが予想される。4.3で詳しく検証する。

## 4.3　明示的比較と非明示的比較の識別テスト

澤田 2012 は Kennedy 2007 の挙げる識別テストを用い，日本語の「より」構文が明示的比較に，「比べたら」構文が非明示的比較に属することを検証している。これを利用し，中国語の"比字句"および比較構文に対して各識別テストを行う。なお，紙幅の都合により，中国語の比較構文については"跟 Y 相比"の例文のみを表示しているが，"比起 Y（来）"を用いた場合でも検証の結果は同様である。また，比較構文に必須である程度副詞には，便宜上，最もニュートラルであると思われる"很"を用い，不自然と判定される文については程度副詞を用いない場合も併せて検証した（例文中のφは程度副詞を用いないことを表す）。

第一のテストは細密判定テストである。二つの比較対象間の差がごくわずかである場合，非明示的比較は不適切となる（以下，英語の例は澤田 2012: 139-142 より引用．中国語の例は作例）。

(47)（100 ページの小説と 99 ページの小説がある。）
　　a.　??This novel is long compared to that one.
　　b.　This novel is longer than that one.
　　a'.　??跟那篇小说相比，这篇小说［φ／很］长。
　　　　（あの小説に比べればこの小説は長い。）
　　b'.　这篇小说比那篇小说长。（この小説はあの小説より長い。）

(48)（100 ページの小説と 50 ページの小説がある。）
　　a.　This novel is long compared to that one.
　　b.　This novel is longer than that one.
　　a'.　跟那篇小说相比，这篇小说很长。
　　b'.　这篇小说比那篇小说长。

第二のテストは「絶対形容詞との共起」である。コンテクストにより

決められた基準を必要としない絶対形容詞[9]は，非明示的比較とは共起できない。

(49)（AとB，二本の竿がある。）　　【図I（Kennedy 2007:160 より）】
　　a.　B is more bent than A.
　　b.　??Compared to A, B is bent.
　　a'.　这条竿子比那条竿子弯。
　　　　（この竿はあの竿より曲がっている。）
　　b'.　??跟那条竿子相比，这条竿子［φ／很］弯。[10]
　　　　（あの竿に比べればあの竿は曲がっている。）

第三のテストは差異測定に関するテストである。10cmなどの計量句は非明示的比較と共起できない。

(50) a.　Kim is 10cm taller than Lee.
　　 b.　??Compared to Lee, Kim is 10cm tall.
　　 a'.　小张比小王高10厘米。（張さんは王さんより10cm背が高い。）
　　 b'.　??跟小王相比，小张［φ／很］高10厘米。
　　　　（王さんに比べれば張さんは10cm背が高い。）

第四のテストは談話構造に関するテストである。非明示的比較はYes-No疑問文の答えとしては自然であるが，wh疑問文の答えとしては不自然となる。

(51) A ：　这辆车跟那辆车，哪辆贵？（この車とあの車，どちらが高い？）
　　 B'：　这辆车比那辆车贵。（この車はあの車より高い。）
　　 B"：??跟那辆车相比，这辆车［φ／很］贵。（あの車に比べればこの車は高い。）

(52) A ：　这辆车贵吗？（この車は高い？）
　　 B'：??这辆车比那辆车贵。（この車はあの車より高い。）
　　 B"：　跟那辆车相比,这辆车很贵。（あの車に比べればこの車は高い。）

---

9) 絶対形容詞についてはBartsch & Venneman 1972, Kamp 1973, 鈴木1973参照。
10) この文は"比较"や"更"を用いれば自然な文として成立する。

第五のテストは「反義語入れ替え」テストである。明示的比較の場合，反義語を用いた文は比較の対象を入れ替えると意味が同値になるが，非明示的比較の場合は否定的推意が生じるため，互いに異なる意味をもつ。(54a)からは二人とも年老いているという推意が，(54b)からは二人とも若いという推意がそれぞれ生じる。同様に，中国語の比較構文にも否定的推意が生じる（(54a)では「二人とも年老いている」，(54b)では「二人とも若い」）[11]。

(53) a. 小李比小赵年轻。（李さんは趙さんより若い。）
　　 b. 小赵比小李老。（趙さんは李さんより年老いている。）
(54) a. 跟小赵相比，小李很年轻。（趙さんに比べれば李さんは若い。）
　　 b. 跟小李相比，小赵很老。（李さんに比べれば趙さんは年老いている。）

　以上，五つの識別テストを通して中国語の"比字句"と比較構文について検証した結果，"比字句"が明示的比較であることが確認できた。比較構文については，程度副詞の共起による成否判定結果への影響の可能性を排除できないため，非明示的比較と似通った性質を持つと述べるに止めておく。

### 4.4　比較構文における"比較"

　4.3ではKennedy 2007の五つの識別テストを用い，中国語の"比字句"が明示的比較に属し，比較構文が非明示的比較と類似の性質をもつことを検証したが，このように見ると，"比較"と比較構文とが馴染むことは理解しやすい。非明示的比較の「コンテクスト領域の中にxとyだけが含まれている時にのみ，主節の命題'x is A'が真となる」という特性が比較構文にある程度当てはまるとするなら，「Yと比べるのであれば」と条件を付けてXに評価を与える"比較"とは，意味機能上合致

---

[11] これに関しては，张亚军 2003:62 にも "'与Y相比，X很A' 蕴含着 'Y很不A'"（"与Y相比，X很A"は"Y很不A（YはAでない）"を含意する）との記述がある。

している，あるいは，少なくとも衝突しないといえるからである．比較構文において"比較"は，比較構文以外で使用される場合と同等の機能を担っている．

　(55)　与公立学校相比，私立学校比较灵活　　　　　（＝(39)の一部）
　(56)　平心而论，文学院的功课比起理工科来是比较松的　（＝(40)の一部）
(55)では，話者において学校の融通性についての標準値が設定されていることは想定しにくく，私立校が"灵活"と評価できるのは，公立校との比較があるからである．(56)も，仮にも大学の授業に対して〈内的比較〉のみで「授業が気楽」とはいいにくい．ここでもやはり〈外的比較〉による比較基準の提示が〈内的比較〉の標準値の設定に影響を与えていると考えられる．

## 5　まとめ

　本稿は，程度副詞がもつ〈相対性〉の観点から副詞"比較"について考察した．"比較"は〈外的相対性〉と〈内的相対性〉を併せ持ち，ゆえに〈外的相対性〉しか持たない"比字句"とは共起しない．また，〈内的比較〉のみで「XはA」と評価し切れない時に，〈外的比較〉によって比較基準を設定し，「それと比べるなら」と条件を付けたうえでXに対する評価を述べる機能をもつ．"比較"がこのような機能をもつに至った経緯については，もともと〈外的相対性〉のみであった"比較"が徐々に〈内的相対性〉を獲得していったことが予想されるが，これについては稿を改めたい．また，本稿では詳しく論じることができなかったが，コーパスの実例から，比較構文には"比較"だけでなく"很""更"など様々な程度副詞が共起し得ることがわかる．本稿の考察では比較構文に"比較"を用いる必然性が十分に明確になったとは言えず，これについても今後の課題としたい．

**用例出典**

东野圭吾著・刘姿君译《白夜行》南海出版社（2008 年）
恩田陆著・王站译《夜晚的远足》人民文学出版社（2011 年）
森博嗣著・韩锐译《冰冷密室与博士们》北岳文艺出版社（2006 年）
伊坂幸太郎著・李彦桦译《金色梦乡》译林出版社（2010 年）
湊佳苗著・丁世佳译《告白》哈尔滨出版社（2010 年）
CCL 语料库，北京大学汉语语言学研究中心（http://ccl.pku.edu.cn:8080/ccl_corpus/）
伊坂幸太郎『ゴールデンスランバー』新潮文庫（2010 年）
恩田陸『夜のピクニック』新潮文庫（2006 年）
東野圭吾『白夜行』集英社文庫（2002 年）
湊かなえ『告白』双葉文庫（2010 年）
森博嗣『冷たい密室と博士たち』講談社文庫（1999 年）

**参考文献**

時衛国 2011 『中国語の程度表現の体系的研究』，白帝社
前田真砂美 2007　副詞"还"の認知的意味分析，『中国語学』254 号，pp.241-262
水野義道 1984 「更 gèng」と「もっと」をめぐって，『日本語と中国語の対照研究』第 9 号，pp.84-96
新村出編 2008 『広辞苑』第六版，岩波書店
大島潤子 1997　程度副詞"比較"の意味分析，『中国語学』244 号，pp.72-80
澤田治 2012　比較構文の語用論，澤田治美編『ひつじ意味論講座 2　構文と意味』，pp.133-155，ひつじ書房
鈴木孝夫 1973 『ことばと文化』，岩波書店
謝平 2010　中国語の程度副詞"比較"について―弁別性の観点から―，『ことばの科学』第 23 号，pp.69-84，名古屋大学言語文化研究会
北京大学中文系 1955、1957 级语言班编 1982/2010 《现代汉语虚词例释》，商务印书馆
李薇 2011 《现代汉语程度副词研究》，光明日报出版社
刘月华・潘文娱・故韡 1983 《实用现代汉语语法》，外语教学与研究出版社（相原茂監訳 1991『現代中国語文法総覧』，くろしお出版）
马真 1988　程度副词在表示程度比较的句式中的分布情况考察，《世界汉语教学》

第 2 期，pp.81-86

王力 1943 《中国现代语法》[王力 1985《王力文集　第二卷》，山东教育出版社]

张亚军 2003　程度副词与比较结构，《扬州大学学报（人文社会科学版）》第 7 卷
　　第 2 期，pp.60-64

周小兵 1995　论现代汉语的程度副词，《中国语文》第 2 期，pp.100-104

Bartsch, R. and Vennemann, T 1972　*Semantic Structures*. Frankfurt/Main: Athenaum

Chao, Yuen Ren 1968　*A Grammar of Spoken Chinese*, University of California Press.

Kamp, J. A. W 1973　Two theories about adjectives, Edward L. Keenan ed., *Formal Semantics of Natural Language*, pp.123-155, Cambridge New York/Melbourne. Cambridge U. P

Kennedy, Christopher 2007　Modes of Comparison. Malcolm Elliot, James Kirby, Osamu Sawada, Eleni Staraki, and Suwon Yoon eds., *CLS* 43, pp.141-165, Chicago: Chicago Linguistic Society

（まえだ・まさみ　東京大学）

# 上古中期漢語の否定文における
# 代詞目的語前置現象の生起条件

## 松江　崇

## 1　はじめに

　上古中期漢語（春秋戦国期）はSVO型を基本語順とする言語であるが，特定の条件のもとではSOV型の語順を呈することがある。このSOV型が生起する統語的条件は，(i)疑問代詞（或いは疑問代詞フレーズ）が目的語を担う場合，(ii)否定文において代詞が目的語を担う場合，(iii)「(唯+)X+之/是+Vt」のごとく指示代詞「之/是」に複指された統語成分が目的語となる場合，のように整理できる。

　これら「目的語前置」現象が，多くの漢語史研究者の関心を集めているのは，原始漢語或いはシナ・チベット祖語の基本語順を保存したものとする説が有力に行われているからであろう[1]。本稿は，上述(ii)について，その上古中期における共時的な生起条件を解明することを目的とするものであり，これらの目的語前置現象の歴史的由来を論じるものではない[2]。歴史的由来を論ずる前提として，その共時的な生起条件──上古否定文における代詞目的語は必ず前置されるのではないことに注意

---

1) 例えば兪敏1981は，上記(i)〜(iii)原始漢語（遡っては漢蔵祖語）の基本語順を保存したものだとみなし，元来SOV型であった原始漢語が「中土」に進入して以降，基本語順がSVO型に転じたが，目的語を強調する場合には元来のSOV型の語順が保存されたのだと解釈する。またBodman 1980:44，西田 2000:76などは，兪氏と同じく歴史的に説明する観点によりながらも，否定文における代詞目的語前置現象のみに限定して原始漢語のSOV語順に由来するものとみとめている。
2) 疑問代詞目的語前置現象とその消失過程については，松江2010を参照。

されたい——を解明しておく必要があると考えるからである。

　本稿で主資料としたのは，『論語』[3]『孟子』を中心とする上古中期漢語資料であり，甲骨文や『書経』『詩経』といった上古初期漢語資料は用いない。これは，大西1988:241が指摘するように，上古初期漢語は必ずしも上古中期漢語に直接的に繋がるものではない可能性があり，共時的研究の際には両者は別に論ずる必要があるために，ひとまずは資料が豊富で文意の把握が比較的容易な上古中期漢語を分析対象とすることを意図したためである。なお上古中古漢語のうち『論語』『孟子』といった魯方言資料を主資料としたのは，この現象の生起条件が方言により少しく異なる可能性があると考えることによる。この方言の問題については具体的な議論のなかで改めて言及する。

## 2　先行研究

　上古漢語の否定文における代詞目的語の前置現象に関する共時的研究について，簡単に振り返っておきたい。

### 2.1　記述的研究

　最も包括的な記述的研究は周廣午1959である。周氏は，先秦の十六文献および六朝・唐代のいくつかの資料における否定文の代詞目的語前置現象を詳細に記述した上で，代詞目的語の語順と，否定詞の種類および代詞の種類との相関関係に着目し，下のごとき傾向を指摘した（周廣午1959:180）。

　　(a)「不」字文は，代詞目的語後置文（原文「順序句」）の用例数が，前置文（原文「逆序句」）のそれの三倍近く存在し，（数的）優位にある。

　　(b)「未」字句および「莫」字句は，前置文の方が優勢であるが，後

---

[3]　底本以外に，定州漢墓竹簡『論語』も参照する。

置文も相当数みとめられる。
- (c) 全体の（通時的な）変遷傾向について言えば，「不」字文の代詞目的語の位置は，前置・後置が同時に並存する状況から後置に帰する趨勢にあり，先秦末期に到ると基本的には後置語順になったと言ってよい。しかし「莫」字文，「未」字文などの代詞目的語の位置はこれとは反対に，基本的には前置を保持したまま継承されていった。
- (d) その他の「弗」字文，「勿」字文，「毋（無）」字文などの用例は，いずれも後置が前置よりも多く，かつその差も相当に大きい。

周廣午1959の指摘は非常に重要であるが，このような傾向を生ぜしめた要因については明らかにし得てはいない。

## 2.2 前置現象の生起メカニズムに関する研究

上述のように，古漢語の否定文におけるすべての代詞目的語が前置されるのではなく，否定文の代詞目的語前置現象の生起は何らかの条件により制限されている。その条件および生起のメカニズムを論じた代表的な研究について簡単に触れておきたい。いずれの研究も，この現象が原始漢語のSOV語順を受け継いだものではなく，純粋に共時的な文法規則によって生起したものだと考える点で一致する。

鈴木1976は古代漢語における「強調」の表現を包括的に論じ，古漢語の強調表現を，前置によるもの，後置によるもの，その他の強調表現の三種に整理している。そのなかで否定文の代詞目的語前置現象は後置による強調，すなわち代詞目的語と文法関係を結ぶ動詞の方を後置した現象であると主張している。

徐傑・李英哲1993は「疑問」「否定」「焦点」といった非線性文法範疇と，それらの各言語における表現方法とその類型とを整理したものである。徐・李氏は，上古漢語は現代ハンガリー語と同じく焦点成分を動詞の前に前移することにより焦点位置を示すタイプの言語に属し，上古漢語の否定文における代詞目的語の前置現象と疑問代詞目的語の前置現象は，

いずれも「強式焦点成分」を動詞の前に前移するという焦点表現が文法化されたものと分析している。

傅京起・徐丹 2009 は「焦点」および「旧情報／新情報」という点から古漢語や白語といった SVO 言語にみられる目的語前置現象を論じたものである。SVO 言語の目的語前置現象を，通言語的な視点から「焦点前移」と「旧情報前移」との二種に分け，古漢語の目的語前置現象を「旧情報前移」に属せしめている。

紙幅の都合から，本稿では先行研究に対する詳細な検討は行わないが，いずれの説にしても，周廣午 1959 が指摘する否定文の代詞目的語前置現象の出現頻度が否定詞の種類によって大きく異なるという現象を合理的に解釈することが難しいという点で，十全なものとは言えない[4]。本稿は，代詞目的語前移の動機については傅京起・徐丹 2009 の見解に同意するものであるが，両氏の説を踏まえた上で，代詞目的語前置現象の具体的な生起条件を検討し，周氏の指摘する事実を合理的に解釈することを試みる。

## 2.3 前置目的語の統語的位置

仮説を提出する前に，否定文の代詞目的語の統語的位置について，魏培泉 1999，傅京起・徐丹 2009 などによりつつ簡単に整理しておきたい。

否定文において前置された代詞動詞目的語，および介詞目的語は原則として否定詞の直後に後接する（例(1)(2)）。同一文中に助動詞がある場合も，代詞目的語はこれらの前に生起し，やはり否定詞の直後に後接する（例(3)）。否定詞と動詞との間に副詞が存在する場合，当該の副詞が単音節であればその副詞の前に生起し，否定詞に直接後接することが多い（例(4)）。ただし副詞の後ろに生起する場合もあり（例(5)），代詞目的

---

[4] 徐傑・李英哲 1993 の説と，鈴木 1976 の説とでは，ほぼ正反対の主張となる点が注目される。本稿はこのうち徐・李氏の説はほとんど言語事実に符合しないと考える。しかし鈴木説にしても「強調」という表現自体が極めて曖昧であり，具合的な生起条件を提示し得ているとは言い難い。

語と副詞との前後関係を決定する条件は明らかではない。

(1) 子曰："以吾一日長乎爾，毋吾以也。……"⁵⁾

（『論語』「先進」3-797〜8）

〔先生が言われた「私はお前たちよりも年長のゆえに誰も私を用いようとしない。…」〕

(2) 初，懿氏卜妻敬仲，其妻占之曰："吉。……有嬀之後，將育于姜。五世其昌並于正卿。八世之後，莫之與京。"

（『左傳』「莊公二十二年」1-221〜2）

〔これより先，懿氏は（娘を）敬仲に娶らせることの吉凶を占わせた。懿氏の妻が卦を見て言った「めでたいことです。…嬀氏の子孫は姜姓（＝斉）に育てられることになるでしょう。五世の後に繁栄し（官位は）正卿と肩を並べます。八世の後はこれに並ぶ者はいないでしょう。」〕

(3) 子路有聞，未之能行，唯恐有聞。　　（『論語』「公冶長」1-328）

〔子路は（何かを）聞き，（それを）実行できないでいる場合は，さらに（他のことを）聞くことをひたすらに恐れた。〕

(4) "從許子之道，則市賈不貳，國中無僞；雖使五尺之童適市，莫之或欺。……"　　（『孟子』「滕文公上」1-398）

〔（陳相は言った）「許子の道に従えば，市場における（様々な）物の価格が一律になり，国中（の市場）でごまかしがなくなります。たとえ（身長が）五尺しかない子供を市場へ行かせたとしても，その子をだます者はいなくなるでしょう。…」〕

(5) "……陳良楚產也，悅周公，仲尼之道，北學於中國。北方之學者，未能或之先也。……"　　（『孟子』「滕文公上」1-393）

〔（孟子は言った）「…陳良は楚の生まれでありながら，周公や孔子の道を悅び，北上して中土で学んだのである。北方の学者たちでも，彼を超え得るものはいなかったほどである。…」〕

---

5) 引用した文献名・篇名の後の数字は，当該箇所の底本における冊数と頁数を表す。「『論語』「先進」3-797〜8」であれば，「第三冊 797〜798 頁」の意。

補文の動詞が代詞目的語を伴い，主文が否定文である場合も，補文の代詞目的語が前置される。この時，当該の代詞目的語は補文内の範囲で動詞に前置され否定詞には付着しないことが多いようであるが（例(6)），補文の代詞目的語が主文の否定詞に直接後接する現象もみられる（例(7)）。後者の現象は，補文主語がゼロ形式であり補文述語動詞と主文の否定詞との間に副詞が存在しない場合のみに生起するようである。

(6) 孟子曰："教亦多術矣，予<u>不</u>屑<u>之</u>教誨也者，是亦教誨之而已矣。"
　　　　　　　　　　　　　　　　　　　　（『孟子』「告子下」2-893）
〔孟子は言った「教育にも様々な方法がある。<u>わたしがある人を教え導こうとしなかったとしても</u>，これもまた教え導くことの一つなのである。」〕

(7) 孔子適楚，楚狂接輿遊其門曰："……福輕乎羽，莫<u>之</u>知載；禍重乎地，莫<u>之</u>知避。……"　　（『莊子』「内篇」「人間世」1-183）
〔孔子が楚に行った時，楚の狂人，接輿が彼（＝孔子）の（宿の）門前を通りすぎながら（次のように）歌った「…幸福は羽毛より軽いのに，<u>これを手にすることを知る者はいない</u>。災難は大地より重いのに，<u>これを避けることを知る者はいない</u>。…」〕

## 3　本稿の仮説

　本稿は，上古中期の否定文における代詞目的語の前置現象は，代詞目的語が旧情報を担うことを条件として生じた VO 型語順からの前移によるものであるが，その生起は，原則的には当該の文の事象構造によって異なると考える。具体的には，統語的に前置と後置のいずれの語順も許容される条件下では，原則的には<u>当該の文が非有界的な事態を表す場合は前移が生じて前置語順を呈し，有界的な事態を表す場合には前移が起こらずに後置語順をとる</u>，ということである。ただしこれはあくまでも統語的にいずれの語順も許容される条件下での原則であり，代詞目的語の前移を妨げる統語的な要因があれば，非有界的な事態を表す場合でも，

後置語順をとることも少なくない（3.2）。

　以上の「原則」は，否定詞の種類と代詞目的語前置現象との出現頻度とにある種の相関関係がみられること，および前置文と後置文のそれぞれに共起する文末助詞の種類に明確な差異がみられること（【表Ⅰ】を参照），の二点を手がかりとして提出したものである。以下，まずこの「原則」について検討し（3.1），さらにこの原則に反する状況を生み出す諸要因——統語的条件，談話的条件——について検討していく（3.2）。

【表Ⅰ　『論語』『孟子』における否定文の代詞目的語の語順】

| 文献 | 論語 | | | | | | 孟子 | | | | | |
|---|---|---|---|---|---|---|---|---|---|---|---|---|
| | 前置 | | | 後置 | | | 前置 | | | 後置 | | |
| 否定詞 | 総数 | …也 | …矣 | 総数 | …也 | …矣 | 総数 | …也 | …矣 | 総数 | …也 | …矣 |
| 莫 | 6 | 5 | 0 | 0 | - | - | 13 | 7 | 0 | 0 | - | - |
| 未 | 6 | 4 | 0 | 2 | 1 | 0 | 15 | 14 | 0 | 2 | 2 | 0 |
| 不 | 7 | 2 | 0 | 11 | 2 | 2 | 4 | 3 | 0 | 10 | 1 | 1 |
| 毋 | 1 | 1 | 0 | 0 | - | - | 0 | - | - | 0 | - | - |
| 末 | 1 | 0 | 1 | 0 | - | - | 0 | - | - | 0 | - | - |
| 弗 | 1 | 0 | 0 | 3 | 0 | 3 | 0 | - | - | 1 | 0 | 1 |
| 勿 | 0 | - | - | 0 | - | - | 1 | 0 | 0 | 1 | 0 | 1 |
| 無不 | 0 | - | - | 0 | - | - | 0 | - | - | 1 | 0 | 0 |

＊表中の数字は当該の文型の出現頻度を表す。例えば縦の「莫」否定文・「前置」・「〜也」列が，横の『論語』行と交差する欄に「5」とあるのは，『論語』の「莫」否定文のうち，代詞目的語前置文型が文末に「也」を伴っている用例が5例ある，という意。

### 3.1　「原則」

#### 3.1.1　前置文＝非有界的事態を表す文

　【表Ⅰ】から，『論語』『孟子』においては，「莫（*mâk）」[6]否定文は例外なく，「未（*məs）」否定文はその多数が前置語順を呈することが知

---

6)　本稿で示す上古再構音は Schuessler 2009 の体系による。

られる。上古中期では前者は主に「動作者・変化主体が存在しない」という事態を，後者は主に「（参照時に）まだある動作・変化が実現していない」といった事態を表し，これらが内部に完了点を含まない非有界的事態——内部構造が均質的である事態——であるためだと考える。

(8) 子曰："莫我知也夫。"子貢曰："何爲其莫知子也。"
  （『論語』「憲問」3-1019）
〔先生が言われた「私を理解してくれるものなどいない。」子貢が言った「どうして先生のことを理解する人がいないのです。」〕

(9) 吾言易知也，易行也；而*天下〔甲本＝人〕*莫之能知也，*〔甲本＝而〕*莫之能行也。　（帛書『老子』〔乙本〕173）
〔私の言葉は，理解するのも容易であれば，実行するのも容易である。しかし天下にそれ（＝私の言葉）を理解し得るものはいないし，それ（＝私の言葉）を実行し得るものもいないのである。〕

(10) 有子曰："其爲人也孝弟，而好犯上者，鮮矣。不好犯上，而好作亂者，未之有也。……"　（『論語』「學而」1-10）
〔有子が言った「その人柄が孝行・悌順でありながら，目上に逆らうのを好むような者はほとんどない。目上に逆らうのを好まないのに，乱を起こすのを好むような者はめったに無い。…」〕

「不」否定文が表す事態は多様であるが，次のように一般的事実（例(11)）或いは状態（例(12)）といった非有界的事態を表すことがあり，その場合は前置語順をとる。否定詞「毋」を用いた前置語順の文も（例(1)），原則的にはやはり非有界的事態を表すと解釈される。

(11) 曰：……"日月逝矣，歲不我與。"　（『論語』「陽貨」4-1176）
〔（陽貨は孔子に）言った「…時間はすぎてゆくものです。年月は自分を待ってくれはしません。」〕

(12) 謂然友曰："吾他日未嘗學問，馳馬試劍。今也父兄百官不我足也，恐其不能盡於大事，子爲我問孟子！"（『孟子』「滕文公上」1-328～9）
〔（滕の太子が）然友に言った「私はかつて礼について学んだことがなく，馬に乗ったり剣を振るってばかりいた。（そのために）今，一族の長老

や官吏たちは私に任せておけないと思っているのであり，(このままでは) 恐らく私は心を尽くしてこの大事 (＝三年の喪) を行うことができないだろう。私に代わって孟子にたずねてきてはくれまいか。｣〕

　以上の仮説は文末助詞の分布によっても支持される。それはこれら前置語順の文がしばしば「也」を伴い，「矣」を伴うことは極めて少ない，ということである。両者の具体的な機能の解明は，本稿の任を越える問題であるために詳しく論じることはしないが，例えば李佐豊2002が，「也」は主に静態に対する論断を表し，「矣」はしばしば動態に対する説明を表すと考えるように，「也」を伴う文は非有界的事態を表すことが多いと推定されるのである。

　なお，以下の 3.1.2 でみるように，単に「動作・変化が実現しなかった」という事態を表す場合は，これが一定程度の有界性を備えた事態であるために (ある種の「出来事」とも言い得る)，後置語順をとることが多いのであるが，例(13)のように原因や条件を表す複文の従属節に生起した場合は，前置語順をとる傾向が強い。解釈の難しい現象であるが，仮に，背景化により有界性が低下したためである，と解釈しておきたい。

(13) 曰："……王如改諸，則必反予。夫出晝，而王不予追也，予然後浩然有歸志。……"　　　　　（『孟子』「公孫丑下」1-307)
〔(孟子は) 言った「…もし王が考え直してくださるのなら，きっと私を呼び戻すにちがいない (と考えていた)。ところが (私が) 晝県をたち去ってからも (王は) 私を追い戻そうとはされなかったのであり，そこで私は思い残すことなくきっぱりと (国へ) 帰る気持になったのだ。…｣〕

なお，否定詞のうち「弗 (*pət)」と「勿 (*mət)」とは，それぞれ「不 (*pə) + 之 (*tə)」，「毋 (*mə) + 之 (*tə)」の合音であるとする説が有力である[7]。これらが合音形式であるとの観点を踏まえると，「弗」「勿」

---

7) この合音説については反対意見も根強くあるが，筆者は大西1988，魏培泉2001が合音説の「例外」に対して合理的な解釈を提出し得ていると考えるために，同説に対して肯定的である。

は動詞が目的語を伴わない場合でも，それ自体が前置の代詞目的語を含んでいることになり，本稿の「原則」によれば，これらの否定詞からなる否定文は非有界的事態のみを表すはずである。ところが，実際には下例のごとく必ずしも非有界的とはみなし難い事態を表す例もみとめられる。

(14) 孟子之滕，館於上宮。有業屨於牖上，館人求之弗得。

(『孟子』「盡心下」2-1004)

〔孟子は滕に行き，（滕の文公の）離宮に泊まった。（もともと）窓の上に編みかけのわらじがあったのだが，離宮の人がそれ（＝わらじ）を探しても見つからなかった。…〕

この現象については，いくつかの解釈が考えられる。例えば，「弗」「勿」が合音によって一つの否定詞として成立した後，「弗」・「勿」否定文が他の否定詞を伴った代詞目的語前置文とは異なる機能を有するようになり，原則として非有界的事態を表すという制限を受けなくなったといった可能性である。この問題については，本稿では保留しておきたい。

### 3.1.2　後置文＝有界的事態を表す文

「不（*pə）」否定文は，後置語順をとることが少なくない。最も典型的には「〜しないことになる／する」といった「新局面への移行」とも言うべき事態を表す場合であり，これは有界的事態——内在的な完了点を含む事態——であるために後置語順を呈する。

(15) 子曰：“聖人，吾*不得而見之矣〔定州漢墓竹簡＝弗得而見之矣〕；得見君子者，斯可矣。” 子曰：“善人，吾*不得而見之矣〔定州漢墓竹簡＝弗得而見之矣〕。得見有恆者，斯可矣。……”

(『論語』「述而」4-487〜8)

〔先生がおっしゃった「聖人（という存在）には，もう会うことができなくなってしまった。君子に会うことができれば，それでよいのだ。」先生がおっしゃった「善人（という存在）には，もう会うことできなくなってしまった。節操を備えた人に会うことができれば，それでよいのだ。…」〕

(16) 祭於公，不宿肉。祭肉，不出三日。出三日，<u>不食</u>之矣。

（『論語』「郷黨」2-698）

〔国家の祭典に参加したときは，（主君から分け与えられた）肉を宵越しにはしない。（国家以外の）祭りの肉は，三日は超えないようにする。三日を超えたら，<u>もうそれ（＝その肉）は食べない。</u>〕

(17) 子曰："禘自既灌而往者，吾<u>不欲觀</u>之矣。"（『論語』「八佾」1-164）

〔先生がおっしゃった「禘の祭典では，灌の儀式（＝禘がはじまって最初に酒をつぎ，それを地にそそぐ儀式）を行ってからあとのことは，<u>私は見たいとは思わない。</u>」〕

このことは，これら後置文にしばしば文末助詞「矣」が生起することからも支持される。「矣」の機能については，上述のように李佐豊2002が，しばしば動態に対する説明を表すとしており，このことから，「矣」を伴う<u>動詞述語文</u>は有界的事態を表すことが多いと推定される。

また，『論語』『孟子』においては，単に「動作・変化が実現しなかった」という事態を表す場合も後置の語順をとることが多い。とりわけ複文の主節に生起し，かつその従属節が原因や条件・仮定を表す場合などに，その傾向が強いようである。

(18) 孟子曰："……獻子之與此五人者友也，無獻子之家者也。此五人者，亦有獻子之家，則<u>不與</u>之友矣。……"

（『孟子』「萬章下」2-690〜1）

〔孟子は言った「…（孟）献子がこの五人と交わりを持った時，（献子は）自身の（大夫という）家柄に関する意識がなかった。この五人の者についても，もし（献子に）自身の家柄についての意識があったとすれば，<u>彼（＝献子）を友とはしなかっただろう。</u>…」〕

「弗」否定文と「勿」否定文にも，「新局面への移行」いった有界的事態を表す用法があり，この場合は後置語順となる。

(19) 孟子曰："……使弈秋誨二人弈，其一人專心致志，惟弈秋之爲聽。一人雖聽之，一心以爲有鴻鵠將至，思援弓繳而射之，雖與之俱

學，弗若|之|矣。……"　　　　　　　　　　（『孟子』「告子上」2-791）

〔孟子は言った「…碁打ち（名人）の秋をして二人（の弟子）に碁を教えさせたとして，一人は専念して打ち込み，ひたら碁打ちの秋（の教え）を聞き，もう一人はこれ（＝秋の教え）を聞いているものの，一方でまもなく白鳥がやってくるころだと考えて，弓をとってそれ（＝白鳥）を射てやろうと思っていたのでは，二人がともに学んでいたとしても，それ（＝もう一人の碁に専念している者）にはかなわなくなるのだ。」〕

　前節では，「莫」否定文は一般に非有界的事態を表すために，原則的に前置語順となると主張したが，例⒇のように後置語順の例も皆無ではない。解釈は難しいが，仮に「莫能與之爭」（彼と争うものがいない）という主節自体はある種の状態を表しているものの，前に「夫唯不爭」（争うことがない）という原因を表す従属節が置かれており，文全体としてはその原因の結果として「莫能與之爭」という局面が出現した，という有界的事態として表現されているのだと解釈しておきたい。文の表す事態の時相構造は談話的要因によって変わり得ると考えられる。

⒇　不自伐，故有功，弗矜，故能長。夫唯不爭，故莫能與|之|爭。
　　　　　　　　　　　　　　　　　　　　　　（帛書『老子』〔乙本〕149）

〔（聖人は）自ら功績を吹聴することがないために，（本当の）功績を得ることができる。傲慢にならないために，進歩することができる。争うということがないために，彼と争い得るものはいないのである。〕

　代詞目的語を有する否定文が命令文である場合，しばしば後置語順となる。命令文は，未実現の事態を表すのであるから，一般に平叙文に比して有界性は低いと考えられるため，これをどのように解釈するのかも問題である。ただし，否定命令文の場合，実現が有力視される可能性（例㉑では「毀諸」）を現局面と見立てて，それに反する局面への移行を求めているのだと解釈できれば，有界的事態だとみとめられよう。

㉑　齊宣王問曰："人皆謂我毀明堂。毀諸？已乎？"孟子對曰："夫明堂者，王者之堂也。王欲行王政，則勿毀|之|矣。"
　　　　　　　　　　　　　　　　　　　　　　（『孟子』「梁惠王下」1-132）

〔斉の宣王がたずねて言った「ある人が私に明堂をすべて取り壊すべきだと言っているが、壊すべきだろうか。やめるべきだろうか。」孟子は答えて言った「そもそも明堂というものは、天下に王たる者の堂なのです。王が王道政治を実行されるおつもりなら、これ（＝明堂）を取り壊してはなりません。」〕

### 3.2 代詞目的語の前移を阻害する統語成分の存在による例外

　上で論じた「原則」は、文の表す事態の有界性という意味的要因であったが、否定文における代詞目的語の語順は、この他に統語的要因、また修辞的要因とも関連を有しており、このことが「原則」に対する例外を生ぜしめていると考える。

#### 3.2.1　介詞句が存在する場合

　上古漢語の否定文における代詞目的語が介詞句を超えて前移できないことは、すでに魏培泉1999:268が指摘するところである。否定文において、代詞目的語と、それと文法関係を結ぶ動詞の前に介詞句が存在している場合、有界性の高低に拘わらず、後置の語順となる。

(22)　子曰："富與貴，是人之所欲也；不以其道得之，不處也。貧與賤，是人之所惡也；不以其道得之，不去也。……"

(『論語』「里仁」1-232)

〔先生がおっしゃった「財産と高い地位とは、人が誰しもほしがるものだ。しかしそれに相応しい方法で得たのでなければ、そこにとどまらない。貧乏と低い地位とは、人が誰しも嫌うものだ。しかしそれに相応しい（人格の卑劣や怠惰による）方法で得たのでなければ、そこから去らない。…」〕

#### 3.2.2　複合的否定表現の一語化

　上古中期には副詞が連用され二重否定を表す「無不」「莫不」といった形式が常見される。多くの文献においては慣用による固定化を経て、

すでに一語化しているようである。そのために二つの形態素の間に前置代詞目的語の出現を許容せず（「＊無之不」「＊莫之不」），代詞目的語は動詞の後に置かれる[8]。

(23) 孟子曰："……今國家間暇，及是時，般樂怠敖，是自求禍也。禍福無不自己求之者。……"　　　　　　　　（『孟子』「公孫丑上」1-224）
〔孟子が言われた「…今，国家は平穏であるが，そうであるからといって享楽を尽くし，怠け遊ぶことは，禍を自ら招くことに他ならない。禍福というものは，自ら招いたものでないものなどないのだ。」〕

### 3.2.3　否定詞＋副詞の一語化

『論語』『孟子』では，「未」否定文に代詞目的語が生起し，かつ副詞「嘗」が共起していれば，非出来事文であっても後置の語順をとる。これは「未＋嘗」が一語化したことによるのであろう。

(24) 曰："……有諸內，必形諸外。爲其事而無其功者，髡未嘗覩之也。"　　　　　　　　　　　　　　　　（『孟子』「告子下」2-831）
〔（淳于髡は）言った「…（このように）何かが内にあれば，必ずそれは外にあらわれてくるものです。何か事を為して何の功績もあらわれないなどということは，私は未だ嘗て見たことがありません。…」〕

ただし上古中期の否定詞と副詞の一語化は，資料によってその進展の程度が異なる[9]。

---

8) ただし，あらゆる二重否定形式が一語化しているわけではない。下例の「未不」では両者の間に「之」が生起している。
・吾觀夫俗之所樂，舉羣趣者，誙誙然如將不得已，而皆曰樂者，吾未之樂也，亦＊未之〔陳碧虛『闕誤』引江南古藏本＝未知之〕不樂也。（『莊子』「外篇」「至樂」3-611）
9) 例えば『管子』では，「未」否定文に代詞目的語と副詞「嘗」が共起する場合，代詞目的語は一般に「未」と「嘗」の間に現れる。「未嘗」の一語化は生じていなかったと考えられる。
・上下亂，貴賤爭，長幼倍，貧富失，而國不亂者，未之嘗聞也。（『管子』「五輔」1-198）

### 3.2.4　否定詞＋動詞の一語化

『論語』『孟子』では，否定詞が「不」で，代詞目的語と文法関係を結ぶ動詞が「如」「若」である場合は後置の語順を呈する。これは「不＋如/若」の一語化によるものだと解釈したい。「不＋如/若」はしばしば「…に及ばない」という意味を表すが，これは単に「不」と「如/若」が結合した意味（「…のようではない」）とは差異があり（太田 1964/2002：135-136），このことは「不如」「不若」が一語化していることを強く示唆する。そして一語化の後，「…のようではない」という意味の場合であっても，両者の間に代詞目的語が生起することが許容されなくなったのだと考える。

　㉕　子曰："主忠信，毋友<u>不如</u>己者。過則勿憚改。"

（『論語』「子罕」2-618）

　　〔先生がおっしゃった「『忠』と『信』とを重んぜよ。<u>自分に及ばない者を友とするな</u>。あやまちをおかしたら，憚ることなく改めよ。」〕

ただし，上古中期漢語における「不＋如/若」の一語化の進展は，資料によって差異がみられる[10]。

### 3.2.5　動詞＋代詞目的語の一語化

『論語』『孟子』において動詞が「若」「如」，代詞目的語が「是」の場合は前置語順とはならない。これは「若是」「如是」が一語化しているためであると考える。

　㉖　曰："……故將大有爲之君，必有所不召之臣；欲有謀焉，則就之。其尊德樂道，<u>不如</u>是，不足以有爲也。……"

（『孟子』「公孫丑下」1-260）

　　〔（孟子は）言った「…だから大いに（事業を）成し遂げようとする君

---

10) 例えば以下の用例では「不＋如/若」の間に代詞目的語が生起することが許容されている。
・曰："不可。其爲人絜廉善士也，其於<u>不</u>己若者不比之，又一聞人之過，終身不忘。……"（『莊子』「雜篇」「徐無鬼」4-845）

主には，必ず呼び出すことができない臣下がおりました。彼と相談しようとする場合は，（自ら）彼のところに出向いて行ったのです。これらの君主は道徳（を備えた者）を尊重し，仁政を楽しんで行ったのです。もしこのようでなければ，（ともに大きな事業を）成し遂げるには足りません。」〕

### 3.2.6　修辞的要因

　当該の否定文の表す事態の有界性の程度の如何に拘わらず，その前後の密接に関係する動目構造の語順への類推から「原則」にはずれた語順を呈することがある。これが口語レベルでの現象であるのか，書面語としての修辞によるものかは判断が難しい。いずれの場合もあり得よう。下例では前にある「苟能充之」の語順の影響を受けていると推定する。

(27)　孟子曰："……凡有四端於我者，知皆擴而充之矣，若火之始然，泉之始達。苟能充之，足以保四海。苟不充之，不足以事父母。……　　　　　　　　　　　　　　　　　　（『孟子』「公孫丑上」1-235）
〔孟子は言った「…凡そ四つの芽生えが自分に具わっている者は，それを大きく育てるということを理解すれば，ちょうど火が燃えだしたばかりのようであり，泉が湧きだしたようである。もしもそれを大きく育てることができれば，天下を安んずることができるほどになるが，もし大きく育たなければ，父母に（満足に）つかえることさえできないのである。…」〕

### 3.3　説明の難しい例外

　遺憾ながら，『論語』『孟子』のなかにも，本稿の仮説では合理的に解釈することが難しい用例が存在する。例えば，例(28)は自然な解釈ではある種の状態を表していると考えられるが，後置語順をとっている。或いは，「『（分かろうとしたが）分からなかった』という出来事があり，その結果状態が発話時まで持続している」といったパーフェクト的表現と理解すれば，有界的事態と解し得るのかもしれない。

⒇ 子曰："狂而不直，侗而不愿，悾悾而不信，吾*不知之矣〔定州漢墓竹簡＝弗智之矣〕。"　　　　　　　　（『論語』「泰伯」2-545）
〔驕り高ぶっているのに率直でなく，幼稚であるのに素朴でなく，誠実な様子であるのに信用を重んじない。私にはどうしてそのようであるのか分からないでいる。〕

## 4　結論

以上から，次のように結論する。

　(a) 傅京起・徐丹 2009 が指摘するように，否定文における代詞目的語の前置現象は，代詞目的語が旧情報であることを条件に生ずる目的語前移現象である。しかしこの前移が生ずるのは，当該の文が非有界的事態を表す場合のみに限られ，有界的事態を表す場合は後置の語順を保つ。

　(b) 上記(a)が原則であるが，代詞目的語の前移を阻害する統語的要因により，非有界的事態を表す場合であっても後置の語順をとった用例が少なからずみられる。その条件とは，代詞目的語と否定詞との間に，代詞目的語が「越えられない」統語成分が存在する場合，或いは否定詞が他の統語成分と一語化したことにより，代詞目的語が直接に後接することが不可能となった場合などである。その他，修辞的要因によって(a)に対する例外が生じていると覚しき用例もみとめられる。

　(c) 上記(a)(b)は原則的には上古中期漢語一般に適用し得るものだと考えるが，その一方，上古中期内部での時代差，方言差による差異も存在する。例えば(b)については，しばしば文献によって一語化の進展が異なっている。

上記(c)の具体的な状況については，本稿ではほとんど検討することができなかった。この方言差の問題は，本稿の「原則」に関しても考えられることである。例えば代詞目的語の前移の生ずる<u>有界性の高さの程度</u>

に方言差があった可能性も十分にあろう[11]。この問題は今後の課題としたい。最後に，原始漢語の基本語順の問題にも言及しておきたい。本稿で検討した範囲では，原始漢語がSOV型言語であったと積極的に主張する根拠は得られなかったと言える。上古中期漢語の否定文における代詞目的語前置現象は，SVO型の基本語順の枠内で解釈し得る。ただし，筆者は上古以前のある段階の漢語では，少なくとも代詞目的語についてはSOV型が基本語順であったとする説に肯定的である（松江2010：68）。この立場にたつと，上古中期の否定文におけるSOV型語順は，代詞目的語の基本語順がSOV型からSVO型へと転換した後，歴史的には元来のSOV型語順に繋がる前置語順が，基底構造におけるSVO語順からの前移現象によるものへと再分析されたのだと解釈されることになる。

### 資料　『論語』『孟子』の否定文における代詞目的語の語順

＊Yは有界的事態を表す文を，Fは非有界的事態を表す文を表す。？はいずれであるのか不明であることを表す。また，YやFの直後に(?)を付したものは，その判断の確実性が低いことを表す。

＊j, c1, c2, c3, c4, xは，上記Fに属する文が，「原則」に反して後置語順をとった場合に，その原因の類型を示したもの。順に「介詞フレーズの存在」「複合的否定表現の一語化」「否定詞＋副詞の一語化」「否定詞＋動詞の一語化」「動詞＋代詞目的語の一語化」「修辞的要因」を表す。また，これらの直後に(?)を付したものは，その判断の確実性が低いことを表す。

『論語』〔前置〕「莫」文：7例 F 莫我知也夫（憲問）／F 唯其言而莫予違也（子路）／F 如其善而莫之違也（子路）／F 如不善而莫之違也（子路）／F 莫己知也（憲問）／F 不患莫己知（里仁）／F 自經於溝瀆而莫之知也（憲問）／「未」文：5例 F 未之有也（學而）／F 未之思也（子罕）／F 未之能行（公冶長）／F 未之學也（衛靈公）／F 則吾未之有得（述而）／F 我未之見也（里仁）／「不」文：6例 F 不患人之不己知（學而）／F 不吾知也（先進）／F 歳不我與（陽貨）／F 不病人之不己知也（衛靈公）／F 不患人之不己知，患其不能也（憲問）／F 豈不爾

---

[11] 例えば，銀山漢墓竹簡『晏子』では，「不」否定文に代詞目的語が生起した場合，いずれも後置の語順を呈する。或いは上古中期よりも通時的には新しい体系に属することによるのかもしれない。いずれにせよ，この点は今後の検討課題である。

思（子罕）／F 雖不吾以（子路）／「毋」文：1 例 F 毋吾以也（先進）／「弗」文：1 例 F(?)亦可以*弗畔［定州漢墓竹簡＝弗之畔］矣夫（雍也）／「末」文：1 例 F(?)末之難矣（憲問）
〔後置〕「未」文：2 例 Fx 其未得之也（陽貨）／？言*未及之［定州簡本＝謂之及］（季氏）／「不」文：11 例 Y 不食之矣（鄉黨）／Fc3 無友不如己者（學而）／Fc3 毋友不如己者（子罕）／Y 吾不欲觀之矣（八佾）／Y 不得與之言（微子）／Y 文不在茲乎（子罕）／Fj 不以禮節（學而）／Fj 不以其道得之（里仁）／Fj 不以其道得之（里仁）／Fc4 言不可以若是其幾也（子路）／Fc4 言不可以若是其幾也（子路）／「弗」文：3 例 Y(?)吾*不知之［定州漢墓竹簡＝弗智之］矣（泰伯）／Y 吾*不得而見之［定州漢墓竹簡＝弗得而見之］矣（述而）／？吾*不得而見之［定州漢墓竹簡＝弗得而見之］矣（述而）
〔附記〕（ⅰ）吾斯之未能信（公冶長）は否定文における代詞目的語前置現象とはみなさない。（ⅱ）可與言而不與之言（衛靈公），*仁不能守之［定州漢墓竹簡＝仁弗守］（衛靈公）は版本上の問題があるため用例に含めない。

『孟子』〔前置〕「莫」文：13 例 F 而民莫之死也（梁惠王下）／F 吾宗國魯先君莫之行（滕文公上）／F 吾先君亦莫之行也（滕文公上）／F 莫之或欺（滕文公上）／F 莫之能禦也（梁惠王上）／F 莫之為而為者，天也（萬章上）／F 莫之致而至者，命也（萬章上）／F 莫之能禦也（公孫丑上）／F 莫之能違也（公孫丑上）／F 莫之禦而不仁，是不智也（公孫丑上）／F 莫之敢攖（盡心下）／F 沛然莫之能禦也（盡心上）／F 謂夫莫之禁而弗為者也（盡心上）／「未」文：15 例 F 未能或之先也（滕文公上）／F 未之有也（梁惠王上）／F 臣未之聞也（梁惠王上）／F 未之有也（梁惠王下）／F 未之有也（公孫丑上）／F 仁智周公未之盡也（公孫丑下）／F 吾未之學也（滕文公上）／F 未之有也（離婁上）／F 吾未之聞也（離婁上）／F 未之有也（離婁下）／F 望道而未之見（離婁下）／F 而良人未之知也（離婁下）／F 未之有也（告子下）／F 未之有也（告子下）／F 未之有也（盡心下）／「不」文：4 例 Y 而王不予追也（公孫丑下）／F 父母之不我愛（萬章上）／F 今也父兄百官不我足也（滕文公上）／F 予不屑之教誨也者，是亦教誨之而已矣（告子下）
〔後置〕「未」文：2 例 Fc2 髡未嘗覯之也（告子下）／Fc2 未嘗與之言行事也（公孫丑下）／「不」文：10 例 Fx 苟不充之（公孫丑上）／Fx(?)吾不為是也（梁惠王上）／Y 則不與之友矣（萬章下）／Y 則不往見之（萬章下）／Fx 聖而不可知之之謂神（盡心下）／Fj 不以君命將之（萬章下）／Y 則不得亟見之（盡心上）／Fc4 不如是（公孫丑下）／Fc4 其設心以為不若是（離婁下）／Fc4 為不若是恝（萬

章上）／「勿」文：1例 Y 則勿毁之矣（梁惠王下）／「弗」文：1例 Y 弗若之矣（告子上）／「無不」文：1例 Fc1 福無不自己求之者（公孫丑上）

**参考文献**

大西克也 1988 上古中国語の否定詞「弗」「不」の使い分けについて―批判説の再検討―,『日本中国学会報』第 40 集, pp.232-246

太田辰夫 1964 『古典中国語文法（改訂版）』, 汲古書院, 2002 年

鈴木直治 1976 古代漢語における強調の表現について,『中国語学』223, pp.25-40

西田龍雄 2000 『東アジア諸言語の研究Ⅰ：巨大言語群―シナ・チベット語族の展望』, 京都大学学術出版会

傅京起・徐丹 2009 SVO 語言裏的賓語前置,『民族語言』第 3 期, pp.3-15

李佐豐 2002 上古漢語的"也"、"矣"、"焉",『上古漢語語法研究』, pp.223-254, 北京廣播學院出版社

松江崇 2010 『古漢語疑問賓語詞序變化機制研究』, 好文出版

魏培泉 1999 論先秦漢語運符的位置, *Linguistic Essays in Honor of Mei Tsu-Lin: Studies on Chinese Historical Syntax and Morphology*, pp.259-297, ed. by Alain Peyraube and Chaofen Sun. Paris: Ecole des Hautes Etudesen Sciences Sociales

魏培泉 2001 「弗」、「勿」拼合説新證,『中央研究院歷史語言研究所集刊』第七十二本, 第一分, pp.121-215

徐傑・李英哲 1993 焦點和兩個非線性語法範疇："否定""疑問",『中國語文』第 2 期, pp.81-92

俞敏 1981 倒句探源,『語言研究』創刊號, pp.78-82

周光午 1959 先秦否定句代詞賓語位置問題,『語法論集』第 3 集, pp.128-192, 商務印書館

Bodman, Nicholas C 1980 : Proto-Chinese and Sino-Tibetan : Data Towards Establishing the Nature of Relationship, Frans van Coetsem and Linda R. Waugh eds, *Contribution to Historical Linguistics*, pp.34-199, Leiden

Schuessler, Axel 2009 : *Minimal Old Chinese and Later Han Chinese: A Companion to Grammata Serica Recensa*, University of Hawai'i Press

**例文出典**

『春秋左傳注（修訂本）』楊伯峻，中国古典名著譯注叢書，中華書局，1990 年
『論語集釋』程樹德撰，程俊英・蔣見元點校，中華書局 1990 年
『定州漢墓竹簡・論語 』河北文物研究所定州漢墓竹簡整理小組，文物出版社，
　　　　1997 年
『孟子正義』焦循撰，沈文倬點校，中華書局，1987 年
『莊子集釋』郭慶藩撰，王孝魚點校，中華書局，1961 年
『管子校注』黎翔鳳撰，梁運華整理，中華書局，2004 年
『帛書老子校注』新編諸子集成，高明撰，中華書局，1996 年

　　　　　　　　　　　　　　　　　　　　　（まつえ・たかし　北海道大学）

# 木村英樹教授　主要著作目録

2012 年 11 月 20 日現在

## 1. 編著書

⑴『中国語入門 Q&A101』（相原茂・杉村博文・中川正之との共著），大修館書店，1987 年 5 月
⑵『中国語学習 Q&A101』（相原茂・杉村博文・中川正之との共著），大修館書店，1991 年 6 月
⑶『新版中国語入門 Q&A101』（相原茂・中川正之・杉村博文との共著），大修館書店，2003 年 3 月
⑷『中国語はじめの一歩』，筑摩書房，1996 年 4 月
⑸『ヴォイスの対照研究——東アジア諸語からの視点』（生越直樹・鷲尾龍一との共編），くろしお出版，2008 年 11 月
⑹『中国語文法の意味とかたち——「虚」的意味の形態化と構造化に関する研究——』，白帝社，2012 年 5 月

## 2. 学術論文

⑴「『吃了大饼』と『开了大门』」，『アジア・アフリカ語の計数研究』No.6, pp.43-50，1976 年 10 月
⑵「被動と『結果』」，『日本語と中国語の対照研究』No.5, pp.27-46，1981 年 2 月
⑶「『付着』の"着/zhe/"と『消失』の"了/le/"」，『中国語』No.258, pp.24-26，1981 年 7 月
⑷「テンス・アスペクト：中国語」，『講座日本語学』11 巻，明治書院，pp.19-39，1982 年 10 月
⑸ 关于补语性词尾"着/zhe/"和"了/le/"，《语文研究》No.7, pp.22-30，1983 年 5 月
⑹「『こんな』と『この』の文脈照応について」，『日本語学』Vol.2/No.11, pp.71-83，1983 年 11 月
⑺「指示と方位——『他那本书』の構造をめぐって」，『伊地智善継・辻本春彦両教授退官記念　中国語学・文学論文集』，東方書店，pp.292-317，1983 年 12 月

⑻「時点表現の副詞的用法について」,『日本語教育』52号, pp.65-90, 1984年2月

⑼ On two Functions of Directional Complements 'lai' and 'qu' in Mandarin, *Journal of Chinese Linguistics*, Vol.12/No.2, pp.262-297, 1984年6月

⑽「-料 -代 -賃 -費（-金）」,『日本語学』Vol.5/No.3, pp.97-108, 1986年3月

⑾「中国語の敬語」,『月刊言語』Vol.16/No.8, pp.38-44, 1987年7月

⑿「依頼表現の日中対照」,『日本語学』Vol.6/No.10, pp.58-66, 1987年10月

⒀「中国語の指示詞──『コレ・ソレ・アレ』に対応するもの」,『日本語学』Vol.9/No.3, pp.39-47, 1990年3月

⒁「文脈依存と状況依存」, 内山書店『中国語』No.368, pp.25-28, 1990年8月

⒂ 汉语第三人称代词敬语制约现象的考察,《中国语文》No.218, pp.344-354, 1990年9月

⒃「中国語, 日本語, 英語, フランス語における三人称代名詞の対照研究」（田窪行則との共著）,『日本語と中国語の対照研究論文集（上）』, くろしお出版, pp.137-152, 1992年1月

⒄「中国語指示詞の『遠近』対立について──『コソア』との対照を兼ねて」,『日本語と中国語の対照研究論文集（上）』, くろしお出版, pp.181-211, 1992年1月

⒅「BEI受身文の意味と構造」,『中国語』No.389, 内山書店, pp.10-15, 1992年5月

⒆「聞き手情報配慮と文末形式──日中両語を対照して」（森山卓郎との共著）,『日本語と中国語の対照研究論文集（下）』, くろしお出版, pp.3-48, 1992年6月

⒇ 汉语语气助词传达功能的语用学探讨,《日本近、现代汉语研究论文选》, 北京语言学院出版社, pp.403-425, 1993年10月

㉑ 漢語第三人稱代詞"他"在對話中的指示功能, *Cahiers de Linguistique Asie-Orientale*, Vol.24/no.1, pp.85-95, 1995年6月

㉒「動詞接尾辞"了"の意味と表現機能」,『大河内康憲教授退官記念　中国語学論文集』, 東方書店, pp.157-179, 1997年3月

⑳ 漢語被動句的意義特徵及其結構上之反映，*Cahiers de Linguistique Asie-Orientale*, Vol.26/no.1, pp.21-35，1997年6月

㉔ '变化'和'动作'，『橋本萬太郎紀念中国語学論集』，内山書店，pp.185-197，1997年6月

㉕ 「二重主語とその周辺――日中英対照」（尾上圭介・西村義樹との共著），『月刊言語』Vol.27/no.11, pp.90-108，1998年11月

㉖ 「中国語ヴォイスの構造化とカテゴリ化」，『中国語学』No.247, pp.19-39，2000年10月

㉗ 「テンス・アスペクトの比較対照」（井上優・生越直樹との共著），『対照言語学』，東大出版会，pp.125-160，2002年9月

㉘ 「中国語二重主語文の意味と構造」，『認知言語学Ⅰ：事象構造』，東大出版会，pp.215-242，2002年9月

㉙ 「アメリカにおける中国語文法研究の動向」，『中国語学』No.249, pp.285-306，2002年10月

㉚ 「"的"の機能拡張」，『現代中国語研究』No.4, pp.1-13，2002年10月

㉛ 「中国語のヴォイス」，『月刊言語』Vol.32/No.4, pp.64-69，2003年4月

㉜ "的"字句的句式语义及"的"字的功能扩展，《中国语文》No.295, pp.303-314，2003年7月

㉝ 「隣接領域と中国語学」，『中国語学』No.250, pp.275-282，2003年10月

㉞ 「授与から受動への文法化」，『月刊言語』Vol.33/No.4, pp.58-65，2004年4月

㉟ 北京话"给"字句扩展为被动句的语义动因，《汉语学报》No.2, pp.14-21，2005年5月

㊱ 「『持続』・『完了』の視点を超えて――北京官話における『実存相』の提案」，『日本語文法』Vol.6/No.2, pp.45-61，2006年9月

㊲ 认知语言学的接地理论与汉语口语体态研究，《当代语言学理论和汉语研究》，商务印书馆，pp.270-279，2008年5月

㊳ 「中国語疑問詞の意味機能――属性記述と個体指定」，『日中言語研究と日本語教育』創刊号，pp.12-24，2008年10月

㊴ 「東アジア諸語にみるヴォイスの多様性と普遍性」（鷲尾龍一との共著），『ヴォイスの対照研究――東アジア諸語からの視点』，くろしお出版，pp.1-20，2008年11月

⑷0「授与と受動の構文ネットワーク——中国語授与動詞の文法化に関する方言比較文法試論」（楊凱栄との共著），『ヴォイスの対照研究——東アジア諸語からの視点』，くろしお出版，pp.65-91，2008 年 11 月
⑷1「北京語授与動詞"給"の文法化——〈授与〉と〈結果〉と〈使役〉の意味的連携」，『ヴォイスの対照研究——東アジア諸語からの視点』，くろしお出版，pp.93-108，2008 年 11 月
⑷2「『存在文』が表す〈存在〉の意味および'定不定'の問題」，『汉语与汉语教学研究』No.2，pp.3-15，2011 年 7 月
⑷3「中国語文法研究にみる認知言語学の成果と課題」，『中国語学』No.258，pp.24-64，2011 年 10 月
⑷4「"有"構文の諸相および『時空間存在文』の特性」，『東京大学中国語中国文学研究室紀要』第 14 号，pp.89-117，2011 年 11 月

## 3．翻訳
(1) アン・Y-ハシモト『中国語の文法構造』（中川正之との共訳），白帝社，1986 年 3 月
(2) 朱德熙『文法のはなし』（中川正之との共訳），光生館，1986 年 11 月
(3) 朱德熙『文法講義』（杉村博文との共訳），白帝社，1995 年 10 月

## 執筆者紹介 （掲載順）

| | |
|---|---|
| 方　梅 | 中国社会科学院语言研究所研究员，教授 |
| 古川　裕 | 大阪大学言語文化研究科教授 |
| 郭　锐 | 北京大学中文系教授 |
| 柯　理思（Christine LAMARRE） | フランス国立東洋言語文化大学（Inalco）東アジア言語研究所（CRLAO），教授 |
| 刘　丹青 | 中国社会科学院语言研究所副所长，教授 |
| 徐　丹 | フランス国立東洋言語文化大学（Inalco）東アジア言語研究所（CRLAO），教授 |
| 杨　凯荣 | 東京大学大学院総合文化研究科教授 |
| 袁　毓林 | 北京大学中文系教授 |
| 张　伯江 | 中国社会科学院语言研究所研究员，教授 |
| 张　国宪 | 中国社会科学院语言研究所研究员，教授 |
| 卢　建 | 名古屋大学教養教育院准教授 |
| 飯田　真紀 | 北海道大学メディア・コミュニケーション研究院准教授 |
| 池田　晋 | 筑波大学人文社会系外国語センター助教 |
| 井上　優 | 麗澤大学外国語学部教授 |
| 大西　克也 | 東京大学大学院人文社会系研究科教授 |
| 小野　秀樹 | 東京大学大学院総合文化研究科准教授 |
| 加納　希美 | 東京理科大学非常勤講師 |
| 木津　祐子 | 京都大学大学院文学研究科教授 |
| 玄　幸子 | 関西大学外国語学部教授 |
| 佐々木　勲人 | 筑波大学人文社会系准教授 |
| 定延　利之 | 神戸大学大学院国際文化学研究科教授 |
| 島津　幸子 | 立命館大学法学部准教授 |
| 張　佩茹 | 東京大学非常勤講師 |
| 戸内　俊介 | 二松學舍大学文学部講師 |
| 橋本　永貢子 | 岐阜大学地域科学部教授 |
| 長谷川　賢 | 東京大学大学院博士課程 |
| 前田　真砂美 | 東京大学大学院人文社会系研究科・文学部助教 |
| 松江　崇 | 北海道大学大学院文学研究科准教授 |

木村英樹教授還暦記念
中国語文法論叢
2013 年 5 月 12 日　印刷
2013 年 5 月 18 日　発行

　　　　　　編　者　木村英樹教授還暦記念論叢刊行会
　　　　　　発行者　佐　藤　康　夫
　　　　　　発行所　白　帝　社

　　　　　　〒171-0014　東京都豊島区池袋 2-65-1
　　　　　　　　　TEL 03-3986-3271　FAX 03-3986-3272
　　　　　info@hakuteisha.co.jp　　http://www.hakuteisha.co.jp/

組版・印刷　倉敷印刷㈱　　製本　カナメブックス

Ⓒ Kimura Hideki kyouju kanreki kinen ronsou kankoukai 2013
Printed in Japan 6914　ISBN 978-4-86398-112-6
造本には十分注意しておりますが落丁乱丁の際はお取り替えいたします。